跨境电商 B2C 数据运营 1+X 证书制度系列教材

跨境电商 B2C 数据运营
（初级）

浙江中渤教育科技有限公司　组　编
张瑞夫　洪华贝　柴小玲　主　编
廖润东　武　昊　金祖旭　副主编

电子工业出版社
Publishing House of Electronics Industry
北京·BEIJING

内 容 简 介

本教材是教育部第四批 1+X 职业技能等级证书《跨境电商 B2C 数据运营》系列配套教材之一，依据《跨境电商 B2C 数据运营职业技能等级标准》（初级）编写，配套开发《跨境电商 B2C 数据运营实训》（初级），主要包含店铺注册（速卖通、亚马逊）、店铺视觉设计（速卖通、亚马逊）、商品运营管理（速卖通、亚马逊）、线上交易处理（速卖通、亚马逊）和数据分析概述等工作领域对应的工作任务。本教材以工作过程为主线，采用工学结合、任务驱动、项目教学等模式编写，注重以学生为主体，以培养学生数字素养和数字技能为核心，以真实项目为载体，融"岗课赛证"于一体，以创新思维构建跨境电商 B2C 数据运营的核心知识和关键技能体系。

本教材配有课件、习题答案、教学设计和微课等数字资源。本教材既可以作为中职院校、高职院校和应用型本科学校跨境电子商务、国际经济与贸易、国际商务、商务英语、电子商务等专业学生为获取跨境电商 B2C 数据运营职业技能等级证书的培训教材，又可以作为相关专业实施"课证融合"的配套教材，还可以供跨境电商相关从业者和社会人士使用。

未经许可，不得以任何方式复制或抄袭本书之部分或全部内容。
版权所有，侵权必究。

图书在版编目（CIP）数据

跨境电商 B2C 数据运营. 初级/浙江中渤教育科技有限公司组编. —北京：电子工业出版社，2024.1
ISBN 978-7-121-47006-6

Ⅰ.①跨… Ⅱ.①浙… Ⅲ.①电子商务—运营管理—高等学校—教材 Ⅳ.①F713.365.1

中国国家版本馆 CIP 数据核字（2024）第 008956 号

责任编辑：王艳萍
文字编辑：杜　皎
印　　刷：三河市良远印务有限公司
装　　订：三河市良远印务有限公司
出版发行：电子工业出版社
　　　　　北京市海淀区万寿路 173 信箱　邮编 100036
开　　本：787×1092　1/16　　印张：19.25　　字数：492.8 千字
版　　次：2024 年 1 月第 1 版
印　　次：2024 年 1 月第 1 次印刷
定　　价：59.00 元

凡所购买电子工业出版社图书有缺损问题，请向购买书店调换。若书店售缺，请与本社发行部联系，联系及邮购电话：（010）88254888，88258888。
质量投诉请发邮件至 zlts@phei.com.cn，盗版侵权举报请发邮件至 dbqq@phei.com.cn。
本书咨询联系方式：（010）88254609 或 hzh@phei.com.cn。

跨境电商 B2C 数据运营 1+X 证书制度系列教材
编委会名单（初级）

主任委员
　　廖润东

副主任委员
　　章安平　姚大伟　张枝军　肖　旭　茹　宝　包发根　操海国　何　伟
　　王瑞华

主　编
　　张瑞夫　洪华贝　柴小玲

副主编
　　廖润东　武　昊　金祖旭

编委会成员

陈建新	汪楼明	覃　凯	朱　惠	房朔杨	费玲莉	肖会红	李　蕊
陈晓宁	陈婷婷	黄秀丹	隆　捷	何　伟	苗　森	李海峰	李　融
杨　凡	陈　珏	李明睿	尹翠玉	赵亚杰	赵春杰	卢喜文	柳国华
赵若衡	常　颖	陈文伟	夏文彬	刘峻兵	余苗苗	杜丽红	高小红
袁珂娜	董　娜	葛振林	杨　希	白秀艳	范春如	陈大文	丁　磊
郑　航	舒建武	耿翠花	王丹妮	盛　明	沈　宁	唐雪凡	段训峰
徐　丹	尉雯婧	农美珍	申屠文龙		韩　英	肖祥飞	梁　凤
叶　贤	陈一宁	张若洲	王晴岚	方　叶	翟东昌	邓雅琪	簧丹婷
李新卫	高铖铖	叶茋溪	方　瑶	庄涵媛	靳小雨	郭世华	栾雅春
许爱瑜	许瀞云	郑苏娟	欧阳恩丰		宗胜春	郑辉英	史亚辉
李雅茜	张爱东	从　静	张剑斌	陈颖君	高华红	邱　洁	司　佳
池潇潇							

前　　言

1+X 证书制度是贯彻落实《国家职业教育改革实施方案》的重要改革部署和重大创新。1+X 证书制度试点坚持以学生为中心，深化复合型技术技能人才培养培训模式和评价模式改革，提高人才培养质量，畅通人才成长通道，拓展学生就业创业本领，不断增强职业教育的适应性。

为积极推动 1+X 证书制度试点，进一步完善行业技术技能标准体系，为跨境电商 B2C 数据运营技术技能人才培养培训提供科学、规范的依据，阿里巴巴（中国）网络技术有限公司（简称"阿里巴巴"）联合浙江中渤教育科技有限公司，组织跨境电商行业、企业、院校等有关专家研发了《跨境电商 B2C 数据运营职业技能等级标准》，该标准紧扣跨境电商产业链发展前沿和国家对跨境电商发展的最新要求，对标跨境电商人才链最新需求，内容和要求先进、可操作性强，与跨境电商 B2C 数据运营岗位（群）精准匹配，是衔接跨境电商教育链、创新链、产业链和人才链的有效载体，契合行业企业发展需求，能有效服务跨境电商专业技术技能人才培养。

本教材依据《跨境电商 B2C 数据运营职业技能等级标准》（初级），采用理实一体、任务驱动、项目教学模式编写。注重以学生为主体，以培养学生数字素养和数字技能为核心，以真实工作项目为载体，融"岗课赛证"于一体，以创新思维构建跨境电商 B2C 数据运营的核心知识和技能体系，为中职院校、高职院校和应用型本科学校跨境电子商务类专业"书证融通"人才培养模式改革和"课证融合"教学模式创新提供重要的载体。

本教材编写得到了浙江省教育厅、中国（杭州）跨境电商综合试验区领导小组办公室、中国（杭州）跨境电商人联盟、浙江省"十三五"跨境电子商务重点实验教学示范中心的支持，同时得到浙江省普通本科高校"十四五"教学改革项目"跨境电商人才培养的'跨学科交叉'协同育人模式研究"（jg20220250）立项资助。本教材由浙江中渤教育科技有限公司牵头编写，得到浙江工商大学鲍福光博士、杭州职业技术学院谢川教授的鼎力相助和电子工业出版社的悉心指导，对各位专家、老师卓有成效的工作表示衷心感谢！

由于跨境电商数据运营涉及的知识和技能具有先进性和实效性，加之编写团队水平有限，书中难免存在不足之处，真诚欢迎各界人士批评指正，以便再版时予以修正，使其日臻完善。

浙江中渤教育科技有限公司
2023 年 5 月 29 日

目　　录

模块一　店铺注册 ··· 1

　　单元一　店铺注册准备 ··· 2
　　练习题 ··· 9
　　单元二　店铺注册流程 ··· 11
　　练习题 ·· 18
　　单元三　店铺信息完善 ··· 19
　　练习题 ·· 29

模块二　店铺视觉设计 ··· 31

　　单元一　商品主图设计与制作 ····································· 32
　　单元二　商品详情页视觉设计与制作 ·························· 55
　　单元三　店铺装修 ·· 83
　　练习题 ·· 113

模块三　商品运营管理 ··· 116

　　单元一　跨境电商选品基础 ·· 117
　　单元二　商品文案编辑 ··· 148
　　单元三　商品发布与管理 ··· 160
　　单元四　商品基本数据分析 ·· 173
　　练习题 ·· 188

模块四　线上交易处理 ··· 191

　　单元一　线上订单处理 ··· 192
　　单元二　线上客户分类与维护 ····································· 243
　　练习题 ·· 274

模块五　数据分析概述 ·· 277
  单元一　运营数据初步分析 ······································· 278
  单元二　核心数据指标分析 ······································· 287
  练习题 ··· 296

模块一　店铺注册

【学习目标】

1. 了解速卖通及亚马逊的平台规则、禁限售规则、知识产权规则等。
2. 熟悉速卖通、亚马逊平台特点，以及账户开通之前的相关准备工作。
3. 了解速卖通与亚马逊店铺类型、特点、收费模式，以及注册店铺所需资料。
4. 掌握速卖通、亚马逊平台的店铺注册流程和注册要点。
5. 了解速卖通和亚马逊平台店铺注册后需要完善的信息。

【技能目标】

1. 根据跨境电商平台要求，准备相应的注册材料和基本信息，完成账户注册、入驻申请，提交验证资料，完成开店。
2. 根据平台要求，准备店铺注册所需资料，完成店铺注册、选择经营类目、缴纳平台费用等操作。
3. 根据平台要求，在正确的任务栏中上传、填写、完善商家信息和个人信息。

【思政目标】

1. 树立规则意识，遵守跨境电商平台规则，合法合规开设店铺。
2. 树立尊重知识产权、诚实守信的经营理念。

【素养目标】

1. 数字素养：培养学生对信息的感知、辨别、应用和洞悉数字规则的能力。
2. 通用能力：具备良好的沟通能力和团队意识，以及较强的竞争意识和创新意识。
3. 办公能力：具备熟练的计算机和网络应用能力。

【思维导图】

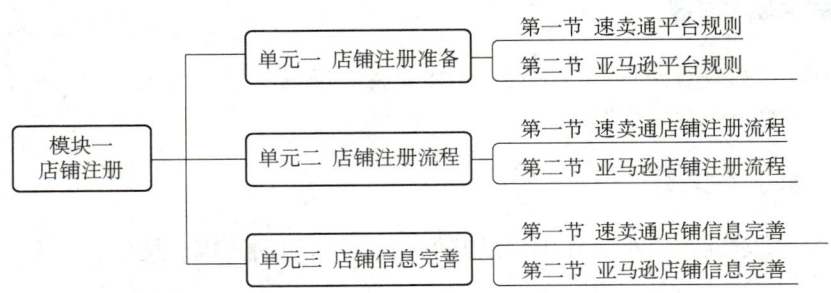

单元一　店铺注册准备

引导案例 》》》

> 杭州开心贸易有限公司是一家中小型外贸企业，主要从事 B2B 业务，主营瑜伽辅助用品和其他健身器材。随着全球经济的持续低迷，公司来自 B 端的业务逐渐萎缩，公司负责人张海看在眼里，急在心头。他想："B 端业务不行，可不可以试试 C 端业务呢？"于是，张海把公司新招聘的业务员小速喊到办公室，让他去了解开通速卖通和亚马逊店铺的相关事宜。
>
> 结合案例，思考并回答以下问题：
> 1. 小速应该去哪里了解开通速卖通和亚马逊店铺的相关信息？
> 2. 小速在开通速卖通和亚马逊店铺之前，应该做哪些准备工作？
> 3. 速卖通和亚马逊店铺的开通流程是否存在差别？

第一节　速卖通平台规则

全球速卖通（简称"速卖通"）是阿里巴巴在 2010 年成立的跨境电商平台。随着互联网与平台自身的发展，速卖通目前已经成为世界上著名的跨境出口平台之一，目前已经开通了 18 个语种的站点，覆盖全球 200 多个国家和地区。

为了创造一个公平、安全的交易环境，保护商家的利益，帮助商家更好地在平台交易，同时让消费者放心消费，速卖通制定了比较多的交易规则。经营者只有深入了解并熟悉所有规则规定，才有助于更好地经营店铺，才能在运营过程中规避风险。

为维护和优化平台的经营秩序，更好地保障速卖通广大用户的合法权益，速卖通制定了速卖通平台规则（商家规则）（以下简称"速卖通规则"），规则包括基础规则、行业标准、知识产权规则、禁限售规则、营销规则、招商规则、商家保护政策，以及其他平台不时制定的约束相关商家的规则。

由于速卖通规则内容较多，本书仅对速卖通基础规则、速卖通知识产权规则和速卖通禁限售规则进行简要的阐述。

一、速卖通基础规则

速卖通基础规则共有四章，包括商家基本义务、交易规则、违规及处罚规则和附则，下面介绍基础规则的一些主要内容。

（一）商家基本义务

（1）速卖通要求商家必须遵守中国及其他国家可适用的法律、规章、政令、判决等规范性文件，履行在信息披露、质量保证、发货与售后服务等方面的义务，对消费者负责。

（2）速卖通要求商家遵守商品类目发布规则，尊重他人知识产权，诚信经营。

（二）交易规则

交易规则共十五节，包括"注册""认证""准入及店铺开通""商家准入及经营""发布商品""搜索排序""物流""纠纷""售后宝服务"等内容，涉及商家经营的全流程。

对于交易规则的具体内容，可通过速卖通网站查询。

（三）违规及处罚规则

本规则共四节，包含"违规处理措施""违规类型分类及处理""四类违规及处罚"和"违约金"。

本规则主要针对商家在经营期间存在的违规行为进行处罚，处罚措施主要包括警告、调整排名、屏蔽、限制商品发布、关闭经营权限、冻结账户、关闭账户等措施。根据违规性质，违规分为知识产权严重违规、知识产权禁限售违规、交易违规及其他、商品信息质量违规。速卖通采取四套积分制对违规行为进行处罚，四套积分分别扣分，分别累计，处罚分别执行。表1-1为速卖通四套积分体系处罚节点一览表。

表1-1 速卖通四套积分体系处罚节点一览表

违规类型	违规节点	处罚
知识产权严重违规	第一次违规	冻结（以违规记录展示为准）
	第二次违规	冻结（以违规记录展示为准）
	第三次违规	关闭
知识产权禁限售违规	2分	警告
	6分	限制商品操作3天
	12分	冻结账户7天
	24分	冻结账户14天
	36分	冻结账户30天
	48分	关闭
交易违规及其他	12分	冻结账户7天
	24分	冻结账户14天
	36分	冻结账户30天
	48分	关闭
商品信息质量违规	12分及12分倍数	冻结账户7天

同时，速卖通还有违约金处罚，在商家缴纳保证金的情况下，速卖通有权在商家违规的情况下扣除违约金。速卖通违规场景及处罚金额如表1-2所示。

表 1-2　速卖通违规场景及处罚金额

违规类型	违规场景	违约金金额及其他处罚
违规扣分	因知识产权严重违规累计达 2 次	3000 元
	因知识产权禁限售违规扣分累计达 24 分	3000 元
	因知识产权禁限售违规扣分累计达 36 分	5000 元
	因商品信息质量违规扣分，每扣 12 分节点	500 元
	因知识产权禁限售违规、交易违规及其他、知识产权严重违规等被扣 48 分或直接关闭账户的	如商家适用第十七条之一的保证金制度，违约金金额为保证金金额；如商家适用第十七条之二的履约担保制度，违约金金额为履约担保保证金金额
违反虚假发货规则	构成虚假发货规则的一般违规，扣除 2 分	500 元
	构成虚假发货规则的严重违规，扣除 12 分	1000 元
违反成交不卖规则	构成成交不卖规则的一般违规，扣除 2 分	500 元
	构成成交不卖规则的严重违规，扣除 12 分	1000 元

速卖通交易及违规处罚规则的具体内容可通过速卖通网站查询。

二、速卖通知识产权规则

速卖通平台严禁用户未经授权发布、销售涉嫌侵犯第三方知识产权的商品或发布涉嫌侵犯第三方知识产权的信息。

若商家发布涉嫌侵犯第三方知识产权的信息，或销售涉嫌侵犯第三方知识产权的商品，则有可能被知识产权所有人或者消费者投诉。平台会随机对店铺信息，如商品（包含下架商品）信息、商品组名等进行抽查，若涉嫌侵权，则信息、商品会被退回或删除。平台根据侵权类型进行处罚。速卖通知识产权具体规则如表 1-3 所示。

表 1-3　速卖通知识产权具体规则

侵权类型	定义	处罚规则
商标侵权	严重违规：未经注册商标权人许可，在同一种商品上使用与其注册商标相同或相似的商标	三次违规者关闭账户
	一般违规：其他未经权利人许可使用他人商标的情况	1. 首次违规扣 0 分； 2. 其后每次重复违规扣 6 分； 3. 累计达 48 分者关闭账户
著作权侵权	未经权利人授权，擅自使用受版权保护的作品材料，如文本、照片、视频、音乐和软件，构成著作权侵权。 实物层面侵权： 1. 盗版实体商品或其包装； 2. 实体商品或其包装非盗版，但包括未经授权的受版权保护的作品 信息层面侵权：商品及其包装不侵权，但未经授权在店铺信息中使用图片、文字等受著作权保护的作品	1. 首次违规扣 0 分； 2. 其后每次重复违规扣 6 分； 3. 累计达 48 分者关闭账户
专利侵权	侵犯他人外观专利、实用新型专利、发明专利、外观设计专利（一般违规或严重违规的判定视个案而定）	1. 首次违规扣 0 分； 2. 其后每次重复违规扣 6 分； 3. 累计达 48 分者关闭账户 （严重违规情况，三次违规者关闭账户）

速卖通将知识产权违规分为一般违规行为和严重违规行为，并针对不同的违规行为采取

不同的处理措施，如表1-4、表1-5所示。

表1-4　知识产权一般违规处罚规则

处罚标准	处罚方式
分数累计达2分	严重警告
分数累计达6分	限制商品操作3天
分数累计达12分	冻结账户7天
分数累计达24分	冻结账户14天
分数累计达36分	冻结账户30天
分数累计达48分	关闭账户

表1-5　知识产权严重违规处罚措施

违规情节	处理措施
首次违规	侵权信息：退回或删除 账户：冻结1天 （侵权情节特别严重者，直接关闭账户）
第二次违规	侵权信息：退回或删除 账户：冻结7天
第三次违规	关闭账户

对于速卖通知识产权规则的具体内容，可通过速卖通网站查询。

三、速卖通禁限售规则

速卖通禁限售规则指的是平台禁止发布任何含有或指向性描述禁限售信息。针对任何违反本规则的行为，平台会对商家做出相应的处罚。商家不得以任何方式规避平台发布的其他禁售商品管理规定及公告规定的内容，否则可能被加重处罚。禁限售规则涉及禁售商品和限售商品。其中禁售商品是指因涉嫌违法、违背社会道德或违背平台发展原则等原因，而禁止发布和交易的商品。限售商品是指信息发布前需要取得商品销售的前置审批、凭证经营或授权经营等许可证明，否则不允许发布的商品。禁限售商品包括：毒品、易制毒化学品及毒品工具；危险化学品；枪支弹药；管制器具；药品和医疗器械；等等。

平台有权根据发布信息本身的违规情况及会员行为做加重处罚或减轻处罚的处理。恶意行为举例：包括但不限于采用对商品信息隐藏、遮挡、模糊处理等隐匿的手段，采用暗示性描述或故意通过模糊描述、错放类目等方式规避监控，同时发布大量违禁商品，重复上传违规信息，恶意测试规则等行为。对于恶意违规行为，平台视情节的严重性加重处罚，如一般违规处罚翻倍，或达到严重违规程度，将关闭账户。对于被认定为恶意行为的一般违规将加重处罚。速卖通禁限售商品处罚规则如表1-6所示。

表1-6　速卖通禁限售商品处罚规则

处罚依据	行为类型	违规行为情节/频次	其他处罚
禁限售规则	发布禁限售商品	严重违规：48分/次（关闭账户） 一般违规：（0.5～6分）/次（1天内累计不超过12分）	1. 退回/删除违规信息； 2. 若核查到订单中涉及禁限售商品，速卖通将关闭订单，如消费者已付款，无论物流状况如何均全额退款给消费者，商家承担全部责任

关于速卖通知识产权侵权案例的解析，可通过速卖通网站查询。

速卖通除了基础规则、知识产权规则、禁限售规则，还有相应的营销规则、招商规则、搜索规则等，可登录速卖通规则中心查询相关内容。

第二节　亚马逊平台规则

亚马逊公司（Amazon，简称"亚马逊"），成立于 1995 年，是美国最大的网络电子商务公司，是在网络上最早经营电子商务的公司之一。亚马逊最初只经营书籍销售业务，目前已成为全球最大的跨境电商平台。亚马逊在全球共有 18 个站点，包括美国、加拿大、墨西哥、英国、法国、德国、意大利、西班牙、荷兰、瑞典、比利时、日本、新加坡、澳大利亚、印度、阿拉伯联合酋长国（简称"阿联酋"）、沙特阿拉伯（简称"沙特"）和波兰等，以上站点都已对中国商家开放。在亚马逊开店需要遵守平台制定的规则，充分了解平台规则可以让商家在店铺运营过程中避免违规受到警告，甚至被封店。

一、平台规则

（一）禁止注册多个亚马逊账户

亚马逊规定，一个商家只能有一个账户和店铺，如果被亚马逊发现存在多个账户的话，会被要求注销账户，或者封店。最常见的情况就是账户关联，同一个 IP 登录两个账户，或者两个店铺销售的商品非常相似，都会被亚马逊认定为是同一个商家。

（二）禁止私下给消费者发邮件

亚马逊不允许在解答消费者问题或提供消费者服务以外，给消费者发送带有引导性的邮件，如"好评返现"等带有营销性质的邮件。这类邮件在亚马逊平台上是被禁止的，这种做法也是不可取的。此种行为被亚马逊发现，会受到警告，如果被消费者投诉，会带来严重的后果。

（三）控制评论和排名

商品详情页（Listing）对商家来说是至关重要的。商品详情页的好坏直接影响到商品的流量和曝光量。但是，商家不能为了达到目的，就通过刷单、打折等方式去控制排名，如果被亚马逊检测到，那么后果是无法想象的。

（四）杜绝商品侵权

无论在任何场合，剽窃他人的劳动成果都是令人深恶痛绝的。亚马逊对商品的品牌要求及保护也是十分重视的。如果商品没有注册商标或者品牌，就容易被下架。如果被投诉品牌侵权的话，商家就要赔付巨额赔偿费，严重的话会被封店。

二、禁限售规则

在销售商品时，商家违反法律或亚马逊禁限售规则，亚马逊会根据商家违反规则的情况，采取相应的纠正措施，包括但不限于以下措施：
（1）立刻暂停或终止销售权限。
（2）销毁亚马逊运营中心内的库存且不提供赔偿。
（3）退还库存商品，终止业务关系。
（4）永久扣留销售款项。

所有的亚马逊禁限售政策都可以在商家后台通过搜索"受限商品"找到。销售非法或不安全的商品有可能承担其他法律责任。

亚马逊商家不能发布属于以下情况的商品：
（1）违反亚马逊首选商品政策。
（2）不安全的商品。
（3）只能凭处方购买。
（4）违反任何适用的国内或国际法律，包括濒危野生物种贸易公约。
（5）侵犯第三方知识产权或违反亚马逊的防伪政策。
（6）违反任何其他亚马逊政策，如发布具有攻击性和争议性的商品，以及召回的商品。

三、知识产权规则

亚马逊非常重视知识产权侵权问题。亚马逊知识产权政策主要涵盖版权、专利权及商标权。即使商家在不知情的情况下侵犯了他人的知识产权，亚马逊仍然会采取措施，商家账户可能受到警告或被暂停。因此，亚马逊商家应该自觉遵循相关法律和亚马逊的政策。

（一）版权侵权

版权侵权通常是指对某些经典形象的侵权（通常是机器人探测），以及抄袭别人的图片；除非得到版权拥有者的同意，否则就是侵犯知识产权。

（二）商标侵权

商标侵权主要涉及商品或服务的标志，指由销售者对商品使用的文字、符号、色彩、声音等，甚至上述内容的结合。商标的功能是将自己的商品和其他销售者的商品区别开来。任何与商品或服务有关的名字和图案都可能成为商标，而不仅是简单的图片。如果商家在商品上发布了侵权商品或相关商品的信息，那么在使用该商品时，必须取得该商品的授权，否则将以侵权论处。

（三）专利侵权

专利分为外观设计专利、实用专利和发明专利三种。专利拥有者有权禁止其他人非法侵犯在专利中声明的商品。相比版权和商标，专利的认定要严格得多。专利权由政府授权给专利权拥有者，以阻止他人生产、引用、使用和出售该专利权拥有者的商品。商家无法确定自己的商品是否侵权，可以去亚马逊后台的"合规性参考"中查询。

"合规性参考"可以为商家出售高风险的商品提供解决方案。例如，通过"合规性参考"查询儿童玩具、吹风机、灯具、充电宝等高风险商品的合规要求和解决方案。

"合规性参考"的使用流程：

（1）打开亚马逊商家后台，在菜单栏中找到"库存"，在下拉框中找到"添加新商品"。

（2）在添加新商品页面，查找"合规性参考"≫"合规性自我评估"。

（3）进入合规性参考页面，选择运输地址（货物发运地点）和收货地址（要出售物品的目的市场）。选择想看的商品类型有以下两种途径。

①输入商品关键字/HS 代码。

②商品类型框。

（4）在定义商品类型的右下方，单击【查看帮助内容】按钮。

（5）在"检视要求"页面，商家可以看到四项符合条件的内容，分别是商品合规性、危险货物合规性、出口贸易合规性、进口贸易合规性，每一项都详细标注所需的商品资格。

（6）亚马逊官方非常贴心地为商家搜集符合条件的服务商，商家可以根据自己的需求进行选择。

（7）当符合条件的服务商被选中时，在页面右边的"服务提供商"页面显示商家选中的数量，然后单击【创建报告】按钮。

（8）单击【创建报告】按钮后，页面会显示服务商的联系方式，商家还可以下载 PDF 文件，查看商品的合规信息。

想一想

在了解速卖通和亚马逊的平台规则以后，作为公司负责人的张海，根据自己的企业特点，应该如何选择平台？在选择平台过程中，他应该如何规避自身企业的短板？

思政园地

2021 年上半年，一种名为"灭鼠先锋"的减压玩具在亚马逊走红。该商品最早由 FoxMind 公司推出，通过挤压泡泡纾解压力，在新冠疫情期间大火。2021 年 6 月，品牌方 FoxMind 公司委托 EPS 律师事务所代理诉讼，起诉涉嫌商标与专利侵权的商家。在有关部门的严查之下，有 39 家商家账户被冻结，损失较大。

上述行为属于商标与专利侵权行为。商标权和专利权都有独占性和地域性，只有在获得他人授权的前提下才能使用他人的商标和专利，否则就是侵权行为。跨境电商商家在进行跨境电商业务之前都要熟悉平台规则，做到合法合规经营，诚实守信，在维护自己权益的同时，也尊重他人的权利。

知识链接

临时限制令（Temporary Restraining Order，TRO）：一项紧急禁令，权利人可以根据美国联邦民事诉讼法 65（b）从美国法院取得，而无须通知任何其他方，因为权利人迫切需要保护其知识产权，需要对方立即停止侵权行为、冻结涉嫌侵权人的资产，并迅速获得相关文件。

外观设计：指由线条、轮廓、颜色、形状、表面结构或由材料本身装饰形成的整体或部分商品外观。商品指所有工业和手工制品，包括属于整体商品的包装、装潢、图形和印刷文图。

欧盟外观设计（EU Community Design）：根据欧盟理事会关于欧盟外观设计的第

6/2002 号法规，欧盟外观设计分为经注册的外观和未经注册的外观。欧盟知识产权局（EUIPO）负责欧盟外观设计的注册和管理，其总部设于西班牙阿利坎特。

商品如实描述：指商家在商品描述页面、店铺页面等所有速卖通提供的渠道中，应当对商品的基本属性、成色、瑕疵等必须说明的信息进行真实、完整的描述。

警告：指速卖通以口头或书面的形式对商家的不当行为进行提醒和告诫。

调整搜索排名：指调整店铺的部分或全部商品在搜索结果中的排序。

屏蔽：指商家的所有商品（包括违规商品和非违规商品），除了在商家店铺能看到，在前台搜索页面没有任何展示的处罚措施。

总结

熟悉跨境电商平台规则，是合法合规经营的基础。企业要从事跨境电商业务，必须掌握平台规则，根据平台规则改善企业经营流程，完善企业信息、商品信息，重视知识产权，建立自有品牌。

练 习 题

一、单项选择题

1. 关于作为品牌持有者，亚马逊商品图片能否印有公司品牌 LOGO 水印说法正确的是（　　）。
   A. 可以，打击侵权的有效手段
   B. 不可以，但可以注明公司名称
   C. 不可以，亚马逊平台的所有主图、附图均不能有任何水印
   D. 可以，只要提供品牌相关证明即可

2. 速卖通和亚马逊是跨境电商行业知名企业，以下关于速卖通和亚马逊的说法中正确的是（　　）。
   A. 速卖通平台规则和亚马逊平台规则是完全一样的
   B. 速卖通平台规则主要包括上架规则、商品详情页规则、商品排名规则、绩效考核规则、广告费的扣款规则等
   C. 亚马逊平台规则主要包括禁限售规则、知识产权规则、商品搜索排序规则、营销规则等
   D. 亚马逊平台规则主要包括上架规则、商品详情页规则、商品排名规则、绩效考核规则、广告费的扣款规则等

3. 为规范速卖通商家行为，提升消费者体验，目前速卖通平台有（　　）套违规积分制，各积分制分别扣分、分别累计、处罚分别执行。
   A. 三　　　　　　　　　　　　B. 四
   C. 五　　　　　　　　　　　　D. 六

4. 在下面各角色中，最终需要确保商品符合亚马逊防伪政策的是（　　）。

  A. 经销商   B. 商家
  C. 消费者   D. 商品产权拥有者

5. 速卖通平台知识产权禁限售违规处罚不包括（　　）。
  A. 2 分，警告   B. 4 分，限制商品操作 3 天
  C. 12 分，冻结账户 7 天   D. 48 分，关闭店铺

二、多项选择题

1. 在亚马逊平台要通过分类审核的品类是（　　）。
  A. Clothing   B. Watches
  C. Fine Art   D. Jewelry

2. 在跨境电商经营过程中，经常发生消费者拒付的情况，拒付的原因主要有（　　）。
  A. 未经授权的信用卡使用   B. 未收到货物
  C. 货不对版   D. 未收到退款

3. 知识产权尤其应该引起跨境电商行业高度重视，以下关于知识产权的说法中正确的是（　　）。
  A. 如果你为自己的商品拍摄照片，那么通常可以获得所拍照片的版权保护，并可以在商品详情页上使用该照片销售该商品。但是，如果你的照片是从他人网站上获取的，则在没有取得该网站所有者许可的情况下，不得将此照片上传至商品详情页
  B. 在亚马逊平台销售的所有商品都必须是正品
  C. 未经本人同意，不得以营利为目的擅自使用别人的肖像
  D. 在美国注册的商标，同样可以保护自己在日本的权益

4. 如果被发现违反防伪政策，可能发生的情况有（　　）。
  A. 亚马逊上的资金被冻结并扣押   B. 所卖的商品被从亚马逊移除
  C. 账户被封   D. 商家可以继续正常经营

5. 速卖通平台要求商家尊重他人的知识产权，严禁未经授权发布、销售侵犯第三方知识产权的商品，第三方知识产权包括（　　）。
  A. 商标权   B. 著作权
  C. 肖像权   D. 专利权

三、判断题

1. 亚马逊十分关注消费者体验，订单缺陷率、配送前取消率、迟发率、有效追踪率指标都是商家的基本目标，是一定不能触碰的警戒线。（　　）

2. 商品主图就是商品的主要图片，可以体现商品的款式、风格、颜色等特征，速卖通商品主图可以直接使用其他商家的图片或在阿里巴巴（1688）上采集的图片。（　　）

3. 速卖通有权终止、收回未通过身份认证或连续一年 180 天未登录速卖通或 Trade Manager 的账户。（　　）

4. 亚马逊平台侵权行为一旦确认，下架商品详情页，暂停销售权限，还可能损失库存，甚至支付给品牌方高额赔偿金。（　　）

5. 速卖通平台的关闭账户是指冻结账户，同时限制发送站内信、停止店铺访问、永久冻结商家账户资金的处罚措施。（　　）

四、案例分析题

1. 亚马逊商家 A 想上新品水杯，从某设计师网站截图获取自己心仪的卡通形象，改了一下配色，将图案印在自己的商品上。请问商家 A 的做法正确吗？

2. 魔术贴（hook & loop）又名"粘扣带"，是在衣服上常用的一种连接辅料，分两面，一面是细小柔软的圆毛，另一面是较硬带钩的刺毛。该商品广泛用于服装、鞋子、帽子、手套、皮包、沙发、车船、座垫、航空用品、雨披、窗帘、玩具、睡袋、体育运动器材、音响器材、医疗器械、帐篷、小轮车护套、各类军工商品、电线、充电器、陈列用具等。

很多商家用"velcro tape"来表达魔术贴，而"velcro"最初是由美国罗克牢公司注册的商标，后来逐步在行业内广泛使用。请问商家上述做法正确吗？

单元二　店铺注册流程

引导案例 >>>

> 小速向公司负责人张海汇报了速卖通规则和亚马逊规则后，张海根据企业的实际情况，决定让小速在速卖通平台和亚马逊平台各注册一家店铺。小速接到命令以后，立即投入注册店铺的工作中。
>
> 结合案例，思考并回答以下问题：
> 1. 小速应该从哪里获得注册速卖通店铺和亚马逊店铺的流程？
> 2. 在注册店铺之前，小速应该做哪些准备工作？
> 3. 小速能用他人的资料注册店铺吗？

第一节　速卖通店铺注册流程

一、速卖通店铺注册所需资料

（一）速卖通的收费模式

自 2020 年开始，速卖通将原来的年费改成了保证金，实行"保证金+交易佣金"的收费模式。在保证金规则启动之后，速卖通取消了"标准销售计划"和"基础销售计划"套餐，所有商家保证金规则和系统功能一致。

1. 保证金

（1）保证金的缴纳。

每个速卖通账户只能选取一个经营范围，并在该经营范围下经营一个或多个经营大类（只有 9 和 10 经营范围下有多个经营大类）。商家按照经营大类缴纳保证金，一个经营大类收取一份保证金。不同的商品类目收费金额不同，手机类目为 3 万元、真人发类目为 5 万元，其他类目为 1 万元。如果店铺要入驻多个经营大类（仅涉及 9 和 10 经营范围），则保证金为多个经营大类中的最高金额。

商家在申请入驻经营大类时,需指定缴纳保证金的支付宝账户,并保证账户内有足够的金额。平台将在商家的入驻申请通过后,通过支付宝冻结相关金额。如果支付宝账户内金额不足,权限将无法开通。

(2) 保证金的管理。

商家缴纳保证金之后,若出现触碰平台底线的违规行为,速卖通有权从保证金中划扣对应金额。

(3) 保证金的退还。

商家入驻时缴纳的保证金是可以退回的。商家关闭速卖通店铺,店铺所有订单完成,且不存在商家规则规定的违规、违约行为,平台会在 30 个自然日内将保证金退回至商家的支付宝账户。如果商家在经营期间违反了平台规则,出现违规、违约行为,速卖通会扣除相应的金额,余下部分会在商家退出经营类目的 30 个自然日内退回至商家的支付宝账户。如果保证金不足,商家要及时补缴,避免店铺受到影响。

2. 类目佣金

速卖通店铺每售出一件商品,平台会根据订单的销售金额(包括商品金额和运费)按照一定的比例扣除佣金。类目不同,佣金的比例也是不同的,佣金比例为 5%~8%。如果消费者取消订单、商家退款,交易佣金会按相应的比例退还。

(二)店铺注册所需资料

注册速卖通店铺,对 IP 没有限制,但在注册前,商家需要准备好企业营业执照、手机号码、电子邮箱、身份证、支付宝账户或企业法人支付宝账户、品牌代理、商标等资料。

(1) 企业营业执照。目前只有企业性质的商家才可以入驻速卖通,个体工商户暂时不能在速卖通开店。如果是中国商家,企业注册地就需要选择中国大陆。

(2) 电子邮箱。要求全新的电子邮箱,之前没有注册过速卖通店铺。电子邮箱用于接收注册验证码,后期用于登录速卖通后台。

(3) 身份证。企业营业执照用的法人身份证。

(4) 手机号码。填写真实有效的手机号码,保证能接收到验证码。

(5) 支付宝账户。注册速卖通会用到支付宝,但必须是企业支付宝,如果没有企业支付宝账户,商家就需要到支付宝官方平台,按流程申请或者用企业法人的支付宝和企业执照去认证。

(6) 品牌代理。商家必须拥有或代理一个品牌经营,或取得他人的品牌授权。

(7) 商标。对于品牌店商家来说,一定要注册商标,R 标、TM 标均可。

二、速卖通店铺注册流程

(一)注册账户

速卖通接受依法注册并正常存续的企业开店。一个营业执照最多可开通 6 个速卖通店铺。

商家可以登录速卖通网站,找到 "Sell on AliExpress",在下拉菜单中找到 "中国商家入驻",进入速卖通平台,单击页面右上角的【注册】按钮,填写注册信息。

在填写注册信息时，要注意注册电子邮箱中不能出现 AliExpress、Taobao 或 Alibaba 等字样，否则不能注册成功，如 aliexpress007@ABC.com。另外，一个电子邮箱注册阿里巴巴旗下的平台有数量限制，为了避免重复注册，最好申请一个新的电子邮箱注册速卖通账户。

（二）填写企业信息

1. 选择经营报价币种

速卖通平台默认将人民币作为经营报价币种，不支持将人民币更改为其他币种。人民币的设置将生效于商品价格、运费价格、店铺营销定价等。同时，平台将按照人民币结算商家的订单款项。使用人民币作为经营货币，能够有效降低汇率波动产生的经营损失，使商品定价能够保持稳定，减少频繁调价的困扰，同时能够增加境外资金入境的确定性。

2. 实名认证

在速卖通店铺开通之前，商家必须通过企业支付宝授权认证或自行填报入驻信息并以企业法人授权认证的方式完成认证。实名认证方式如图 1-1 所示。一个企业只能认证 6 个速卖通账户（主账户），认证主体不允许变更，不允许认证的公司从 ABC 公司变为 DEF 公司，不允许变更统一社会信用代码。统一社会信用代码不变，只变更公司名称和法人名称是可以的。

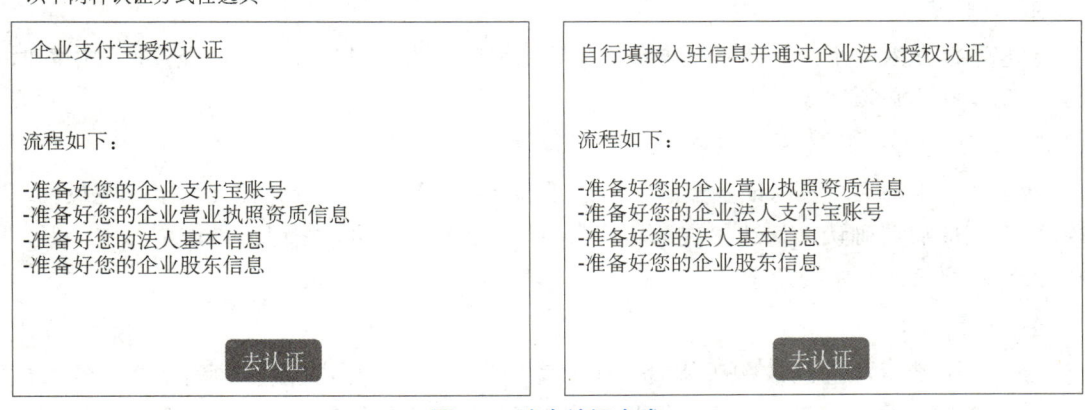

图 1-1　实名认证方式

（1）企业支付宝授权认证。选择"企业支付宝授权认证"，登录企业支付宝账户授权即可。这种方式需要提前在支付宝申请企业支付宝账户，具体申请方法可联系支付宝客服 95188 咨询，或者在支付宝小程序中联系在线客服。申请完成之后，在速卖通认证页面登录企业支付宝账户，认证即可通过。企业支付宝授权认证所需资料：企业支付宝账户、企业营业执照资质信息、法人基本信息、企业股东信息等。

（2）自行填报入驻信息并通过企业法人授权认证。选择"自行填报入驻信息并通过企业法人授权认证"，不需要企业支付宝账户，只需在认证页面提交相关资料和法人的支付宝账户授权，资料审核需要两个工作日。

3. 注册基本步骤

（1）完善企业信息，包括企业类型（一人独资企业、有限责任公司或股份有限公司）、企业名称、企业统一社会信用代码、法人代表姓名、企业注册地址、营业执照有效期（无截止日期则为长期）、法人身份证号、企业注册时间、企业经营地址、企业联系电话、企业经营范围等，上传企业营业执照。

（2）登录法人实名认证的支付宝账户。

（3）人工审核。

（4）完成认证。

注意：完成认证的商家不得在速卖通注册或使用消费者账户，如速卖通有合理依据怀疑商家以任何方式在速卖通注册消费者账户，则有权关闭消费者账户，且对商家依据规则进行市场管理。情节严重的，速卖通有权立即停止对商家的服务。

（三）入驻类目，缴纳费用

1. 类目申请

商家根据企业既定的经营方向，申请经营大类权限。速卖通将行业划分为若干经营范围，每个经营范围分设不同经营大类，商家在速卖通注册店铺账户后，每个店铺账户只能选择一个经营范围经营，但可以在该经营范围内经营一个或多个经营大类。店铺可以更换类目经营，退出当前经营类目，按照入驻流程再次申请正确类目入驻。商家在本年内无法再次入驻当年退出的类目。

2. 品牌申请

商家可以在入驻平台开店时就申请完品牌的权限，也可以在开店后、经营过程中随时申请，此动作并非必须完成。

3. 缴纳费用

商家确定申请类目及保证金金额，单击【绑定账户】按钮，会弹出支付宝绑定页面。支付宝绑定完成后请确认，勾选"同意协议"，单击【确认缴纳】按钮。操作全部完成后，就可以去发布商品，开始经营了。

4. 发布商品

为了保障消费者的高效购买体验，让速卖通有限的资源最大限度地满足商家经营的需求，平台为不同类目、等级的商家设置了不同的可发布商品数量。无类目、行业特殊规定的商家的商品发布数量控制在 3000 种以内，店铺经营表现获得评估后的商家方可提升商品发布数量。接发与发套行业对商品发布数量的上限要求是：金牌、银牌店铺上限为 300 种，普通店铺上限为 200 种。如果商品发布数量超过限制数量，平台就将下架超限商品。下架商品的次序是按上架时间确定的，最后上架的超限商品最先下架。

第二节 亚马逊店铺注册流程

一、亚马逊店铺所需资料

在注册亚马逊店铺之前，商家要准备以下资料。

（一）注册邮箱

不同站点的注册邮箱不能重复，新商家开通几个站点就需要准备几个邮箱。注册邮箱最好不要使用国内的邮箱，建议使用 Gmail，Outlook 等邮箱。

（二）公司营业执照彩色扫描件

在亚马逊开店需要提供营业执照，一般建议用公司执照注册，行业一般为贸易、商贸、电子商务型有限公司。要注意，如果开店时提供的营业执照为合资企业，就需要提供股东证明。

商家提供的营业执照必须满足以下要求。

（1）必须由中国大陆、中国香港、中国台湾出具。

（2）中国大陆企业：营业执照（距离过期日期应超过 45 天）。

（3）中国香港企业：公司注册证明书和商业登记证（距离过期日期不超过 45 天）。

（4）中国台湾企业：有限公司设立登记表、股份有限公司设立登记表、有限公司变更登记表、股份有限公司设立登记表。

（三）法定代表人身份证彩色扫描件

在亚马逊开店提供的身份证必须和公司法人的身份证一致，就是营业执照上的人员。商家提供的身份证必须满足以下要求。

（1）身份证上的姓名必须与营业执照上法定代表人的姓名一致。

（2）身份证上的姓名应与注册的亚马逊账户上的姓名完全匹配。

（3）身份证必须由中国大陆、中国香港、中国台湾出具。

（4）身份证必须在有效期内。

（四）双币信用卡

信用卡的主要用途是扣店铺月租。亚马逊店铺月租用美元结算，所以信用卡要能够正常扣费。商家提供的信用卡必须满足以下要求。

（1）可进行国际结算的信用卡（VISA 或者 MasterCard，推荐 VISA）。

（2）确认开通销售国币种的支付功能；若同时开通多个商城，建议使用可以支持多币种支付的信用卡。

（3）确认信用卡尚未过期并具有充足的信用额度，而且对网购或邮购付款没有任何限制。

注意：双币信用卡可以不是法定代表人的。

（五）手机号码

手机号码必须是没有注册过亚马逊店铺的手机号码，建议使用常用的手机号码，不要停机。使用同一套公司资料注册不同的站点，可以使用同一个手机号码；使用不同公司的资料注册同一个站点的多个店铺，需要使用不同的手机号码，以防关联。

（六）银行账户

商家提供可用于接收付款的银行账户，有以下三种方式可供选择（三选一）。

（1）国内银行账户：使用人民币接收全球付款并直接存入境内银行账户，银行地址选择中国。

（2）美国/中国香港地区的银行账户：使用境外或中国香港地区的有效银行账户，用当地货币接收亚马逊销售款。

（3）第三方存款账户：使用参加"支付服务商计划"的支付服务商提供的银行账户。在此种情况下，请选择支付服务商为你开立银行账户所在的国家或地区作为银行所在地。

二、亚马逊店铺注册步骤

（一）注册步骤

亚马逊商家在准备好上述资料以后，可以登录亚马逊的官方网站进行注册。以美国站店铺注册为例，下面是注册的主要步骤。

（1）填写姓名、邮箱地址、密码，创建新用户。

（2）验证邮箱。

（3）填写公司所在地、业务类型、名称，要求使用中文填写实际经营地址，且精确到门牌号，确保可以提供该地址的水费、电费、煤气费账单，该地址可以接收快递，地址经确认后不能修改。

（4）填写公司详细信息，进行电话短信验证。

（5）填写法人及受益人信息。

（6）填写信用卡卡号、有效期、持卡人姓名、账单地址。

（7）填写收款账户的金融机构名称、收款账户所在国家（地区）、账户持有人姓名、9位数的银行识别代码和银行账户等。

（8）填写店铺名称。

（9）进行身份验证。

（10）进行美国站税务审核。

（11）填写其他站点存款方式（收款账户）。

（二）注意事项

（1）不能以个人信息注册亚马逊，必须以企业资质注册。

（2）同一套资料可以注册北美站、欧洲站、日本站，同一站点不可以重复注册。

（3）如果是境内的营业执照，则不可以使用境外 IP，否则会导致账户被封。

三、注册流程常见问题答疑

问题一：我听说有渠道可以购买注册链接，这些链接可以跳过资质验证，更快地完成注册，且不会触发额外的审核，是真的吗？

回复：亚马逊提供的账户注册链接不会收取任何费用！任何需要付费购买的注册链接都来自非合规渠道，此类注册链接不会在任何流程或审核上提供捷径，而且在上线后面临一系列风险，包括但不限于被限制销售权限。请勿相信非官方渠道的任何虚假宣传。账户在注册中遇到的所有审核程序，都是为了帮助亚马逊商家营造一个公平、合规的运营环境。

问题二：我可以用手机进行视频验证吗？

回复：可以。手机只要安装了 Safari 或者 Chrome 浏览器，就可以使用手机浏览器进行视频验证。

问题三：找不到合适的视频预约日期，怎么办？

回复：亚马逊每天都会添加新的预约选项，请查找合适的日期和时间。或者，你可以在即时视频通话标准工作运营时间段（9:00—17:45）中选择通过"即时视频通话"来进行视频验证。

想一想

为什么完成认证的速卖通商家不得在速卖通注册或使用消费者账户？

思政园地

某地公安局刑侦大队在一家公司的办公室里发现大量的营业执照和公民个人信息。原来该公司收买这些身份信息和营业执照之后，会利用它们在亚马逊平台注册亚马逊店铺，等店铺注册成功之后，将其以3000~4000元不等的价格卖给其他人。

众所周知，注册亚马逊店铺需要用到身份信息和手机号码。部分商家以营利为目的，借用他人信息开设亚马逊店铺，为了满足市场需求，便有了倒卖个人信息的交易。个人信息是受法律保护的，保护个人信息是每个人法定的义务，不能以营利为目的买卖个人信息。

知识链接

TM 标：TM 是商标申请注册中的意思，即标注 TM 的文字、图形或符号是正在等待国家核准的商标，国家已经受理注册申请，但不一定会核准注册。TM 是英文"trademark"的缩写。

R 标：是指该标识已经被商标局核准注册，商标申请人拥有了商标专用权，该商标将受到法律的保护。商标权人可以在商品的包装及其他地方使用该标志，向所有人宣告该商标的专用权，对自己的商标可以起到保护作用。

总结

1. 注册账户时使用的信息必须是真实信息，不能使用非法手段获得他人信息进行注册。

2. 注册账户时使用的电子邮箱和手机号码务必真实，且能收到电子邮件和短信验证码等信息。

3. 在进行视频验证时，必须带齐平台要求的文件，如果不是法人入镜，就要获得法人的授权。

练 习 题

一、单项选择题

1. 关于亚马逊专业商家账户，以下说法中错误的是（　　）。
   A. 自注册，成功率低　　　　　　　　B. 必须是企业
   C. 属于第三方商家级别　　　　　　　D. 必须是个人

2. 亚马逊平台要求中国商家注册时使用的中国大陆营业执照距离过期日期应（　　）。
   A. 超过 45 天　　　　　　　　　　　B. 不超过 45 天
   C. 超过 30 天　　　　　　　　　　　D. 不超过 30 天

3. 注册速卖通店铺时，不能使用的邮箱类型是（　　）。
   A. 12345678@qq.com　　　　　　　　B. aliexpress007@ABC.com
   C. snowflake001@gmail.com　　　　　D. Jamesbond@hotmail.com

4. 商家关闭速卖通店铺，店铺所有订单完成，且不存在商家规则规定的违规、违约行为，平台会在（　　）个自然日内将保证金退回至商家的支付宝账户。
   A. 30　　　　　　　　　　　　　　　B. 45
   C. 60　　　　　　　　　　　　　　　D. 180

5. 速卖通平台默认将（　　）作为经营报价币种。
   A. 美元　　　　　　　　　　　　　　B. 英镑
   C. 欧元　　　　　　　　　　　　　　D. 人民币

二、多项选择题

1. 以下关于速卖通注册方面的说法中正确的是（　　）。
   A. 商家在速卖通注册使用的邮箱、联系信息等必须属于商家授权代表本人，速卖通有权对该邮箱进行验证
   B. 速卖通的会员 ID 在账户注册后由系统自动分配，不可修改
   C. 用户在速卖通的账户因严重违规被关闭，不得再重新注册账户；若被发现重新注册了账户，速卖通有权立即停止服务、关闭商家账户
   D. 速卖通有权终止、收回未通过身份认证的账户

2. 亚马逊商家提供可用于接收付款的银行账户包括（　　）。
   A. 国内银行账户　　　　　　　　　　B. 美国银行账户
   C. 中国香港地区的银行账户　　　　　D. 第三方存款账户

3. 从 2020 年开始，速卖通将原来的年费改成了保证金，实行（　　）和（　　）的收费模式。
   A. 保证金　　　　　　　　　　　　　B. 交易佣金
   C. 店铺租金　　　　　　　　　　　　D. 发布费

4. 注册亚马逊专业卖家账号，需要的资料主要有（　　）。
   A. 营业执照　　　　　　　　　　　　B. 双币信用卡

C. 收款的银行卡　　　　　　　　D. 电子邮箱（未注册过亚马逊账户的）
　　E. 计算机（未注册或登录使用过亚马逊账户的）
5. 以下属于判定亚马逊账户关联的因素的有（　　）。
　　A. 同一计算机登录多个亚马逊账户
　　B. 同一宽带网络登录多个亚马逊账户
　　C. 两个账户的注册信息中含有相同的电话、地址、密码等信息
　　D. 两个账户中的商品完全相同
　　E. 两个账户有相同的浏览器指纹，如插件、Cookies、系统字体、操作系统版本、打字方式和习惯、打字速度等

三、判断题

1. 速卖通平台允许个体工商户注册店铺。（　　）
2. 商家在开通店铺时缴纳的保证金在任何情况下都不能退还。（　　）
3. 商家在注册亚马逊点不同站点的店铺时，可以使用同一套注册资料。（　　）
4. 亚马逊要求的公司实际经营地址要精确到门牌号，确保可以提供该地址的水费、电费、煤气费账单，以及该地址可以接收快递，地址经确认后不能修改。（　　）
5. 速卖通店铺二级域名需要遵守命名规范，一经注册，每六个月有一次修改的机会。（　　）

单元三　店铺信息完善

引导案例 》》》

> 　　店铺注册好以后，小速马上在平台上发布商品，开启跨境电商之旅。但是，小速还未出单，已经收到了同行的投诉。原来小速上架的商品和其他店铺的商品一样，区别在于同行有注册商标，而小速所在公司没有相关的资料。
>
> 　　结合案例，思考并回答以下问题：
> 　　1. 小速应该如何应对来自竞争对手的投诉？
> 　　2. 为了防止再次发生同样的事情，小速应该去商家后台的哪个板块完善相关的信息？

第一节　速卖通店铺信息完善

一、速卖通店铺商标信息添加

　　跨境商家销售的商品拥有品牌，既能降低侵权风险，防止被侵权或者侵犯别人的权益，

又能更方便地传播自己的商品，使品牌文化更容易根植于消费者的心中。速卖通平台鼓励商家销售带有商标和品牌的商品。商家如果想售卖有商标的商品，就需要进行速卖通商标资质申请。

速卖通平台要求的"商标"包括：英文注册商标；注册地为中国或海外；拥有商标注册证（简称"R标"）或商标注册申请受理通知书（简称"TM标"）。

（一）自有品牌

自有品牌是指速卖通商家从设计、原料、生产到经销全程控制的商品，由指定的供应商生产，贴有速卖通商家的企业品牌，在自己的店铺销售。

在添加自有品牌时，平台要求添加已在国家商标局注册成功的商标，包括中国大陆商标和非中国大陆商标；要求填写商标注册地、商标中文名、商标英文名、商标注册号或申请号、商标注册人，上传商标注册证或受理通知书（非必填）。商标添加后，一般在3个工作日完成审核。在商标添加审核通过后，商家需要在商品发布前完成品牌资质准入申请，待审核通过后方可使用该品牌发布、售卖相关商品。

（二）授权品牌

商标授权是指没有商标的商家可以向有相关类目的商标企业、个体户租用授权。速卖通规定，未经商标注册人的许可，在同一种商品或者类似商品上使用与其注册商标相同或者近似商标的，是一种侵权行为，将会受到相应的处罚。有鉴于此，速卖通商家在没有自我品牌的情况下，可以向相关商标持有人申请租用，以获得在速卖通平台销售商品的权利。如果店铺主体和商品授权使用方不是同一个主体，就需要商家检查授权书资料。例如，开店的主体是A公司，品牌授权书是授权给B公司的，所以商家需要提供的是品牌方授权给店铺的授权书。

（三）商标资质申请流程

（1）通过"账户及认证"≫"我的申请"≫"平台已有的品牌申请"这一路径提交。

（2）单击【申请新品牌】按钮。

（3）在搜索框输入要申请的品牌名，进行勾选，如图1-2所示。

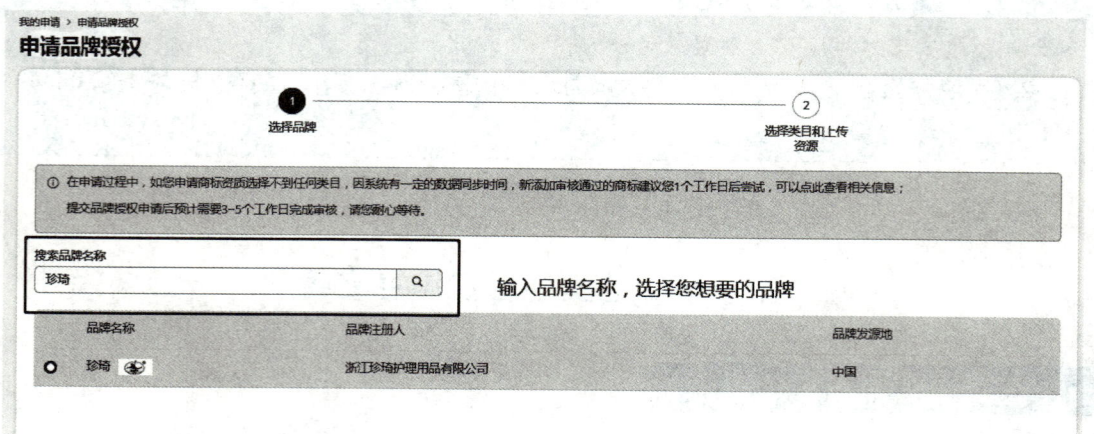

图1-2 勾选已有商标

（4）选择品牌类目，一次只能添加同一品牌下需要相同资质的类目，最多可选 300 个。
（5）按页面提示，提交相关的资料进行申请，如图 1-3 所示。

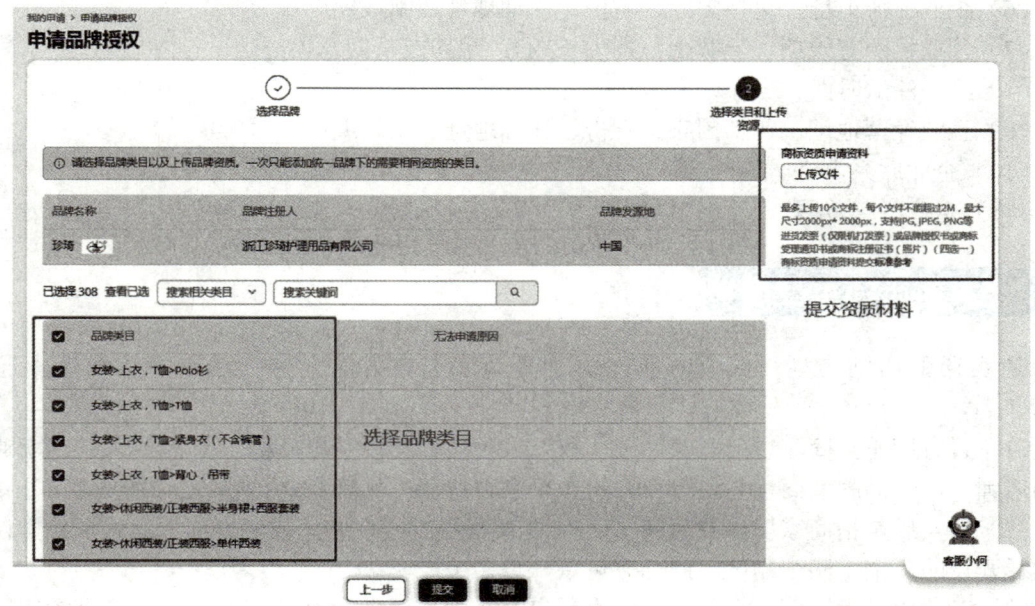

图 1-3　选择类目并上传文件

速卖通一般会在 3～5 个工作日内审核商标资质，周末和节假日不审核，大型促销等特殊时期除外。速卖通平台店铺不得销售涉嫌不正当竞争的商品，如果申请的品牌与知名品牌雷同，就不会通过，需要再次申请，申请其他品牌。

注意：仅拥有中文注册商标的商品可以发布，但在商品详情页面，商品属性"brand name"一栏将无法展示相关的中文字符。拥有英文文字商标的商品，在商品详情页面，商品属性"brand name"一栏会正常展示该商品的英文文字商标。速卖通建议商家尽快注册或将中文商标修改成对应的英文文字商标，以便为商品获得更多的曝光机会。

二、速卖通店铺信息设置

（一）个人信息

个人信息主要包括法人信息、持股比例大于或等于 25%的自然人的股东信息、联系人信息。法人信息主要包括法人姓名和身份证号。

（二）企业信息

在速卖通后台需要添加的企业信息包括以下内容。
（1）企业类型：一人有限责任公司（独资企业）、有限责任公司及股份有限公司。企业可以根据自己的企业性质选择相应的类型。
（2）是否为上市公司：可以选择"是"或"否"。
（3）企业名称。

（4）企业统一社会信用代码。

（5）营业执照。

（6）企业注册地址，包括国家、省份、详细地址、邮政编码。

（7）营业执照有效期（无截止日期为长期）：短期或长期。

（8）企业注册时间。

（9）企业经营地址，包括国家、省份、详细地址、邮政编码。

（10）企业联系电话。

（11）企业经营范围。

三、速卖通店铺类型申请

速卖通的店铺类型一共有三种，分别是速卖通官方店、速卖通专卖店和速卖通专营店。

（1）官方店是指商家以自有品牌或由权益人独占性受权（仅商标为 R 标）入驻速卖通开设的店铺。同一品牌（商标）仅可以开设 1 个官方店。

（2）专卖店是指商家以自有品牌（商标为 R 或 TM 状态），或者持别人品牌授权文件在速卖通开设的店铺。同一品牌（商标）可以开设多个专卖店。

（3）专营店是指运营 1 个及以上别人或自有品牌（商标为 R 或 TM 状态）商品的店铺。同一品牌（商标）可以开设多个专营店。

商家根据不同的店铺类型享有的权益及需要提交的资料选择适合自己的店铺类型，每 30 天可以变更一次店铺类型。

第二节　亚马逊店铺信息完善

一、店铺商标信息添加

在亚马逊销售商品时，通过进行亚马逊品牌注册，即"品牌备案"，有助于商家获得其他商家没有的品牌和商品曝光机会，并享受亚马逊提供的全方位品牌打造和保护工具，帮助商家扩大品牌优势。

亚马逊接受不同国家或地区政府商标局签发的商标，进行品牌注册。

亚马逊品牌注册仅接受"基于文本的商标"或"由文字、字母或数字组成的基于图像的商标"。

待处理商标或已注册商标都可以进行亚马逊品牌注册。需要注意的是，不同国家或地区可以接受的商标状态不一样。

（一）品牌商标类型

1. TM 标

TM 标指商标局在收到申请人提交的商标注册申请，在通过初审之后下发给申请人的回执通知单。TM 标已经具备一定的法律保护效力。在商标公示期，商标局会在其网站对商标进行公示。如果在此期间有其他企业提出异议，申请的商标可能被驳回。TM 标申请时间需要 1～10 个工作日。

2. R 标

R 标指通过商标局初审和公示期的正式商标，对商品有一定的保护作用，是对应的国家法律对知识产权的一种保护。R 标申请时间需要 8～12 个月。

注意：TM 标还起不到品牌保护的作用，但可以在做"A+"页面、上传视频、投放品牌广告、设立品牌旗舰店、进行品牌分析时使用。TM 标备案不接受图文商标，只接受标准字体申请的商标。TM 标备案成功，如果后续无法拿到 R 标，那么品牌备案就可能失效。

（二）品牌商标申请条件

（1）自有品牌和授权品牌均可登记。
（2）不同国家的品牌都可以，包括中国。

（三）品牌商标申请时需要准备的资料

（1）自有品牌：商标注册受理书；带官网域名后缀的邮箱。
（2）授权品牌：品牌授权书（提供模板）。
（3）品牌官网。
（4）商品名称或设计 LOGO；申请人证件扫描件（个人身份证或公司营业执照）；商标注册商品类别。
（5）美国品牌还需要带有商标 LOGO 的商品图片或商品外包装图片，以及销售网站网址或链接。

（四）品牌备案流程

亚马逊品牌备案在亚马逊商家后台的提交路径为"品牌旗舰店"≫"管理店铺"≫"注册您的品牌"。

1. 添加品牌信息

（1）品牌名称。品牌名称需要跟当地商标局注册的商标名称完全一致。该品牌名称将被用于创建亚马逊商品信息。
（2）选择商标局。如果用 R 标，就选择"已注册"；如果用 TM 标，就选择"待定"。
（3）输入注册号或序列号。如果用 R 标，就要填写商标编号（Trademark Registration），必须与当地商标局的注册信息完全一致；如果是 TM 标，则填写商标申请编号，无须在此步骤告知亚马逊品牌注册商标的申请状态。

2. 添加销售账户信息

销售账户信息按照实际情况添加，勾选商家或供应商，选择适用于该品牌的商品分类，添加亚马逊已经在售的商品 ASIN 码。

3. 添加分销信息

商家提交完资料后，亚马逊会根据情况提供客服支持（俗称"开 case"）。商家要注意回复的内容，进行有效答复。商家联系商标注册商，要求对方提供收到的验证码，一般是"Verification Code"，后缀是一串字母和数字，还有律师回复的截图，然后给亚马逊回复邮件。一般负责品牌备案的是国外团队。

以上步骤完成后，商家等待审核，一般2~3天可以收到答复。

（五）亚马逊品牌注册的常见问题

问题一：自己可以注册商标吗？

回复：可以自己申请，美国专利商标局允许品牌所有者自己申请商标，但商家需要熟悉一些法律要求；需要律师在对应的商标局的官网去提出申请。商家可以通过商标代理商注册商标。

问题二：商标可以转让吗？

回复：投资注册了商标，最后创业失败，商标是可以转让出售的。

问题三：品牌商标申请时间是多久？

回复：商标申请时间较长，各国法律规定不同，一般为6个月至2年时间。只要商户拿到商标受理通知书即可在亚马逊备案。

问题四：欧盟商标和美国商标有什么区别？

回复：商标必须在每个国家或地区分别提交，若商家在美国申请商标，不会在欧洲受到保护。欧盟商标局保护欧盟所有成员国的商标。

问题五：商标涵盖哪些商品？

回复：商标可以保护商家的品牌在特定类别的特定商品。如某品牌在第25类商品中注册了商标，那么与该商标有关的商品包括衬衫、裤子等。

问题六：可以同时在几个类别注册同一个商标吗？

回复：可以，但每个类别都有注册费用，商家需要证明自己在每个类别都实际使用了该商标。

问题七：如何在不同类别使用自己的品牌？

回复：商标可以保护商家的品牌免于在商家特定领域被用于销售相同或相似的商品。假设商家注册与玩具车商品相关的商标"AB"，而其他商家想要使用相同品牌名称来销售手机壳，商家将无法阻止，但若对方出售玩具飞机，商家就可以申请移除他们的商品详情页。

问题八：中国商标能直接使用吗？一定要先有中国商标吗？

回复：在哪个国家或地区销售商品，就需要申请对应国家或地区的商标。在申请海外商标时，不需要先有中国商标。例如，商家A刚在亚马逊美国站开店，虽然他在中国有自己的品牌，但只有申请了一个美国商标，才能在亚马逊进行品牌注册。

问题九：同时开通多个站点，是否需要在每个站点都申请当地商标？

回复：可以先在主要销售的一个站点申请商标，并进行亚马逊品牌注册，再通过授权的方式，将该品牌授权给自己其他站点的账户使用。

问题十：可以把品牌授权给另一个店铺吗？

回复：可以，但请注意，非品牌主在品牌打造工具的使用权限上有局限性；可能出现品牌"连坐"的问题，导致店铺被关闭。

问题十一：商标的有效期是多久？

回复：从注册日起，10年期限，在注册有效期满需要继续使用的，应在注册有效期满前6个月申请续展注册，每次续展注册有效期为10年。

二、店铺信息设置

商家后台的基本设置在商家后台右上角的"Settings"下拉菜单中，包含"Account Info"（账户信息设置）、"Notification Preferences"（系统通知偏好设置）、"Login Settings"（账户登录设置）、"Return Settings"（退货地址设置）、"Gift Options"（礼品选项）、"Shipping Settings"（发货及运费设置）、"Tax Settings"（税务设置）、"User Permissions"（子账户设置）、"Your Info & Policies"（商家信息和商家政策设置）、"Fulfillment by Amazon"（亚马逊完成代发货的服务）等内容。

（一）Account Info（账户信息设置）

在账户信息设置页面，可以设置商家信息、假期模式、销售计划、收款与扣款、商业信息、发货与退货、税务信息等内容。

（1）"Welcome"是商家信息设置：可以编辑修改店铺名称、邮箱和电话号码等。

（2）"Listing Status"是假期模式设置：Listing Status（商品状态）显示店铺所有商品的状态，Active为在售状态，Inactive为不可售状态。

商家可以在节假日休假期间把店铺设置为Inactive（不可售）状态，避免因为无人处理订单而影响店铺绩效指标。如果店铺全部为FBA发货，则无须设置。

（3）"Your Services"是销售计划设置：单击【Manage】（管理）按钮进入销售计划设置页面，可以进行店铺升级、降级管理，实现在Individual（个体商家）和Professional（专业商家）之间切换。

（4）"Payment Information"是收款与扣款设置：Deposit Methods（收款账户）添加用来接收款项的海外银行账户。

当前最常用的有Pingpong，Pioneer，World First等收款账户。

"Charge Methods"（信用卡卡号）用来扣付亚马逊店铺的月租。如果商家账户中有销售余额，那么店铺月租会自动从销售余额中扣除，只有在销售余额不足的情况下，才会从信用卡中扣除。

"Charge Methods for Advertising"（广告扣款账户）用来支付站内广告的费用，系统默认从信用卡扣款，商家可以自行更改为从销售余额中扣款。在"Charge Methods for Advertising"设置中勾选"Seller Account Method"选项，然后单击【Change】（更改）按钮即可。

（5）"Business Information"是商业信息设置：内容包括公司地址添加和修改、法人信息、办公注册地址信息。其中商家凭证由系统自动生成，不可修改，用于和第三方软件对接时使用，应注意保密。

（6）"Shipping and Returns Information"是发货与退货设置：内容包括退货地址、发货运费模板的设置和修改，用于在日常运营中的退货和FBA撤仓接收、发货范围和不同地区、不同阶段的运费标准的设置等。

（7）"Tax Information"是税务信息设置：税务信息在注册过程中已经填写了，在日常运营中一般不需要再填写或变更。

（二）Notification Preferences（系统通知偏好设置）

系统通知偏好设置包含"Order Notifications"（订单通知）、"Return and Claim Notifications"（退货和索赔通知）、"Listing Notifications"（商品发布通知）、"Report Notification"（报表通知）、"Make an Offer Notification"（议价通知）、"Amazon Selling Coach Notifications"（亚马逊销售指导）、"Account Notifications"（账户通知）、"Emergency Notifications"（紧急通知）等。

商家可以根据实际需要，用不同的邮箱接收不同类型的系统通知邮件，避免因为没有及时接收到邮件而造成处理和回复的延误。

（三）Login Settings（账户登录设置）

在账户登录设置页面，可以修改姓名、邮箱、密码和账户等高级安全设置项（两步验证）。

（四）Return Settings（退货地址设置）

添加退货地址信息，指添加用于消费者直接退货或者FBA撤仓的美国地址，通常是站点当地第三方合作的海外仓或商家的自建仓地址。仓库协助处理消费者退货、不良品维修或更换商品标签后重新入仓等服务。

（五）Gift Options（礼品选项）

礼品选项包含"Gift Messaging"（礼品留言服务）和"Gift Wrap"（是否提供礼品打包服务）两项，对大部分商家来说，在运营中并不能提供这两项服务，所以可以直接忽略。

（六）Shipping Settings（发货及运费设置）

在发货及运费设置中，商家可以设置发货地、发货运费模板等内容，可以根据发货范围和不同的收件地区、不同阶段的订货数量等设置不同的费率标准。

（七）Tax Settings（税务设置）

需要征税的商家（以美国公司资料注册的商家）可以通过税务设置查看征税的计算方法、征税义务和条款，以及其他相关的税务事宜方面的设置等，一般商家采取默认设置即可。

（八）User Permissions（子账户设置）

子账户设置允许商家添加多个子账户并分别设置不同的操作权限，从而实现不同操作人员负责不同职能，或者不同办公地点的多名人员同时分别处理各自负责事项的功能。

单击【Add a New Seller Central User】按钮添加子账户邮箱，然后单击【Send Invitation】（发送邀请）按钮，系统会发送邮件到子账户邮箱。在收到邮件后，单击邮件中的链接，即可注册成为子账户。

新添加的子账户会出现在"Invited Users"和"Pending Users"下面，主账户操作者单击【Confirm】按钮确认后，将其添加为正式子账户。主账户可以设置子账户权限。

在子账户权限设置中可以设置"Inventory"（库存）、"Pricing"（价格）、"Advertising"（广告）、"Orders"（订单）、"Store Design"（店铺设计）、"Amazon Pay"（亚马逊付款）、"Reports"（报表）、"Settings"（设置）、"Media Upload"（媒体上传）和"Internal Administrative Tools"（内部管理工具）等内容，其中"None"表示无权限，"View"表示只限于浏览权限，"View & Edit"表示可以浏览和编辑修改，"Admin"表示最高管理员权限的主账户。

（九）Your Info & Policies（商家信息和商家政策设置）

在商家信息和商家政策设置里，商家可以设置自己的公司信息、LOGO、隐私政策、常见问题、发货描述等内容。由于亚马逊平台的特性和亚马逊用户的购买习惯，只有很少的用户会关注商家信息和政策页面的内容。

（十）Fulfillment by Amazon（亚马逊完成代发货的服务）

在关于亚马逊完成代发货的服务（简称"FBA"）相关设置中，标签打印和分仓、合仓是较常用的两个设置。在"MWS Label Service"（标签服务）栏中，建议商家选择自己打印商品标签的方式。在"Inbound Settings"（入库设置）的"Inventory Placement Option"（分合仓选项）中，商家可以根据自己的发货数量、重量、分仓后造成的运费增加和合仓产生的合仓费用等费用的比较，选择合仓、分仓服务。FBA 设置中的其他设置的详细内容，商家可通过单击【Learn More】（了解更多）按钮查看相应的细则，然后进行针对性的设置。

三、店铺类型申请

亚马逊的账户有四类，即"Amazon Seller Central"（SC）、"Amazon Vendor Central"（VC）、"Amazon Vendor Express"（VE）和"Amazon Business Seller"（AB）。任何人都可以注册 SC 账户，AB 账户可以在开通 SC 账户时一并开通。只有美国本土企业才能开通 VE 账户，VC 账户则是由亚马逊邀请开通的。一般来说，商家在亚马逊开店，开通的就是 SC 账户。

亚马逊 SC 账户可以以个人名义和公司名义两种形式进行注册，且每个主体只能注册一个店铺。两种形式都可以注册成为个人销售计划商家和专业销售计划商家。

（1）个人销售计划不需要缴纳月租，但上传每个商品都需要缴纳上传费用（$0.99）；没有购物车，只有 90 天后才会有黄金购物车（Buy Box）；可卖的商品品类有限制，上传的商品数量小于 40 种；没有数据报表；不能促销。

（2）专业销售计划每个月缴纳月租（$39.99）即可，一开通即有黄金购物车；可以上传 40 件以上的商品；有数据报表；可以促销。

个人销售计划和专业销售计划可以在亚马逊商家后台进行转换。如果商家注册个人销售计划，以后可以在后台升级为专业销售计划；专业销售计划也可以降级为个人销售计划。

想一想

为什么跨境电商平台要求商家申请品牌？跨境电商经营者是注册自有品牌，还是通过授权获得他人品牌进行经营，为什么？

思政园地

指尖猴事件

"指尖猴"是一种触控类智能玩具，可在指尖缠绕，做出50多种不同的动作，撒娇卖萌样样轻松搞定。指尖猴的英文名"Fingerlings"已经被注册，指尖猴也被申请了外观专利。指尖猴成为2017年的跨境电商热销款，许多商家跟进，结果1000多位商家被告，直接收到了来自美国法院的临时禁令，并且PayPal、国际支付宝账户资金统统被冻结。部分商家被冻结金额超过1000万元，损失惨重。

指尖猴事件的经验教训：首先，不要卖侵权商品、在选品销售前建议先查询一下该商品的商标注册情况，可以通过中国商标局、世界知识产权组织等平台进行查询。其次，把知识产权问题重视起来，树立更多、更著名的自有品牌，让"中国制造"的标签火起来，让跨境商品实现"跨境"，把中国商品推向国际。

知识链接

1. 有限责任公司，简称"有限公司"，中国的有限责任公司是指根据《中华人民共和国公司登记管理条例》规定登记注册，由50个以下的股东出资设立，每个股东以其所认缴的出资额为限对公司承担有限责任，公司以其全部资产对公司债务承担全部责任的经济组织。

2. ASIN码，全称"Amazon Standard Identification Number"，即亚马逊识别码，是由数字和字母组成的10个字符，用于给商品目录中的商品做标识。商家在上传商品信息的时候，ASIN码由系统随机生成，它是亚马逊平台的商品凭证，在平台上具有唯一性。

3. FBA，全称"Fulfillment by Amazon"，即亚马逊完成代发货的服务，也称亚马逊物流服务，是亚马逊将自身平台开放给第三方商家，将其库存纳入亚马逊全球物流网络，为其提供拣货、包装及终端配送的服务，亚马逊收取服务费用。

总结

1. 商家要开展跨境电商经营活动，要申请商标，进行品牌备案。商标既可以是国内商标，又可以是国际商标，但因为商标具有地域性，所以优先选择注册国际商标。

2. 在商标注册之前，一定要去相关网站查询商标注册情况，以保证自己不做无用功，更快地完成商标注册，减少"巧合"事件的发生。

3. 了解平台店铺类型特点，选择正确的品类，及时完善店铺信息。

练 习 题

一、单项选择题

1. 速卖通后台需要添加的企业信息中的企业类型不包括（   ）。
   A. 一人有限责任公司（独资企业）   B. 有限责任公司
   C. 股份有限公司   D. 个体工商户
2. 亚马逊专业销售计划每个月缴纳月租（   ）即可，一开通即有黄金购物车。
   A. $39.99   B. $29.99
   C. $9.99   D. $19.99
3. 根据速卖通（中国）商家招商规则，一个企业最多可以申请开通（   ）速卖通店铺账户。为避免歧义，商家在系统内开设的子账户不属于此处所指的"账户"。
   A. 1 个   B. 3 个
   C. 6 个   D. 9 个
4. 商标添加审核通过后，商家需要在（   ）完成品牌资质准入申请，待审核通过后方可使用该品牌发布、售卖相关商品。
   A. 商品发布后   B. 商品采购前
   C. 商品发布前   D. 商品采购后
5. 亚马逊专业销售计划，可上传的商品种类是（   ）。
   A. 40 种以上   B. 40 种以下
   C. 30 种以下   D. 10 种

二、多项选择题

1. 亚马逊子账户权限设置项中包括（   ）。
   A. Inventory（库存）   B. Pricing（价格）
   C. Advertising（广告）   D. Orders（订单）
2. 亚马逊平台最常用的收款账户类型包括（   ）。
   A. Pingpong   B. Payoneer
   C. World First   D. PayPal
3. 速卖通店铺类型主要有（   ）。
   A. 官方店   B. 专营店
   C. 专卖店   D. 旗舰店
4. 亚马逊的账户有四类，包括（   ）。
   A. Amazon Seller Central（SC）   B. Amazon Vendor Central（VC）
   C. Amazon Vendor Express（VE）   D. Amazon Business Seller（AB）

三、判断题

1. 速卖通商家在没有自我品牌的情况下，可以向相关商标持有人申请租用，以获得在速卖通平台销售商品的权利。（　　）

2. 如果亚马逊商家投资注册了商标，最后创业失败，那么商标不可以转让出售给他人使用。（　　）

3. 亚马逊 SC 账户可以以个人名义和公司名义两种形式进行注册，且每个主体只能注册一个店铺。（　　）

4. 个人销售计划一开通就有黄金购物车。（　　）

5. 在亚马逊后台的"Welcome"模块中可以编辑修改店铺名称、邮箱和电话号码等。（　　）

四、案例分析题

1. 2021 年 10 月，伴随韩国电视剧《鱿鱼游戏》（*Squid Game*）在全球的意外走红，亚马逊平台词条"鱿鱼游戏服装"的搜索量一路攀升至第四位。在亚马逊美国站搜索关键词"Squid Game"，出现的相关商品多达 4000 种。部分商家的相关商品遭到亚马逊强制下架。根据上述案例，分析商家商品被亚马逊下架的原因。如果你是商家，需要做好哪些准备，以规避此类风险？

2. 某公司打算入驻亚马逊平台开展跨境电商业务，公司负责人把准备好的材料交给了刚入职的员工小 A，让他全权负责亚马逊店铺的注册事宜。小 A 根据亚马逊注册流程导航，完成了店铺的注册，但最后发现审核没有通过。根据上述案例，分析小 A 注册失败的原因。如果小 A 要重新注册，那么应该怎么做？

模块二　店铺视觉设计

【学习目标】

1. 了解跨境电商店铺视觉设计的重要性。
2. 熟悉速卖通、亚马逊平台商品主图设计与制作过程。
3. 熟悉速卖通、亚马逊平台商品主图的展示顺序与内容选择。
4. 掌握速卖通、亚马逊平台店铺商品详情页设计要求。
5. 掌握速卖通、亚马逊平台店铺装修入口与方式。

【技能目标】

1. 根据速卖通、亚马逊平台店铺运营需要，设计制作高点击率的商品主图。
2. 根据速卖通、亚马逊平台店铺和商品特点，设计制作商品主图。
3. 根据店铺需要，设计制作符合要求的商品详情页。
4. 根据速卖通、亚马逊平台店铺商品特点，装修并设计店铺。
5. 根据目的市场消费者需求挑选合适的商品图片。
6. 在跨境电商平台店铺进行有效的设计与制作，按时保质完成店铺装修工作。

【思政目标】

1. 培育精益求精、追求完美的工匠品格。
2. 培养具有创新意识的价值观。
3. 培养遵纪守法的法律意识。

【素养目标】

1. 培养学生的制图能力。
2. 培养学生的审美能力。

【思维导图】

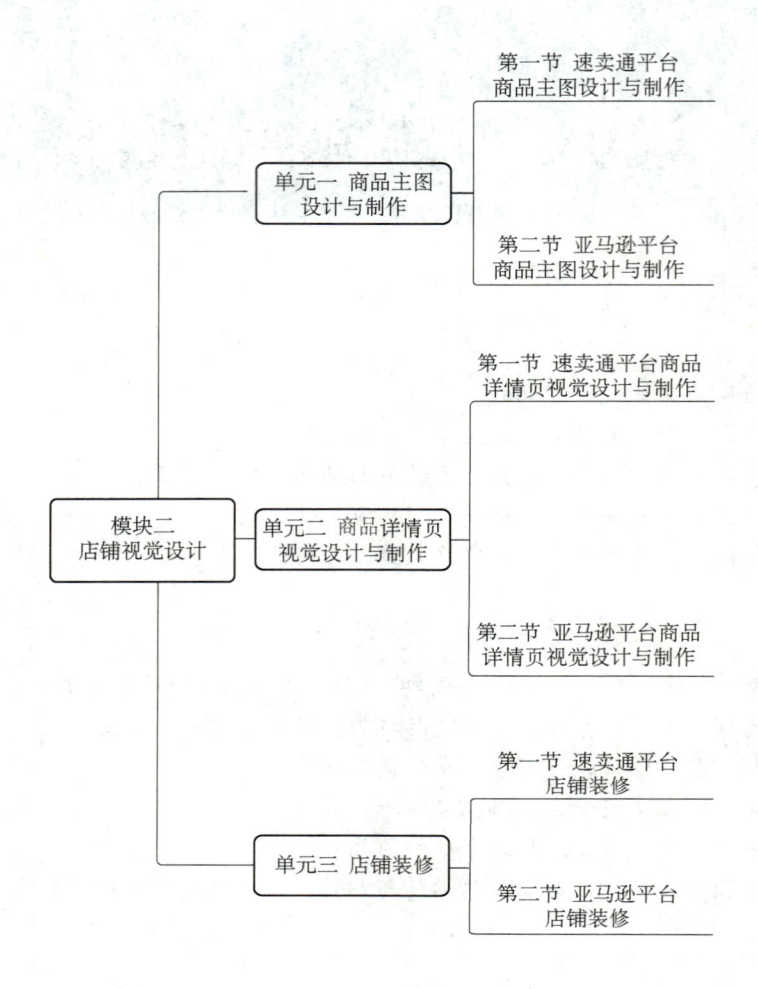

```
模块二          ┌─ 单元一 商品主图      ┌─ 第一节 速卖通平台商品主图设计与制作
店铺视觉设计 ──┤   设计与制作        └─ 第二节 亚马逊平台商品主图设计与制作
                │
                ├─ 单元二 商品详情页   ┌─ 第一节 速卖通平台商品详情页视觉设计与制作
                │   视觉设计与制作    └─ 第二节 亚马逊平台商品详情页视觉设计与制作
                │
                └─ 单元三 店铺装修     ┌─ 第一节 速卖通平台店铺装修
                                      └─ 第二节 亚马逊平台店铺装修
```

单元一　商品主图设计与制作

引导案例 》》

　　法国护肤品牌 La Roche-Posay 的跨境电商平台官方旗舰店店铺装修设计采用白色和蓝色的主题色，配以大量的精美图片和视频，突出了商品的质感和效果。同时，它还提供在线咨询和试用申请等互动功能，为用户提供了更多的购买决策信息和便利。多媒体软件品牌 Wondershare 的跨境电商平台官方旗舰店店铺装修设计采用简洁明快的页面布局和鲜艳的主题色，配以精美的商品图片和功能介绍，充分展示了商品的多样性和实用性。同时，它还提供在线支持和社交媒体分享等功能，为用户提供更多的互动和体验。乐器品牌雅马哈的跨境电商平台官方旗舰店店铺装修设计采用黑色和白色的主题色，配以精美的商品图片和音乐演示，突出了商品的音乐性和表现力。同时，它还提供在线咨询和购物车等功能，为用户提供更多的购买便利和决策信息。童装品牌 ACOCO 的跨境电商平台官方旗舰店店铺装修设计采用鲜艳的主题色和可爱的动物形象，配以精美的商品图片和亲子互动场景,充分展示商品的可爱和实用性。同时,它还提供在线咨询和晒图分享等功能,为用户提供更多的互动和社交体验。这些跨境电商平台店铺装修设计案例都充分考虑了品牌特色、用户需求和互动体验等因素,通过创新的设计和功能,吸引了大量的用户关注和购买产品,它们值得商家借鉴和学习。

> 结合案例,思考并回答以下问题:
> 1. 跨境电商店铺应该如何向消费者展示商品?
> 2. 不同类型的商品,不同的跨境电商平台是否需要设计不同的商品主图与详情页?
> 3. 跨境电商店铺有进行店铺装修的必要性吗?

第一节 速卖通平台商品主图设计与制作

商家在跨境电商平台上架商品时,有一个重要的步骤就是上传商品图片。俗话说,"一张好的商品图片胜过千言万语"。图片是否具有吸引力,决定了消费者会不会打开商品链接。设计并制作优秀的商品图片,不仅能让消费者更直观地认识商品,也有助于商家更好地展示商品的品质。

一、商品主图要求

商品主图[①]是指电商平台商品销售页面的主要图片形象,是消费者对商品的第一直观印象。商品主图要突出商品的主打卖点。为了取得更好的转化率,商品主图应该是所有商品图片里点击率最高的那一张。商品主图是否足够吸引人,而让人愿意继续去看详情页,或者直接点击购买,显得尤为重要。

(一)商品主图选择原则

商品主图的作用之一就是展示商品,而且商品展现方式是影响店铺点击率的重要因素之一。不同的商品展示的角度有所不同,不管是选择整体还是局部特写,在选择商品主图时需要考虑以下原则。

1. 统一原则

商品主图要尽量展示商品正面效果,让消费者有更直观的体验。在照片上,商品的主体部位一定要清晰,商品在图中所占的比例也要大一点,要让消费者有最直观的感受,一眼就可以看出或者知道商家卖的是什么样的商品,感受到商家店铺实物效果如何,然后直接锁定这种商品。商品主图和配图的展示需要有一定的逻辑结构,不要复杂化。商品主图要与关键词和商品描述一致,在整体的设计风格上尽量和商品颜色统一。

2. 规范原则

在制作商品图片时,一定要按要求规范制作。例如,在拍摄商品主图的时候,需要选择明亮、清晰的拍摄背景,这样可以更好地凸显出商品,提升商品的质感。在制作商品图片时,应明确消费者最关注的点,直击要害,从消费者的需求出发,不要带入过多的主观思

---
① 商品主图又称为"产品主图"。

想。此外，所有跨境电商平台鼓励商家自行拍摄制作商品图片，不能盗用未经授权的图片。对于由此产生的纠纷，平台不支持过错方。

3. 自适应移动端原则

有些商家图省事，直接把个人计算机端（以下简称"PC端"）的主图完全套用在移动端，这样就影响了移动端的主图展现。例如，在PC端查看的主图尺寸刚刚好，而在移动端上看就显得小很多。这是因为两个端口的浏览习惯是不一样的，图片在观感上的大小也是不一样的。现在，跨境电商平台的流量主要集中在移动端，所以商家必须更加重视移动端的图片视觉效果。在设计主图时，还应考虑移动端的显示特性。例如，有无放大镜功能、考虑字体大小等。

（二）商品主图图片拍摄要求

要想获得一张优秀的商品图片，有两方面的因素很重要——摄影技巧和图片处理。

1. 摄影技巧

摄影技巧包括拍摄商品的角度构图、拍摄商品的布光方法、拍摄商品的设备挑选等。

（1）拍摄商品的角度构图。

好的构图是整体画面的根基，加上光影体现、整体环境搭配和商品本身的特点，可以使商品图片大放异彩。因此，在拍摄商品时，商品陈列构图对商品拍摄的效果有着很大的作用。常见的商品陈列构图方式有三角构图、对角构图、放射构图、井字构图等。掌握一两种构图方法可以让商家的商品图片更具魅力，在后期处理图片的时候节省大量的时间和精力。商品主图要尽量展示商品的正面效果，让消费者有更直观的体验。

① 三角构图。

三角构图是指利用画面中的若干景物，按照三角形的结构进行构图，或者对本身就拥有三角形元素的主体进行拍摄。三角构图对画面整体的协调性具有很好的辅助作用，可以增强画面的故事感。观众在欣赏这些作品时，能明显感受到视觉流动性。

三角构图还可以形成一个稳定的整体区域，这样拍照或者制作图片的时候，画面不至于太散乱，能很好地表现视觉中心，让看的人一眼就发现重点。三角构图如图2-1所示，适合无须真人模特的商品图片。

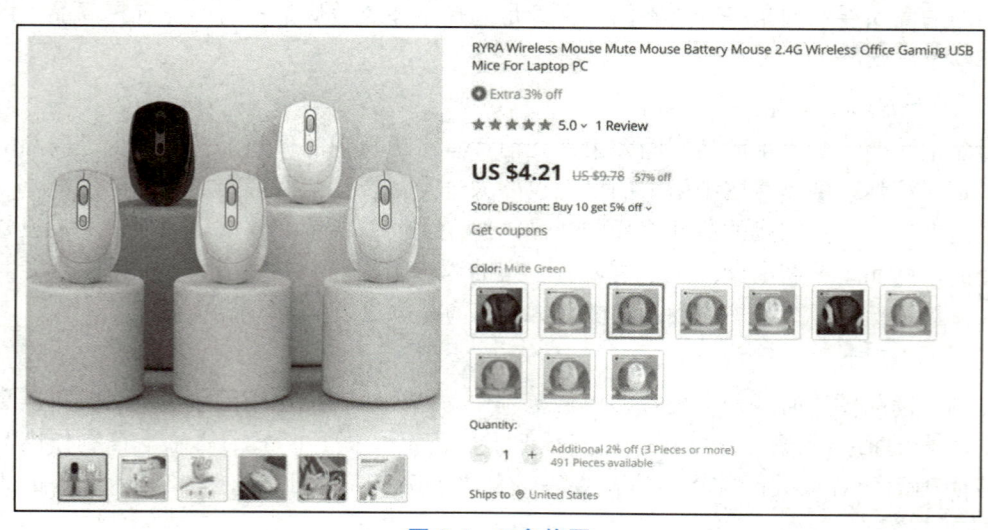

图2-1 三角构图

② 对角构图。

对角构图是指在画面中两个对角存在一条连线。这条对角线可能是主体，也可能是辅体，关键是形成了一种线感。对角构图也是一种引导线构图。例如，对角线可以是一枝花、一束光、一排楼房等。一般来说，对角构图背景越简洁越好，这样更容易突出主体，如图 2-2 所示。

图 2-2 对角构图

对角构图的特点在于把画面安排在对角线上，更有立体感、延伸感和运动感。同时，对角构图还可以增强画面的纵深感，使画面变得更加有张力。

③ 放射构图。

放射构图是指放射式构图法，也称"向心式构图"，如图 2-3 所示。放射构图以主体为核心，景物向四周扩散，呈放射状，或者拍摄时将商品呈放射状摆放。

图 2-3 放射构图

放射构图的特点是使人的注意力集中到被摄主体上,又有开阔、舒展、扩散的作用。放射构图常用于需要突出主体而场面复杂的场合,也用于使人物或景物在较复杂的情况下产生特殊的效果。这种方法多用于主图拍摄。

④ 井字构图。

井字构图也称"九宫格构图",是构图法中最常见的基本方法之一。井字构图通过分格的形式,把画面的上、下、左、右四个边三等分,然后用直线把对应的点连接起来,使画面当中形成一个井字,如图2-4所示。整体画面被分成九个格子,"九宫格"的称呼也随之而来。交叉线产生的四个交叉点在摄影理论中被称为"趣味中心",也就是主体商品所在的最合理位置。

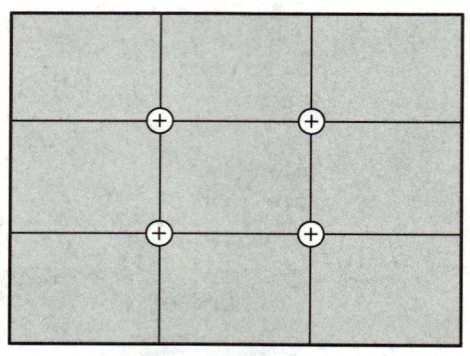

图 2-4　图片分格

井字构图实际上运用的是黄金分割定律,通过将画面放在"趣味中心"的方法,使画面显得更加舒适,如图2-5所示。这一方法较灵活,适用于多种商品类目的照片拍摄。

图 2-5　井字构图

(2) 拍摄商品的布光方法。

商品摄影对光的要求很挑剔。布光是为了保证有必需的光亮,让商品图片的颜色更鲜艳，细节更明显，颜色更饱满。商品图片细节展示得好，可以提高消费者的购买欲望。在进行商品拍摄前，首先应了解拍摄时的光线性质。拍摄时的光线一般分为硬质光和软质光两种。

① 硬质光。

硬质光就是没有经过柔化处理的光线，也称"直射光"。在硬质光照射下，商品正面（受光面）、背光面及投影比较鲜明，明暗反差较大。硬质光的优势是可以突出商品受光面的细节与质感，如图 2-6 所示。晴天室外，从上午 9 点到下午 5 点的光线属于直射光，也就是硬质光，一般不建议在上述时间段进行外景拍摄。在室内拍摄，可以使用蜂巢罩实现直射光的效果。当光线通过蜂巢片的格纹后，会具有方向性且具有丰富的明暗层次变化，让主体更加突出，创造特定的氛围。硬质光适合拍摄有层次感的人像，或粗布、粗陶等静物商品。

图 2-6 硬质光

② 软质光。

软质光与硬质光不同，是一种没有明确方向的散射性质的光，在拍摄物上不会留有明显的阴影。软质光的优势是柔和，强度均匀，形成的影像反差不大，如图 2-7 所示。晴天室外，上午 9 点之前或下午 5 点之后的光线属于软质光。一般来说，这是室外拍摄的最佳时间段。在室内拍摄，可以使用柔光箱和反光伞，实现软质光的效果。软质光适合拍摄珠宝首饰等细节丰富的商品。

图 2-7 软质光

（3）拍摄商品的设备挑选。

目前，拍摄照片用得最多的设备就是手机。如果商家店铺预算有限，又想改进照片的画质，那么可以考虑使用微单相机。当团队发展到稳定阶段，面向更广大的用户时，对画质和后期的要求会越来越高，这时就需要考虑使用更为专业的单反相机了。

目前，大部分智能手机拍摄功能完善，如果使用手机拍摄，就尽量优先选择后置主摄镜头，因为其性能更高，画质有保障。在拍摄时，注意手机的稳定性，能用双手握手机就不用单手，能用单手握手机就不用自拍杆；在使用稳定要求高的拍摄模式时，可以尝试使用三脚架（或借助支撑点）；有云台稳定器，就不手持手机；同时，还要择优选用快门方式（例如，使用有线耳机线音量键、蓝牙遥控、声音控制、笑脸抓拍、定时器触发等），只有这样才能最大限度地确保手机稳定，使拍摄的图片画质清晰。手机摄影很重要的优势是快捷、方便，有各种预设模式，按下快门可以直接"生产"出影调色调完美的"成品"，几乎无须后期制作就可直接使用。

如果图片需要有较高的品质，就应采用数码相机拍摄。数码相机可以分为微单相机和单反相机两种类型。微单相机与单反相机的区别主要是取景结构不同。在使用微单相机拍照时，光线始终照在 CMOS 上，并且显示在电子取景器或液晶屏幕上。当按下快门时，光线就像在单反相机中一样被转化成数码影像保存在存储卡中。微单相机取景如图 2-8 所示。当使用单反相机拍照时，光线从镜头进入照相机内部，经过反光板反射到五棱镜，再反射到光学取景器，如图 2-9 所示。

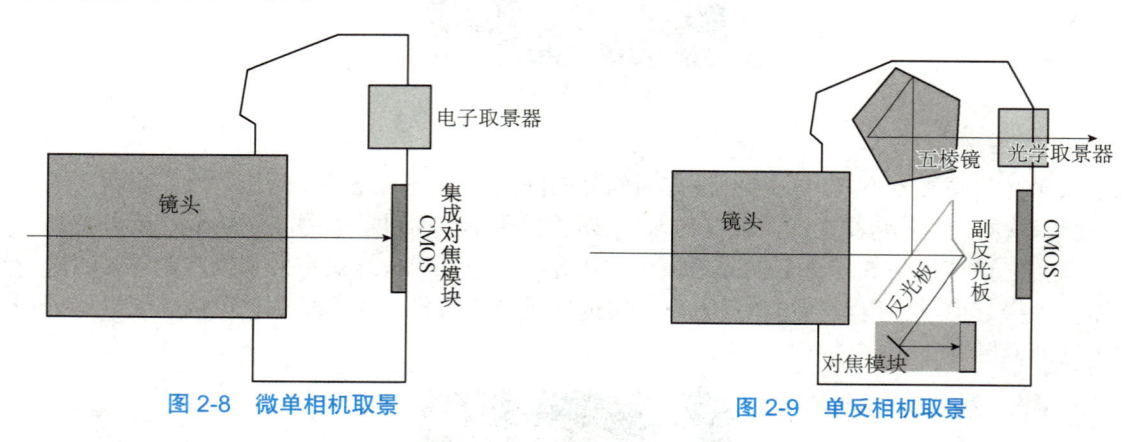

图 2-8　微单相机取景　　　　　　　　图 2-9　单反相机取景

2. 图片处理

目前，处理图片的软件既有基于 PC 端的专业软件，如 Photoshop、美图秀秀，又有在移动端操作的软件，如 Snapseed。

（1）Photoshop。

Photoshop 是一个专业的图片处理软件，一般简称为"PS"，是 Adobe Systems 公司旗下应用最广泛的数字图像处理软件，其官方网站页面如图 2-10 所示。Photoshop 版本分 PC 版、iPad 版、Web Beta 版（测试版）三种，软件功能强大，可以进行图像处理和平面设计。

图 2-10　Photoshop 官方网站页面

Photoshop 用户需要通过专业的技能培训来掌握一定的图片处理技能，因此较适合专业图像设计人员，而没有设计技能基础的用户，可以选择其他操作简单、更易上手的图像处理软件。

（2）美图秀秀。

美图秀秀是由厦门美图科技有限公司推出的一个免费影像处理软件，全球累计有超过 10 亿名用户，其官方网站页面如图 2-11 所示。美图秀秀版本有 iOS 版、Android 版、Windows 版、网页版等四种，软件支持简体中文、繁体中文、英文、日文、韩文等 12 种语言。2018 年 4 月，美图秀秀推出美图社区，并且将其定位为"潮流美学发源地"，标志着美图秀秀从影像工具升级为以让用户变美为核心的社区平台。

图 2-11　美图秀秀官方网站页面

（3）Snapseed。

Snapseed 是一个由 Nik Software 公司（后由 Google 公司收购）开发的，用于增强图片效果，并可添加滤镜的基于移动端的图像处理应用程序，其下载页面如图 2-12 所示。

Snapseed 是最好用的手机修图软件之一，目前拥有 29 种不同的修图工具和多种滤镜，能够对照片进行多种细节处理。

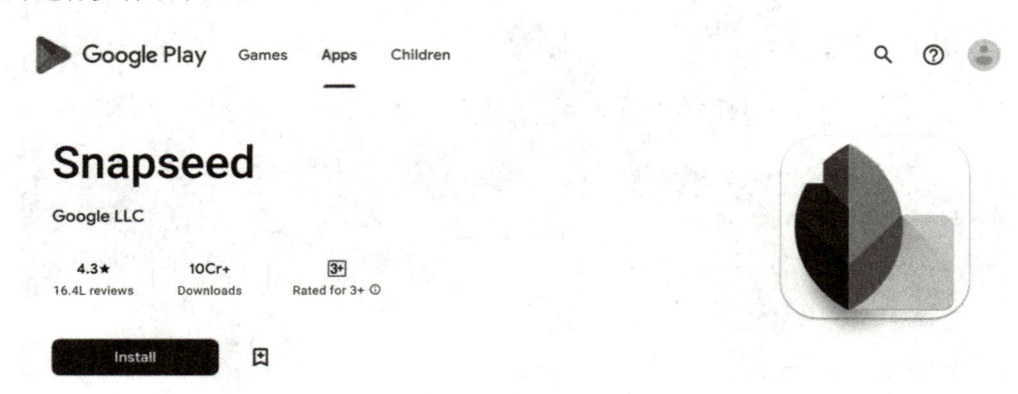

图 2-12　Snapseed 下载页面

Snapseed 是目前手机处理图片最专业的软件之一，操作者可以单击任意位置打开图片，也可以通过单击左上角的【打开】按钮来打开图片。Snapseed 操作界面如图 2-13 所示。打开图片后，可以在屏幕下方看到一些样式预览，可以将其理解为滤镜，然后逐个单击，最终确定自己想要的效果，也可以使用默认效果。在"调整图片"里一共有 7 个选项，分别是亮度、对比度、饱和度、氛围、高光、阴影、暖色调。通过上下滑动手指到某个选项后，再通过左右滑动来改变这个选项的参数。通过这些基础调整，可以对照片的曝光和色调定一个基调。

图 2-13　Snapseed 操作界面

（三）商品主图视频摄影要求

视频的视觉效果比文字图片更强烈，图 2-14 所示为商品主图视频示例（来源：速卖通店铺 DOGCARE Official Store）。在平台上为商品上传主图视频，可以有效提高用户转化率、点击量，从而提升商品的销量。如果店铺销售一直不理想，并且主图没有添加视频，那么商家就应该赶紧行动起来。特别是一些新手速卖通商家，没有太多的经验，也不想在宣传推广上花太多的冤枉钱，为主图添加视频是一个很好的帮助店铺提升销量的办法。速卖通平台的商家可以在编辑商品页面的基本信息时上传视频，这样可以提升浏览量，基本信息中的视频会在主图部分展示。但是，商家上传的视频不是马上就可以展示的，速卖通平台需要审核视频，视频只有等审核通过才能展示出来。视频审核通过后，在移动端和 PC 端都可以查看到。

图 2-14　商品主图视频示例

商品主图视频拍摄有以下要求。

1. 画面平稳

拍摄者需要让摄录设备保持水平，这样拍摄出来的影像不会歪斜，因此应尽量让画面在取景器内保持平衡。

2. 落幅准确

运动镜头起幅和落幅（特别是落幅）要准，一次到位，不能晃来晃去。

3. 画面清晰

不要因为变焦出现画面模糊不清的现象。

二、高点击率商品主图设计技巧

商品主图的好坏在很大程度上会影响消费者对商品或店铺的印象。除了拍摄技巧，商品主图还有一些设计技巧。

（一）设计商品主图的重要性

1. 抓住消费者的第一感受

消费者在进入店铺的时候，首先看见的就是商品主图，主图是商品主要的展示窗口，对于能否一眼吸引消费者起着至关重要的作用。消费者在跨境电商平台购物是接触不到实物的，看到的70%是商品图片，20%是商品文字描述，10%是商品视频。商家努力提升主图设计质量，有利于留住消费者。

2. 直接影响商品点击率

在店铺运营中，主图设计是商品最重要的展示窗口。商品主图与点击率直接相关，而点击率又会直接影响商品的流量。用户的点击量取决于商品的曝光量和点击率。换句话说，点击量=商品曝光量×点击率。在相同的曝光量下，主图设计的好坏可能导致商品的点击率产生变化。商品的点击率从1%提高到2%，商品的点击量就会增加一倍。因此，商品主图设计会直接影响商品的点击量。

为了保证商品主图质量，商品主图上不能出现多余文字，严禁出现汉字，不得包含促销、夸大描述等文字说明。文字说明内容包括但不限于秒杀、限时折扣、包邮等内容。但是，在"网络星期一""黑色星期五"等大型平台促销活动时，商品主图可能需要体现促销活动信息，平台会提供商品主图设计模板，商家需要按照平台模板的要求设计主图。如果有英文品牌 LOGO，那么可以将品牌 LOGO 放置于主图的左上角，如图 2-15 所示。但是，LOGO 不宜过大，建议大小不超过主图的 1/10，并且整个店铺的主图 LOGO 最好保持统一。

图 2-15　包含商品 LOGO 的商品主图

3. 商品主图光泽度和像素影响对商品质地和定位的表达

速卖通要求商品图片宽高比例为 1∶1（像素≥800×800）或 3∶4（像素≥750×1000），且所有图片比例一致，图片大小不能超过 5MB，图片格式需为 JPEG、PNG 格式。商家需要控制好图片的大小，如果网络不好，图片加载速度慢，就会影响消费者的体验，不利于促成转化。建议多从商品的正面、侧面及背面对商品的细节进行展示，帮助消费者更好地了解商品，促成转化。

同时，建议商品主图中商品主体数量不宜过多，要保证商品主体清晰，商品主体在图片中的占比 70%以上。商品主体过多会导致消费者无法抓住重点，而主体过小会导致消费者无法直观了解商品信息，影响商品点击率及消费者转化，如图 2-16 所示。

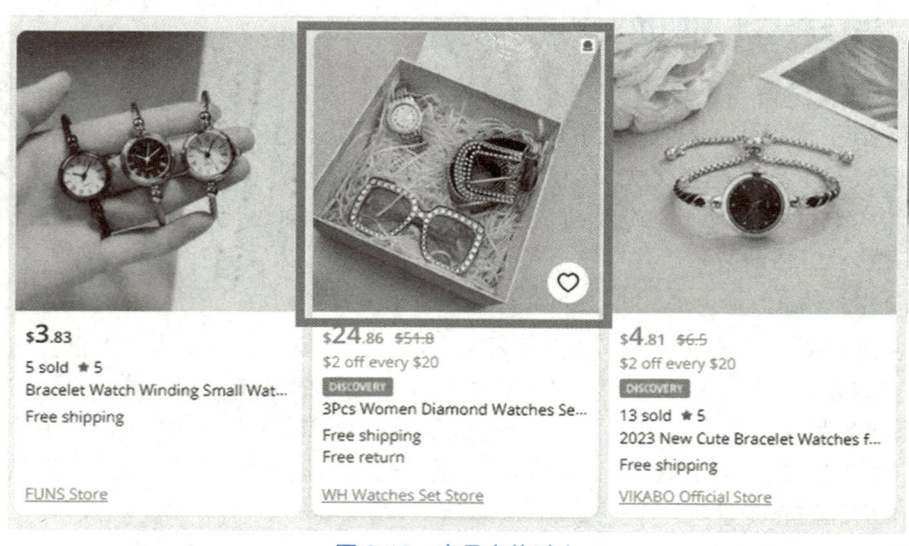

图 2-16　商品主体过小

（二）高点击率商品主图展示效果

（1）主图商品展示应尽可能地抓住消费者的需求，采用纯白色背景，可以适当添加镜像或阴影做卖点突出或质感升级，与竞品保持差异，从而提高点击率。

（2）主图不要出现引起消费者误会的赠品或者配件图片。

（3）结合移动端消费者体验，商品在图片中的占比最好为85%。

（4）不同的商品要用不同的场景去衬托（不是所有商品都要使用白底，报名参加活动除外）。

（5）后期必须处理，凸显商品的质感，结合数据分析，提高主图点击率。

（6）准备多个备用创意图进行测试。

三、主图的展示顺序与内容选择

（一）速卖通主图的展示顺序

速卖通的商品主图可以上传6张图片。第一张展示的图片通常被称为封面图。按照系统的推荐顺序，展示的图片依次为商品正面图、背面图、实拍图、侧面图、细节图1、细节图2，如图2-17所示。

图2-17　速卖通平台商品主图图片顺序

（二）速卖通主图的内容选择

1. 第一张主图：使用实景图（非白底图）

速卖通的展示感类似国内电商平台，实景图的优势比白底图大很多。但是，要注意上传一张白底图，以便系统推荐的时候可以调用。图片上不宜添加过多的文字，如果商家有一定的美工功底，可以对图片上的文字进行设计，适当添加一些文字。以下是在主图上添加文字的一些建议。

（1）如果品牌知名度较低，不要用品牌词，避免浪费图片空间。

（2）不要用时间词，图片要长期用，时间过期还得进行更换。

（3）不要抄袭他人的品牌词，否则可能造成侵权行为。

（4）文字不在多，而在于精，切忌用一张图片将所有卖点都表现出来。图2-18所示为第一张主图示例。

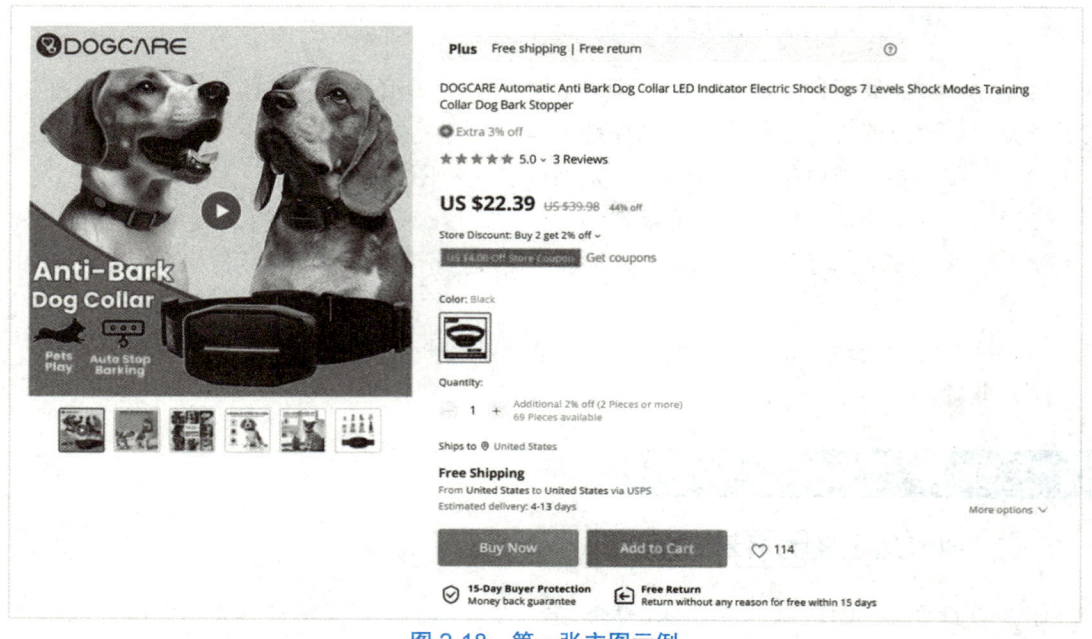

图 2-18　第一张主图示例

2. 第二张主图：表达商品的不同角度，突出商品特征

通常，看到第二张主图后，消费者的思路逐步趋向理性，这个时候商家需要表达商品的不同角度，尤其突出商品特征。第二张主图可以使用白底，也可以是场景图，但一定要偏向于近景特写，如图 2-19 所示。与突出场景的情况不同，第二张主图商品主体部分要占到图片的 70%以上。

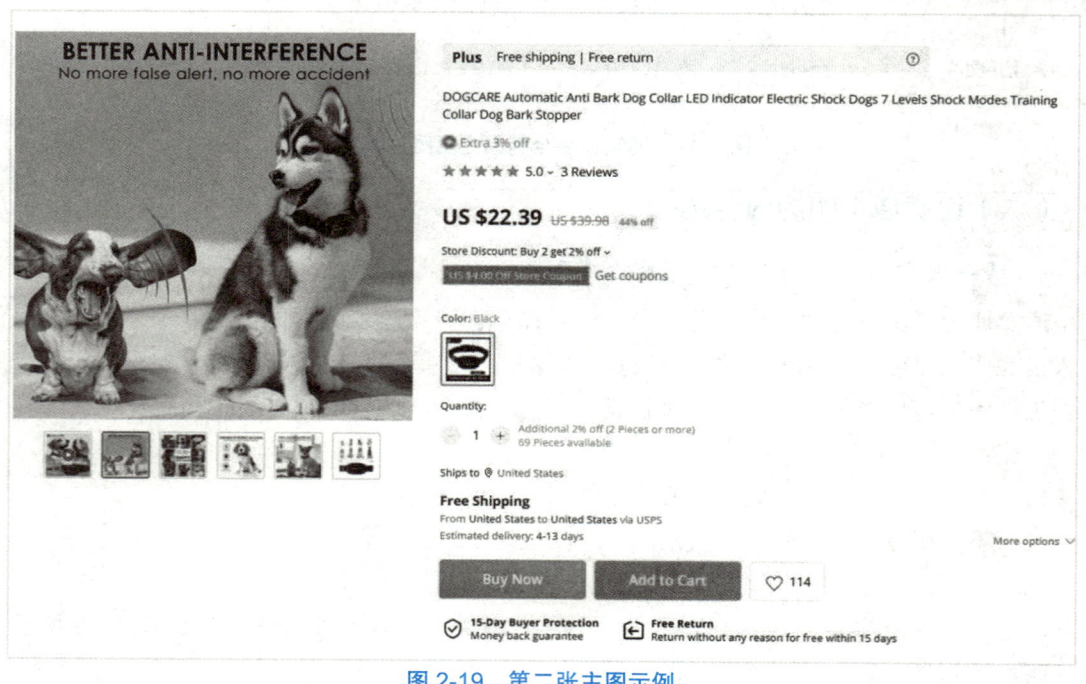

图 2-19　第二张主图示例

3. 第三张主图：重点突出商品的消费者需求满足点、细节和特征

第三张主图的主要任务是加强消费者购买前的判断，所以一般建议放一些功能拆解或者细节描述的内容。另外，建议在主图上适当添加一些英文描述，补充要表达的卖点，效果会更好，如图 2-20 所示。

图 2-20　第三张主图示例

4. 第四张主图：突出商品局部细节或者工艺卖点

如果是服饰鞋包类商品，就可以上传细节做工图；如果是数码电器类商品，就可以上传功能、功效、功率、电压等描述图；如果是家居生活类商品，就可以上传做工细节图和卖点细节图；如果是母婴玩具类商品，就可以上传多功能展示图……不同类型的商品需要上传的图片并不一样。图 2-21 所示为第四张主图示例。

图 2-21　第四张主图示例

5. 第五张主图：商品配件信息或者其他细节卖点

为了让消费者充分了解商品的性能及卖点，商家可以上传多张细节卖点图，充分展示商品。同时，可以展示商品的配件信息，让消费者了解商品配件、包装等其他信息，增强消费者下单意愿。图2-22所示为第五张主图示例。

图2-22　第五张主图示例

6. 第六张主图：突出商品使用场景，为消费者营造购买商品后的想象空间

第六张主图建议使用实物场景图或商品使用场景图，这部分要突出营造一个消费者购买商品后的想象空间。第六张主图类似营造某种氛围，对于消费者进入商品的想象情景非常有效，这是一个消费心理暗示的过程，能够让消费者代入相应的使用场景，刺激消费者购买商品。图2-23所示为第六张主图示例。

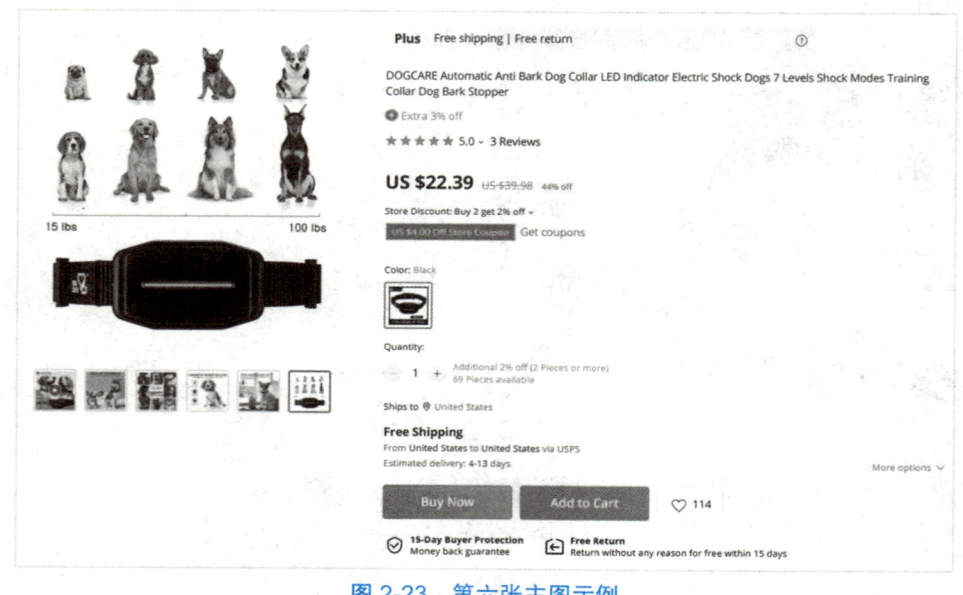

图2-23　第六张主图示例

第二节　亚马逊平台商品主图设计与制作

亚马逊平台的每件商品都需要配有一张或多张商品图片。图片比文字更加直观、更加形象，所以商品图片做得好，是商品详情页爆单的重要砝码，遵循添加商品信息的最佳实践可能对商品的成功产生很大影响。为商品添加描述性商品名称、清晰的图片和简明的功能要点，可以让消费者轻松找到商家的商品。

一、商品主图要求

（一）商品图片构成

亚马逊商品的主要图片称为主图（Main Image）。商品主图显示在搜索结果和浏览页中，也是消费者在商品详情页上看到的第一张图片，如图 2-24 所示。亚马逊附加图片被称作附图（Other Image/Sub Image）。商品主图应配有一些附图，以便对商品做不同侧面的展示、商品使用展示，或对主图中没凸显的商品特性做补充。例如，附图可以是商品细节图、商品其他面展示图或者搭配图等。

图 2-24　商品主图

（二）商品主图规则

亚马逊对商品详情页图片有严格的指导方针，明确了对图片的要求，并为商品详情页主图提供了附加规则。

1. 图片背景

每件商品必须设置商品主图，主图的背景必须为纯白色（RGB 色值为 255，255，255，HEX 代码为 #FFFFFF），而不能是乳白色、灰白色等其他类型的白色。在 Photoshop

中新建白色底,如图 2-25 所示。在拾色器(背景色)对话框中设置背景色的 RGB 值,如果选的颜色是纯白色,则如图 2-26 所示设置。

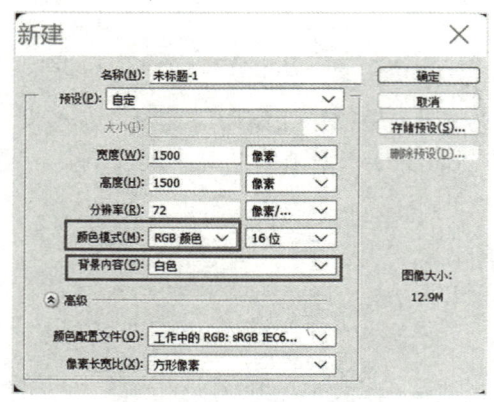

图 2-25　新建白色底

图 2-26　设置背景色的 RGB 值

商品主图背景选用白底,不仅可以给消费者带来简单舒服的商品观赏效果,还可以让消费者专注于商品本身,而不是花哨的画面,干扰消费者挑选商品。纯白色背景还可以与亚马逊搜索页面和商品详情页融为一体,进一步增强用户体验,如图 2-27 所示。

图 2-27　背景是白底的商品主图

2. 图片尺寸

主图的尺寸不低于 1000 像素×1000 像素,建议第一张图尺寸为 1500 像素×1500 像素,最多 3000 像素×3000 像素。亚马逊图片最长的边必须至少为 1000 像素。当图片的高度或宽度至少为 1000 像素时,图片具有缩放功能,消费者能放大图片局部查看商品细节,这个功能具有增加销售量的作用。图片最短的边长(相对的宽或高)不能低于 500 像素,否则无法上传到亚马逊后台。图片太小,不方便消费者查看商品,建议商品图片边长在 1000 像素以上。主图与附图的尺寸最好一致,这样比较美观。

3. 图片格式

亚马逊商品图片可以使用 JPEG(.jpg)、TIFF(.tif)或 GIF(.gif)格式。推荐商家使用 JPEG 格式的图片,因为在上传时速度会快一些。常见图片格式的对比与分析如表 2-1 所示。上传前将图片命名为与商品相关的名词。例如,商品为太阳镜,可将图片命名为 "sunglasses",方便亚马逊系统识别。

表 2-1　常见图片格式的对比与分析

格式类型	优势	劣势	使用建议
JPEG	网上展示	略失真	主图
PNG	优质图片	适用软件少	附图
GIF	小图	像素低	店铺 LOGO
TIFF	高保真	图片大	不推荐

4. 图片内容

主图必须是实际商品的专业照片，不得为图形、插图、实物模型或占位符，且不得展示不出售的配件、可能令消费者产生困惑的支持物、不属于商品一部分的文字，或者标志、水印、内嵌图片等。父子商品均须设置主图，子商品须设置与其文字描述一致的商品主图，如颜色、款式等；服装商品主图拍摄时必须平铺或使用真人模特（正向站立，双手下垂），如图 2-28 所示。主图模特身上不能有非售物品，不能有过分暴露的图片。如果使用模型模特拍摄图片，那么一定要在最后一步把模型模特完全去掉，只呈现立体的服装图，如图 2-29 所示。

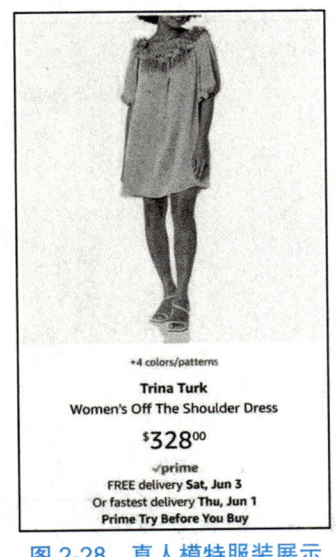

图 2-28　真人模特服装展示

图 2-29　去掉模型模特的服装展示

5. 图片细节

在处理图片时，要注意图片周边留白，但不能留白太多，商品要占整个图片大约 85%的比例，鞋类至少要占图片的 80%。多属性类型的商品，商品主图不能包含水印、文本等内容，在主图上添加 "2PCS" "1 Year Warranty" "UL Certified" 等文字说明都是不被允许的。

（三）其他注意事项

（1）不能包含任何亚马逊标志或商标、亚马逊标志或商标的变体、任何容易让人混淆的与亚马逊标志或商标相似的内容。这包括但不限于任何含有 AMAZON、PRIME、ALEXA 或 Amazon Smile 设计的文字或标志。

（2）不能包含亚马逊商城使用的任何标记、标记的变体、任何容易让人混淆的与标记相似的内容。这包括但不限于"Amazon's Choice""Amazon Alexa""与 Alexa 合作""Best Seller"。

（3）不能出现裸体或带有性暗示意味的图片。

（4）禁止使用真人模特拍摄儿童紧身裤、泳装等。

（5）商品图片必须清晰，不得有马赛克或锯齿边缘。

（6）将图片最长边放大到最大允许尺寸时，商品主体占画面的比例不到85%。

（四）商品主图视频要求

现在越来越多的电商商家专注通过视频向消费者展示商品，视频展示可以让消费者更直观地了解商品的颜色、风格、功能和操作规范，从而让消费者更好地了解商品的性能。主图视频可以用声音与画面为消费者带来更加直观的感受。有数据表明，上传主图视频已经逐渐成为亚马逊平台的趋势，可以为商品增加销量。在亚马逊平台上传主图视频的前提条件是，商家必须是在亚马逊平台上拥有品牌备案记录的品牌商家。图2-30为商品主图视频示例。

图2-30　商品主图视频示例（来源：亚马逊店铺 the ROMWE Store）

1. 主图视频拍摄要求

亚马逊对版权的要求很严格，所以商家在亚马逊主图视频中必须制作原创主图视频。如果没有原创视频，就要申请原创作者的授权许可。如果主图视频被指控为盗版视频，将受到亚马逊的严厉处罚。这种处罚可能导致店铺商品流量推荐降低，甚至导致店铺商品直接被下架。

如果需要拍摄的商品是很小的物件，商家在展示商品的时候，要尽可能以它为主体，而不要把该商品作为配件来拍摄。例如，如果拍摄的商品是蓝牙耳机，可以把蓝牙耳机直接放在桌子中间或专门的摆台上进行正面拍摄，如图2-31所示，而不是将人物戴着蓝牙耳机的图片作为主图视频。这是因为，如果将人物戴着蓝牙耳机的图片作为主图视频，可能让亚马逊系统商品检测出现错误，系统会提醒商家，商品项目分类不准确，无法上传商品信息。

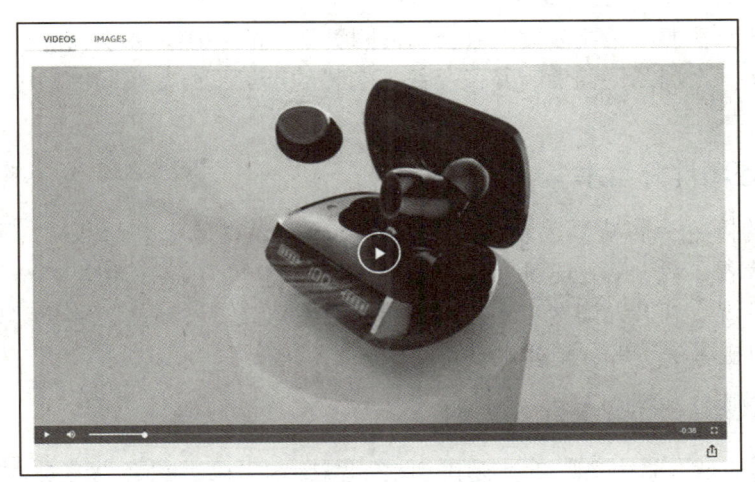

图 2-31　商品主图视频示例（来源：亚马逊店铺 Boto.Inc Store）

2. 主图视频上传要求

（1）视频标题：不超过 60 个字符。

（2）关联 ASIN：不超过 300 个字符（用空格、逗号、分号或返回号隔开）。

（3）视频封面：JPEG、PNG、GIF、BMP 等格式，小于 5MB，建议长宽比为 16∶9，1280 像素×720 像素。

（4）视频要求：MP4 格式或 MOV 格式，小于 5GB，建议使用 480P 或更高的分辨率。

（5）勿包含任何 URL（包括社交媒体链接和用户名），或引导用户离开亚马逊商城。

（6）确保主图视频采用的是亚马逊商城的主要语言，如美国站为英语。

（7）确保其中包含标记的商品。

3. 主图视频禁止内容

（1）禁止将商家公司列为商家或分销商，或提供任何公司联系信息。

（2）禁止展示定价或促销信息，如"便宜""实惠""促销"等。

（3）禁止展示配送详细信息，如"免费配送"或"配送时间表"。

（4）禁止展示夸大的评论，如"最畅销商品""最热门商品""销量第一的商品"。

（5）禁止展示具有时效性的商品信息，如"现正促销"或"年度最佳新品"。

（6）禁止展示来自亚马逊或任何其他网站的消费者评论、评分或反馈。

（7）禁止添加源自非知名出版物或公众人物的两个以上的评论或第三方言论。

（8）禁止添加任何形式的担保或保证，如"保证满意"或"保证退款"。

（9）禁止在一个视频中出现多个品牌徽标。

（10）禁止添加试图将消费者重定向至亚马逊内部或外部其他网页（包括商家可能拥有的其他商品）的网络链接或语言。

（11）禁止提及犯罪活动所用商品的任何描述。

（12）禁止上传成人用品视频，或含有裸露、亵渎或非法活动等攻击性内容的视频。

（13）禁止添加不拥有版权的视频。

二、高点击率商品主图设计技巧

商品图片是帮助商家在亚马逊赢得黄金购物车的重要因素，63%的消费者认为好的商品图片比商品文案更重要，绝大多数人只会阅读网页文字的 20%，却会浏览所有图片，而其中商品主图相当于一个商品的门面，是商品线上销售的重点。商品主图的好坏直接影响商品点击率。

（一）保证图片分辨率

像素模糊的图片会影响商品转化率，而商品转化率直接影响商品详情页在亚马逊的排名。大部分消费者在网上购物时都有放大图片细看商品的习惯，使用高分辨率的主图有助于消费者放大商品观察细节。消费者通过缩放帮助查看器来查看商品的细节部分，高分辨率的清晰图片能吸引更多消费者，更多地获得消费者的信任。

（二）保证图片光线

前文提到，亚马逊商品主图必须使用纯白色背景。主图使用纯色背景是为了更好地突出商品，让商品成为整个主图的视觉中心。但是，如果光线过于昏暗，那么商品主图就会看起来过于陈旧，显得不够专业。色彩度不够饱和的图片是无法在商品众多的搜索页面中吸引到消费者的目光的。商品主图在给商品一个清晰可见的外观的同时，还需要有吸引人的明亮对比度。

（三）正确命名商品主图图片文件名

商家在上传商品图片时，要正确添加商品信息。合适的图片名称可以更好地被搜索引擎抓取，当用户搜索相关词汇时，就能够搜索到相关图片。

三、商品主图的展示顺序与内容选择

（一）亚马逊图片展示方式

亚马逊平台的商品一般会展现 7 张图片，即 1 张主图和 6 张附图，如图 2-32 所示。如果要添加主图视频，就只能上传 5 张附图，如图 2-33 所示。

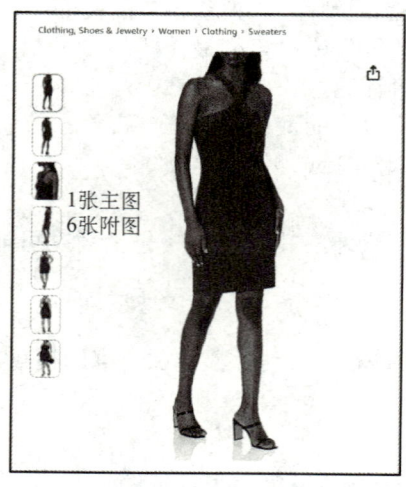

图 2-32　纯图片展示方式

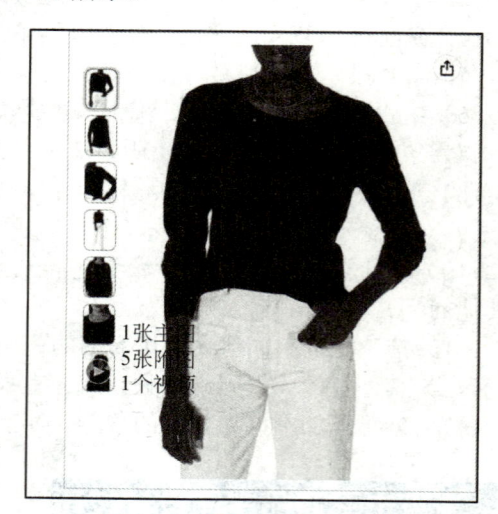

图 2-33　图片+视频展示方式

（二）亚马逊图片展示顺序

亚马逊图片展示顺序为：首先呈现主图，其次呈现附图，最后呈现视频，如图 2-34 所示。

图 2-34　图片展示顺序

（三）亚马逊图片内容选择

1. 主图内容选择

主图是潜在消费者在搜索结果页面看到的第一张图片，也是消费者了解商品信息的第一个入口，其重要性不言而喻，商家要以最佳方式展示商品，保证商品主图看起来干净、整洁、标准、大气、排列合理，让消费者第一眼看上去就心存好感。主图的优劣还会直接影响商品点击率。只有提升了商品点击率，商品转化率才有机会获得提升。

亚马逊对于主图的要求是严于附图的，如果主图不符合亚马逊对于图片的规范，就不会被消费者搜索到，曝光量会大大降低。商家通过后台查找禁止显示商品报告，如图 2-35 所示，就可以了解自己上传的商品是否因为商品图片问题而被禁止显示。

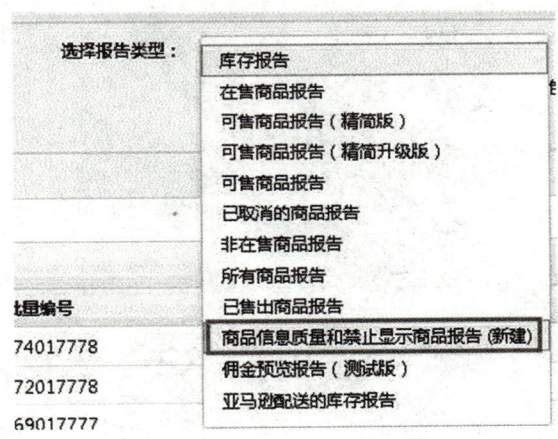

图 2-35　禁止显示商品报告

2. 附图内容选择

亚马逊平台的附图可以涉及商品细节、应用场景、商品包装或开箱配件、商品使用说明、商品尺寸等内容。

（1）商品细节图。

商品细节图主要用于凸显商品的特性，建议上传图 2-36、图 2-37 所示类型的商品细节图。

① 重要细节特写图。
② 多角度的卖点展示图。
③ 独特的材质、商品内核拆解图。
④ 商品不同状态图（如折叠、展开、打开、关闭等）。

（2）应用场景图。

应用场景图展示商品的使用情况，让消费者在"看图购物"的时候通过看到商品在日常生活中的真实使用情景,产生代入感。商品应用场景图如图 2-38 所示。优秀的商品应用场景图能够充分调动消费者的情绪,进而有效促进消费者产生购买行为。

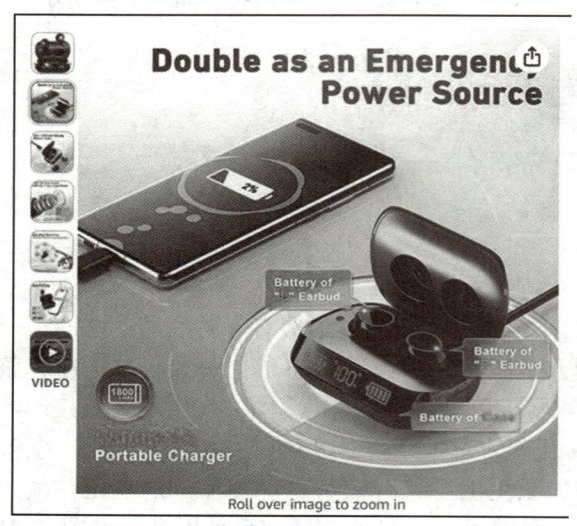

图 2-36　商品细节图(1)

图 2-37　商品细节图(2)

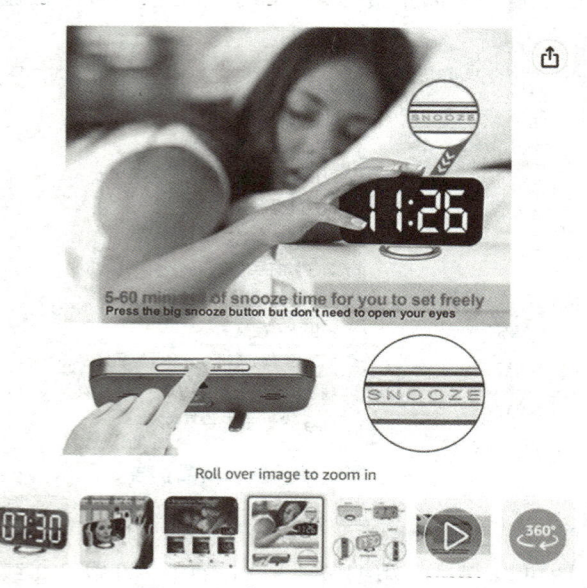

图 2-38　商品应用场景图

(3)商品包装图或开箱配件图。

精心设计的包装和配件能够体现商家的用心,特别是对于品牌商而言,包装也是品牌的一部分,会有加分作用。商品开箱配件图如图 2-39 所示。此外,展现出商品包装和所有配件也能有效避免被跟卖后出现实物与图片不符而自家商品被投诉的情况。

(4)商品使用说明图。

一张精心设计的商品使用说明图,不仅可以提高转化率,还可以让消费者正确使用商品,从而减少商品的差评率及退货率,如图 2-40 所示。

（5）商品尺寸图。

直接在图片上标注商品的尺寸、重量并给出参照物，会让消费者更直观地了解商品的大小，有效避免消费者在收到商品后与期待值产生太大的落差。商品尺寸图如图 2-41 所示。

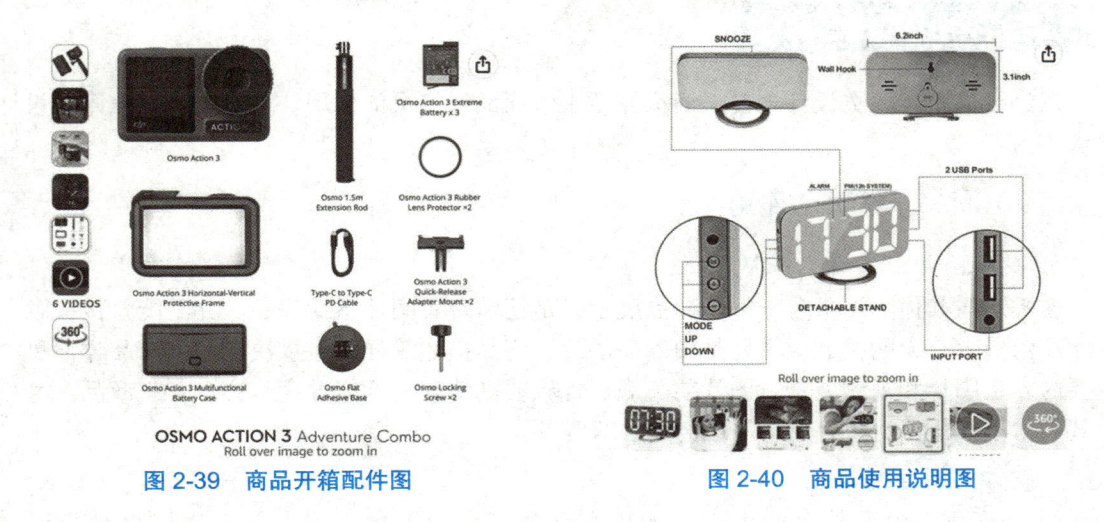

图 2-39　商品开箱配件图

图 2-40　商品使用说明图

图 2-41　商品尺寸图

单元二　商品详情页视觉设计与制作

商品详情页是跨境电商店铺展示商品信息及卖点的页面，是体现商品内在美、容易使消费者产生共鸣的页面。它不仅能激发消费者的消费欲望，打消消费者的消费疑虑，促使消费者付款下单，同时可以传达企业品牌信息，完成从流量到有效流量，再到忠实流量的转化。

第一节　速卖通平台商品详情页视觉设计与制作

消费者通过主图首先进入的就是商品详情页。速卖通面向全球市场，商家不可能小时守在计算机旁边,因此更多的消费者是通过商品详情页对商品有较全面的了解之后,自主下单购买。因此,商品详情页能不能让消费者了解到他想了解的信息至关重要。

一、商品详情页设计要求

在进行商品详情页设计之前,商家需要了解商品详情页的作用、FABE 设计法则、设计要求等内容。

(一)商品详情页的作用

1. 激发消费者潜在购买欲望

速卖通与其他网站平台一样,商品展示只是让消费者间接感受商品,并不能直接接触。因此,消费者有无购买欲望主要是由商品图片、商品描述等详情质量决定的。商品详情页中主要内容是图片和视频展示。图片要美观,视频要高清,但不能过度修饰,若与商品本身相差甚大,不仅使得消费者反感,还会失去消费者。

2. 聚焦商品卖点和亮点

同一种商品由无数企业生产,如何在众多商家中脱颖而出,商品详情页显得很重要。消费者浏览商品时间短暂,商品详情页是否聚焦卖点和亮点,是否满足消费者需求,影响消费者是否继续关注后续内容,以及是否有购买行为。商品详情页的布局要突出商品的一个卖点或亮点,紧密结合材质、功能、尺寸等商品信息及消费者搜索的关键词进行描述。

3. 展现商家实力和信任强化区

商品详情页是核心展示区域。要让消费者放心地购买商品,商品详情必须展现企业的实力和商品的可信程度。优秀的商品详情页能够展现企业规模、商品细节处理、特色之处、设计过程、制造流程,并注明商品鉴定方法、使用方式、注意事项等,体现行业对消费者的真诚。

(二)FABE 设计法则

FABE 设计法则可以用来指导商品详情页的设计工作,以便取得良好的营销效果。下面是 FABE 对应的英文单词及其含义。

F:Features(特征),商品的基本特征。例如,商品名称、产地、材料、工艺等。以鼠标产品为例说明:如图 2-42 所示,鼠标采用静音键,能够有效抑制噪声,让消费者长时间使用时不会感到疲劳;如图 2-43 所示,使用性能稳定的光学引擎,进行精确定位;如图 2-44 所示,设计符合人体工学,曲线自然贴合手掌,手感舒适细腻。

A:Advantages(优点),商品的独特之处。如图 2-45 所示,以 GAOMON PD1561 数位板为例,PD1560 数位板具有 8192 级笔压,灵敏度出色,手写笔与数位板表面接触平滑,让用户感觉轻松。

B:Benefits(利益/优势),能给消费者带来什么实用价值。以保暖裤为例说明:如图 2-46 所示,舒适保暖肯定是必备的,面料、透气、抗起球、防静电等也是商品的优势。

模块二　店铺视觉设计······57

图 2-42　鼠标——静音键 　　　图 2-43　鼠标——精确定位 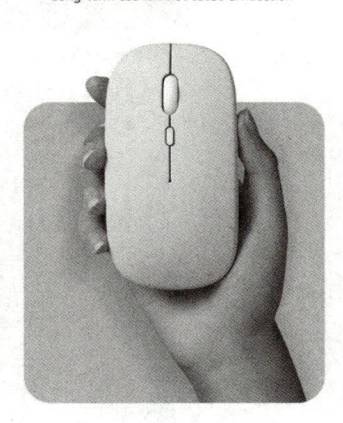　　　图 2-44　鼠标——人体工学设计

图 2-45　GAOMON PD1561 数位板

图 2-46　保暖裤的优势

E：Evidence（证据）。商品证据包括官方检测、营业执照、生产证明、消费者评价、厂房图片等，如图 2-47 所示。

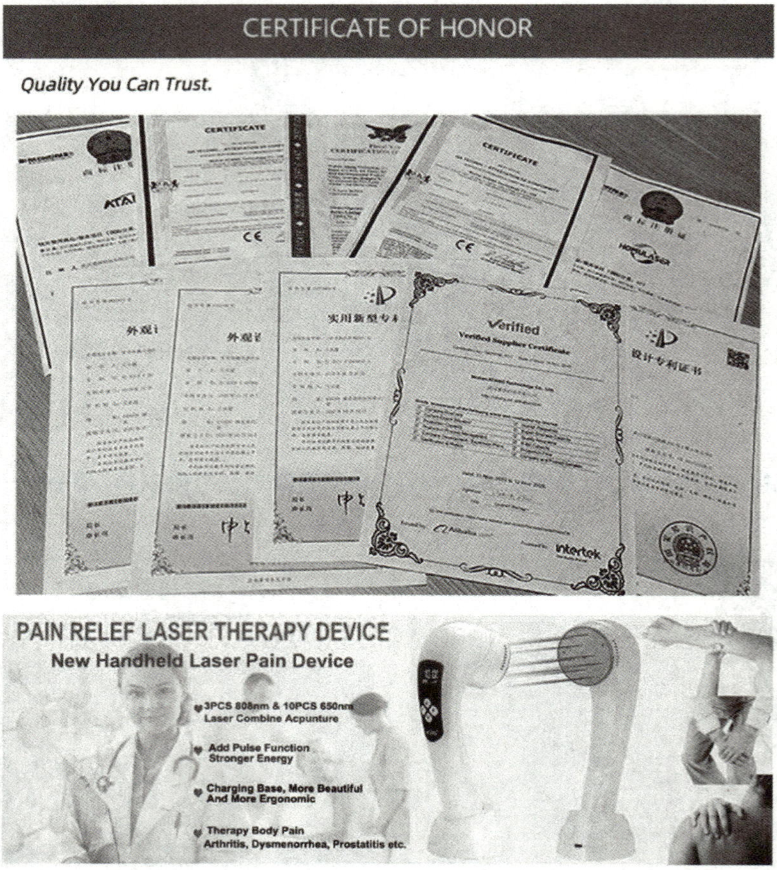

图 2-47　商品证据

FABE 是一种非常具体、可操作性很强的利益推销法。根据 FABE 法则进行商品详情页设计，可以构筑起一个大的框架，提供合理的设计逻辑，从而使商品详情页的观赏性更强，让商家的商品转化率变得更高。

（三）设计要求

1. 主图、标题和商品详情页页面必须相互匹配

标题中的商品主关键词及属性词体现出来的商品内容、卖点应该与商品主图一致，同时在商品详情页中再次强调与商品相关的内容及卖点，潜移默化地影响消费者对商品的印象，刺激其购买欲望。

2. 用数据指导商品详情页设计

在设计商品详情页前，应做好市场调研，分析消费者的消费能力、消费偏好和需求痛点，根据消费者偏好分析数据设计商品详情页内容及布局。

3. 明确商品定位

给商品明确的定位，明确商品的用户群体，构建用户画像，并针对相应的用户群体设计

商品详情页。

4. 布局要清晰

商品详情页设计应确保页面布局简洁、清晰,并提供良好的可视性。商品图片和主要信息应该突出显示,引起消费者的注意。

5. 设计引人注目的商品图片

在商品详情页中应使用高质量的商品图片,清晰展示商品的外观和细节。图片要充分挖掘并显示商品卖点,同时应该是真实的,不模糊或失真,并能够吸引消费者的眼球。

商品详情页的设计不仅要有良好的视觉效应,还要有缜密的构思、精美的排版,对消费者产生积极的引导。商品详情页优秀与否,将直接影响商品交易的转化,可以说商品详情页承载了店铺的流量和订单量。

二、商品详情页包含内容

(一)商品详情页模块元素

1. 首图海报

首图海报可以跟关联模块放在一起。制作一张店铺热卖商品的海报,或者将店铺的促销信息展示在这个板块,可以让消费者在浏览商品的时候,第一时间掌握店铺的促销信息,刺激消费者下单。首图海报如图 2-48 所示。

图 2-48 首图海报

2. 关联商品

商家可以把想推广的商品添加到关联商品模块中,将其插入对商品的详细描述里。消费者查看一个商品时,就可以看到相关的推广商品。做关联的目的是让消费者看到更多的商品,让消费者有更多的选择。也就是说,关联营销的目的实际上就是帮助消费者做下一步的需求决策,从自己的商品上下手,挖掘出两者之间的关联性,达到引导消费者需求的目的。

在设置关联营销模块时,可以选择相关的商品做关联营销,但关联商品的价格不要与被关联商品的价格相差太多。例如,戒指可以关联项链、手镯。关联商品也可以选择互补的商品。关联互补商品可以提高客单价,让商品得到更多的曝光机会,从而增加消费者购买的可能性。图 2-49 所示为关联商品示例。

图 2-49　关联商品示例

3. 商品文案

商品文案可以用来向消费者展示商品的一系列特点，如图 2-50 所示。商品文案可以直观详尽地把商品的性能参数表达出来，如商品的颜色、材质、尺寸、重量等信息。商家也可以利用商品文案添加一些温馨提醒内容，拉近与消费者之间的距离，如提醒消费者色差、尺寸误差等问题。

图 2-50　商品文案

4. 商品尺寸

商品尺寸需要清晰地向消费者展示商品的尺码或者规格选择方案，方便消费者选择合适的规格下单。如图 2-51 所示，衣服尺码对照表结合身高、体重等信息给出消费者选择商品的最佳尺寸（XXS、XS、S、M、L、XL、2XL、3XL、4XL、5XL 等）。

图 2-51　衣服尺码对照表

5. 商品视频

速卖通商品详情页的视频可以是真实拍摄的展现商品的视频，这样能够更直观形象地展示商家的商品。目前，大多数商家采用视频来展示商品的细节和性能等，如图 2-52 所示。商品视频要求时长不超过 4 分钟，画面长宽比为 16：9，文件大小不超过 1GB，而且只有审核通过后才能展示。商品详情页视频还可以展示公司与商品生产流程介绍、商品推广视频（社交平台网红拍摄）等内容。

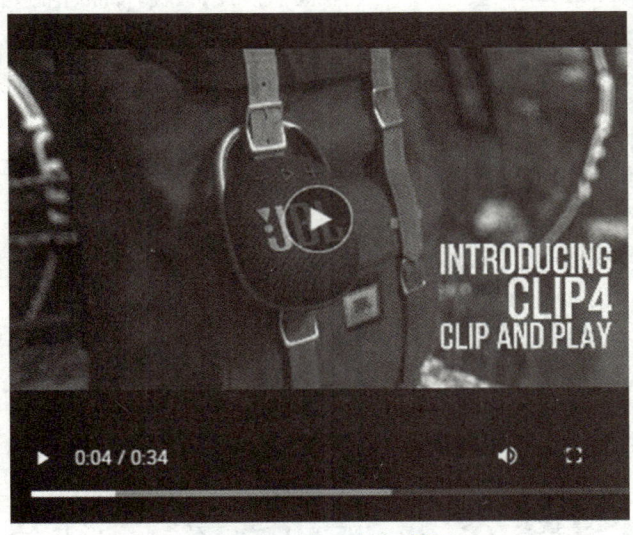

图 2-52　商品真实拍摄

6. 商品图片

商品详情页图片要全方位地展示商品的正面、背面及细节，如图 2-53～图 2-55 所示。商家应找到商品的亮点和卖点，通过图片展示出来。商品中不包含的物品尽量不要出现在商品详情页中。图片要清晰明了，让消费者知道商家要卖什么商品。

图 2-53　商品正面图　　　　　图 2-54　商品背面图　　　　　图 2-55　商品细节图

7. 商品（或尺寸图）的建议测量方法

有些标类商品（标类商品是规格化的商品，可以有明确的型号等，如笔记本电脑、手机、电器、美容化妆品等）的尺寸，如服装服饰行业的商品尺码信息尤为重要。在展示这些信息的时候，尽可能使用图片，避免在移动端无法正常展示。同时，商品尺码信息要尽可能标准，尽可能展示同一个尺码不同国家的标准对比，这样方便不同国家的消费者准确了解商品的大小。商品的建议测量方法如图 2-56 所示。

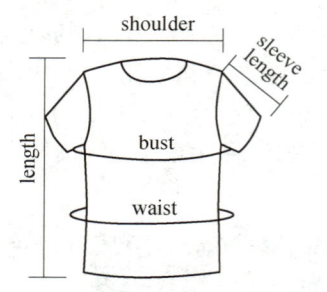

图 2-56　商品的建议测量方法

8. 付款方式

商家要提供店铺能够接受的付款方式。速卖通平台目前支持的支付方式有以下几种。

（1）信用卡支付，如 Visa、MasterCard、PayPal 等。

（2）俄罗斯本地支付，如 Qiwi、Yandex.Money、WebMoney、RBK Money 等。

（3）欧洲本地支付，如 iDEAL（荷兰）。

如图 2-57 所示，某店铺支持的付款方式包括 Visa/MasterCard 信用卡支付、WebMoney 支付、Western Union 支付、Qiwi 支付等。

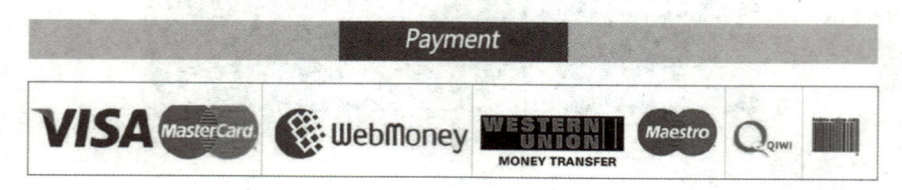

图 2-57　付款方式

9. 商品清单

商品清单陈列商品包装中应包含的商品、配件，应以平铺的方式进行展示，让消费者一目了然地清楚商品拥有的所有配件，也便于消费者收到商品后核对商品及配件。如图 2-58 所示，JBL CLIP4 蓝牙音箱商品包装清单中包括 1 台 JBL CLIP4 蓝牙音箱、1 条 Type C USB 连接线、1 本快速入门指南和 1 张保修卡。

图 2-58　JBL CLIP4 蓝牙音箱商品包装清单

10. 物流优势和时效预估

商品详情页上写明物流方案、对应的物流服务供应商，以及物流配送大概需要的时间。物流运输方案如图 2-59 所示。

Shipping Method	Courier		Shipping Time
Express Shipping	DHL	DHL Express	About 3-10 days
	EMS	EMS Shipping	About 3-10 days
Standard Shipping (for order over $5)	AliExpress	Aliexpres Standard Shipping	About 20-45 days
	中国邮政	China Post Air Mail	About 20-60 days
	ePacket	ePacket	
Saver Shipping (for order under $5)	AliExpress	AliExpress Saver Shipping	About 35-60 days
Economy Shipping (for order under $5)	中国邮政	China Post Ordinary Small Packet Plus	About 45-90 days
	YANWEN	Yanwen Economic Air Mail	
	AliExpress	Cainiao Super Economy	

图 2-59　物流运输方案

商家可以提供不同国家或地区的物流预估的大概送达时间，为消费者选购商品提供参考。物流时效对比如图 2-60 所示。

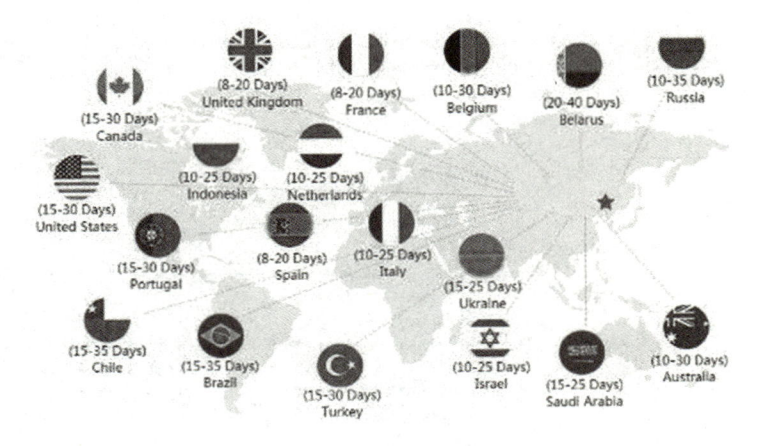

图 2-60　物流时效对比

此外，商家可以在商品详情页中列出是否收到包裹的处理流程，帮助消费者实时跟踪物流配送情况，以及消费者收到包裹后，有不满意的地方，应该如何与商家沟通等涉及物流方面的售后服务。图 2-61 所示为商家物流服务展示图示例。

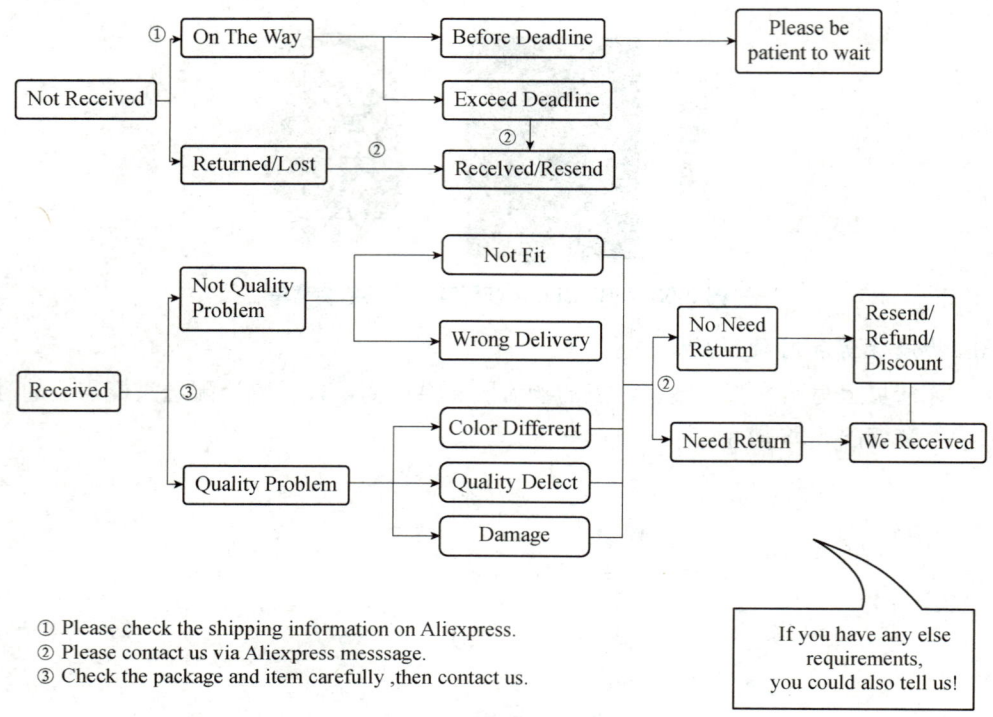

图 2-61　商家物流服务展示图示例

11. 售后服务

为提升商品竞争力和商品购买量，商品详情页里的商品售后服务部分可以是售后承诺图、退换货流程图、5 星好评图等。

商家在商品详情页里的"FEEDBACK"（评价反馈）板块中，提醒消费者，如果对商品和服务满意，希望消费者给予 5 星好评奖励。图 2-62 所示为 5 星好评图。如果消费者并不特别满意，那么希望消费者主动和商家联系，商家会给出最佳解决方案。

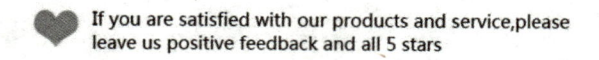

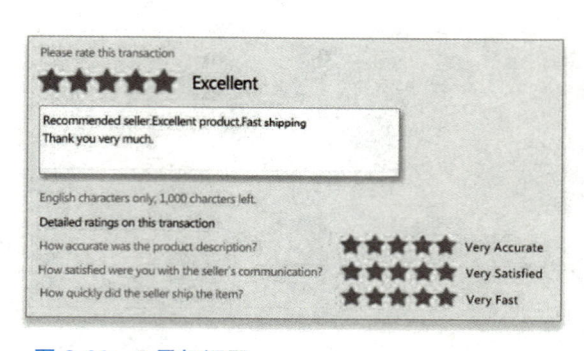

图 2-62　5 星好评图

商家在商品详情页里的"WARRANTY & SERVCIE"(服务承诺)中，支持 Drop Shipping（一件代发）、Delivery Time（48 小时发货）、Custom Design（定制化服务）、Shopping Help（快速响应）等多项售后服务保障，如图 2-63 所示。

图 2-63　售后服务保障

（二）商品详情页展示规则

只编辑 PC 端商品详情页，PC 端和移动端都会同步商品详情页。此时，移动端只有单击【it description】按钮跳转后才能看到商品详情页；只编辑移动端详情页，PC 端和移动端都会同步移动端详情页描述内容，详情页描述内容会直接平铺；同时编辑 PC 端和移动端详情页描述内容，PC 端会同步 PC 端详情页描述内容，移动端会同步移动端详情页描述内容，详情页描述内容会直接平铺。

商家可以尽量使用速卖通平台提供的 PC 端和移动端同步功能，但在移动端应用蓬勃发展的今天，要考虑移动端的特性，以及使用移动端购物的应用场景和消费心理。要知道，如果图片不能在第一时间打开的话，消费者就可能失去对商品的兴趣，去别的店铺下单，所以商家要特别重视移动端的应用操作。

（三）商品详情页图片模块顺序

商品详情页中的商品图片要重点突出商品的整体和细节，对于科技商品，建议适当增加一些特效图，同时注意商品图片的数量。在商品详情页里，推荐添加 12 张图片。消费者在浏览详情页的过程中，对于前 12 张图片的点击率是较高的，过多的图片会显得烦琐，而且受网速影响大，商品图片过多可能打不开，影响消费者的浏览体验。

速卖通商品详情页的展示流程唯一的参考标准，就是让消费者更为直观地了解商品，所以在图片排序中，建议排在前三位的图片使用直观、清晰的商品图片，勾起消费者的购买欲；第四张图片可以展示商品实用性的功能，扩大消费者购物的维度；第五张至第七张图片可以展示同款不同色的商品，方便消费者选择；第八张和第九张图片可以多展示一下商品细节，让消费者更深入地了解商品细节，以打动消费者；第十张图片可以突出自家商品与其他商家商品的差异，增强商家自身的商品优势；第十一张和第十二张图片建议添加一些消费者服务信息，从而提高商品的可信度，增强消费者下单的信心，同时有效避免商品纠纷的产生。

三、高转化率商品详情页设计技巧

优秀的商品详情页设计应该根据主图、铺垫、正文、分析、收尾这样的逻辑顺序展开，循序渐进，充满创意。

（一）添加移动端独立详细描述页

给商品添加移动端①独立详细描述（简述"详描"）页，可以使商品图片更加适配移动端（智能手机、平板电脑等设备）展示，提升消费者的购物体验，更容易传达出商品的利益点，甚至竞品不具备的独特优势，从而提升商品浏览下单转化率。添加移动端独立详细描述页，如图2-64所示。以下是操作步骤。

（1）在商品信息上传界面中，单击【详细描述】按钮，找到"无线详描编辑"页面。

（2）单击【导入PC详描】按钮。

（3）对"导入PC详描"重新进行编辑与完善。

（4）提交详细描述。

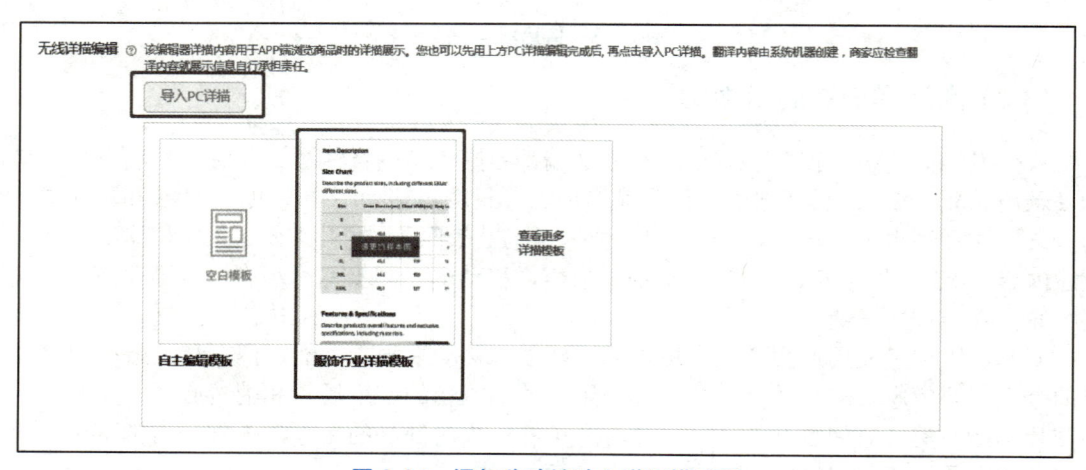

图2-64 添加移动端独立详细描述页

（二）透出利益点，提升转化率

为了提升商品转化率，可以在移动端详细描述里透出利益点，如优惠券、折扣码、物流履约海报等。下面是具体操作步骤。

1. 添加折扣码

在移动端"无线详描"页面单击【装修】按钮，添加模块，把图片模块拉入详情页里，然后添加设计好的"黑五折扣码"图片，如图2-65所示。

2. 透出利益点或者竞品对比图

在移动端"无线详描"页面单击【装修】按钮，添加模块，把图片模块拉入详情页里，然后添加设计好的"竞品对比"图片，如图2-66所示。

3. 透出物流与客服履约海报

在移动端"无线详描"页面单击【装修】按钮，添加模块，把图片模块拉入详情页里，然后添加设计好的"物流与客服履约海报"图片，如图2-67所示。

---

① 操作时需注意，速卖通网站将移动端表述为"App端"。

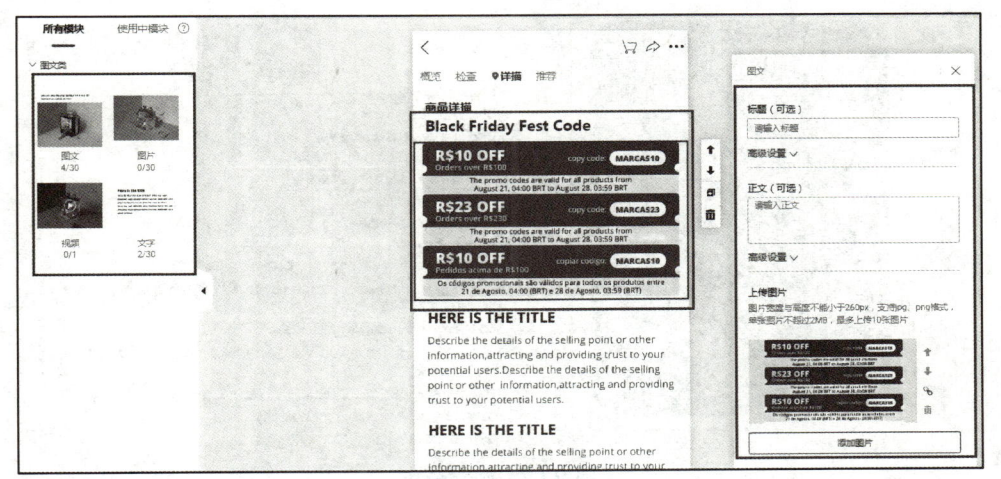

图 2-65 添加"黑五折扣码"图片

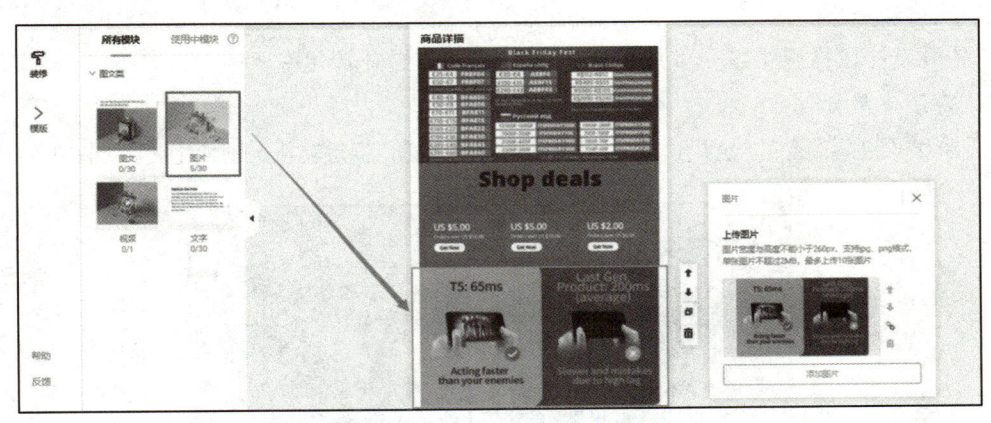

图 2-66 添加"竞品对比"图片

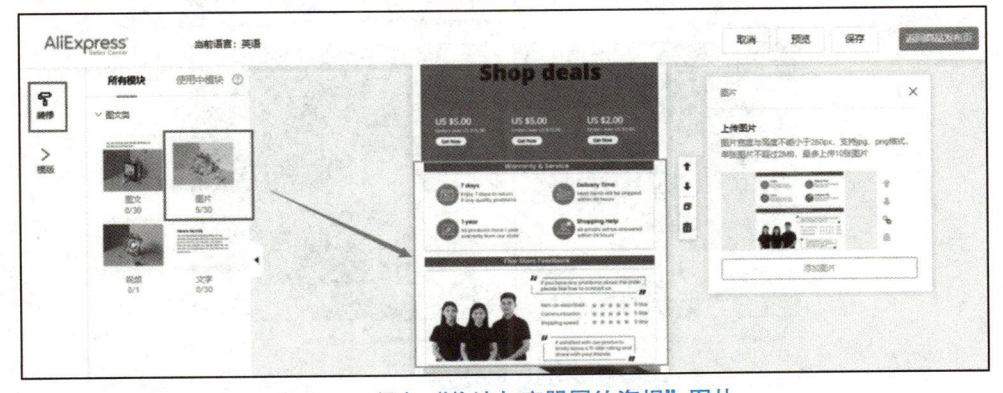

图 2-67 添加"物流与客服履约海报"图片

（三）具有高转化率的商品详情页的装修设计要点

1. 图文分离

图文分离有利于系统抓取关键词，优化搜索引擎排名，同时有利于小语种自动翻译。图文分离如图 2-68 所示。

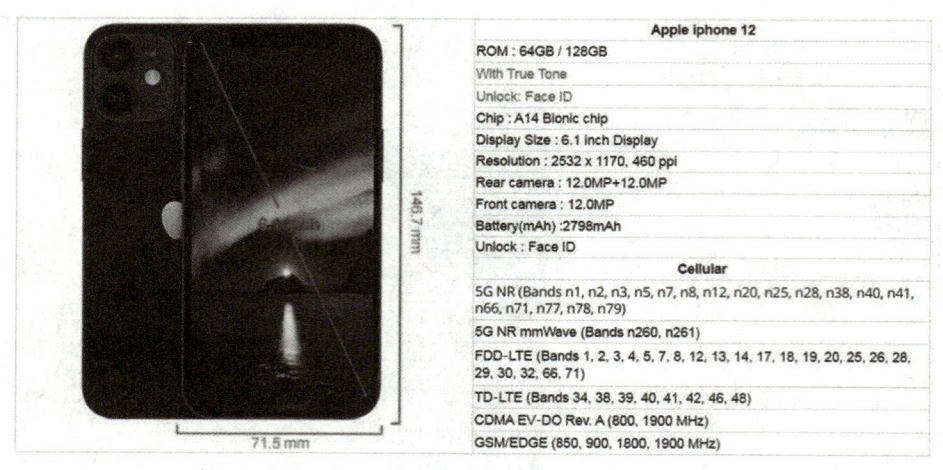

图 2-68　图文分离

2. 风格统一

商品页设计风格应该统一，用来展示品牌调性，提升转化率。

3. 场景化展示

商品详情页展示商品的应用场景，可以提升浏览代入感，促进转化。场景化展示如图 2-69 所示。

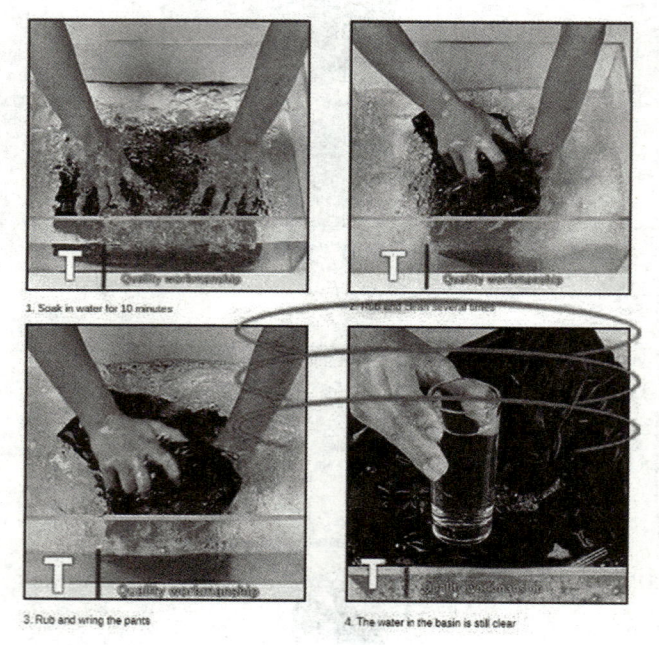

图 2-69　场景化展示

4. 服务能力展示

发货时效、保修日期、售后服务等服务能力展示内容可以提升品牌信任度。服务能力展示如图 2-70 所示。

图 2-70　服务能力展示

（四）具有高转化率的商品详情页页面布局

1. 吸引眼球的广告语

广告语应该用一句话说出商品核心优势，抓住消费者眼球，传递品牌的精神内涵。因此，广告语忌讳雷同，没有新意，以及内容太宽泛，任何商品都能用。在跨境电商平台，不建议使用中式广告语。好的广告语应该有创意，有情绪，有针对性，有用处。图 2-71 所示为商品广告语示例。

图 2-71　商品广告语示例

2. 提炼核心卖点并进行排序

商家要了解商品卖点有哪些，然后对商品卖点排序，可以给每个核心卖点写标题。每个核心卖点应该有细节描述，配上相应的图片，用精练的语言和配图支撑商品的卖点。提炼商品核心卖点如图 2-72 所示。

以图 2-73 所示的 Anker 充电线为例，将工艺优势作为卖点，增加消费者的信任感。

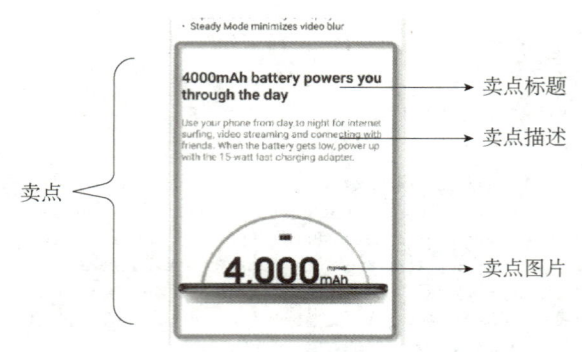

图 2-72 提炼商品核心卖点

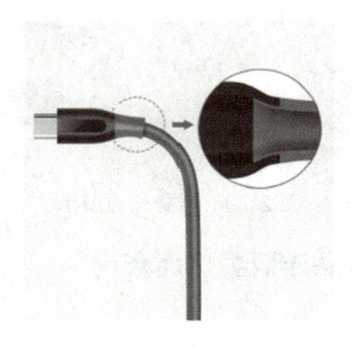

图 2-73 Anker 充电线

图 2-74 所示的 ROMOSS 充电宝，用数字说明商品的具体效果，因为数字更容易让人感知。

图 2-74 ROMOSS 充电宝

用优势对比说明商品和上一代商品或竞品比好在哪里，如图 2-75 所示。

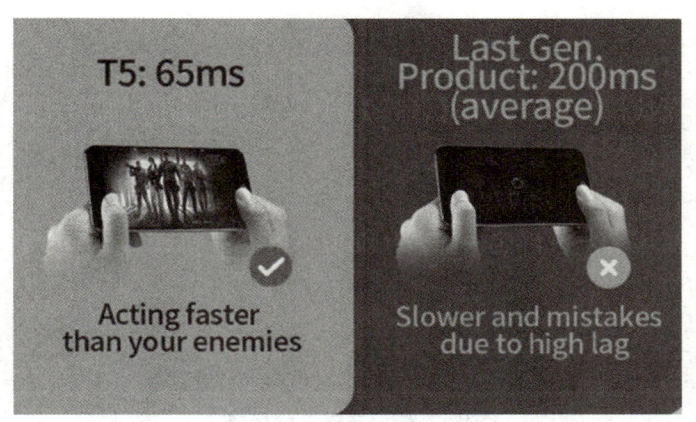

图 2-75 优势对比

说明商品的精准使用场景，激发消费者的购买欲，如图 2-76 所示。

图 2-76 商品精准使用场景

商品卖点要能打动人心，获取消费者信任。专业方面的说明要有说服力；站在消费者的角度，说明消费者将得到什么好处。不建议在图中加文字，因为不能翻译，以及卖点描述空泛，没有论据支撑。

3. 对核心卖点进行高亮显示

高亮显示的内容是商品卖点中的卖点，也可以说是在最短时间内让消费者看到自己想要突出的卖点。商品卖点高亮显示如图 2-77 所示。

图 2-77 商品卖点高亮显示

图 2-78 讲述充电宝的优势，总结出商品的核心优势，并按重要度排序，提供商品具体

的数字信息，简单直接地进行展示。

- Luxury design
- 100% brand new and high quality
- Large capacity: you may find it annoying when you are out of battery, with this power bank, no need to worry about it anymore
- 40,000mAh capacity for 7+ charges
- Charge 3 devices simultaneously
- Power iPhone 12 to 60% in 30 minutes
- USB-C, Micro USB and Lightning ports
- LED power display

- 豪华设计
- 100%全新，高质量
- 大容量：有了这个移动电源，当您没电了时，您可能会发现它很烦人，不再需要担心它
- 40,000mAh容量，可进行7次以上充电
- 同时为3台设备充电
- 30分钟内将iPhone 12供电至60%
- USB-C，Micro USB和Lightning端口
- LED电源显示屏

图 2-78　充电宝的优势

4. 常见问题解答

常见问题解答（FAQ）用于打消消费者的顾虑，促成购买行动。

如图 2-79 所示，商家总结了消费者经常会问到的一些问题。商家提前做好 FAQ，可以帮助消费者消除疑虑。

> Does the hard drive get hot when reading and writing?
>   The hard drive generates a small amount of heat, but not enough to cause damage or discomfort.
>   硬盘驱动器会产生少量热量，但不足以引起损坏或不适。

> Is the phone waterproof?
>   Yes, the phone has an IP68 rating so you can immerse it in 1.5 meters of water for up to 30 minutes.
>   是的，该电话具有IP68防护等级，因此您可以将其浸入1.5米深的水中长达30分钟。

> What is the eyeshadow's shelf life?
>   We recommend using the eyeshadow palette for a maximum of 3 years after opening.
>   我们建议在打开后最多使用3年的眼影调色板。

图 2-79　常见问题汇总

5. 物流退货及保修等售后服务

（1）物流退货服务可以打消消费者的顾虑，促使消费者行动，如图 2-80 所示。

- 订单处理时间
- 谁负责海关和费用
- 必须在多少天内退货
- 什么条件下才能退货
- 如何开始退货流程

Shipping and returns

When will my item be shipped?
Your item will be shipped within 1-3 business days after payment.

Do I need to pay customs tax?
Buyers are responsible for all tax and VAT fees. Customs duties are not required from EU buyers if items are shipped from an EU warehouse.

What is your return policy?
We offer free returns or exchanges within 60 days of purchase. Returned items must be returned in original product packaging and have no visible signs of wear or use.

How do I initiate a return?
If you wish to return an item, please contact us to get a return address. Next, pack the item in its original packaging and send it to the return address with a tracking number. Please notify us of the tracking number after you ship the item. We will process your refund within 3-20 business days once we receive the item.

图 2-80　物流退货服务

（2）产品保修服务可以打消消费者的顾虑，促使消费者下单，如图 2-81 所示。

- 是全面保修还是有限保修
- 保修期为多长时间
- 哪些部分在保修范围内，哪些部分不在保修范围内
- 维修或更换过程以及卖方如何解决出现的问题
- 告诉客户如何提出保修索赔

图 2-81　产品保修服务

6. 详情页排版布局

（1）S 形布局，相比平铺直叙的形式，不会显得那么呆板，阅读起来也很流畅，有趣味性，如图 2-82 所示。

（2）Z 形布局跟 S 形布局作用比较类似。不过，Z 形布局适合男性产品或者科技类产品，而 S 形布局适合女性产品、儿童产品，如图 2-83 所示。

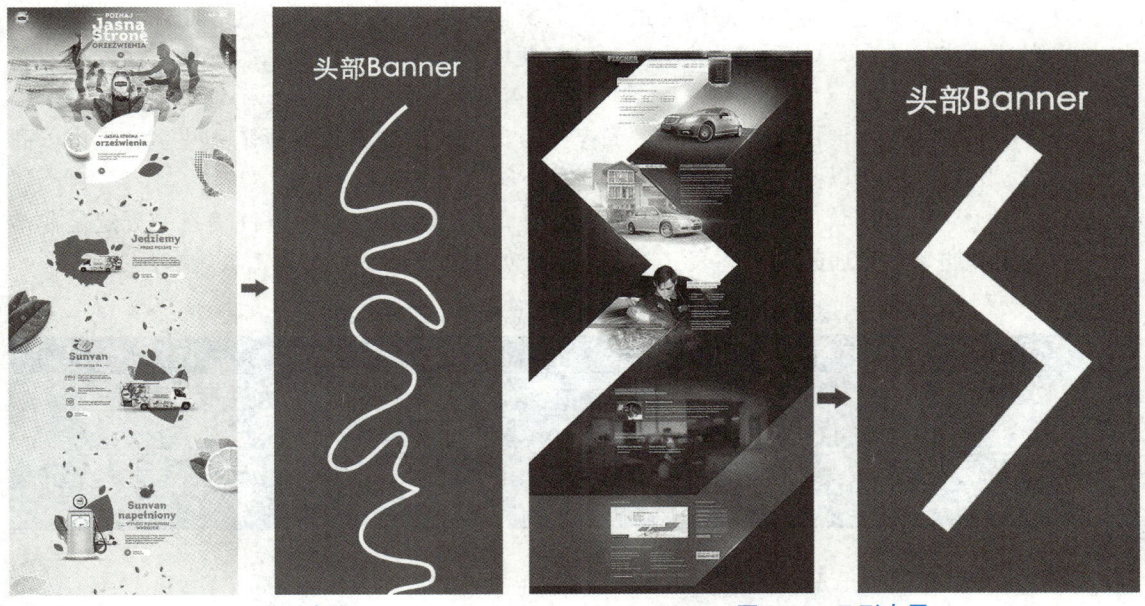

图 2-82　S 形布局　　　　　　　　　　图 2-83　Z 形布局

（3）1 字形布局有一种硬朗和厚重的感觉，需要用高质量的模特大图或商品图吸引人，如图 2-84 所示。

（4）自由布局是在某块内容里做一些排版上的变化，如切分成一小块一小块的自由排版，如图 2-85 所示。这种专题页设计比较适合那些想走高端路线的时尚服饰类目。这种设计看着简洁，但对设计师的排版功力要求比较高。

图 2-84　1 字形布局　　　　　　　　　　　　　图 2-85　自由布局

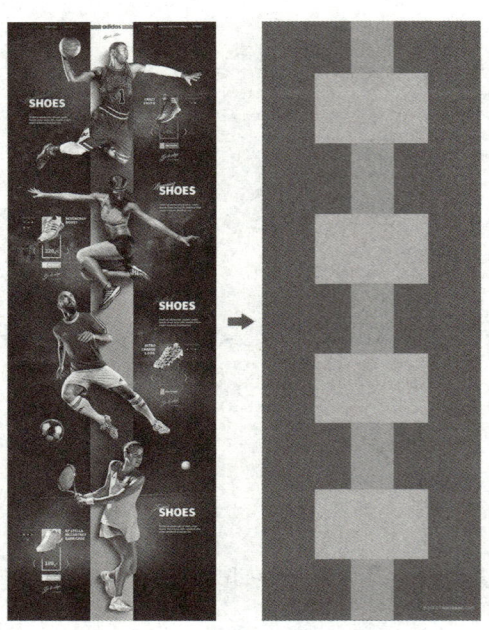

7. 商品详情页易被忽略的禁区

（1）商品详情页里使用的商品图片最好是商家自己拍摄的，然后通过后期处理来优化，以凸显商品的优势、亮点。千万不能用网上未经授权的图当作自己商品的图片，这样很容易被投诉侵权。

（2）商品的细节需要用文字来解释，商家在设计详情页文案前要清楚哪些字体是可以商业使用的，哪些是不可以商业使用的，避免商品上架后产生纠纷。

（3）速卖通对于违禁词语的规定，特别是涉及危害国家安全及侮辱性信息的规定是非常严格的。速卖通禁限售违禁信息列表（部分内容）如表 2-2 所示。商家需要谨言慎行。

表 2-2　速卖通禁限售违禁信息列表（部分内容）

危害国家安全及侮辱性信息	处罚措施
宣扬恐怖组织和极端组织信息	严重违规，最高扣除 48 分
宣传国家分裂及其他各国禁止传播发布的敏感信息	严重违规，最高扣除 48 分
涉及种族、性别、宗教、地域等歧视性或侮辱性信息	一般违规，2 分/次
其他含有政治色彩的信息	一般违规，0 分/次

第二节　亚马逊平台商品详情页视觉设计与制作

亚马逊平台商品详情页是消费者查看亚马逊商城所售商品的页面。如果消费者曾在亚马逊商城购物，就可能知晓商品详情页，消费者可以在其中找到有关特定商品的所有相关信息。当多个商家销售同一种商品时，亚马逊平台会将所有报价的数据整合到一个商品详情页中，从而为消费者提供最佳体验。商家可以与其他商家和制造商一起对商品详情页上的商品信息提出建议。如果商家认为信息不正确，就可以申请审查商品详情页。

一、商品详情页设计要求

创建商品详情页是在亚马逊平台进行商品售卖的第一步，商品详情页是否优秀在很大程度上影响页面的转化率。

（一）商品详情页的定义

每种商品信息上传完后，会生成一个独立的商品详情页。商品详情页既是商品最直观的展现方式，又是消费者全面了解商品最有效的途径。商品详情页由分类节点、搜索关键词、图片、标题、商品要点、商品描述、品牌名称等要素组成。

（二）商品详情页的重要性

商品详情页是对商品的具体介绍，也是商家跨境出海的第一步。消费者无法实际接触到商品，所有的商品信息都只能通过商品详情页来展示。一个好的商品详情页是决定消费者是否最终购买商品的关键。如果商品详情页不完整或不正确，消费者可能很难全面了解商品，从而影响商品销量。

（三）创建商品详情页的准备工作

创建商品详情页，准备工作要先行。在完成开店注册后，前期准备包括四个环节，即商品合规准备、商品编码准备、品牌名准备和图片文案准备，准备就绪即可上传商品详情页，开启在亚马逊开店的第一阶段。

1. 商品合规准备

消费者安全对亚马逊来说至关重要。亚马逊的目标是确保消费者能够有信心地从商家处购买相关商品，而不必担心商品的安全性、质量或可靠性。作为一个商家，了解亚马逊关于限制商品、危险品运输仓储及商品安全和合规性的指导方针是很重要的。

2. 商品编码准备

大部分分类商家只有提供一个名为全球贸易项目代码（GTIN）的唯一商品编码，才能创建新的商品信息。如果商家的商品没有商品编码，查询亚马逊目录也没有匹配的现有商品，商家只有申请全球贸易项目代码豁免才能创建商品详情页。

3. 品牌名准备

亚马逊将品牌视为代表一种商品或一组商品的名称。同一品牌的商品在商品自身或其包装上有统一的名称、徽标或其他识别标记，用来将这些商品与不属于该品牌的相似商品区分开来。

4. 图片文案准备

亚马逊对商品详情页的图片和文案都有非常详细的格式和内容要求，格式错误、内容超限，可能导致商品详情页不能显示、不能被搜索，甚至暂停展示等后果。商家在开始准备图片和文案时，要根据亚马逊官方的要求进行。

(1) 图片基本要求。

① 主图应该采用纯白色背景（RGB 色值为 255, 255, 255）。

② 主图必须是实际商品的专业照片（不得是图形、插图、实物模型或占位符），且不得展示不出售的配件、可能令消费者产生困惑的支持物、不属于商品一部分的文字，或者标志、水印内嵌图片。

③ 图片的最长边不应低于 1000 像素，满足最小尺寸要求的图片可在网站上实现缩放功能。

④ 图片最长边不得超过 10000 像素。

⑤ 亚马逊接受 JPEG（.jpg）、TIFF（.tif）或 GIF（.gif）格式的图片，但首选 JPEG（服务器不支持 GIF 格式的动图）。

⑥ 鞋靴主图应该采用单只鞋靴，呈 45°角，朝向左侧。

⑦ 女装和男装主图应采用模特照。

⑧ 所有儿童和婴儿服装图片均应采用平放拍摄照（不借助模特）。

(2) 文案基本要求。

① 多件商品捆绑销售，请在商品标题后面添加（pack of X）。

② 请勿全部使用大写字母。

③ 使用阿拉伯数字（例如，使用"2"，而不使用"two"）。

④ 拼写出测量单位（例如，使用"6 inches"，而不使用"6"）。

⑤ 请勿使用符号，如~、!、*、$、?、_、~、{、}、[、]、#、<>、|、*、;、/、^、¬、¦。

⑥ 请勿使用环境依存文字或颜文字（表情字符）。

⑦ 请勿包含商品价格或促销信息，如"打折"或"免运费"。

⑧ 请勿使用主观性评价用语，如"热门商品"或"Best Seller"。

⑨ 请勿在商品名称中包含商家名称。

二、商品详情页包含内容

商品详情页是展示商品所有信息的独立商品页面，包含以下 7 个要素。

（一）标题

标题即商品名称，是以"品牌名+商品名+商品特征/型号"等格式对商品进行描述且便于消费者理解的商品的称呼。标题是亚马逊站内外最重要的搜索项目。以 Game Headsets 商品为例，如图 2-86 所示，商品标题为"BENGOO G9000 Stereo Gaming Headset for PS4 PC Xbox One PS5 Controller, Noise Cancelling Over Ear Headphones with Mic, LED Light, Bass Surround, Soft Memory Earmuffs for Laptop Mac Nintendo NES Games"，包含商品品牌名"BENGOO"、商品名称"Gaming Headset"、商品型号"G9000"，以及商品特征"LED Light""Bass Surround""Soft Memory Earmuffs"等关键词。

（二）商品要点

商品要点突出有关商品的重要信息或特殊信息。商家依靠商品要点来表达重要的商品特征。商家最多可以填写 5 个商品要点，称为"五点描述"。以 Game Headsets 商品为例，如图 2-87 所示，商品要点描述为：Multi-Platform Compatible（多平台兼容）；Surrounding

Stereo Subwoofer(环绕立体声低音炮);Noise Isolating Microphone(噪声隔离麦克风);Great Humanized Design(人性化设计);Effortlessly Volume Control(轻松音量控制)。

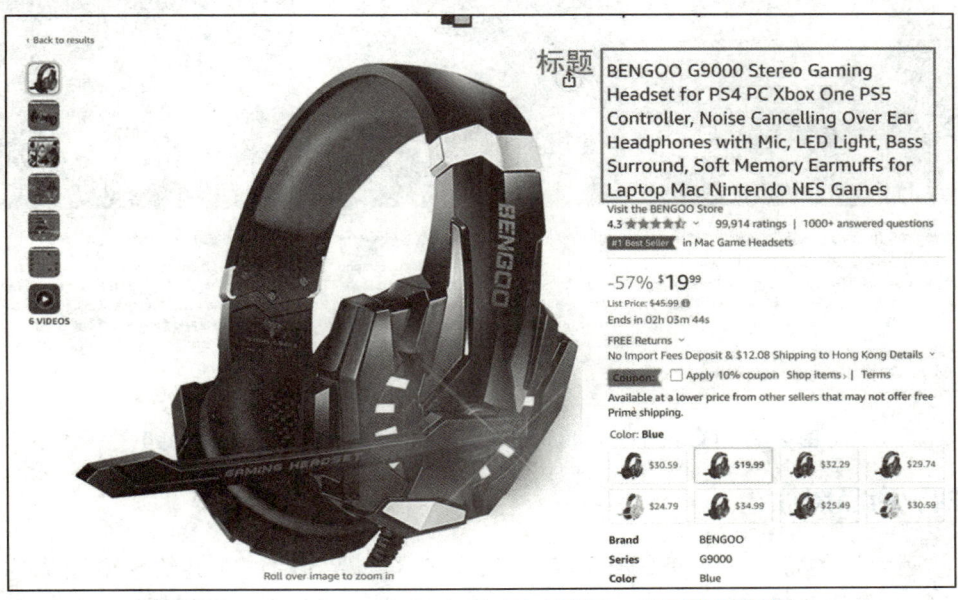

图 2-86　Game Headsets 标题（资料来源：亚马逊美国站）

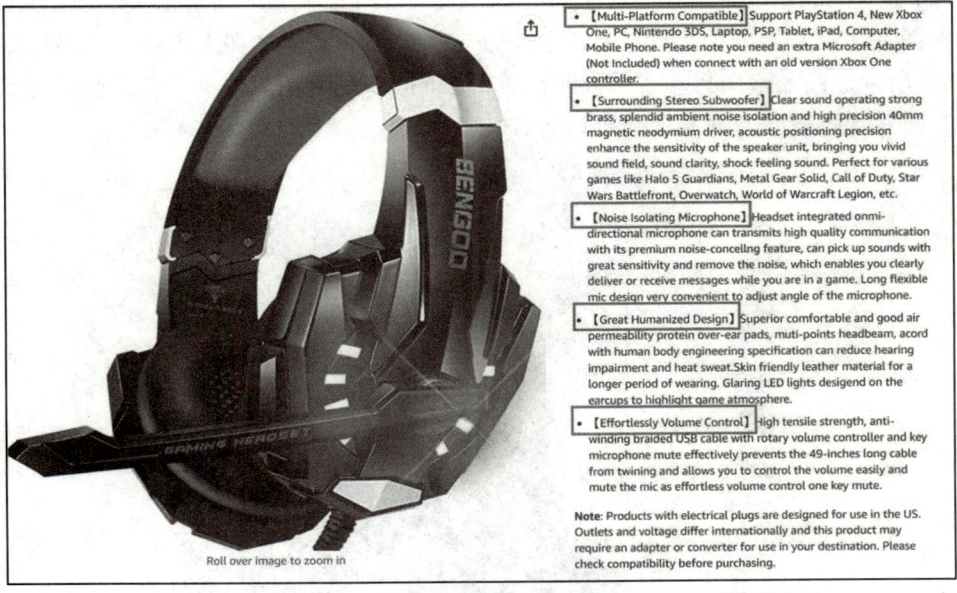

图 2-87　Game Headsets 要点描述（资料来源：亚马逊美国站）

（三）商品描述

商品描述是对商品的文字说明，可以结合商品图片显示更详细的商品信息。如图 2-88 所示，除了上述列出的 Game Headsets 商品要点描述，在商品详情页里还可以补充更多的商品特征信息，即 "Adjustable Headband"（头戴可调节）、"Skin-friendly Earmuffs"（亲肤耳罩设计）、"Soft Head Beam Pad"（海绵顶梁垫板）。

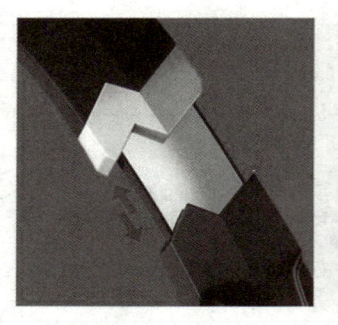

*********Adjustable Headband*********

The adjustable headband can fit different size of the heads, and the light-weight material is fit completely around your ears and won't over heat your head.

What's more, the metal frame headset is strong and durable enough to last a long sessions.

*********Skin-friendly Earmuffs*********

Compared to other gaming headsets, Bengoo headset thickened the ear cushions to take more consideration to your ears and provide passive noise isolation. Superior comfortable over-ear pads reduce hearing impairment and heat sweat. Your extreme comfort could be ensured even a whole-day wearing.

*********Soft Head Beam Pad*********

Designed with breathable memory foam pad, the entire frame is comfortable and incredibly durable, which allows you enjoy your favorite games, musics and movies without noticing the headset is on your head.

图 2-88　Game Headsets 商品描述（资料来源：亚马逊美国站）

（四）商品图片

亚马逊商城的每件商品都需要配有一张或多张商品图片。商品的主要图片称作"主图"，商品主图显示在搜索结果和浏览页中，也是消费者在商品详情页看到的第一张图片。图 2-89 所示为 Game Headsets 商品主图。附加图片称作"附图"。商品的主要图片应配有一些附加的图片，以从不同的角度展示商品、展示使用中的商品和在主图中没有显示的细节。如图 2-90 所示，商品附图显示了对商品品牌 BENGOO 的介绍，告诉消费者公司与品牌的发展历程，公司主打商品及商品优势等内容。

图 2-89　Game Headsets 商品主图（资料来源：亚马逊美国站）

图 2-90　Game Headsets 商品附图——商品品牌 BENGOO 介绍（资料来源：亚马逊美国站）

（五）搜索关键词

搜索关键词是代表商品的词组和短语，用于将商品与消费者查找商品时输入的搜索词匹配。消费者通过输入关键词进行搜索，而关键词将与商家为商品提供的信息（商品名称、描述等）匹配。文本匹配度、商品价格、供货情况、选择和销售历史记录等因素共同决定了商品在消费者搜索结果中的排位。通过为商品提供具有相关性且完整的信息，可以提高商品的曝光量和销量。

例如，在搜索框中输入"gaming headsets"衍生出以下的相关关键词，如图 2-91 所示。

- gaming+headsets
- gaming headsets for xbox
- gaming headsets for ps4
- gaming headsets wireless
- razer headsets for gaming
- gaming headsets for pc
- gaming headsets with microphone
- gaming+headsets+wired
- vr headsets pc gaming
- gaming headsets ps5

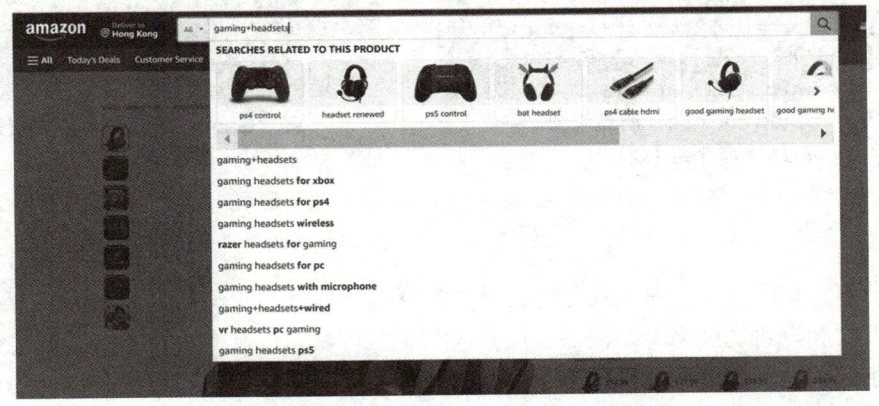

图 2-91　搜索关键词"game headsets"

关键词可以定义为解释商品的词，可能是一个词或一组词（短语）。一般来说，关键词应该是解释商品名称或其特征的词语。商家可以在 ASIN 的"Search Terms"字段添加更多关键词来描述商品。这些关键词并不会被消费者看到。

（六）EBC/"A+"页面

EBC 全称"Enhanced Brand Content"，即图文版品牌描述。"A+"页面，即图文版的产品详细描述。

商品描述页具有通过图片和文字的组合提高商品宣传效果的作用。将图片与商品组合，能够更好地体现商品特征、差异点、商品魅力等具体的诉求点，从而起到促进消费者的购买决定的作用。

图 2-92～图 2-94 是对 Game Headsets 商品优势的介绍，即"BENGOO G9000 PROFESSIONAL GAMING HEADSET"（专业级游戏耳机）、"OPTIMIZED FIT，SUPERIOR COMFORT"（极度贴合及舒适）、"DESIGN FOR LONG-TIME WEARING"（适合长时间佩戴），以图文并茂的形式宣传商品。图 2-95 是对 Game Headsets 商品颜色的介绍，商品提供黑色、蓝色、绿色、橙色、粉红色、紫色、红色、白色 8 种颜色供消费者选择。

图 2-92　Game Headsets 商品附图——商品优势介绍（1）

图 2-93　Game Headsets 商品附图——商品优势介绍（2）

图 2-94　Game Headsets 商品附图——商品优势介绍（3）

图 2-95　Game Headsets 商品附图——商品颜色介绍

（七）分类节点

分类节点泛指叶节点，是对商品进行分类的终端节点，用于添加新商品的场合。亚马逊用户可通过搜索和浏览功能来查找商品。用户在浏览时可以通过选择特定的商品分类和子分类来进一步缩小搜索范围。正确的分类节点设置对于商品的显示至关重要，以 Game Headsets 商品为例，如图 2-96 所示，商品的分类节点为"Video Games > PC > Accessories > Headsets"，所有对游戏耳机有需求的消费者，可以在亚马逊网站上搜索或浏览到这种商品。

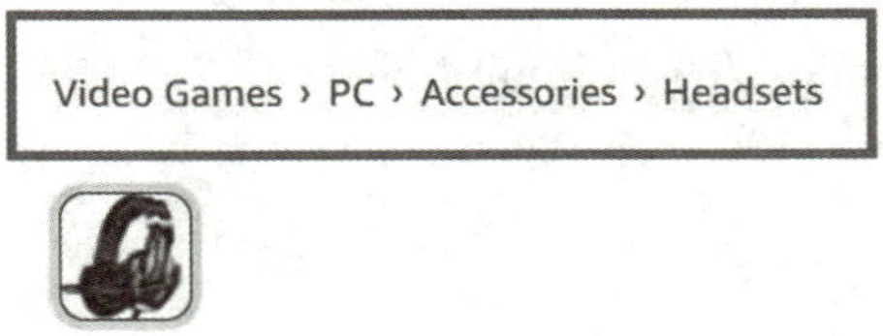

图 2-96　Game Headsets 商品分类节点

三、高转化率商品详情页设计技巧

（一）图片（视频）

商品详情页最多可以放置 9 张图片，但只会显示前 7 张，需要通过单击【更多】按钮查看。如果有视频存在，视频就会占据一张图片的空间。

下面是关于主图的注意事项。

（1）图片必须能够放大，展示商品整体。商品在整体图片中的占比为 85%左右，图片尺寸最好为 1000 像素×1000 像素及以上。

（2）图片呈现立体三维效果，而不是平面效果。要达到这种效果，在拍摄时最好将商品倾斜放置，具体参考专业美工的建议。

（3）主图必须含有场景图，使用场景图要贴合实际情况。

（4）如果销售的商品有赠品，就可以将赠品放上去展示差异化，否则不要添加物品。

（5）主图包含商品卖点，可以加小图标。

（二）标题

1. 高流量标题的特质

（1）精准关键词，过滤垃圾流量。

（2）突出卖点。

（3）具有可读性。

（4）简单易懂。

（5）符合当地人的语言习惯——请当地人校对。

（6）关键词侵权检测。

2. 高质量标题布局

（1）品牌名+核心关键词+核心卖点+次核心关键词+商品属性特性卖点+使用场景范围。

例如，Luxillia Magnetic Eyelashes with Eyeliner Natural Look，Magnetic Eyelashes Kit with Tweezers，Easy to Wear。

（2）品牌名+主关键词+主卖点+关键词 2+卖点 2 +关键词 3 +卖点 3 +商品属性词。

例如，Luxillia Magnetic Eyelash Kit Easy to Wear False Eyelashes Magnetic Natural Look Magnetic Eyelashes Kit No Glue Needed 5 Pairs。

（3）品牌名+核心关键词+卖点 1+卖点 2+适配机型+属性词。

例如，Anker USB C Charger 20W，511 Charger（Nano Pro），PIQ 3.0 Durable Compact Fast Charger，Anker Nano Pro for iPhone 13/13 Mini/13 Pro/13 Pro Max/12，Galaxy，Pixel

4/3，iPad/iPad mini（Cable Not Included）。
（4）品牌名+核心关键词+卖点 1+卖点 2+核心关键词+卖点 3+卖点 4+卖点 5（场景词）。
例如，Anker Nebula Apollo，Wi-Fi Mini Projector，200 ANSI Lumen Portable Projector，6W Speaker，Movie Projector，100 Inch Picture，4-Hour Video Playtime，Outdoor Projector—Watch Anywhere。

（三）五点描述

五点描述采取以下形式。
（1）产品材料描述。
（2）产品特性、功能描述。
（3）产品尺寸描述。
（4）产品安装描述。
（5）产品售后承诺。
五点描述也叫作五行卖点，是商品卖点的体现。卖点最好能够解决消费者购买商品需要解决的核心痛点。

（四）"A+"页面

有没有"A+"页面对商品链接的转化率影响非常大，全图片的"A+"页面比图文结合的"A+"页面转化率高一些。

（五）问题与解答

问题与解答（Question and Answer，QA）是消费者在购买商品之前询问其他消费者的地方，也是沟通的渠道。图 2-97 所示为 Gaming Keyboard 商品问题与解答。例如，消费者提问：Is there a way to set this keyboard to just one color? 商家回答：There are only three modes，which are light off，light on and breathing effect. You can control the speed of the breathing effect. 商家在这里的回复要专业一些。

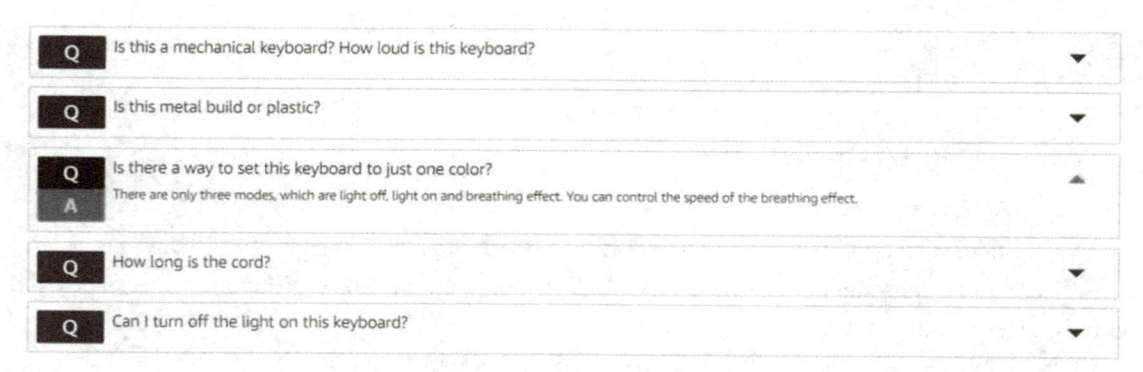

图 2-97　Gaming Keyboard 商品问题与解答

（六）消费者评价

商家可以直接利用工具批量下载消费者评价进行分析。

(七)搜索关键词

关键词是商品详情页的核心,也是推广商品的基础。可以这么说,一种商品能否推广起来就要看关键词设置得对错,如果选的关键词正确的话,来到商品详情页的都是精准流量,就能够极大地提高转化率。

单元三 店铺装修

商家想让自己的店铺在万千同类店铺中抓住人的眼球,就需要用心构思,对自己的店铺有一个大体的构架。商品应该怎么放、颜色选哪种符合商品特性、商品页面如何布局、主打商品怎么放,这些都是需要精心设计的。消费者进入网站浏览界面,大多数人都想快速找到符合自身需求的商品,商家如何抓住消费者的心理需求是关键。店铺设计的好坏在一定程度上影响销售业绩,所以装修店铺对商家而言是非常重要的。

第一节 速卖通平台店铺装修

在速卖通的"跨境商家中心"里,商家在上架商品后,需要对店铺进行装修设置,以便更好地展示商品,协助消费者挑选商品。

一、店铺装修入口

店铺是商品展示、引导并扩充消费者消费场景的场所。商家可以通过对店铺装修的调整,给予消费者不同的观感,并进行购物引导。如果商家未装修店铺,那么店铺里的商品就会平铺,消费者购物路径不明确,缺少吸引消费者停留的要素。未装修店铺如图 2-98 所示。

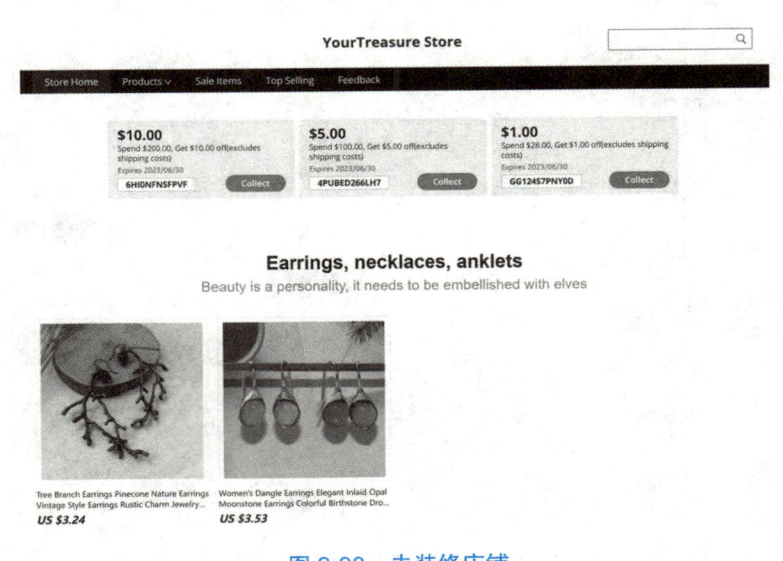

图 2-98 未装修店铺

如果商家装修了店铺，那么商品分类明确，消费者购物分类路径明确，主推商品精致展示。店铺具有自己的装饰风格，能够吸引消费者停留。已装修店铺如图 2-99 所示。

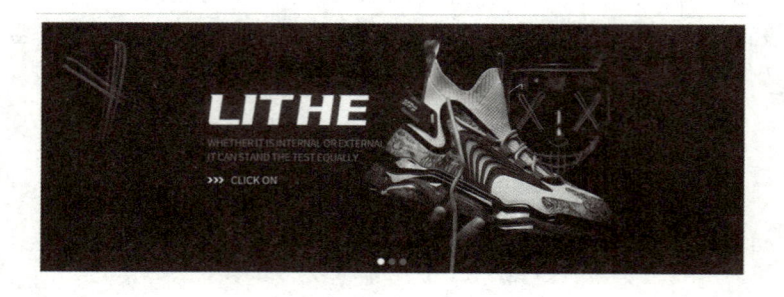

图 2-99 已装修店铺

（一）店铺装修路径

在"跨境卖家中心"商家后台"店铺"下拉菜单中选择"店铺装修"选项，在打开的"店铺装修"页面中单击【去装修】按钮，如图 2-100 所示，就可以进入速卖通为商家提供的装修页面。速卖通店铺的装修页面通常是以店铺首页为主，同时有"新品页""自定义页""商品分组"等额外页面可以进行商品展示。

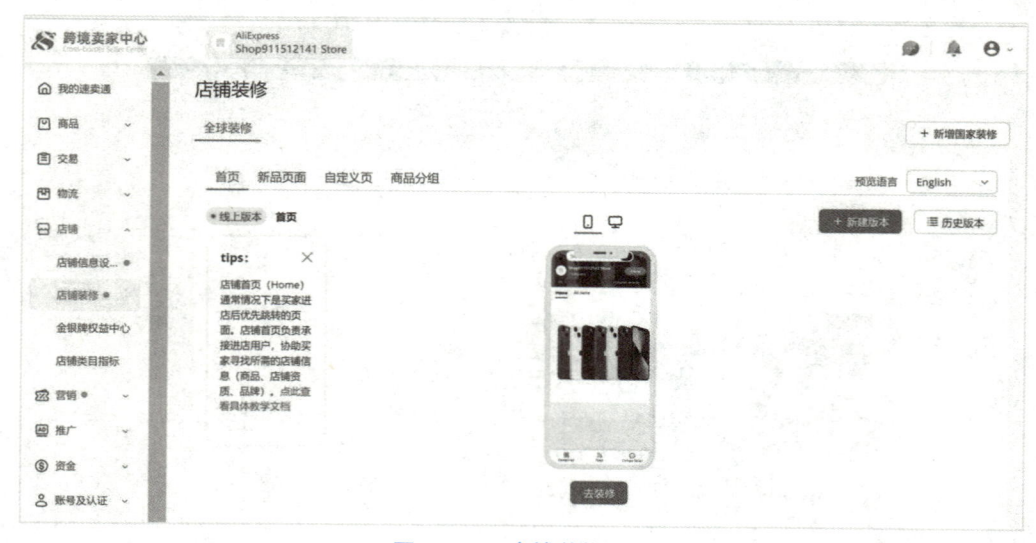

图 2-100 店铺装修入口

勾选同步装修功能后，PC 端（PC）和移动端（App）所有共有模块会按照当前编辑页面内容自动同步，如图 2-101 所示。商家如果对尺寸同步不满意，可以选择同步装修，待其中一端装修完毕后，再切换到另一端，取消同步装修，调整图片尺寸。

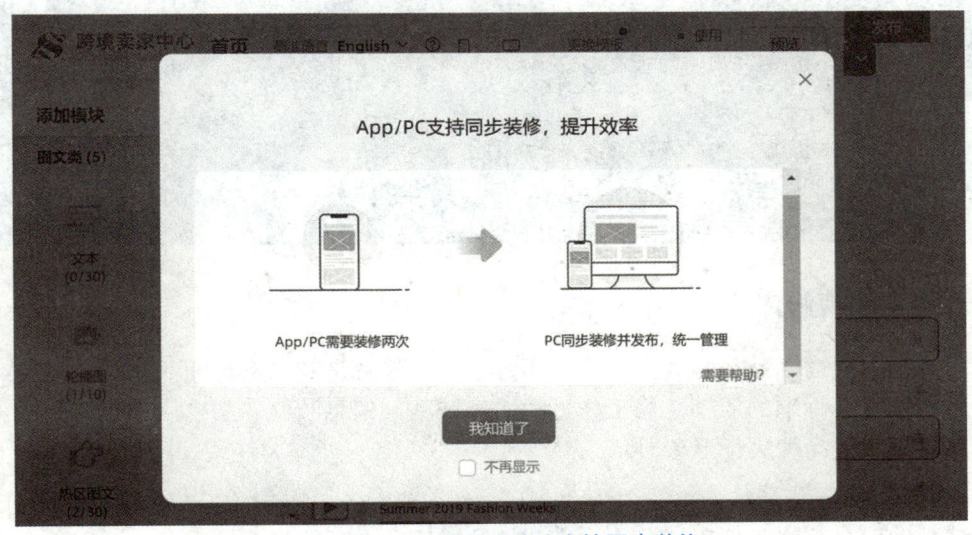

图 2-101　PC 端和移动端支持同步装修

速卖通店铺装修模板是将部分挑选好的模块以预设的样式展示，如图 2-102 所示。商家使用模板后，仍然可以从左侧通过拖动添加新模块，对模板内容进行自定义设置。完成模板设置后，部分模块仍然需要商家补充商品图片等信息。

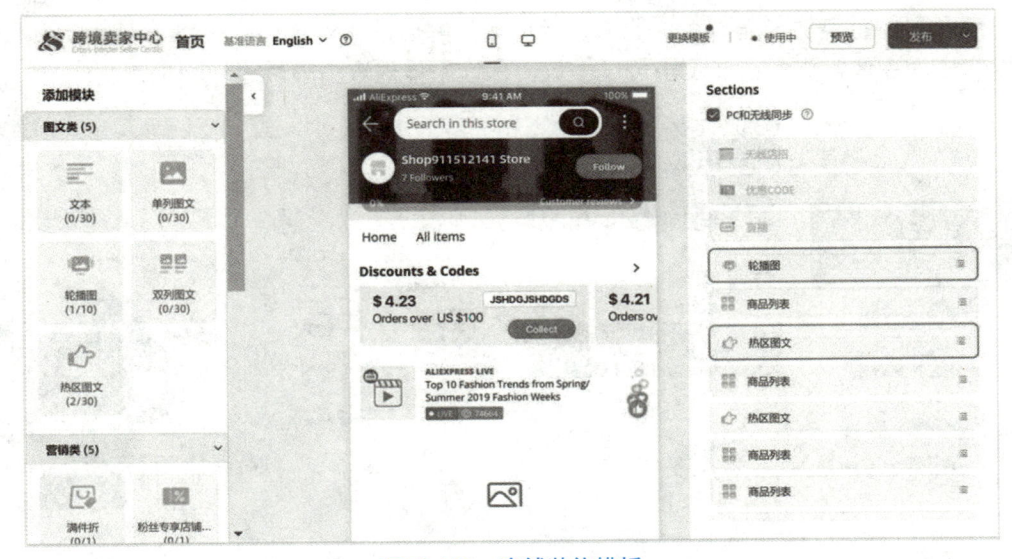

图 2-102　店铺装修模板

（二）店铺装修目标

速卖通店铺的装修可以结合以下三个目标来进行：让消费者"买"、让消费者"多买"、让消费者成为店铺忠诚的客户。速卖通店铺装修目标如表 2-3 所示。

表 2-3　速卖通店铺装修目标

目标	可用模块	验证指标
让消费者"买"	1. 促进特殊单品销量及转化。例如，新品首发、爆品促销。 2. 促进店内普通商品的购买转化，提高店内商品曝光率。例如，优化店铺用户的找品路径	1. 店铺内引导单品浏览的转化率（店铺内的总访客中被引导浏览商品页的访客数÷店铺内总访客数）。 2. 店铺引导成交的转化率（店铺内的总访客中成交的访客数÷店铺内总访客数）
让消费者"多买"	合理的营销活动装修，可以提高进店消费者的客单价。 1. 搭配购买。例如，满件折、满减、满包邮。 2. 场景购买。例如，8年雪佛兰配件LIST	1. 店铺用户成交的客单价（店铺内访客的成交总金额÷店铺内总访客数）。 2. 店铺用户成交的购买商品数（店铺内人均购买商品数）
让消费者成为店铺忠诚的客户	1. 提高消费者对店铺的认可度，促进粉丝数量增长。 2. 展现店铺品牌实力，促进粉丝购买转化。 3. 获得粉丝对店铺的认可，促进粉丝回访。 4. 获得粉丝对品牌的认同，促进粉丝主动拉人	1. 粉丝人数。 2. 粉丝成交人数。 3. 其他特殊追踪

（三）店铺装修内容

在具备充足的商品品类和数量后，对店铺进行装修就是商家进行商品展示、宣传、获客转化的关键途径。标准的店铺装修工作包括"店铺基础信息装修"与"店铺装修"两部分，从而对自身商品及品牌进行形象展示。

1. 店铺基础信息装修

店铺基础信息装修包括店铺名称、店铺标志、店铺类型的修改等内容。这里主要以"店铺标志"装修为例进行介绍。店铺标志也称商家头像，一般是在商品详情、买家[1]会话、Feed、店铺首页等多个页面进行展示，如图 2-103～图 2-106 所示，既是区别店铺、展示品牌调性的窗口，又是商家构筑品牌阵地的基础之一。通过对商家店铺整体数据的统计，选用合适 LOGO 的店铺相比使用默认头像的店铺拥有更高的消费者进店率及购买率。在购物链路中，商家利用有限的曝光次数，让消费者更加了解店铺并对店铺品牌留下记忆。商家头像建议以商标为主体，头像在展示中可以缩放，保证主体内容清晰，遵守相关规则。

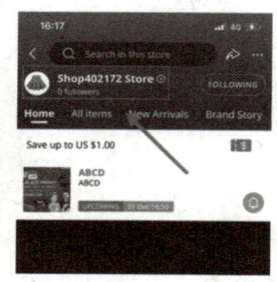

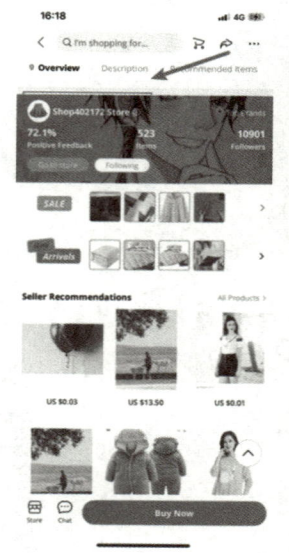

图 2-103　商品详情页面 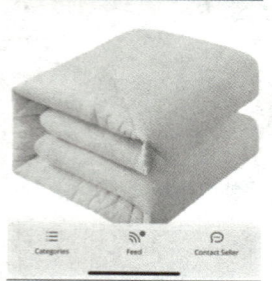　　图 2-104　移动端店铺页面 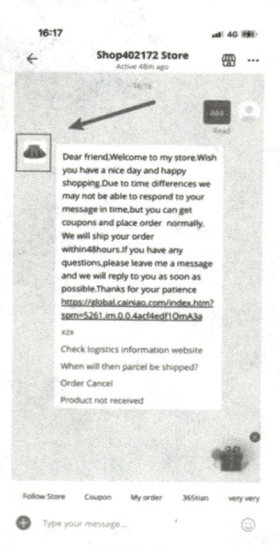　　图 2-105　买家会话界面 　　图 2-106　Feed 界面

---

[1] 速卖通、亚马逊等电商平台称消费者或在平台下单用户为买家，称商家为卖家。

下面是商家头像设置流程规范及原则。

（1）设置流程。

在新版商家后台"店铺"下拉菜单中选择"店铺信息设置"选项，单击店铺标志下面的图片，如图 2-107 所示，即可编辑商家头像。

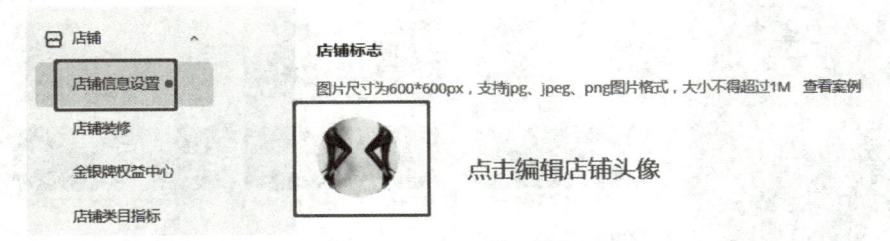

图 2-107　店铺标志装修

（2）上传规范。

在上传店铺标志前，商家必须确保图片不包含知识产权侵权、色情、暴力或其他违法内容，以及违反速卖通网站会员协议或网站规则的内容。如果商家发布的图像必须使用品牌商标，商家就需要确认是否有该品牌的授权销售证明，是否拥有在速卖通平台上使用该品牌商标的授权。平台有权清除任何违反上述要求或其他平台认为不合适的图片。为了取得更好的展示效果，推荐店铺标志图像主体内容占画布的 70%～80%，图片尺寸为 600 像素×600 像素，图片格式为 JPEG、PNG，大小不得超过 1MB。不建议商家使用占比不合理、模糊不清、信息不全、内容杂乱的店铺标志图像。

（3）设计原则。

① 商家头像应该是简单易记的 LOGO。品牌名不宜过长，冗长的发音不易于记忆（三个音节内最佳），在 LOGO 中尽可能少添加形容文字（如 jewelry 等品类词），改用图片表示。

② 商家头像色彩数量不能过多，颜色组成以 2～3 种为佳，在视觉上不过于刺眼；推荐参考 ArtyClick Colors（如图 2-108 所示）和网页设计常用色彩搭配表（如图 2-109 所示）。

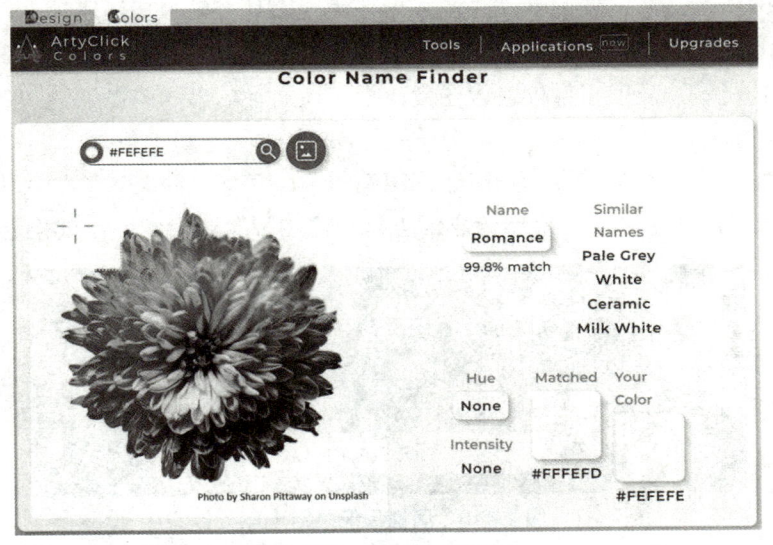

图 2-108　ArtyClick Colors

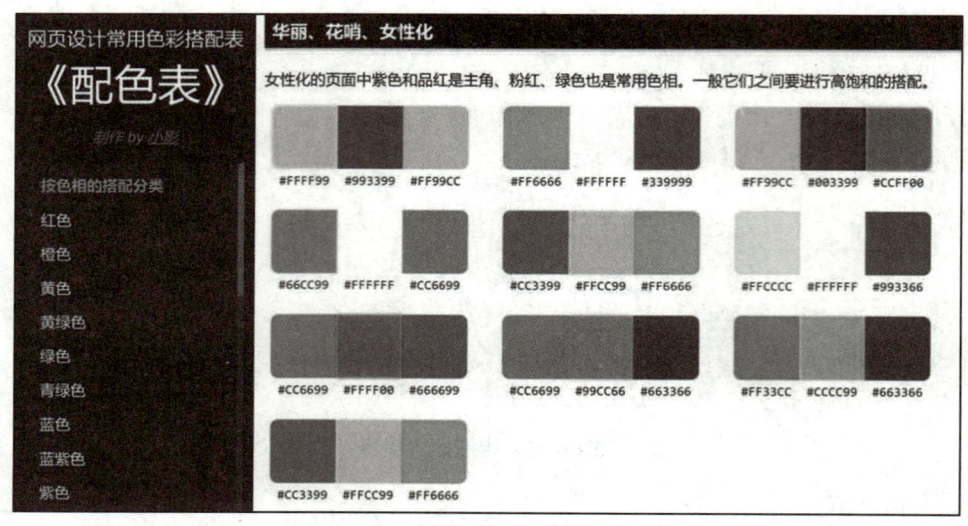

图 2-109　网页设计常用色彩搭配表

下面是挑选配色的原则。

● 基础、通用配色。使用纯色进行店铺配色，根据需要挑选较为简洁、明亮的色彩进行搭配。商家可以参考当年的流行色进行选择。

● 根据主题与印象挑选配色。例如，店铺品牌面向消费者的印象词，如运动、轻快、高雅、有趣等。

● 根据消费者人群挑选配色。就是根据消费者画像对消费者性别、年纪、所处地区等进行喜好色调查，并以此为设计基准。

● 根据活动氛围挑选。每次促销活动承接页都会带有不同的氛围图模块，商家可以制作额外的装修页面，根据活动氛围的颜色对店铺其他部分的颜色进行调整。

③ 展示品牌调性，根据店铺风格、品类等进行适当装饰，如商务风、科技风等。

下面结合具体案例进行分析。

如图 2-110 所示，店铺使用默认头像，无特色，而且容易与普通店铺重复。消费者如果在其他使用默认头像的店铺中有不好的购物体验，就可能对本店产生误判。

如图 2-111 所示，商家头像仅包含图案，无其他品牌信息，难以让消费者感受到店铺的品牌感。

如图 2-112 所示，商家头像色彩简洁，图像明了，文字"jewelry"加入头像中，让显示空间被挤压。如果用珠宝图案替代展示店铺类目，给品牌名更大空间，效果就会更好。

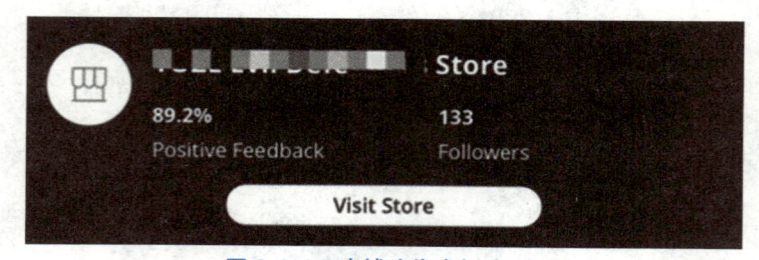

图 2-110　店铺头像案例（1）

图 2-111　店铺头像案例（2）

图 2-112　店铺头像案例（3）

2. 店铺装修

速卖通店铺装修方式主要有以下两种。

（1）默认模板装修（推荐）。

如图 2-113 所示，选择"免费模板"（Free Template）选项，选择相应的模板。形成页面后，在装修页单击【发布】按钮。在模板装修生成后，可以通过"历史版本"选项对店铺装修进行更改。

图 2-113　默认模板装修

（2）使用其他免费模板与第三方模板装修。

如图 2-114 所示，商家可以选择第三方模板，以及通过 AE 模板服务市场选择模板。

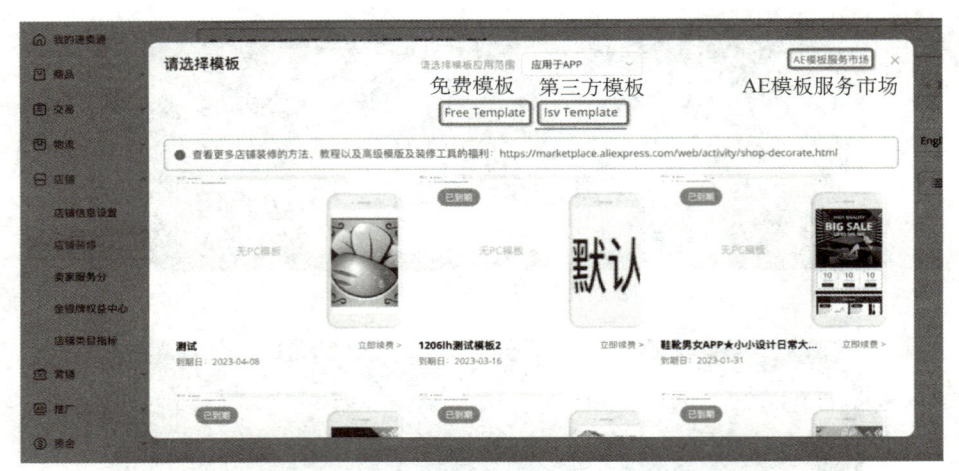

图 2-114　使用其他免费模板与第三方模板装修

二、店铺装修方式

（一）图文类模块

图文类模块可进行文本、单列图文、双列图文、轮播图、热区图文等内容装修。

1. 文本设置

在店铺装修后台，长按拖动"文本"模块至蓝色区域放置即可添加文本，如图 2-115 所示。

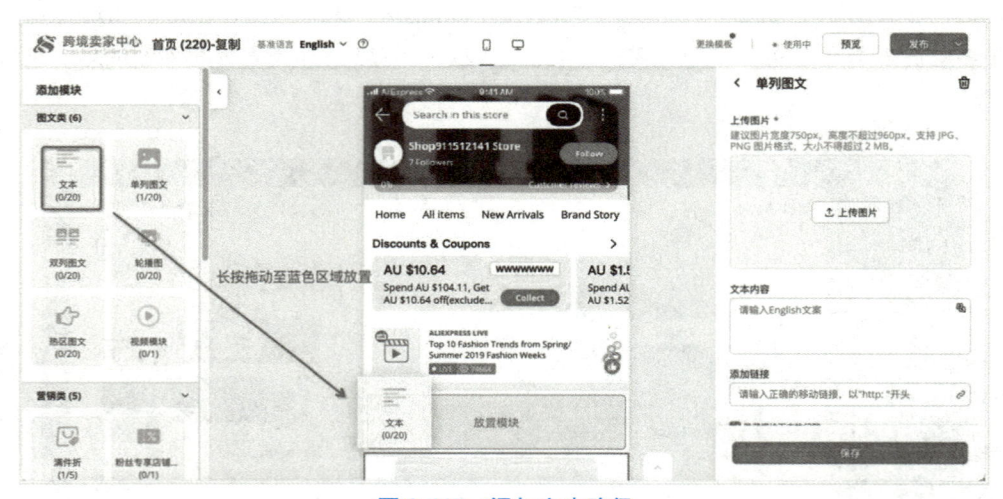

图 2-115　添加文本路径

文本设置包括文本样式、文本内容、添加链接、添加三段文本、选择背景样式等内容，如图 2-116 所示。其中，可供选择的文本样式有三种，即大标题、中标题、正文。在"添加链接"选项里，推荐使用链接选择工具添加链接。

2. 单列图文设置

在店铺装修后台，长按拖动"单列图文"模块至蓝色区域放置即可添加单列图文，如图 2-117 所示。

单列图文设置包括上传图片、文本内容、添加链接等内容，如图 2-118 所示。其中，建议上传图片宽度为 750 像素，高度不超过 960 像素；支持 JPEG、PNG 图片格式，大小不得超过 2 MB。在"添加链接"选项里，推荐使用链接选择工具添加链接。

图 2-116　文本设置

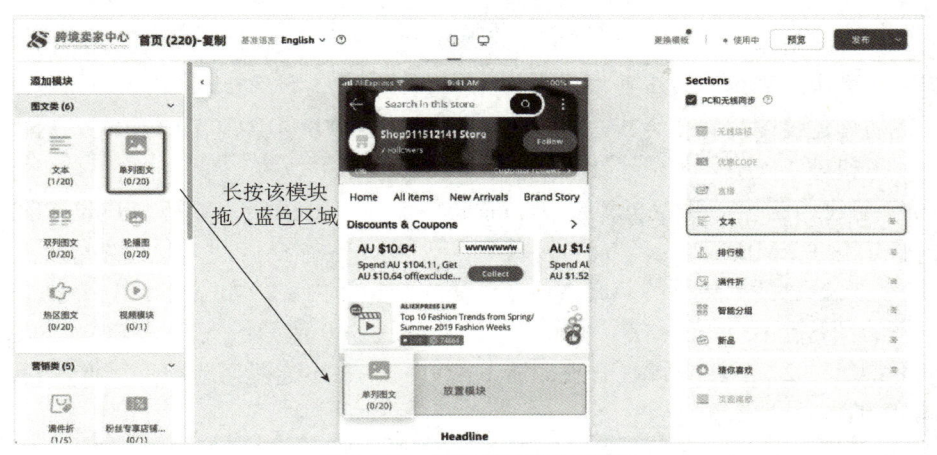

图 2-117　添加单列图文路径

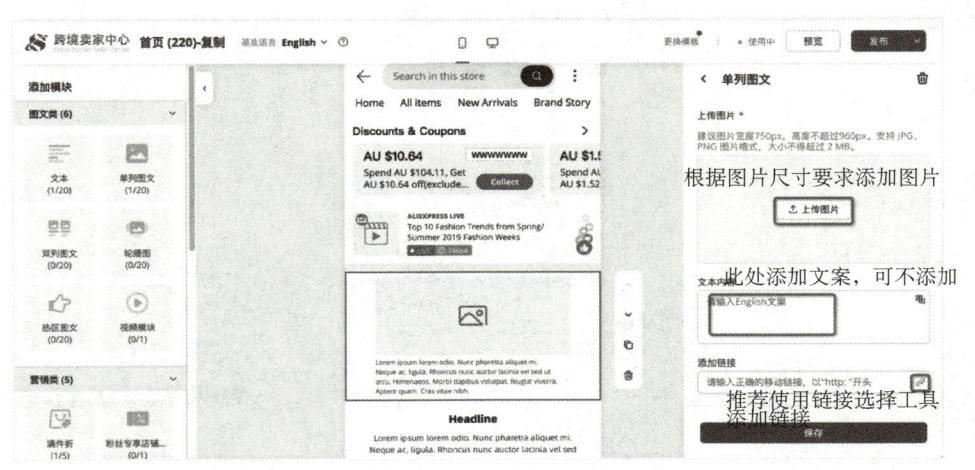

图 2-118　单列图文设置

3. 双列图文设置

在店铺装修后台中，长按拖动"双列文本"模块至蓝色区域放置即可添加双列图文，如图 2-119 所示。

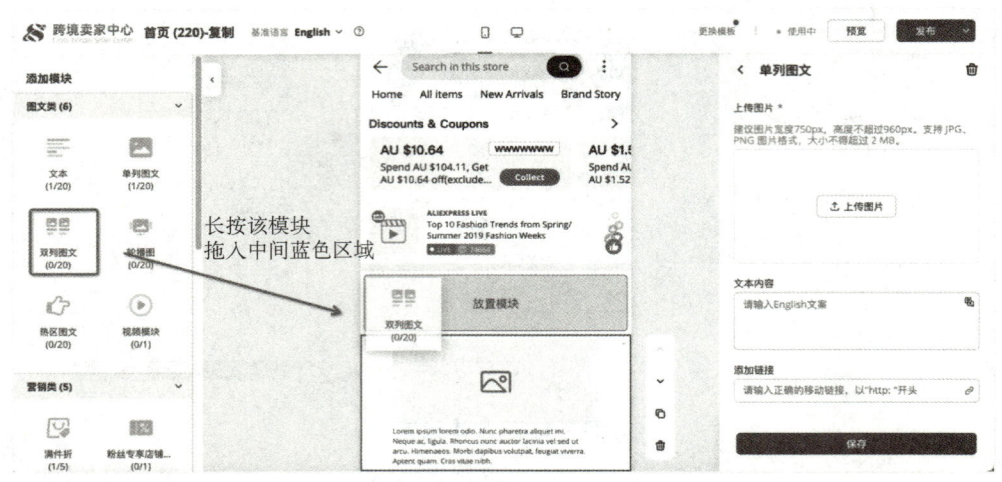

图 2-119 添加双列图文路径

双列图文模块对图片有以下要求。

（1）移动端建议图片宽度为 351 像素，高度不超过 960 像素；支持 JPEG、PNG 图片格式，大小不得超过 2 MB。

（2）PC 端建议图片宽度为 588 像素，高度不超过 1080 像素；支持 JPEG、PNG 图片格式，大小不得超过 2 MB。

双列图文设置包括上传图片、文本内容、添加链接等内容，如图 2-120 所示。其中，图文信息使用的图片建议宽度为 351 像素，高度不超过 960 像素；支持 JPEG、PNG 图片格式，大小不得超过 2 MB。编辑右侧图文需下滑。在"添加链接"选项里，推荐使用链接选择工具添加链接。

图 2-120 双列图文设置

在选择图片时，可选择"本地上传"或"媒体中心"两种方式，如图 2-121 所示。另外，可以选择图片上传保存的位置。例如，将图片上传到"店铺资料"里。在"已添加图片"里，商家可以通过拖拽图片来调整图片顺序。商家也可以在"媒体中心"管理已有的图片。

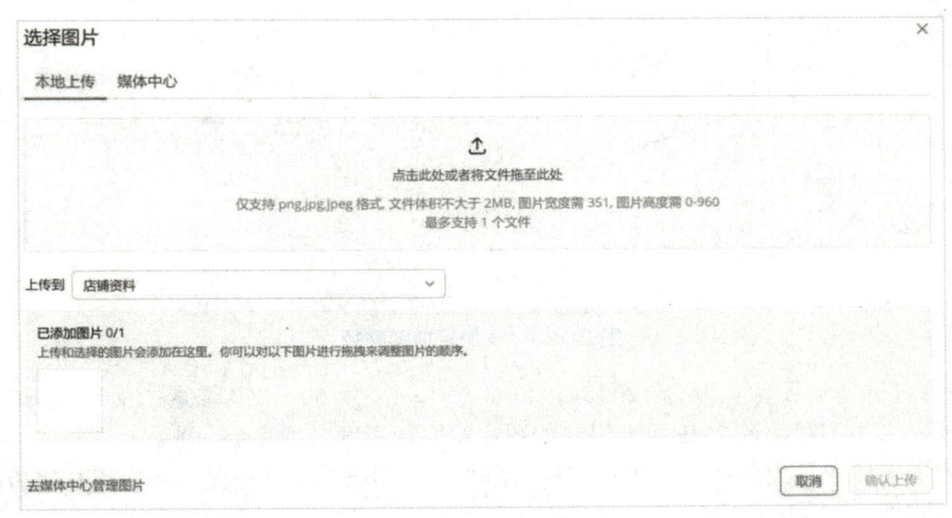

图 2-121　选择图片设置

单击"添加链接"选项就可以进入相应的页面设置，如图 2-122 所示。商家可以切换页面类型，勾选对应的商品名称与访问页面链接设置，选好链接后单击【确认】按钮完成链接添加设置。

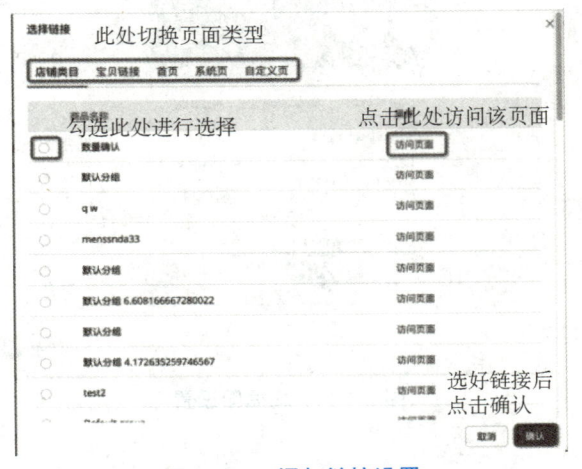

图 2-122　添加链接设置

4. 轮播图设置

在店铺装修后台，长按拖动"轮播图"模块至蓝色区域放置即可添加轮播图，如图 2-123 所示。

速卖通平台对轮播图有以下要求。

（1）移动端建议图片宽度为 750 像素，高度不超过 960 像素；支持 JPEG、PNG 图片格式，大小不得超过 2MB；一组内的图片高度必须完全一致。

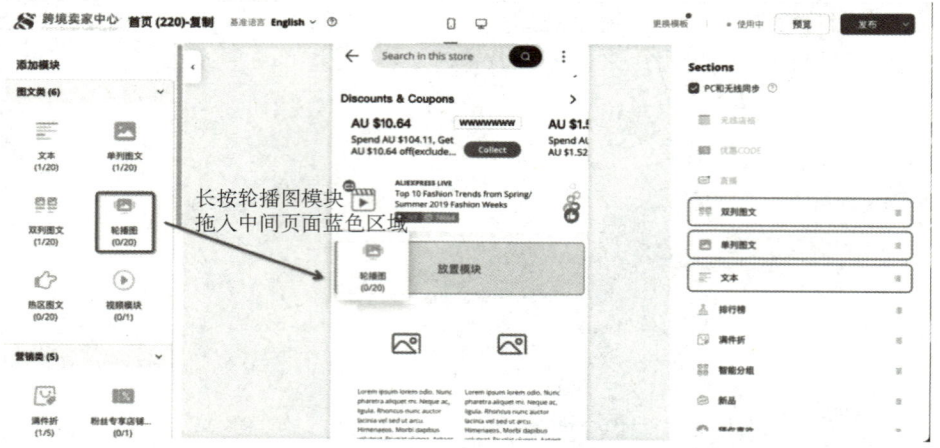

图 2-123　添加轮播图路径

（2）PC 端建议图片宽度为 1200～1920 像素，高度为 60～750 像素；支持 JPEG、PNG 图片格式，大小不得超过 2MB；一组内的图片宽度、高度必须完全一致。

轮播图设置包括上传图片、添加链接、添加下一组图片链接、是否隐藏模块下方的间隙等内容，如图 2-124 所示。

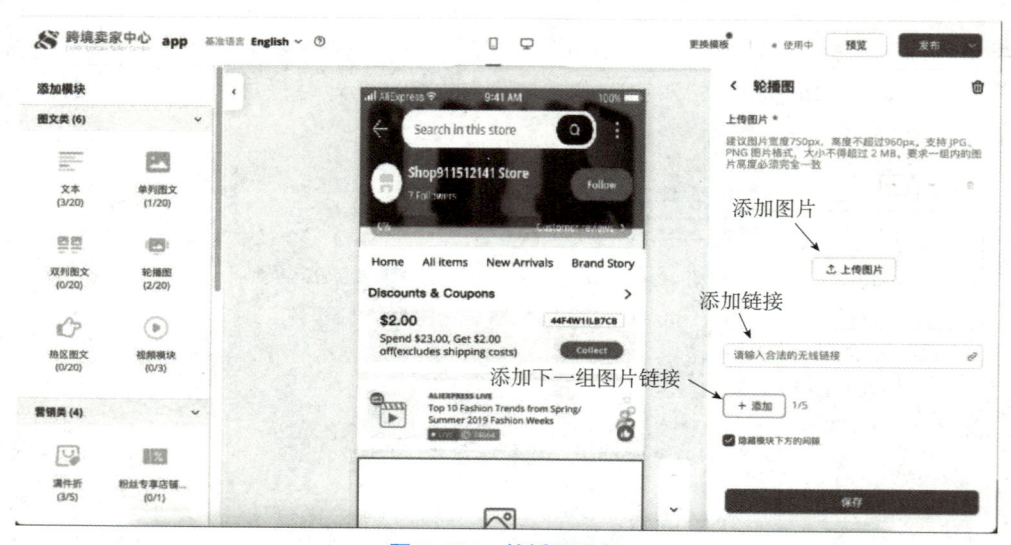

图 2-124　轮播图设置

5. 热区图文设置

热区图文模块既是在店铺装修中使用频率较高的板块，又是优化店铺视觉的好帮手。下面是热区图文设置流程。

（1）在商家后台"店铺"菜单栏中选择"店铺装修"，单击【新建版本】按钮，可以选择模板进行装修，如图 2-125 所示。

（2）将热区图文模块拖入需要放置的区域，并上传符合尺寸的图片，如图 2-126 所示。

（3）图片上传完毕后，单击【添加热区】按钮，添加热区，如图 2-127 所示。

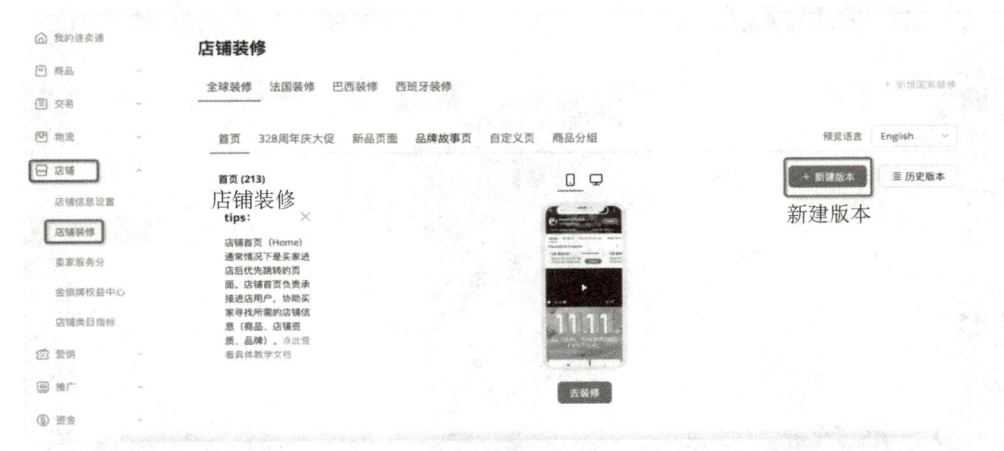

图 2-125　通过新建版本进行装修

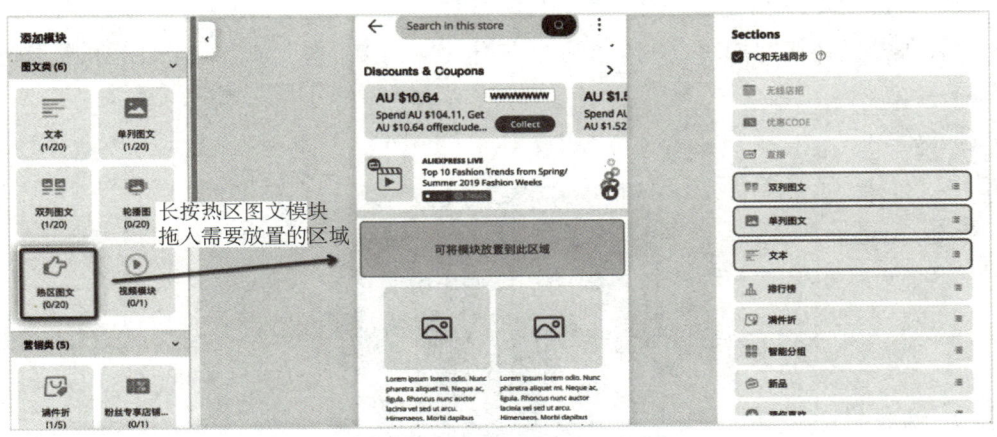

图 2-126　添加热区图文模块路径

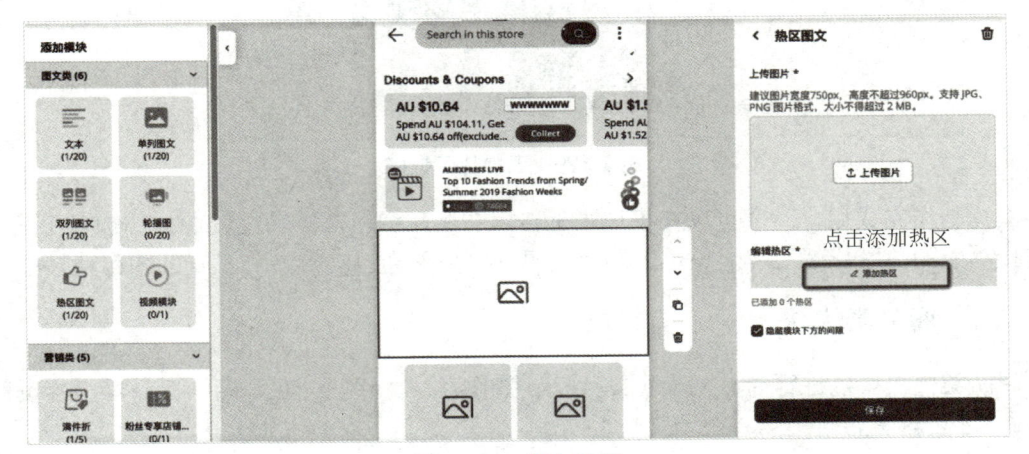

图 2-127　添加热区

（4）编辑热区，如图 2-128 所示。单击拖动蓝色区域，可以移动整个热区。拖动蓝色区域任意一个角，可以更改热区大小。此外，还可以编辑新的热区。

图 2-128　编辑热区

（5）添加热区链接，如图 2-129 所示。推荐使用链接选择工具，自行粘贴的链接容易出现问题。

图 2-129　添加热区链接

图片制作完成后，商家可以在模块中上传，并利用编辑热区功能为图片添加多个具有跳转链接功能的热区。消费者通过单击图片的不同区域便会自动跳转到设置的相应链接中。

（二）商品类模块

商品类模块可以进行商品列表、排行榜、猜你喜欢、智能分组、店铺新品等内容设置。

1. 商品列表设置

在店铺装修后台中，长按拖动"商品列表"模块至蓝色区域放置即可添加商品列表，如图 2-130 所示。

商品列表设置包括主标题、副标题、选择商品方式、选择商品分组、选择排序方式等内容。商品列表设置完成后，在移动端的展示效果如图 2-131 所示。

模块二　店铺视觉设计 ······97

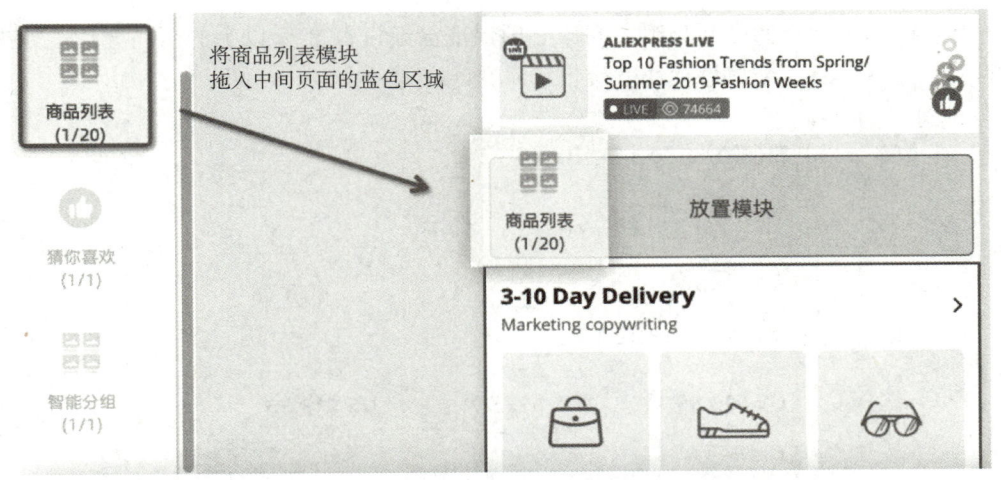

图 2-130　添加商品列表路径

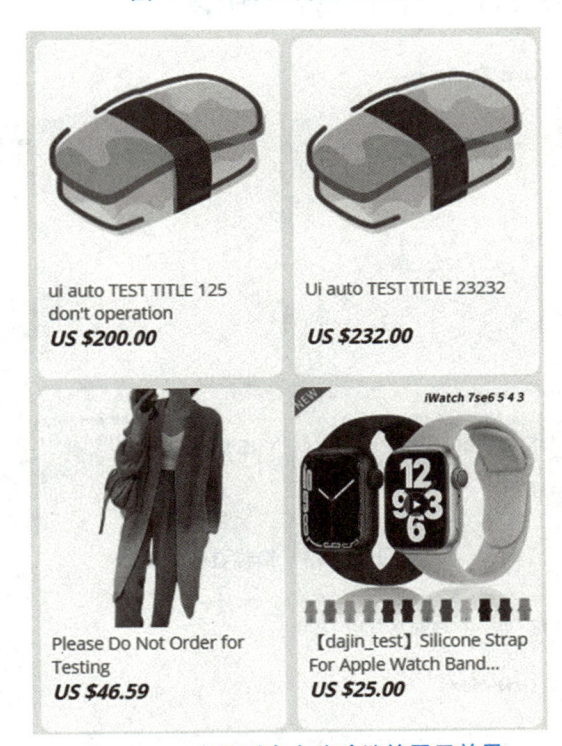

图 2-131　商品列表在移动端的展示效果

2. 排行榜设置

排行榜默认展示店铺销售排名前三位的热卖商品（按最近 3 个月销量排序），引导消费者购买店铺爆款商品，如图 2-132 所示。

3. 猜你喜欢设置

猜你喜欢模块不可编辑，系统基于算法自动向消费者推荐最适合的商品，如图 2-133 所示。

4. 智能分组设置

智能分组模块不可编辑，如图 2-134 所示，该模块在添加后自动展示。系统基于算法自动向消费者推荐最适合的商品分组。商家必须保证已经设置 3 个以上的商品分组，如果含有商品的商品分组不足 3 个，该模块就会自动隐藏。

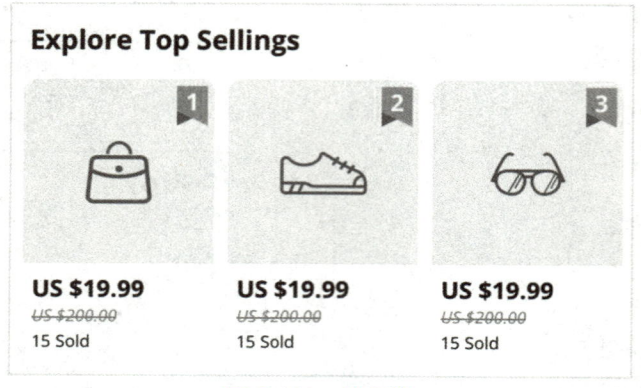

图 2-132　排行榜

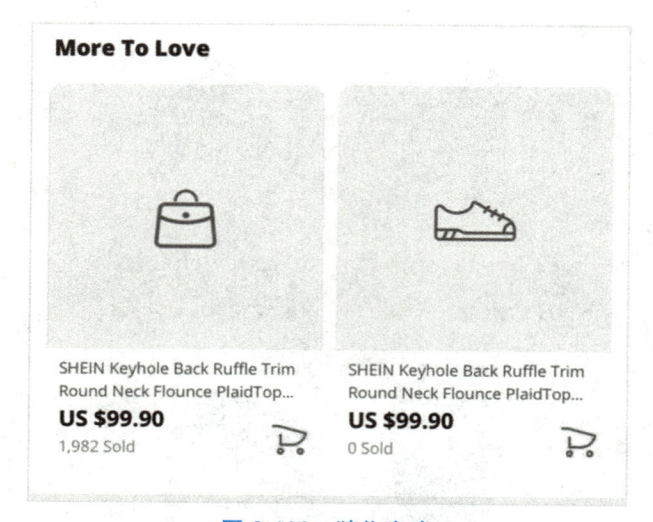

图 2-133　猜你喜欢

图 2-134　智能分组

5. 店铺新品设置

店铺新品模块不可编辑，该模块在添加后自动展示，如图 2-135 所示。系统基于算法自动向消费者推荐最适合的店铺新品。商家必须保证在 1 个月内已经发布 5 种以上的新品，如果新品不足 5 种，该模块会自动隐藏。

图 2-135　店铺新品

（三）营销类模块

营销类模块可进行满件折、粉丝专享店铺 Code、粉丝专享折扣、店铺签到有礼（仅移动端）等内容装修。

1. 满件折

满件折模块是提高店铺凑单效果的模块，该模块不可编辑，包含商家已设置的所有满件折商品，商品实际情况千人千面。商家可在"营销活动"》"店铺活动"中设置满件折商品，设置完约 1 天后生效。当满件折商品数量少于 3 件时，该模块不向消费者展示。满件折如图 2-136 所示。

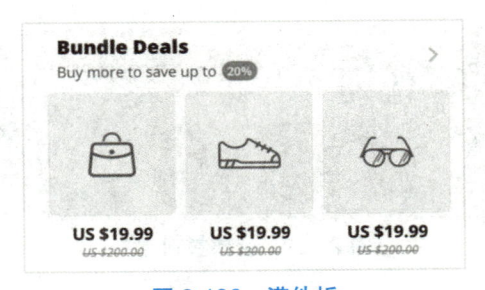

图 2-136　满件折

2. 粉丝专享店铺 Code

粉丝专享店铺 Code 是一个引导消费者关注店铺的模块，商家可以通过设置更高额的店铺 Code 来提高店铺粉丝量和购买转化率。该模块不可编辑，仅支持店铺 Code（新版），如图 2-137 所示。商家可以通过"营销活动"》"店铺活动"》"店铺 Code（新版）"这一路径先设置店铺 Code，选择"Code 类型（不可传播）"之后在"投放设置"处选择"店铺装修—粉丝专享优惠模块"，这样设置好的店铺 Code 就可以在粉丝专享优惠模块进行展示。

图 2-137　粉丝专享店铺 Code

3. 粉丝专享折扣

粉丝专享折扣是一个仅店铺粉丝可见的模块，商家可以通过设置该模块引导消费者购买相应的商品，提高店铺的购买转化率。该模块不可编辑，包含商家已设置的所有粉丝专享价商品。商家可以通过"营销活动">>"店铺活动">>"单品折扣"这一路径设置粉丝专享价折扣，如图 2-138 所示，设置完约 3 小时后生效。商家如果需要检验前台效果，就可以使用其他账户关注店铺后刷新查看。当粉丝专享折扣商品数量少于 3 件时，该模块在 PC 端不展示。

图 2-138　粉丝专享折扣

4. 店铺签到有礼

消费者资源逐渐成为店铺运营的核心资产，消费者黏性的建立至关重要，平台开发更多的工具给商家，店铺签到有礼工具因此诞生，如图 2-139 所示。商家设置该模块后，消费者在一定周期内进店签到即可领取金币或优惠券，以此吸引消费者多次进店。店铺签到有礼需要商家提供店铺金币及优惠券权益，而且确保店铺金币活动已开启并有计划设置店铺专属优惠券，否则会影响签到模块的正常使用。

图 2-139　店铺签到有礼

三、店铺装修要点及注意事项

（一）装修要点

（1）学习行业头部优秀店铺装修布局，是对店铺成长帮助最大、最快的途径。

（2）尝试更换模块排序，将高效率模块前置。基础模块排列可以按照优惠券、轮播图（主推商品）、热区图文（商品分组跳转）、粉丝优惠券/商品、满件折、商品列表的顺序进行排列。商家可以根据模块引导的对应商品成交率、满件折等工具成交量调整展示顺序，并对变化前后的效果进行对比。

（3）根据当前的促销活动进行相应的氛围配置和营销。每次大型促销活动会在大型促销活动会场有不同的促销氛围，平台会向参与部分重点大型促销活动的店铺提供额外的活动承接页，承接页里自带大型促销活动氛围图，如图 2-140 所示。商家根据自身店铺的能力，决定是否进行额外的装修操作。

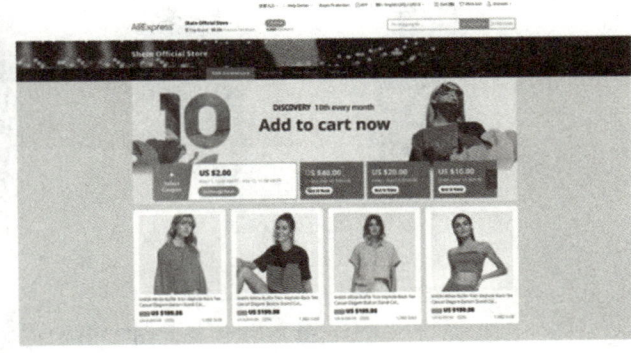

图 2-140　大型促销活动承接页

（4）根据店铺已有的促销活动对店铺内容进行装修。如果店铺正在进行单品重点推销、清仓、季节折扣等活动，就可以针对活动对店铺的装修进行调整。

（5）营造店铺品牌感。寻找合适的品牌主题关键词（高端、轻奢、潮流、经典等描述词），补充描述店铺品牌成长故事的品牌故事页，使用图文模块，对店铺当前的资质进行描述。

（二）注意事项

（1）店铺的整体配色会影响消费者的观感，不同的颜色设置对商品的展示效果有不同的影响。在店铺进行装修的过程中，商家要确认好店铺的整体配色，减少后续店铺装修耗时。

（2）店铺装修图片尺寸要求，如表 2-4 所示。

表 2-4　店铺装修图片尺寸要求

模块名称	PC 端	移动端
无线店招	1920 像素×90 像素	750 像素×300 像素
单列图文	宽度 1200～1920 像素，高度不超过 1080 像素	宽度 750 像素，高度不超过 960 像素
双列图文	宽度 588 像素，高度不超过 1080 像素	宽度 351 像素，高度不超过 960 像素
轮播图	宽度 1200～1920 像素，高度 60～750 像素	宽度 750 像素，高度不超过 960 像素
热区图文	宽度 1200～1920 像素，高度不超过 1080 像素	宽度 750 像素，高度不超过 960 像素

（3）将同类主推商品使用热点图文排版在显眼位置，吸引消费者点击，提高商品浏览量和购买量。热点图文排版如图 2-141 所示。

（4）将链接设置为优惠券样式，提醒消费者跳转领取，提高购买转化率。将美化后的商品分组图作为跳转链接，便于引导消费者跳转，延长消费者浏览店铺时间。商品分组图如图 2-142 所示。

图 2-141　热点图文排版

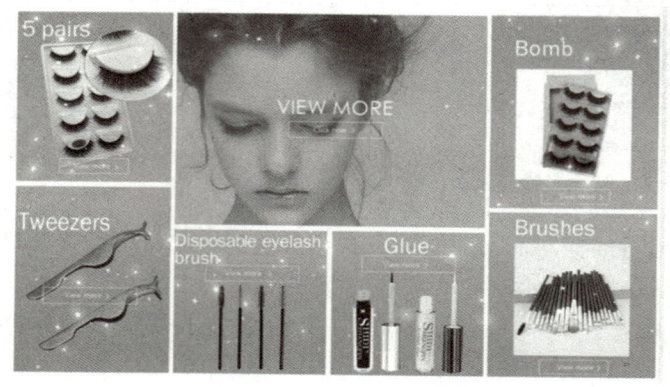

图 2-142　商品分组图

第二节　亚马逊平台店铺装修

亚马逊平台店铺装修是商家进行商品宣传展示、促销、获客转化的关键途径。商家更换不同的装修样式，可以借此实现不同的商品销售策略与店铺营销策略。

一、店铺装修入口

无论是经营现有企业，还是希望开创新业务的商家，拥有正确的工具和资源都是管理业务和实现业务增长的必要因素。亚马逊商家后台可以帮助商家保持在线销售优势。亚马逊品牌旗舰店生成器是一个用于在亚马逊商城创建电子商务店铺的工具。它使用拖放模块，简化了店铺创建流程，无须编码或设计专业知识。店铺上线后，店铺布局将自动适应个人计算机、手机和平板电脑浏览器。商家利用品牌旗舰店的优化和装修功能，可以大大提升自己店铺的竞争优势，提高转化率。

如果商家品牌获准加入亚马逊的 Brand Registry，就可以使用亚马逊品牌在线店铺生成器打造一个在线主页，充分展示商品。商家可以登录亚马逊商家后台，在导航菜单中选择"品牌旗舰店"（Stores）≫"管理店铺"（Manage stores），然后单击【创建品牌旗舰店】按钮，就可以生成品牌旗舰店。品牌旗舰店生成器如图 2-143 所示。

图 2-143　品牌旗舰店生成器

店铺获得批准后，店铺内容即可上线，亚马逊用户将可以看到。要查看店铺绩效，商家可以随时返回品牌旗舰店生成器中，在"洞察"中追踪页面浏览量及销量等信息。商家也可以根据需要使用品牌旗舰店生成器持续编辑和更新店铺内容。

二、店铺装修方式

（一）选择店铺格式

商家可以从三种模板中进行选择，每种模板均包含可加入图片、文本、视频和其他内容的可调整模块。

（1）商品网格：用一种简单、直观且对消费者友好的布局展示精选商品。

（2）选取框：包含精心设计的商品显示效果，为图片、商品描述和消费者评论留出了额外的空间。

（3）展示：灵活地展示多种商品，并为商品信息和丰富的视觉内容留出了相应的空间。

（二）添加页面

在页面管理器选择"添加页面"，构建店铺。在页面里可以看到商家品牌已经有了一个主页，商家可以使用此方法添加子分类页面，展示所有商品。页面管理器如图 2-144 所示。另外，商家可以为每个页面输入页面名称和描述，然后选择一种页面模板。各页面均可导航至商家店铺内的其他页面，店铺的页面最多可以设为三个层级。例如，可以设置一个介绍不同功能、商品分类或热卖商品的页面。

每个页面的分区不得超过 20 项，其中至多包括以下内容。

（1）4 个背景视频模块。

（2）1 个商品陈列型模块。

（3）1 个共享库模块。

（4）1 个精选促销模块。

（5）1 个推荐商品模块。

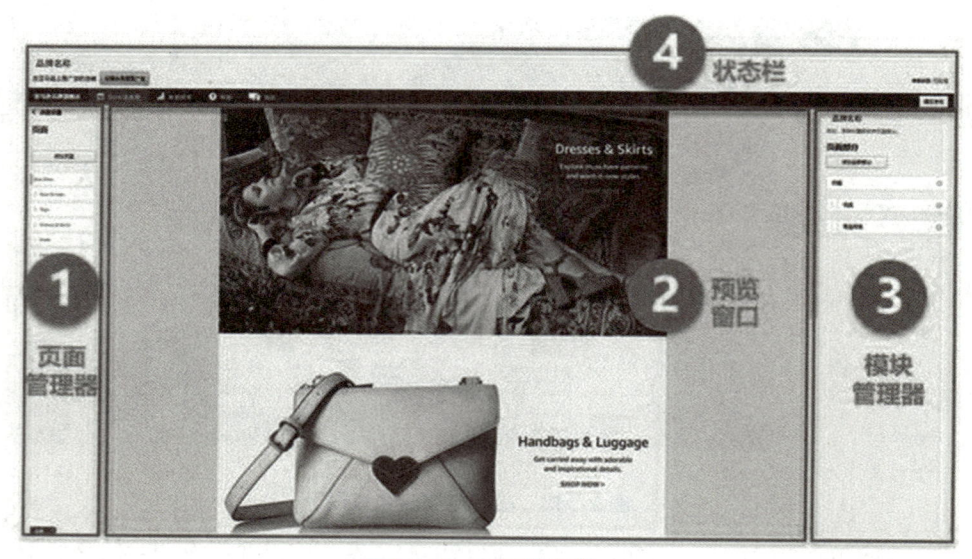

图 2-144　页面管理器

如果达到上述某个模块类型的上限，只有删除该类型现有模块，才能添加其他模块。此外，可以更改该类型任何现有模块中的内容。

（三）模块管理器

商家可以使用"模块管理器"向页面添加和设置内容，把图片、文本和视频内容结合起来，为消费者打造引人入胜的体验。商家还可以通过"预览窗口"查看店铺在 PC 端和移动端浏览器中的呈现方式，单击页面内的单个模块就可以对相应模块进行编辑。

在品牌旗舰店中有两类模块——基本模块和高度可调的模块。基本模块具有固定的宽高比。基本模块有 4 种，即完整宽度（Full width）、大型（Large）、中型（Medium）、小型（Small），如图 2-145 所示。高度可调的模块允许根据内容高度来改变模块的宽高比。图片和文本模块支持可变高度。要配置拆分分区中的高度，可单击齿轮图标并使用高度调节控件；对于完整宽度图片和带文本的图片模块，可裁剪图片，以降低其高度。

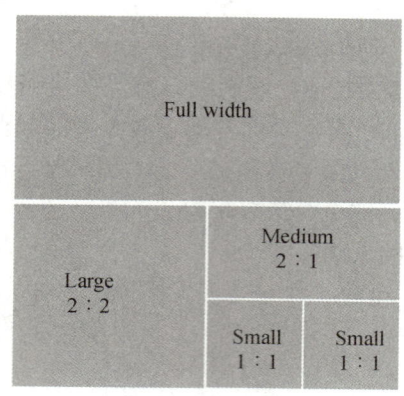

图 2-145　基本模块

不同模块类型的可选用尺寸不同，可参考表 2-5 进行选择。

表 2-5　模块类型可选用尺寸

模块类型	完整宽度	大型	中型	小型
文本	是	是	是	是
图片	是	是	是	是
带文本的图片	是	是	是	是
可购买系列图片	是	是	是	是
视频	是	是	是	否
背景视频	是	是	是	否
共享库	是	否	否	否
商品	是	是	是	是
商品陈列型	是	否	否	否
畅销商品	是	否	否	否
推荐商品	是	否	否	否
精选促销	是	否	否	否

下面结合主要模块类型，介绍商家店铺装修方式。

1. 头部区域模块

头部区域模块显示在商家品牌旗舰店顶部，包括主图、品牌徽标和导航栏，如图 2-146 所示。

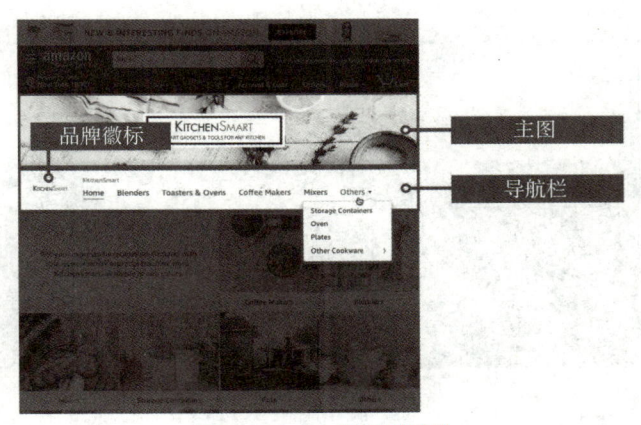

图 2-146　头部区域模块

（1）主图。

主图显示在品牌旗舰店每个页面的顶部，一般位于导航栏上方，可帮助区分商家的品牌旗舰店的导航和内容与亚马逊的导航和内容。商家应该认真选择每个页面上的主图，因为消费者进入商家的品牌旗舰店时首先会看到这些图片。这种视觉问候有助于给消费者留下长久的印象。

此外，为了确保商家的主图在任何设备上能够很好地呈现，需要使用一个安全区域，这就是位于图片中心的一个始终可见的区域。在某些情况下，30%的主图会被裁剪掉，其中包括左右两侧的 15%。如图 2-147 所示。主图的所有重要部分应放置在安全区域内，以确保为消费者提供高品质的展示。

（2）导航栏。

导航栏在主图下方，包含指向商家品牌旗舰店中每个页面的链接，第一个链接指向商家的品牌旗舰店首页。商家在装修店铺的导航栏时，可以采用以下方式进行设计。

图 2-147　头部主图安全区域范围

①按功能生成导航栏，如图 2-148 所示。

图 2-148　按功能生成导航栏

②按类型生成导航栏，如图 2-149 所示。

图 2-149　按类型生成导航栏

③按使用场景生成导航栏，如图 2-150 所示。

图 2-150　按使用场景生成导航栏

（3）品牌徽标。

品牌徽标充当主页按钮，显示在导航中的所有页面上。图 2-151 所示为 Sensyne 品牌徽标。

图 2-151　Sensyne 品牌徽标

主图与品牌徽标图片规范如表 2-6 所示。

表 2-6　主图与品牌徽标图片规范

头部元素	最小图片尺寸	最大文件限制
主图	3000 像素×600 像素	5MB
品牌徽标	400 像素×400 像素	5MB

2. 可购买商品图片

可购买商品图片可以通过体现高端生活方式的视觉效果来激发消费者的购物热情，这些图片在不同的场景中展示商家的商品，并在广告组合中加入关联商品，如图 2-152 所示。此外，消费者可以点击精选商品来查看名称、价格、消费者评级和 Prime 会员适用性等基本信息。消费者可以将商品直接加入购物车或轻松导航到商品详情页。

图 2-152　可购买商品图片

可购买商品图片规范，如表 2-7 所示。

表 2-7　可购买商品图片规范

模块大小	最小图片尺寸	最大文件限制
完整宽度	1500 像素×750 像素	5MB
大型	1500 像素×1500 像素	5MB
中型	1500 像素×750 像素	5MB
小型	750 像素×750 像素	5MB

（1）可购买商品图片的优势。

在品牌旗舰店中使用可购买商品图片的优势主要体现在以下几个方面。

① 推广商家畅销商品：在品牌旗舰店中突出展示畅销商品可使其更加生动，并能帮助消费者找到他们正在寻找的商品。可购买商品图片使消费者能够在实际生活场景中查看商品并使用【加入购物车】按钮，这可能有助于提升商家的销量。

② 推广同类商品和关联商品：借助可购买商品图片，可以帮助消费者了解商家广告组合中的多种商品如何搭配使用，有助于激发消费者扩大兴趣范围并考虑购买新品或不同款式的商品。

③ 展示新品：推广商家商品目录中的最新商品来吸引回头客，并让首次来访的消费者了解商家已推出的新品。这样可以让消费者感受到商家品牌的成长，而品牌旗舰店是提供最新促销资讯的地方。

④ 凸显商家促销：消费者经常浏览亚马逊网站来获取最新促销资讯。无论是季节性的关键促销还是大型购物活动前期的预热，使用可购买商品图片来展示这些资讯都是与消费者互动的好方法。

（2）制作可购买商品图片的注意事项。

① 要以商品本身为聚焦点。可购买商品图片需要确保以商品为主要焦点，不使消费者迷失重点，避免使用其他元素过于饱和或具有视觉干扰背景的图片。图 2-153 所示为正确聚焦于商品上的商品图片；而图 2-154 所示为迷失焦点的商品图片。

图 2-153　正确聚焦于商品上的商品图片 　　图 2-154　迷失焦点的商品图片

② 确保可购买商品图片中显示的商品与 ASIN 相符，如图 2-155 所示。一方面，亚马逊广告政策要求可购买商品图片中显示的商品在颜色、尺寸、质地等方面与其在商品详情页中显示的商品完全一致。另一方面，消费者希望可购买商品图片中的商品与他们购买后收到的商品完全一致。

图 2-155　确保可购买商品图片中显示的商品与 ASIN 相符

在图 2-155 所示的案例中，左侧可购买商品图片中显示的商品与 ASIN 相符，而右侧可购买商品图片中显示的商品与 ASIN 不符。因此，在填写图片中的商品相关信息时，要细致严谨，以避免出现不必要的纠纷与投诉。

③ 选择可点击圆形图标的恰当位置。对于可购买商品图片上的黑白色可点击圆形图标，可以将其放置在"包含"ASIN 的圆形图标附近，但要考虑以下要素。

● 将圆形图标放在商品旁边，而不是商品上方，避免改变商品的外观或使圆形图标看起来像商品的一部分。

● 将圆形图标放在颜色对比度足够的位置，使其易于发现。

选择可点击圆形图标的恰当位置如图 2-156 所示。

图 2-156　选择可点击圆形图标的恰当位置

④ 慎重使用文本。为了让图片聚焦在商品上，亚马逊建议不要在可购买商品图片上使用文本。如果需要使用文本，就尝试将文本限制在几个词以内，并注意以下要素。

● 检查移动设备上的文本是否清晰，尤其在使用完整宽度可购买商品图片时。

● 无论是在桌面设备或移动设备上，请确认"查看商品"（See products）的按钮不会出现在任何文本的上部，如图 2-157 所示。

● 确认黑白色可点击圆形图标不会出现在任何文本的顶部。

图 2-157　慎重使用文本

三、店铺装修要点与注意事项

亚马逊作为世界上最大的跨境电商之一，拥有大量的商品和服务。在亚马逊网站，消费者的购买决策通常受页面布局、商品图片和描述、用户评价和价格等因素共同影响。下面是关于店铺装修要点与注意事项的提醒。

（一）店铺装修要点

1. 清晰的商品布局

商品布局应该简洁、清晰。商家的商品页面应该展示商品图片、名称、价格和描述等信息。同时，应该使用易于阅读的字体和颜色，以确保页面易于让消费者浏览和理解。

2. 明确的呼吁行动按钮

在商品页面上，应该有明确的购买按钮和其他的呼吁行动（CTA）按钮，如【添加到购物车】【立即购买】【查看评论】等。这些按钮应该使用明显的颜色和设计，以吸引消费者的注意力并促进购买决策。

3. 强调商品特色和优势

在商品页面上应该突出展示商品的特色和优势。这些信息可以通过在页面布局中使用不同的字体、颜色和排版等设计元素来突出显示。同时，应该使用高质量的图片和视频来演示商品的特性和用途。

4. 优化移动端页面

随着越来越多的人使用移动设备访问亚马逊，移动端页面的设计变得越来越重要。移动端页面应该使用简洁的布局和易于触摸的按钮，以便消费者轻松地浏览和购买商品。

（二）店铺装修注意事项

1. 基础装修设计

如果商家对店铺进行的是基础装修设计，那么要直观反映品牌所属品类，让消费者一眼知道商家销售的是什么商品。此外，装修设计要能传递品牌核心信息，抓住每一次曝光的机会，确保品牌旗舰店的信息、语调和视觉形象与品牌在其他媒体上的外观保持一致。

2. 进阶装修设计

如果商家对店铺进行的是进阶装修设计，那么设计逻辑要基于对消费者需求状态（如商品组合陈列、商品使用对象）、购物历程的了解。商家要从宽泛的品类开始，向下深挖更加细分的商品，帮助消费者快速浏览内容，并进行针对性的探索。在子页面的底部显示指向品牌旗舰店其他位置的链接，这样便会有更多消费者查看旗舰店各部分的内容及各种商品。当然，对于导航栏引导的子页面的标题主图同样需要重视。此外，商家还可以使用精选促销小工具来展示商品，它将自动加入所有促销商品，不需要商家手动操作。

3. 店铺装修时需要避免的操作

（1）屏幕自适应影响：注意移动端和PC端呈现效果的不同。

（2）内容加载影响：大幅图片加载慢，全幅图片应该只用于主页、商品类别页面顶部或底部这类战略性位置。

（3）基础错误影响：谨记细小错误不能犯（例如，英文大小写用法、标点符号等），粗心操作在很大程度上会拉低商家的店铺印象分。

想一想

如何设计一个有特色的服装店铺？

思政园地

Kaleidos（万花镜）是一个中美合资的国货彩妆品牌，2017 年在上海成立，2018 年 8 月上线第一种产品。Kaleidos 是我国出海美妆品牌中较为特别的一个品牌，有别于其他出海美妆品牌的前卫风格和在色彩上独特的创意和设计。从品牌创立初始，Kaleidos 就定位为"可以走出去的国际品牌"，叠加中美复合团队背景，利用高性价比的单品切入海外市场，并通过建立私域，与消费者共创新品。在早期布局美国市场时，结合一系列营销动作，Kaleidos 成功占领"Z 时代"年轻消费者的心智。图 2-158 所示为速卖通平台上的 Kaleidos 太空时代系列。

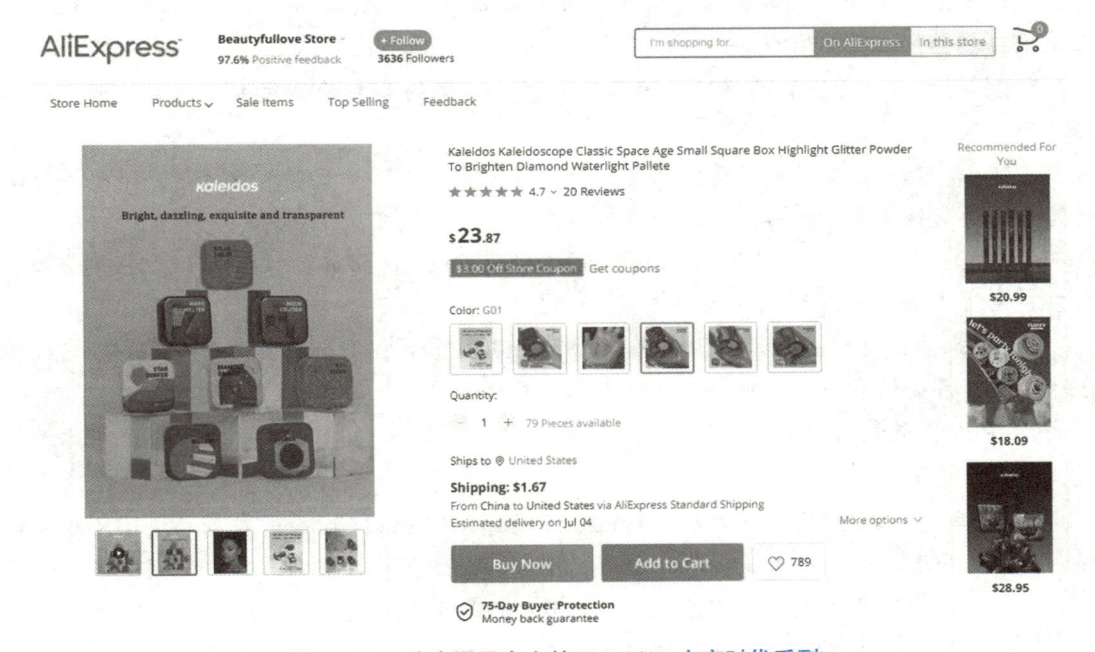

图 2-158　速卖通平台上的 Kaleidos 太空时代系列

通过 Kaleidos 的例子，我们可以得到以下启示。

1. 通过高质量的商品和高识别度的设计切入精准细分人群。Kaleidos 目前主打的眼影、高光、腮红和彩妆工具等产品线在我国和欧美市场的社交媒体得到广泛认可。

2. Kaleidos 从一开始就想做引领潮流的品牌，而不是跟随潮流的品牌。传统的国货品牌从最开始的时候，就是欧美出了什么样的色系，有什么样风格的包装，就去模仿。而 Kaleidos 所有的配色和包装都是原创的，尤其未来主义眼影盘的电光薄荷配色。

3. 从设计和配色上来说，眼影是最有空间发挥的品类。Kaleidos 上线的第一种眼影产品"深海流光"就验证了这一点，在视觉上有很强的吸引力，让很多消费者记住中国居然有个品牌做得出来这样配色和设计的眼影盘。

——资料来源：《Kaleidos 万花镜：做彩妆 2.0 时代的 DTC 先锋，Kaleidos 成长启示录》，原载品牌星球网，2020 年 7 月 2 日。

知识链接

1. RGB：代表红（Red）、绿（Green）、蓝（Blue）三个通道的颜色，这个标准几乎包括人类视力所能感知的所有颜色，是运用最广的颜色系统之一。

2. HEX：（hex codes/hex values）由6位十六进制数组合而成的颜色值，每两位表示一种颜色，可分别表示红色、绿色、蓝色三种颜色。例如，RGB色值为"255，255，255"的纯白色的HEX为# FFFFFF。

3. 亚马逊黄金购物车（Buy Box）是每一位商家都想要抢占的，位于单个商品页面的右上方，是消费者购物时看到的最方便的购买位置。只要消费者单击"添加到购物车"，页面就会自动跳转到拥有这个黄金购物车的商家店铺。

4. FABE法则：F（Features）为商品的基本特征；A（Advantages）为商品的独特之处；B（Benefits）为商品能给消费者带来什么实用价值；E（Evidence）包括官方检测、营业执照、生产证明、消费者评价、厂房图片等。

5. 关联商品：关联商品模块是速卖通提供给商家的关联营销模板，商家最多可以选择8种关联商品。

6. 店铺Code：为降低同质化工具数量，减少商家工作量及贴近海外用户习惯，速卖通将原来的店铺优惠券和店铺优惠码将合二为一，升级为"店铺Code"。

7. FAQ：英文全称为"Frequently-Asked Questions"，指常见问题解答。FAQ是商家当前在网络上提供在线帮助的主要手段。

8. GTIN码：英文全称为"Global Trade Item Number"，即全球贸易项目代码。它是为全球贸易项目提供唯一标识的一种代码（称代码结构）。

9. JPEG：最常用的图像文件格式，支持的压缩比例从10：1到40：1。压缩比例越大，图像品质越低。

10. 亚马逊EBC：英文全称为"Amazon Enhanced Brand Content"，亚马逊图文版品牌描述，是亚马逊平台一个非常流行的功能。这一功能使商标注册商家可以利用更丰富的图片和文字概括出商品的优点、功能和用途，而不只是简单地用一些图片和文字描述。

11. 亚马逊平台"A+"页面：图文版的商品详情描述，"A+"页面可以给商品的"详情描述"插入图片和文字混合体。

12. ST：英文全称为"Search terms"，即搜索词，因为隐藏在后台，在前台不可见，所以又叫作"后台关键词"。其作用是补充标题和描述中不能涵盖的商品关键词。ST是唯一不被亚马逊在平台前端公开显示，却可以影响商品详情页搜索的一个因素。

总结

1. 俗话说"好图胜千言"，只有好的图片才能达到视觉营销的效果。就像消费者逛淘宝网一样，图片是否有吸引力决定消费者会不会打开链接。商品图片还要展示商品细节，这样不仅让消费者有直观的认识，还有助于商家更好地展示商品品质。消费者在跨境电商平台购物是接触不到实物的，看到的70%是商品图片，看到的20%是商品文字描述，看到的10%是商品视频。

2. 商品详情页描述信息越多，越要注意整体效果，只有保证画面简洁、清晰、全面，消费者才有继续看下去的意愿。商品详情页可划分广告区（关联营销、促销信息模块）、商品图片区（商品本身的正面、背面、细节图等）、与商品相关的图片区（如真假对比图、突出特点图、包装图、好评如潮图）、与商品不太相关的图片区（测量示意图、护理讲解图等），以及与商品完全无关的图片区（物流图、付款示意图等）。

3. 为速卖通平台店铺制作商品详情页，先要确定好商品详情页的风格，然后放首图的内容，再注意消费者的诉求和一些细节展示。店铺的装修风格需要统一，包括图片、色彩及商品的风格统一。

4. 亚马逊平台的每种商品都需要配有一张或多张商品图片。图片比文字更加直观、更加形象，所以商品图片做得好，是商品详情页爆单的重要砝码。此外，亚马逊平台店铺装修是商家进行商品宣传展示、促销、获客转化的关键途径。

练 习 题

一、单项选择题

1. 井字构图也称为（　　），是构图法中最常见的基本方法之一。井字构图通过分格的形式，把画面上下左右的四个边平均三等分。

　　A. 九宫格构图　　　　　　　　B. 对角线构图
　　C. 放射构图　　　　　　　　　D. 三角构图

2. （　　）就是没有经过柔化处理的光线，也称为"直射光"。

　　A. 软质光　　　　　　　　　　B. 硬质光
　　C. 轮廓光　　　　　　　　　　D. 顶光

3. 在下列图片中，符合速卖通主图要求且质量较高的图片可以作为商品主图的图片是（　　）。

　　A.　　　　　　　　　　　　　B.

　　C.　　　　　　　　　　　　　D.

4. 速卖通平台商品主图图片像素要求不低于（　　）。

　　A. 600 像素×600 像素　　　　　B. 800 像素×800 像素

C. 1000像素×1000像素　　　　　　D. 1200像素×1200像素

5.（　　）布局适合男性商品或者科技类产品。
　A. Z形　　　　　　　　　　　　B. S形
　C. 1字形　　　　　　　　　　　D. 自由形

二、多项选择题

1. 速卖通店铺装修时，可以在图文模块进行（　　）内容设计。
　A. 轮播图　　　　　　　　　　　B. 热区图文
　C. 视频　　　　　　　　　　　　D. 图文混排

2. 下列关于速卖通店铺高点击率商品主图设计技巧，说法正确的有（　　）。
　A. 凸显商品质感，与同行差异化，提高点击率
　B. 主图表现形式要抓住消费者需求
　C. 数据分析提高主图点击率
　D. 结合移动端消费者体验，商品在图片中的比例最好为85%

3. 如右图所示，错误做法有（　　）。
　A. 图片中不能标有站外联系方式
　B. 图片上的LOGO应该统一放在左上角
　C. 图片像素太低，不清晰
　D. 图片上的LOGO应统一放在右上角
　E. 展示细节避免图片上有拼图
　F. 图片背景应为白色或者纯色

4. 亚马逊平台附图可以涉及（　　）等多种内容。
　A. 商品细节图　　　　　　　　　B. 应用场景图
　C. 商品包装图/开箱配件图　　　　D. 尺寸图

5. 一张优秀的商品图片应该做到（　　）。
　A. 图片清晰　　　　　　　　　　B. 主体突出
　C. 展示细节　　　　　　　　　　D. 色彩真实

三、判断题

1. 商品主图的背景必须为纯白色（RGB色值为0，0，0；HEX代码为#FFFFFF），而不能是乳白色、灰白色等其他类型的白色。（　　）

2. 在移动端特别明显，商品文字信息占比较多，而商品主图占比较少，直接影响转化率。（　　）

3. 商品清单图让消费者在"看图购物"的时候通过看到商品在日常生活中的真实情景，产生代入感。优秀的商品清单图能够充分调动消费者的情绪，进而有效转化为购买行为。（　　）

4. 可购买商品图片可以利用体现高端生活方式的视觉效果来激发消费者的购物热情，在不同的场景中展示商家的商品，并在广告组合中加入关联商品。（　　）

5. 为了给消费者展示最好的商品图片，商品的正面、侧面、背面、细节及包装的展示都应该有。（　　）

四、案例分析题

1. 小娜将自己设计的汉服放到速卖通平台上销售，可是一个月过去了，询问的消费者

寥寥无几，收藏者也只有 7 人。你来帮她看看下面的商品详情页有哪些需要改进的地方。

结合案例，思考并回答以下问题：
（1）上述店铺的商品详情页设计存在哪些主要问题？
（2）如果你是商家的美工工作人员，你觉得应该如何修改？

2. 结合速卖通出行季"Discovery"活动，为商家设计一种 T 恤商品的大型促销活动承接页，货源图片可以从阿里巴巴网站上寻找，页面参考模块如下图所示。

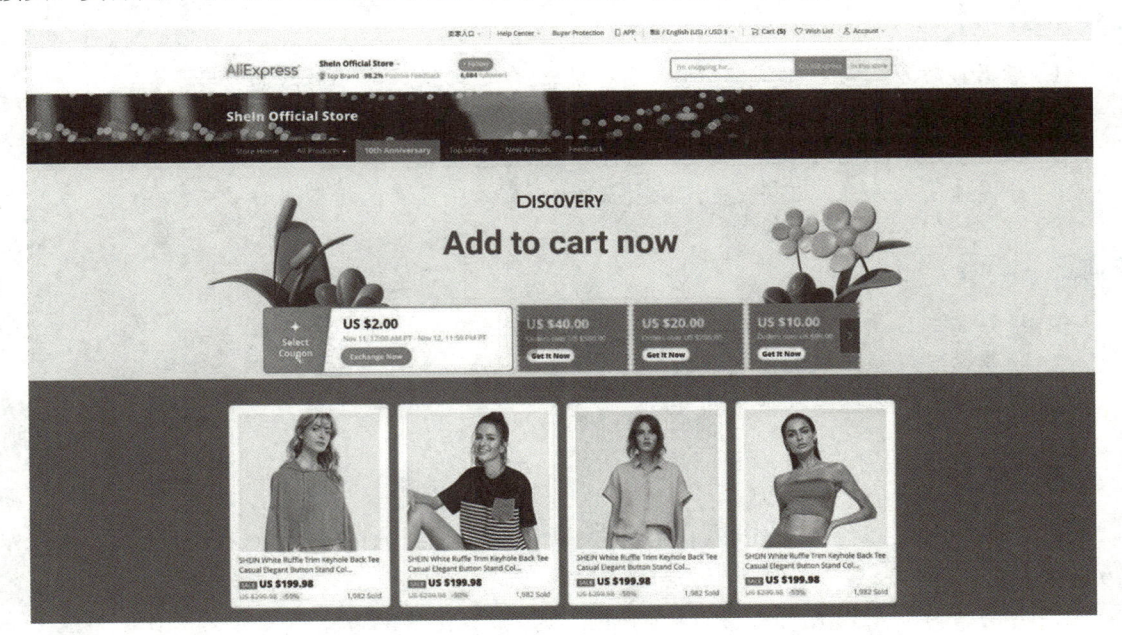

具体要求：
（1）注意商品图片来源，不能上传侵权图片。
（2）可将 LOGO 素材加入店铺装修和主图中，展示活动氛围。
（3）把模块底色（#2FAB79）与氛围图源文件作为装修的参考底色。

模块三　商品运营管理

【学习目标】

1. 认识商品品类和商品品类结构的作用。
2. 明确跨境电商的选品思路，掌握跨境电商选品的方式与原则。
3. 了解常用选品工具的应用，认识速卖通和亚马逊平台常用的数据分析工具。
4. 掌握商品文案的编辑方法与技巧，明确速卖通和亚马逊平台商品属性采集与编辑。
5. 掌握商品管理的方式与内容，认识速卖通和亚马逊平台商品管理内容。
6. 了解商品数据和商品数据分析的步骤。
7. 掌握速卖通和亚马逊平台商品数据分析要点。

【技能目标】

1. 根据目标市场与目标消费群体需求，挑选合适的商品布局海外市场。
2. 通过数据分析工具采集商品属性信息。
3. 在速卖通和亚马逊平台完成上架商品数据信息填写。
4. 读懂速卖通和亚马逊平台商品数据信息，有效完成商品运营工作。

【思政目标】

1. 培养学生勇于探险的科学精神。
2. 培养学生精益求精的工匠精神。
3. 培养学生诚实守信的职业道德。

【素养目标】

1. 具备数据思维能力，能够利用数据发现问题，找到原因，进行精准研判或对海外市场进行预测。
2. 具备目标市场消费行为与市场调研能力、平台操作能力等跨境电商人员通用能力，以及具有商品知识产权的保护意识。
3. 懂得利用各种渠道进行数据采集和分析，准确识别市场需求和发展，洞察竞争对手的优点和缺点，具备团队分工协作能力。

【思维导图】

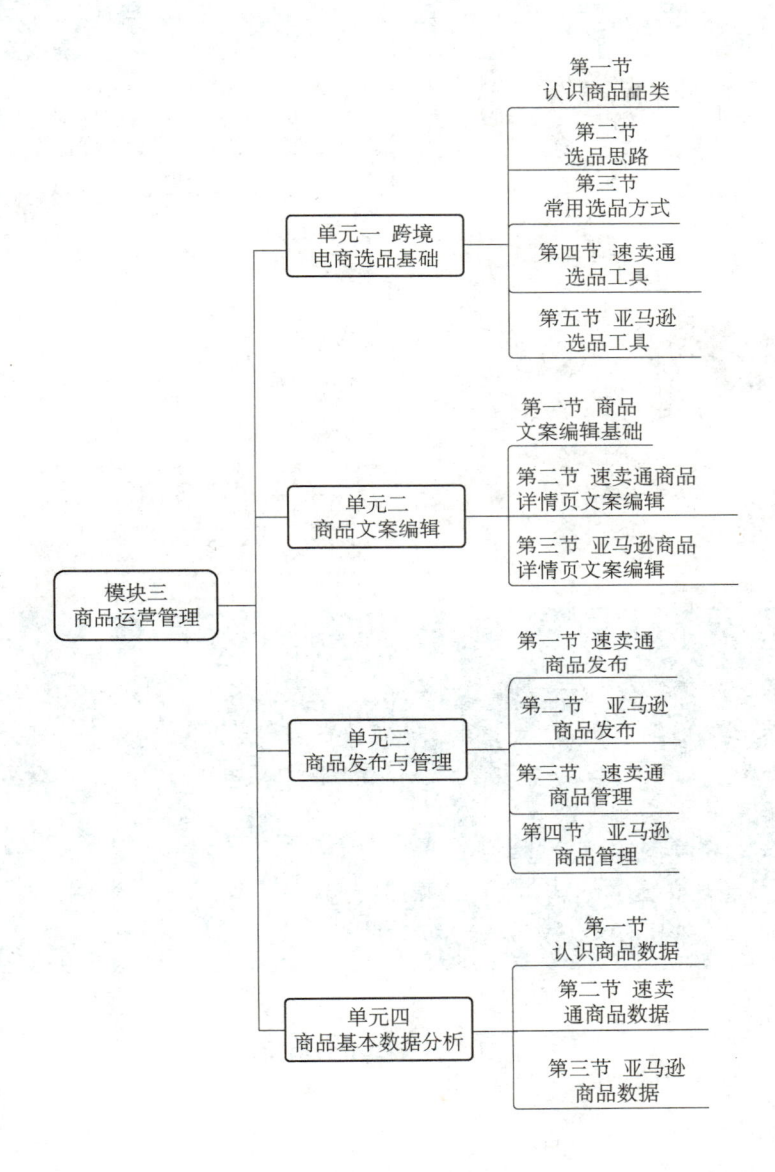

```
模块三                单元一 跨境      第一节 认识商品品类
商品运营管理          电商选品基础     第二节 选品思路
                                      第三节 常用选品方式
                                      第四节 速卖通选品工具
                                      第五节 亚马逊选品工具

                     单元二            第一节 商品文案编辑基础
                     商品文案编辑      第二节 速卖通商品详情页文案编辑
                                      第三节 亚马逊商品详情页文案编辑

                     单元三            第一节 速卖通商品发布
                     商品发布与管理    第二节 亚马逊商品发布
                                      第三节 速卖通商品管理
                                      第四节 亚马逊商品管理

                     单元四            第一节 认识商品数据
                     商品基本数据分析  第二节 速卖通商品数据
                                      第三节 亚马逊商品数据
```

单元一　跨境电商选品基础

引导案例 >>>

"你买到冰墩墩了吗？"成为2022年人们新年上班的第一句问候语。2022年初，受冬奥会的影响，冬奥会吉祥物"冰墩墩"火出了圈，全国各地出现民众排队购买冰墩墩的盛况，出现"一墩难求"的火爆场面。同时，国外也掀起了购买冰墩墩的热潮。

亚马逊商城当时已经有大量的冰墩墩挂饰、摆件等周边商品，而其中一种冰墩墩钥匙扣快速登上销售榜单第一位。亚马逊网站中的"冰墩墩"商品页面展示如图 3-1 所示。

图 3-1　亚马逊网站中的"冰墩墩"商品页面展示

据悉，冰墩墩爆款商品的打造者来自广东东莞，他在 2022 年 1 月 4 日上架了冰墩墩钥匙扣。在冬奥会开幕之际，冰墩墩钥匙扣在 2 月 6 日冲上亚马逊小类目第一名的位置，销量超过 13000 件。短期内的销量快速提升为商家带来了可观的销售额，让其他商家羡慕不已。

但是，这种商品的链接很快消失了。

结合案例，思考并回答以下问题：

1. 亚马逊平台销售榜单排名第一位的商品为何被下架？
2. 商家如何把握热点事件进行选品？

第一节　认识商品品类

选品是跨境电商工作核心中的核心，也是跨境电商运营的基础。精准的选品不仅能够解决商家卖什么的问题，还能够为商家带来可观的销售收入，帮助商家塑造良好的店铺形象。如果选品工作做得不好，商家在跨境电商运营中就会碰到各式各样的问题，严重时会导致前期投入的人力、物力、财力打水漂。因此，商家在开启跨境电商店铺运营之前，要有正确的选品逻辑与原则，不能一味地凭借主观意识去选择，而是应该遵循当地的市场原则，综合运用跨境电商选品工具，只有这样才能取得事半功倍的效果。

一、商品品类界定

零售行业最早使用"品类"这一概念，零售从业者认为商品只有合理归类，才能更好地激发消费者的购买欲望。按照全球著名的市场调研公司尼尔森公司的定义，品类即"确定什么商品组成小组和类别，它与消费者的感知有关，应基于对消费者需求驱动和购买行为的理解"。

二、商品品类结构

　　跨境电商的品类结构就是选择符合跨境电商店铺定位并能满足消费者需要的"商品组合"。虽然跨境电商商品的品类结构是由跨境电商平台展示的,但仍会最大限度地考虑消费者的需求进行组合排列。一般来说,品类结构包括主品类、次品类、大分类、中分类、小分类等。例如,家用电器是一个主品类,个护电器、生活电器、厨房电器就是次品类;在厨房电器之下还有咖啡机、果汁机、搅拌机、空气炸锅等大分类;在大分类之下,还可以根据品牌不同或尺寸不同等划分出中分类和小分类等。

　　入驻跨境电商平台的商家,在开店之前,应先了解和熟悉平台中的商品品类、展示顺序和展示要求。

（一）速卖通商品品类展示

　　在速卖通网站首页上可供选择的最高一级的商品品类（Categories）一共有 13 种,分别为女装服饰（Women's Fashion）,男装服饰（Men's Fashion）,手机与配件（Phones & Telecommunications）,计算机、办公用品与安保工具（Computer、Office & Security）,数码产品（Consumer Electronics）,珠宝与手表（Jewelry & Watches）,家用与宠物用品（Home,Pet & Appliances）,鞋类与箱包（Bags & Shoes）,母婴与玩具（Toys, Kids & Babies）,户外娱乐与运动（Outdoor Fun & Sports）,美容美发（Beauty, Health & Hair）,汽车与摩托车配件（Automobiles & Motorcycles）,家装与工具（Tools & Home Improvement）,如图 3-2 所示。

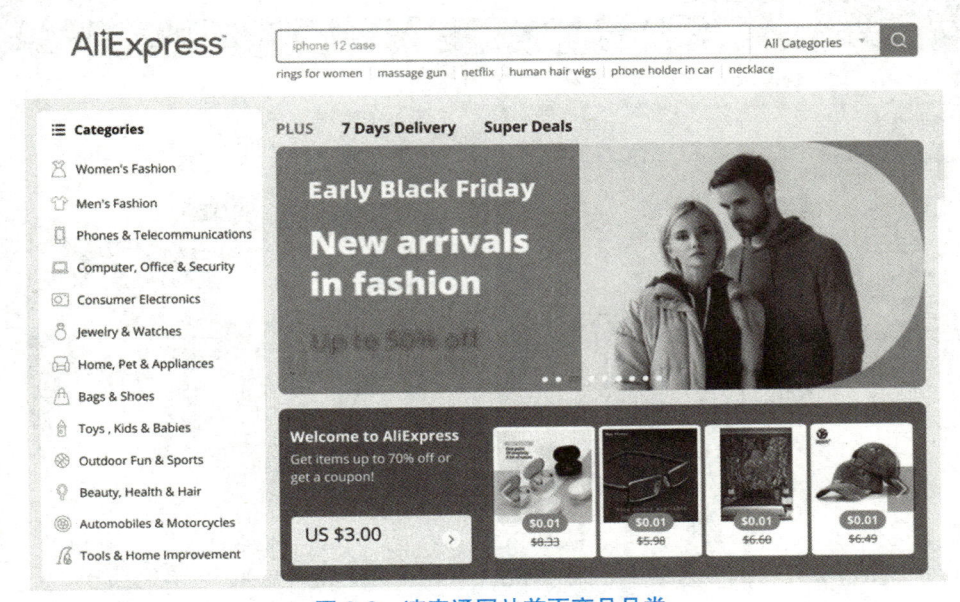

图 3-2　速卖通网站首页商品品类

　　速卖通平台上的部分商品品类还进行了更为细致的划分。例如,婚纱礼服（Weddings & Events）品类细分为 11 种主营类目:伴娘礼服（Bridesmaid Dresses）、新娘妈妈礼服

（Mother of the Bride Dresses）、成人礼礼服（Quinceanera Dresses）、返校礼服（Homecoming Dresses）、庆典活动礼服（Celebrity-Inspired Dresses）、婚礼派对礼服（Wedding Party Dress）、婚纱礼服（Wedding Dresses）、鸡尾酒会礼服（Cocktail Dresses）、晚礼服（Evening Dresses）、舞会礼服（Prom Dresses）、婚礼配饰（Wedding Accessories）。

从 2022 年速卖通网站首页商品品类展示中可以看出，女装服饰（Women's Fashion）、男装服饰（Men's Fashion）、手机与配件（Phones & Telecommunications）三种商品品类为现阶段速卖通网站重点推荐的商品品类。

（二）亚马逊商品品类展示

亚马逊自 1995 年建立以来，从最开始销售垂直品类图书，逐步扩张到图书、音乐 CD、电子商品、健康美容商品、家居商品等多个商品类目。

以亚马逊美国站为例，如图 3-3 所示，网站左侧边栏中显示的最高一级的商品品类（Departments）一共有 23 种，分别是美术与手工（Arts & Crafts）、汽车用品（Automotive）、婴儿用品（Baby）、美容与个人护理（Beauty & Personal Care）、书籍（Books）、计算机产品（Computers）、电子产品（Electronics）、时尚女装（Women's Fashion）、时尚男装（Men's Fashion）、女孩服饰（Girls' Fashion）、男孩服饰（Boys' Fashion）、健康和日用产品（Health & Household）、家居和厨房用品（Home & Kitchen）、工业和科学产品（Industrial & Scientific）、箱包（Luggage）、影视（Movies & Television）、音乐、CD 与黑胶唱片（Music, CDs & Vinyl）、宠物用品（Pet Supplies）、软件（Software）、运动与户外（Sports & Outdoors）、工具与家装饰品（Tools & Home Improvement）、玩具与游戏（Toys & Games）、视频游戏（Video Games）。

图 3-3　亚马逊美国站商品品类

根据亚马逊 2021 年度数据报告，截至 2022 年 1 月 7 日，亚马逊美国站在售商品数量超过 5.8 亿种。2021 年亚马逊美国站查询次数 Top100 ASIN 的所属类目如图 3-4 所示。亚马逊美国站查询排名前十位的类目分别是"家居和厨房用品""工具与家装饰品""玩具与游戏""电子产品""运动与户外""庭院、草坪与园艺""美容与个人护理""汽车用品""宠物用品""服装鞋靴和珠宝"。

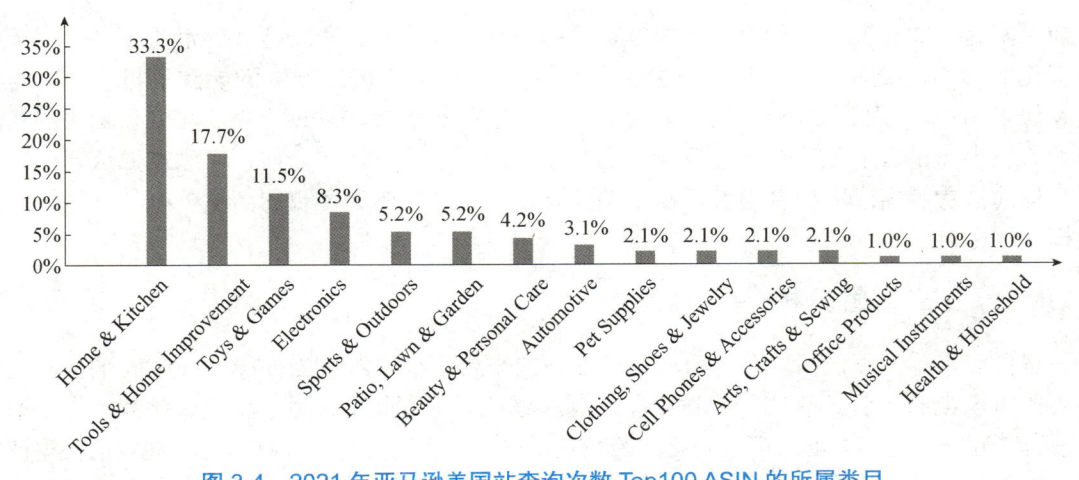

图 3-4　2021 年亚马逊美国站查询次数 Top100 ASIN 的所属类目

三、商品分类作用

通过跨境电商平台的商品分类，跨境电商商家可以清楚地了解目前跨境电商市场上消费者对哪些商品品类是有需求的，哪些商品品类属于热销商品。跨境电商商家也可以通过商品品类数据，适时调整商品功能、属性、规格等方面的商品内容，以适应不同市场的发展与变化。

第二节　选品思路

良好的跨境电商选品思路有助于提高跨境电商选品的成功率和质量，需要综合考虑市场需求、商品品质、为商家服务的跨境电商平台等多种因素，以提高跨境电商商家选品的成功概率和商品质量，实现跨境电商业务的可持续发展。

一、跨境电商选品思路

对跨境电商商家来说，选品不能单纯依靠销售经验来主观判断，在实际选品过程中要有清晰的选品思路。选品思路可以归纳为以下三点。

（一）市场容量分析

对跨境电商商家而言，选品的首要任务是对目标市场进行分析。自家的商品再好，如果不能匹配目标市场需求，那么热卖商品也会变成滞销品。因此，商家在决定选什么商品之前，要认真去做目标市场调研。只有目标市场需求量大的商品才能有可观的销量；反之，无法给商家带来订单的商品，最后只能忍痛甩卖。因此，商家在选品时，不能只考虑商品质量，还要考虑商品的目标市场容量。只有这样，才能真正抓住目标消费者的消费痛点，实现海外订单销量的快速增长。

（二）消费者需求分析

商家要把自己的商品销往世界各地，就要考虑不同地区的气候条件，以及当地人的饮食习惯、网络购物偏好、文化背景等内容。一种商品不可能适合所有地区的消费者，受气候环境变化的影响，消费者对商品的需求会有所调整。例如，2022 年欧洲能源危机，各类与取暖和保暖相关的商品在欧洲市场十分走俏。电热毯、热水袋、发热棉服等与取暖相关的商品成为跨境电商平台上最受欧洲消费者欢迎的商品。所以，在选品之前，商家需要认真研究目标市场的消费者需求，预判消费者需求的变化，寻找匹配的、适合的商品，将其以最快的速度投入目标市场。

（三）平台属性分析

从目前来看，可供商家开拓跨境电商业务的平台不少，既有国外的跨境电商平台，又有国内的跨境电商平台。有些平台适合某个国家或地区，有些平台适合重点聚焦某种类型商品的销售。商家在选品之前，可以到这些跨境电商平台去收集现有的数据信息，观察同类型商家的销售情况、消费者反馈、平台推荐等信息，这些都有助于商家进行跨境电商业务的选品。

二、跨境电商选品原则

在跨境电商运营中，决定选品的因素有很多，一旦选择不当，必然会影响店铺的销售。下面是跨境电商选品的三大原则。

（一）具备专业优势

商家对某类商品越专业，越能够选到更容易出单的优质商品。如果跨境电商商家属于数码产品专业的行家里手，那么就会对这个行业更熟悉，必然比做其他行业更有优势；如果跨境电商商家之前是做外贸服装的，那么选择服装类目是比较合适的。

（二）具备供应链优势

商品的稳定输出不仅靠商品质量，还要有完整的供应链和履约能力。因此，无论在任何跨境电商平台，跨境电商商家应该优先考虑有供应链优势的商品类目。这种商品的供货成本低，有价格优势；供货质量有保障，有用户体验优势；发货时效有保障。此外，跨境电商商家的发货期会在一定程度上影响平台消费者的购买率。例如，商家入驻海外仓，可以大大提升物流速度和经营效益。目前，国内跨境发货周期一般为 10～60 天，目的国的海外仓发货周期为 3～7 天。为了更快适应目的国市场的需求，跨境电商商家一般应有 2～3 个月的商品备货。另外，在跨境电商业务中，商品的运输成本是所有成本中占比较大的部分，如果商品的运输成本比商品的成本还要高，那么就不太适合用跨境物流进行配送。一般而言，体积比较小、重量轻、不容易破碎的商品具备优势。

（三）符合平台规则

跨境电商商家是通过平台来销售商品的，因此，在选择商品时要做好调查了解工作，不要违反平台和目的国的规定，尊重知识产权，上架销售盗版侵权商品或者违禁品是绝对不允许的。跨境电商商家在选择商品或跟卖的时候，要避免侵权风险。虽然跟风的商品可能销售得快，但存在很大的经营风险，严重时甚至需要付出法律代价。除此之外，跨境电商商家还要认真了解和熟悉平台规则，避免选择平台认定为敏感的或危险的商品。

第三节　常用选品方式

相对于国内电商，跨境电商的选品有很大的不同。企业一般都是跨平台、多账户运营，如何挑选合适的商品成为跨境电商新手最头疼的事情，一是不知道怎么选品，二是害怕选错商品或者由于不熟悉平台规则被处罚。下面就来说明一下跨境电商商家常用的选品方式。

一、通过第三方数据分析网站选品

由于时间、人力、物力等因素限制，绝大多数的跨境电商商家无法在第一时间到目的国考察市场情况，因此需要借助全面、可靠、专业的数据分析工具来进行商品数据信息分析，一般通过第三方数据分析网站来全面掌握市场需求变化趋势。

（一）谷歌趋势

谷歌公司是目前全球公认的搜索量最高的搜索引擎服务公司。为了更好地挖掘搜索数据信息，谷歌公司在2006年推出了谷歌趋势（Google Trends），免费追踪全球搜索词的走势变化。谷歌趋势网站首页如图3-5所示。谷歌趋势告知用户在不同时期内搜索词被谷歌搜索引擎搜索的词频与相关数据统计信息。通过谷歌趋势，跨境电商商家可以进一步了解市场需求、关键词热度，甚至可以输入品牌名进行趋势追踪与分析，监控竞争对手商品的趋势变化，以便在推广营销方式上做出相应的应对措施。因此，谷歌趋势能为跨境电商商家提供非常实用、有效的商品销售趋势数据信息。

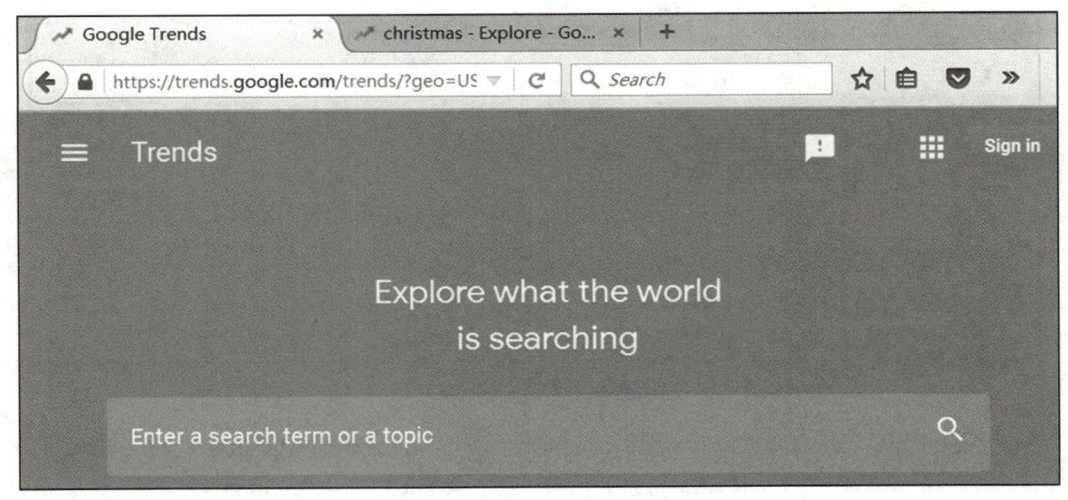

图3-5　谷歌趋势网站首页

在谷歌趋势上，可以利用关键词搜索趋势的变化，从而确认产品的市场需求变化。例如，谷歌趋势网站显示了近5年搜索词"Christmas"的关注热度变化趋势，如图3-6所示。在全球范围内，可以看出与"Christmas"相关的产品有市场需求的时间是9月底到12月下旬。由此可以推测，如果商家打算在 2022 年做圣诞产品，应该在什么时间下手。谷歌趋势帮助商家了解当季相关商品值不值得在圣诞节前铺上货架，并为之做好相应的网络营销推广。

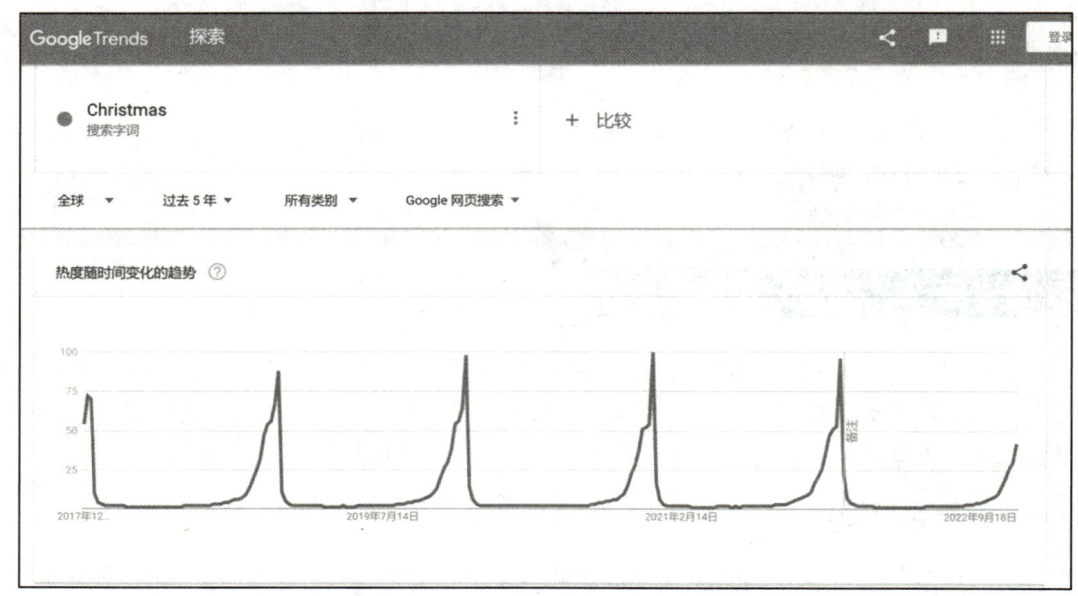

图 3-6　谷歌趋势网站显示近 5 年搜索词"Christmas"关注热度变化趋势

谷歌趋势网站按区域显示"Christmas"搜索热度排行榜如图 3-7 所示。在按区域显示的全球搜索热度排行榜中，英国排第一位，爱尔兰排第二位，美国和澳大利亚分列第三位和第四位，加拿大紧随其后。由此可以看出，圣诞产品销售主要是以欧美发达国家为主，在设计与制作圣诞产品时，要结合这些国家消费者的消费习俗与消费观念，尽可能为他们提供丰富多样的圣诞产品，满足其过节送礼物的需求。

图 3-7　谷歌趋势网站按区域显示"Christmas"搜索热度排行榜

在"相关查询"中，"a Christmas story 2022"和"john lewis christmas advert 2022"［英国百货商 John Lewis 发布了 2022 年圣诞广告《初学者》(*The Beginner*)］的搜索量飙升很高。对"what stores are open on christmas day 2021"（2021 年圣诞节有哪些商店开门）的查询排在第三位，如图 3-8 所示。那么，商家就需要了解一下"a christmas story 2022"与"john lewis christmas advert 2022"是什么样的关于圣诞节的相关查询。如果是圣诞故事，那么在故事里讲述了哪些新兴事物，商家是否可以利用谷歌趋势来找到衍生产品，配套销售是不错的策略;如果是圣诞广告,那么商家也可以了解当地在圣诞节宣传推广的热点产品。

相关查询	搜索量上升
1 a christmas story 2022	飙升
2 john lewis christmas advert 2022	+3,450%
3 what stores are open on christmas day 2021	+2,750%
4 christmas 2022	+2,500%
5 falling for christmas	+2,400%
当前显示的是第 1-5 个查询(共 25 个)	

图 3-8　谷歌趋势网站显示与"Christmas"相关的关键词查询排行榜

从谷歌趋势网站对"Christmas"一词的搜索结果综合分析得出,圣诞节是欧美国家的传统法定假日,人们历来就有相互赠送礼物的习俗。从全球搜索来看,"Christmas"一词从每年 9 月开始热度不断攀升,且在后两月的搜索量呈现快速增长趋势,在 12 月进入高峰期。如果跨境电商商家能合理利用用户搜索热词的周期,提前生产准备适合的产品,那么就能在产品的需求搜索周期迅速占领市场。

(二)全球商机通

全球商机通(Global Market Finder)是谷歌公司在 2018 年开发的,全球商机通网站首页如图 3-9 所示。全球商机通通过收集用户在谷歌搜索引擎上的关键词搜索情况,旨在帮助商家收集全球互联网搜索数据信息反馈,快速洞察目标市场潜力,精准规划全球各个国家或地区的商务活动。

图 3-9　全球商机通网站首页

全球商机通将谷歌搜索数据和谷歌翻译的结果及关键词广告（Adwords）结合在一起，按照总的搜索量、建议出价和竞争状况对每个市场的商机进行排序，可以为用户显示包括英文、中文在内的多种语言中的任意一种搜索某个关键词的次数，按照总的搜索量、建议出价和竞争状况对目标市场商机进行排序。

全球商机通提供服装服饰、电脑和消费电子品等16种商品类别，如图3-10所示，帮助跨境电商商家足不出户就可以了解目标市场的商品需求情况。

图 3-10　全球商机通商品类别列表

在全球商机通的商品类别中，以"服装服饰"品类为例，如图3-11所示，包括服装、服装配饰、珠宝配饰、鞋类、雨具5个类别，在这里选择"服装配饰"作为主类目。

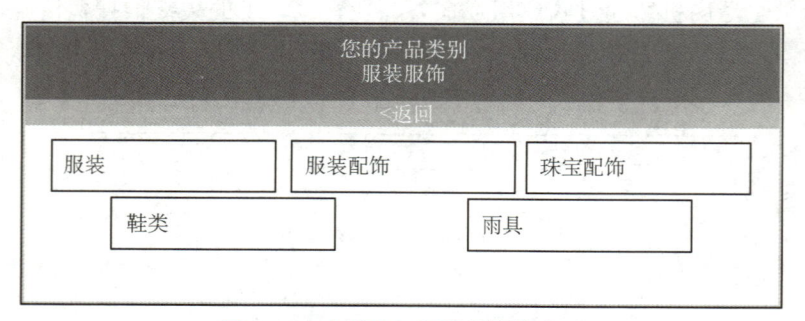

图 3-11　全球商机通服装服饰类别

在服装配饰的细分类别中包括箱包、手提袋和钱包、眼镜总类、太阳镜、帽类、围巾和披肩、领带、腰带和背带、发饰、票夹和皮夹10个细分类别，在这里选择"帽类"作为细分类别，如图3-12所示，通过单击【查看潜力市场】按钮，可以查看目标市场品类搜索情况。

根据全球商机通报告，最适合"帽类"商品的市场排名依次是：美国、德国、法国、日本、英国，如图3-13所示。从美国市场数据报告可以看到搜索与此类别相关信息的次数，预计每次点击的花费，以及36%的人购买决策时会使用搜索引擎。如果商家需要，就可以进一步申请获取完整的行业报告。

	主类别	
	服装配饰	
	细分类别	
箱包	手提袋和钱包	眼镜总类
太阳镜	**帽类**	围巾和披肩
领带	腰带和背带	发饰
	票夹和皮夹	

查看潜力市场 ➡

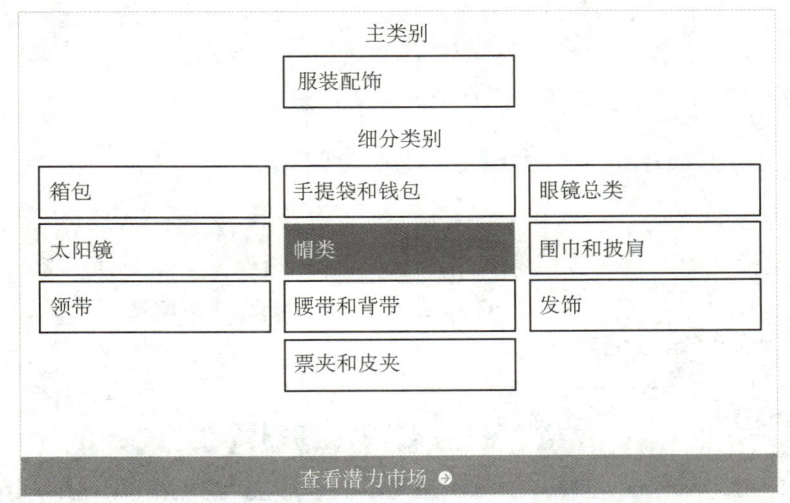

图 3-12　全球商机通选品的主类别与细分类别

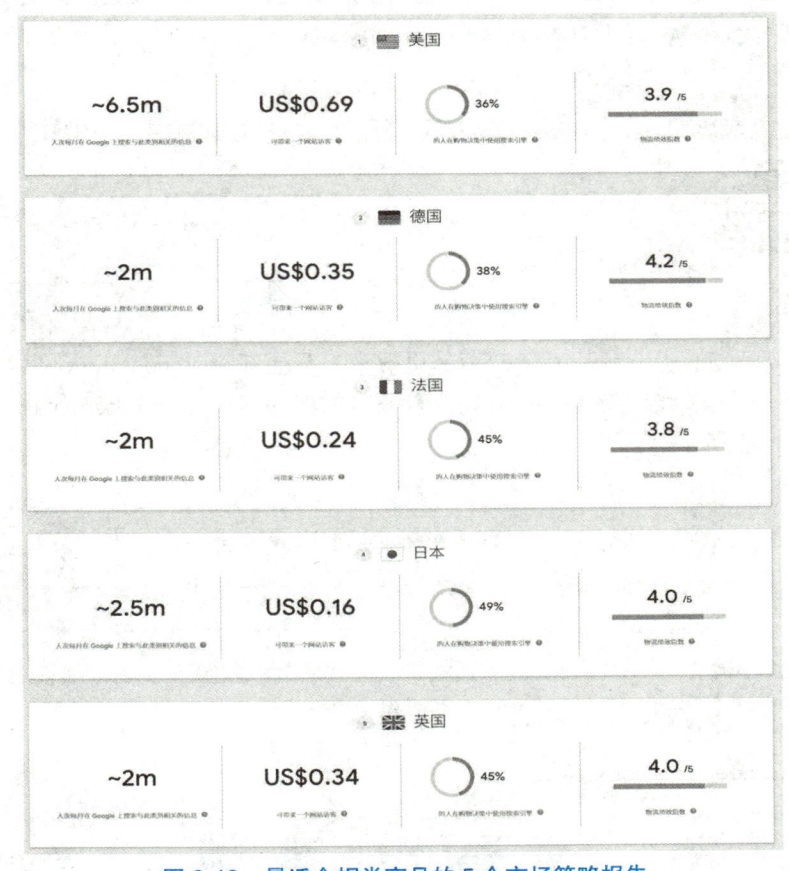

① 美国　~6.5m　US$0.69　36%　3.9/5

② 德国　~2m　US$0.35　38%　4.2/5

③ 法国　~2m　US$0.24　45%　3.8/5

④ 日本　~2.5m　US$0.16　49%　4.0/5

⑤ 英国　~2m　US$0.34　45%　4.0/5

图 3-13　最适合帽类商品的 5 个市场简略报告

从报告中可以看出，排名第三位的法国和排名第四位的日本、两者的搜索量都在 45% 与 50% 区间。虽然日本排名较低，但在日本市场上带来一次点击的营销成本比在法国少花费

$0.08，所以日本可能是下一个很有潜力的目标市场。在后续的营销推广中，这些数据可以给跨境电商商家提供很重要的帮助。例如，目标国家用户的购买行为是怎样的、主要通过哪些渠道购买、产品定位是怎样的、产品的设计应该如何改进、营销渠道是否匹配、风险成本能否承担等，全球商机通都能提供较为全面的参考信息。

（三）WatchCount 与 Watched Item 网站

对于 eBay 跨境电商平台，可以借助工具对目标商品进行查找和抓取。WatchCount 网站就可以为跨境电商商家提供这类服务。用户无须打开 eBay 网站，就可以在 WatchCount 网站搜索相关商品信息。用户还可以设置筛选条件，如最热门、最畅销、最新上架的商品。图 3-14 所示为 WatchCount 网站首页。

图 3-14 WatchCount 网站首页

商家不用去跨境电商平台从海量的商品里搜索，只要在 Watched Item 网站搜索不同的关键词，选择不同的国家，结果就会显示被查看最多的商品。Watched Item 网站商品搜索结果反馈页面如图 3-15 所示。

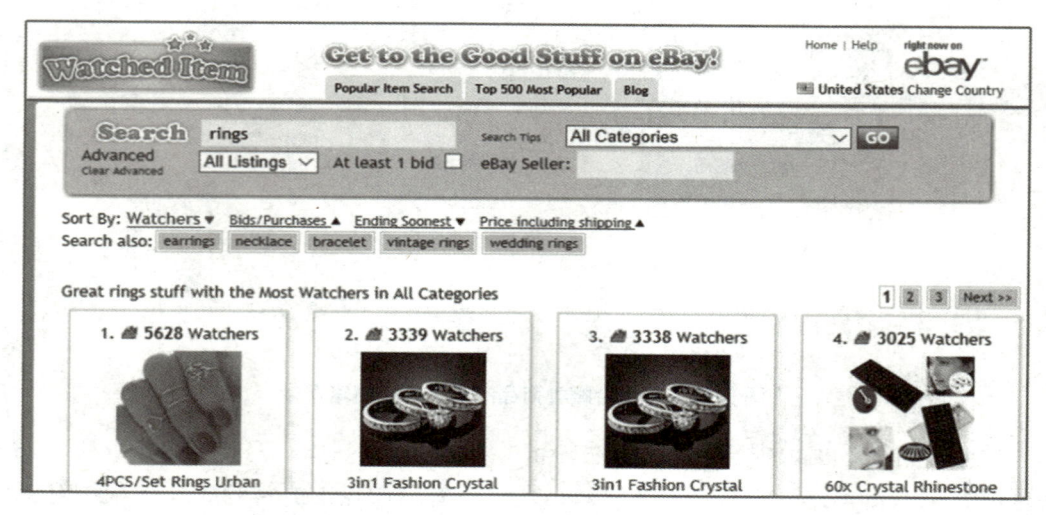

图 3-15 Watched Item 网站商品搜索结果反馈页面

WatchCount 和 Watched Item 网站主要是围绕跨境电商平台 eBay 采集数据，跨境电商商家可以通过这两个网站实时查看并了解 eBay 受欢迎的商品情况，及时调整或设计在 eBay 上架的商品，以满足目的国消费者的需求，实现对商品的精准投放与管理。

二、参考当地电商网站选品

当地电商网站是当地消费者常去的网络购物平台，跨境电商商家可以从中及时了解对当地市场热卖商品的真实反馈。下面介绍美国和俄罗斯用户经常访问的当地热门电商网站。

（一）美国电商网站

1. 主流跨境电商平台网站

- 亚马逊购物网站
- eBay 拍卖购物网站
- 沃尔玛购物网站
- Wish 移动购物网站
- Wayfair 购物网站
- Overstock 购物网站
- 塔吉特购物网站
- 新蛋购物网站

2. 小众跨境电商平台网站

- Houzz 家装社区购物网站
- Zulily 团购网站（以母婴为主）
- Bonanza 购物网站
- eCRATER 购物网站
- Opensky 购物网站
- Cratejoy 购物网站
- Chewy 宠物用品购物网站
- REVOLVE 时尚服饰购物网站

3. 手工艺品电商平台网站

- Poshmark 闲置或二手时尚购物网站
- Tradesy 闲置或二手时尚购物网站
- TheRealReal 闲置或二手奢侈品购物网站

4. 闲置或二手电商平台网站

- Artfire 手工艺品复古物品购物网站
- Aftcra 手工艺品社区购物网站
- Ruby Lane 复古收藏品购物网站

5. 知名零售商电商平台网站

- 山姆会员商店购物网站
- 塔吉特购物网站
- 好市多购物网站

- 百思买购物网站
- 劳氏购物网站
- 科尔士购物网站
- 梅西百货购物网站

（二）俄罗斯电商网站

横跨欧亚大陆的俄罗斯，互联网用户已达 1.16 亿人，约占总人口的 80%。俄罗斯电商市场发展潜力非常大，俄罗斯同时也是"一带一路"沿线地区最大的电商市场之一。目前，俄罗斯的网购用户已超过 3000 万人，消费潜力很大，而电子商务的普及率只有 7%。我国很多跨境电商商家纷纷将目光瞄准俄罗斯市场。

1. Ozon

Ozon 成立于 1998 年，隶属于俄罗斯软件公司 Reksoft，是俄罗斯第一家线上零售商店，是多品类综合的 B2C 电商平台，被称为"俄罗斯的亚马逊"。Ozon 拥有 1140 万个俄罗斯消费者群，每天有超过 300 万名独立访客，一直是俄罗斯 B2C 平台的第一名。其销售品类十分丰富，涵盖服装、书籍、电子产品、美妆、运动用品、生活用品等。

2. Joom

Joom 是俄罗斯电商平台，主要服务俄罗斯。Joom 具有移动购物小程序和网页购物端口，能够为消费者提供数码电子、服饰、箱包、鞋类、美容美妆、健康护理、家居用品、户外运动等全品类商品，深受消费者喜爱。Joom 在成立之初主要面对当地商家，后来逐渐向中国商家开放。

3. Avito

Avito 是俄罗斯著名的生活分类信息发布平台，创立于 2007 年。Avito 是俄罗斯最受欢迎的分类广告网站，网罗了俄罗斯城市五花八门的各类私人商品信息，在这里可以租房、找工作、购买全新或二手物品、出售个人闲置物品等，还有机会淘到一些稀有的收藏品和手工艺品。

4. Lamoda

Lamoda 创立于 2010 年，总部在莫斯科，主打服装、服饰、鞋子等时尚商品，提供超过 400 万种商品。目前 Lamoda 聚集了 4000 多个本土及国际时尚品牌，平台活跃用户达到 350 万人。

5. Wildberries

Wildberries 成立于 2004 年，为鞋服及饰品在线销售平台，主营品类为服装、时尚商品和电子产品，还提供全国免运费快递服务。

6. Sunlight

Sunlight 是家喻户晓的饰品品牌，知名度比较高。所有珠宝，从儿童耳环到结婚戒指，都可以在 Sunlight 官方网站找到。其价格便宜实惠，主要针对大众消费群体。

7. Yandex.Market

Yandex 被称为"俄罗斯谷歌"，于 1993 年成立。随着 Yandex 在俄罗斯市场份额的增长，Yandex.Market 应运而生。Yandex.Market 是 Yandex 旗下的比价购物网站，占据俄罗斯 10% 的电商市场份额。其热卖品类包括服装、鞋子、电子产品等多种商品类目，而且支持多种方式下单。

三、观察目标市场流行趋势

目标市场流行趋势是许多跨境电商商家参考的重要选项。许多类目的商品会在某段时间形成阶段性爆单,因此及时了解和掌握当地的流行趋势,是跨境电商商家选品的重要参考之一,也是跨境电商商家对目标市场进行预判与调整商品库存的重要依据。

互联网本身就是一个变化莫测、信息更新很快的地方,对于做跨境电商的商家来说,只有顺应潮流,融入消费者的聚集之地,才能更好地把握购物流行趋势。社交媒体平台通常是信息发源地,各领域的最新消息和流行趋势都会最先在社交媒体平台上传播。商家可以在国外流行的社交媒体平台上关注相关行业意见领袖的意见和热门话题,通过观察和分析,发掘潜在的商机。

(一)时尚博主流行趋势

正在进行选品的跨境电商商家不仅要重视海外市场的社交媒体力量,还应将其视为企业出海快速触及目标社群,构建海外市场品牌认知的关键一环。因此,在关注 Instagram(照片墙,简称"ins"或"IG")、Pinterest(品趣思,简称"PINS")、TikTok(抖音海外版)(见图 3-16)等社交媒体平台的同时,应该寻找符合自己商品定位的时尚博主或影视明星进行关注,其穿着或者关注的话题,极有可能引起普通消费者的跟风与模仿。2022 年,受高通货膨胀叠加经济下行的影响,欧美市场时尚趋势主题为"拥抱审美的多样性"。一些海外博主在社交媒体上展示自己如何实现"一衣多穿",这类穿衣方法为不少消费者追捧,消费者开始尝试各种流行风格,在穿搭上不为性别、体型、年龄所限。在时尚可以是不同审美风格等概念的鼓舞下,消费者逐渐趋于"穿搭自由",带动平台时尚品类销量持续走高。

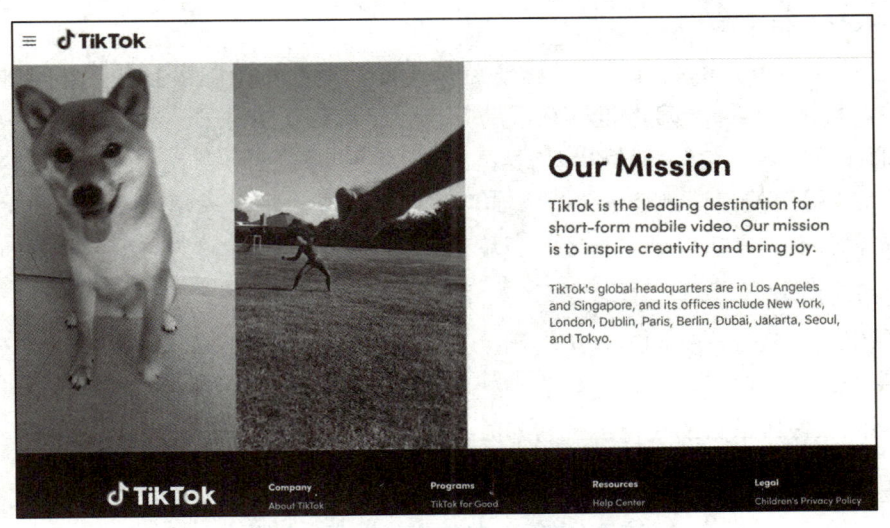

图 3-16 TikTok 网站

(二)影视流行趋势

一般来说,跨境电商商家可以有计划地关注电影院线未来一年的上映安排,尤其好莱坞出品的影视作品。观众期待较高的电影很可能带动周边商品的热销,商家可以针对这些电影里的热门元素提前开发商品。当然,在开发电影周边商品时要注意,不可产生侵权行为。

2021年，美国视频流媒体巨头 Netflix 的原创韩剧《鱿鱼游戏》（Squid Game）火遍全球，也带火了该剧周边商品（如抠糖饼工具、运动服、面罩）等的销售。图 3-17 为在亚马逊网站搜索"squid game"相关商品结果反馈页面。

图 3-17　在亚马逊网站搜索"squid game"相关商品结果反馈页面

（三）体育与娱乐活动流行趋势

体育比赛和走秀节目都可能带来流行趋势，下列活动就值得跨境电商商家关注。

1. 全球性体育赛事

全球性体育赛事会引起阶段性的流行趋势，如奥运会和国际足联世界杯足球赛（简称"世界杯"）。特别是四年一度的世界杯，属于全球球迷狂欢的日子，在这个时期关于足球比赛的周边商品从搜索、销售到讨论量均呈直线上升的趋势。例如，在 2022 年卡塔尔世界杯期间，从"32 强"的旗帜到球迷为球队加油鼓劲的喇叭、哨子，从足球到球衣、围巾，还有大力神杯摆件和抱枕等，中国制造的商品几乎占据整个世界杯周边商品主要市场份额。

2. 美国超级碗

美国超级碗（Super Bowl）是美国国家橄榄球联盟的年度冠军赛。美国消费者一般将超级碗当作美国的"春晚"，大部分知名演艺明星都以参加超级碗演出为荣。与此同时，每年电视台转播的超级碗节目的收视率也名列前茅，这也会带动一些周边纪念品的销售。

第四节　速卖通选品工具

一、速卖通平台站内选品推荐

速卖通是在线购物平台，消费者可以从品牌企业和个体商家那里购买商品。该网站完全可以用英语访问，全球任何消费者都可以随时使用。

（一）站内行业选品

站内行业选品即根据速卖通平台目前的情况，确定要经营的行业。红海行业即现有的竞争白热化的行业，如饰品、婚纱、假发行业等。蓝海行业指那些竞争尚不激烈，但充满消费者需求的行业，蓝海行业充满新的商机。新手商家应该在接触平台的时候寻找一级蓝海行业，或者在红海当中的蓝海行业去经营，这样会避免遇到很多的竞争者，容易快速成长。

（二）站内类目选品

所谓类目选品，就是在某个行业下选择售卖类目商品的类型。速卖通经过10多年的发展，已经打下了几个稳固的国家市场，拥有了稳定的商家群体，平台上大多数品类发展已经比较成熟。商家应该选择符合店铺和市场需求的选品类目，在速卖通商品页面该类目中进行深挖，参考该类目下最新、最畅销、最热门的三类商品。

（三）站内属性选品

随着速卖通市场越来越成熟，消费者对自己的需求也越来越清晰，盲目铺货运营的方式在速卖通不再是优势。商家确定备选商品后，可以在速卖通进行关键词搜索，进行关联商品选品、热销商品属性选品及属性组合选品，参考同类商品关键词，还可以利用速卖通的商品打造无货源的爆款商品。

二、速卖通站内选品工具

速卖通生意参谋板块是速卖通为跨境电商商家提供跨境店铺及商品运营数据的重要数据阵地，速卖通生意参谋页面如图3-18所示。速卖通生意参谋板块从行业情况、选品、选词、数据收集、数据分析、实时数据等多个角度，为跨境电商商家提供数据化选品支撑，以达到数据运营的目的。同时，当跨境电商商家店铺运营遇到瓶颈时，它可以作为突破店铺流量和销售额瓶颈的一个数字选品工具。

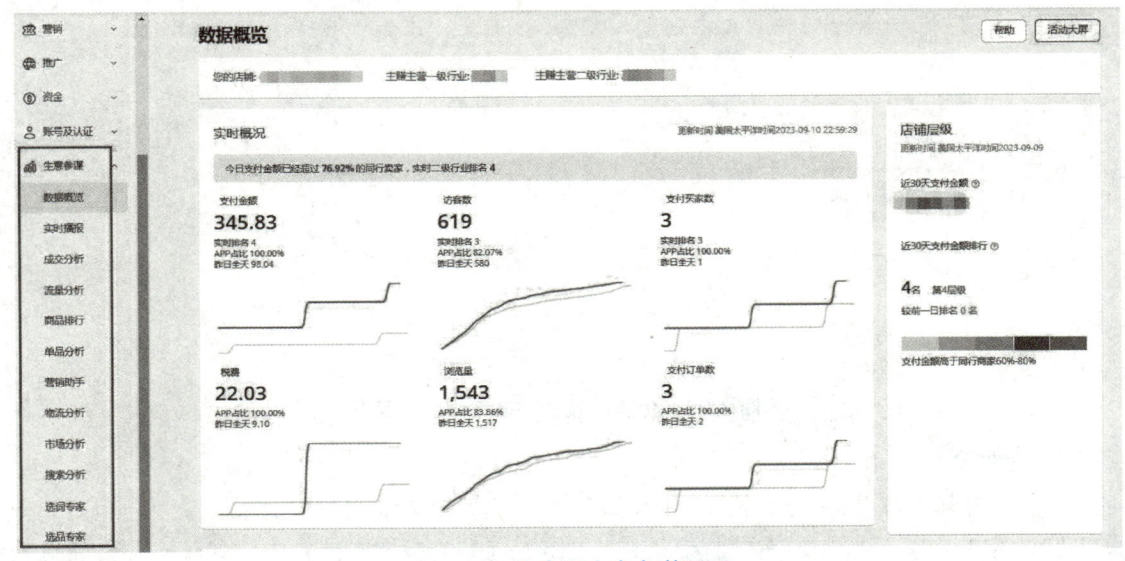

图3-18 速卖通生意参谋页面

（一）生意参谋选品功能

生意参谋中的市场模块具有市场分析、搜索分析、选词专家、选品专家等功能，主要用于帮助跨境电商商家挖掘目标市场商品机会，进行数据化选品。生意参谋——市场页面如图 3-19 所示。

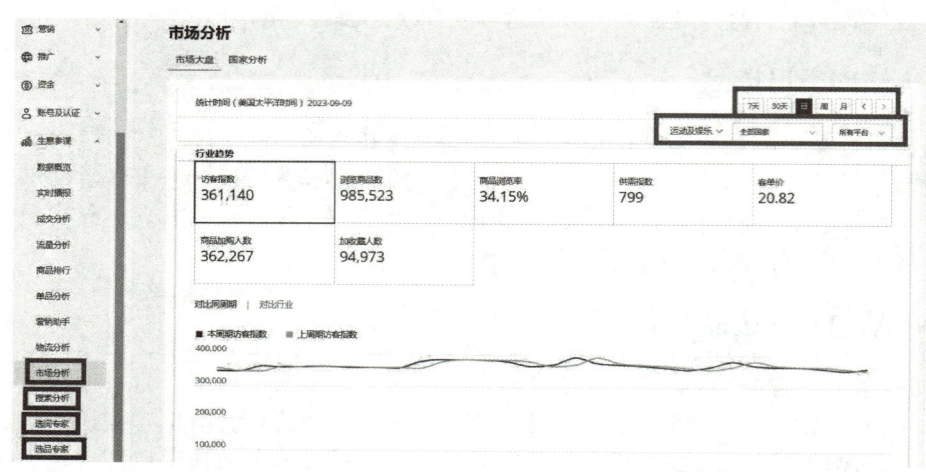

图 3-19　生意参谋——市场页面

1. 市场分析

市场分析可以向商家提供行业趋势、行业对比、行业构成、国家构成等行业相关数据。商家可以通过筛选类目、时间来观察不同类目所属行业的变化趋势、行业沟通及热门国家等情况。生意参谋——市场分析页面如图 3-20 所示。

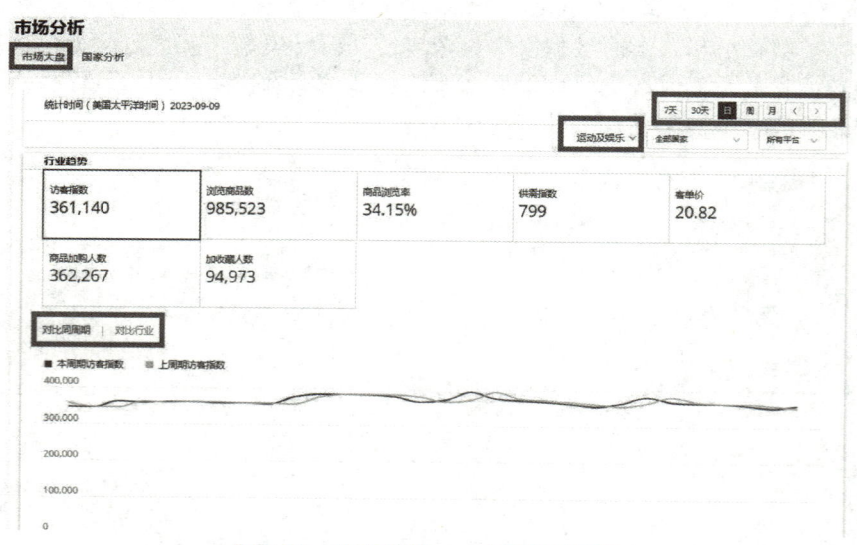

图 3-20　生意参谋——市场分析页面

2. 搜索分析

搜索分析分为热搜词、飙升词、零少词三类，是标题关键词获取的来源之一，也可为直通车选词提供词源，以及观察关键词的热度，作为选品的参考之一。生意参谋——搜索分析页面如图 3-21 所示。

图 3-21　生意参谋——搜索分析页面

3. 选品专家

选品专家以行业为维度，提供相关行业热卖商品和热门搜索关键词的数据，能够查看丰富的热卖商品资讯，并且多角度分析消费者搜索的关键词。生意参谋——选品专家页面如图 3-22 所示。

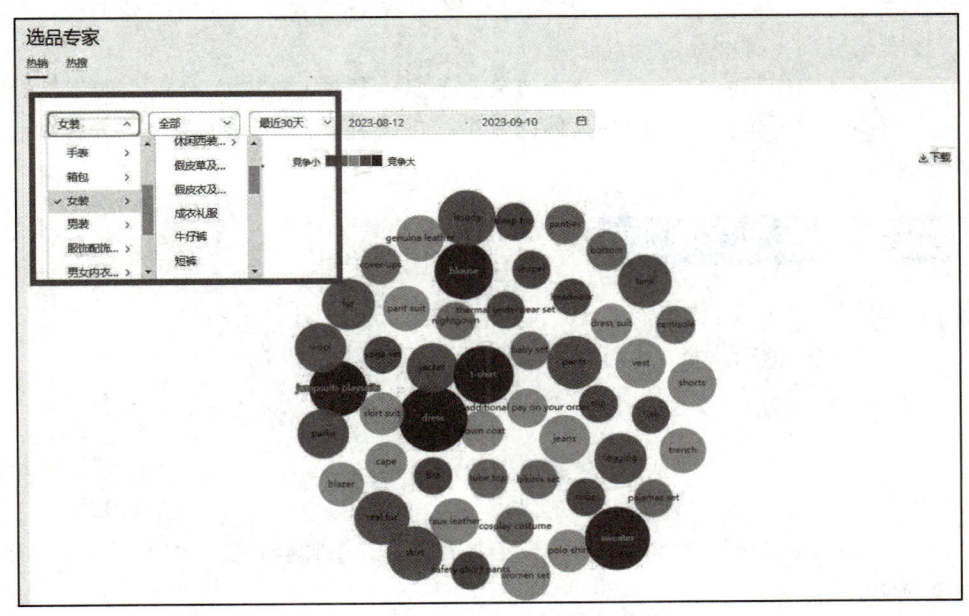

图 3-22　生意参谋——选品专家页面

4. 单品分析

该模块可为商家提供一段时间内商品的访客数、搜索曝光量、搜索点击率等流量指标，加购人数、收藏人数等加购收藏指标，下单金额、下单消费者数、下单转化率等下单指标，以及支付金额、支付客户（买家）数、支付转化率、支付订单、客单价等支付指标。生意参谋——

单品分析页面如图 3-23 所示。通过该模块，商家可以判断商品表现情况，判断潜力爆款商品和当下的爆款商品，以及推广的效果。店铺内所有的数据均能保存下载，用于数据分析。

图 3-23　生意参谋——单品分析页面

（二）生意参谋选品步骤

（1）通过市场分析筛选不同类目，观察类目所属行业趋势变化情况，以及不同行业之间的数据对比，发现机会较大的行业，选择进入。

（2）通过生意参谋的选品专家、搜索分析，分析最近哪些商品的市场需求大、哪些商品的消费者搜索热度高、哪些品类商品数量少。

（3）通过数据圈定目标品类后，分析该品类的具体数据，包括平台前台的商品数据、近期该类商品的销量和评价情况。这些具体的数据可以通过第三方软件抓取，也可以通过手动记录整理获得。

三、速卖通站外选品工具推荐

除站内选品工具外，跨境电商商家还可以借助第三方工具，辅助自身进行数据化选品工作，在这里介绍几个常用的速卖通站外选品工具。

（一）FindNiche

FindNiche 是一个由大数据构建起来的跨境电商选品工具。其网站提供丰富的速卖通平台商品数据，除具备强大的过滤功能，可以满足大部分商家的选品思路和需求外，还可以帮助商家监控竞争对手的数据。FindNiche 是一个付费工具，普通会员的会员费是每月 9 美元。

1. 速卖通选品

速卖通选品能够对速卖通每件商品进行全面分析，提供每天的热销商品推荐。跨境电商商家可以通过搜索关键词在速卖通查找商品，在每个商品下面都有总订单量、近 7 天订单、商品评分、商品评论总数等信息供参考。FindNiche 速卖通选品参考如图 3-24 所示。

2. 速卖通榜单

FindNiche 可以显示速卖通榜单（热销榜和新品榜），如图 3-25 所示，向消费者展示目前在速卖通平台上哪一类型市场上的哪些商品比较火。在热销榜里，消费者查看的时间节点有 7 天、30 天两种。热销榜里包括商品订单榜和增长榜，点击进去还可找到速卖通商家（货源），看到商品最近的走势，如订单量、收藏量和价格。

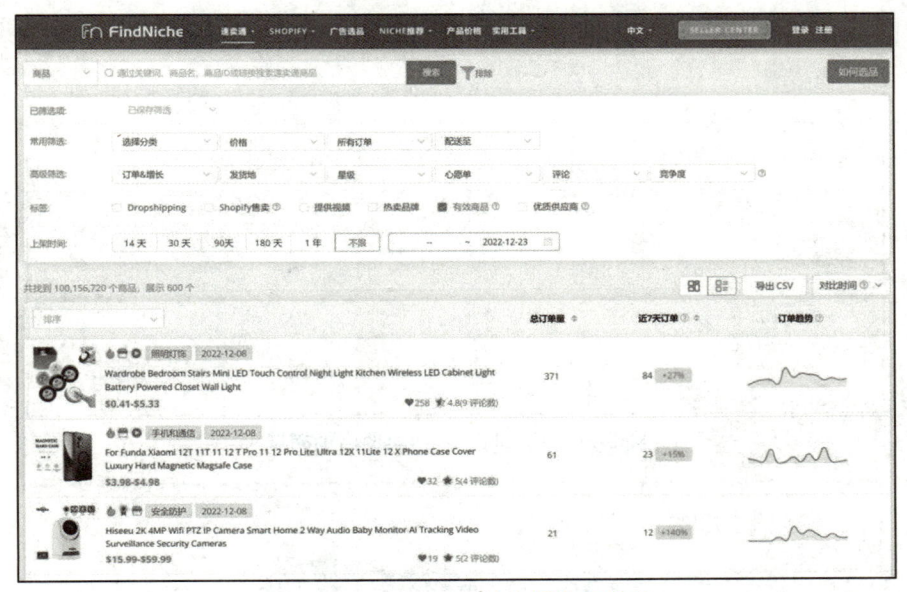

图 3-24　FindNiche 速卖通选品参考

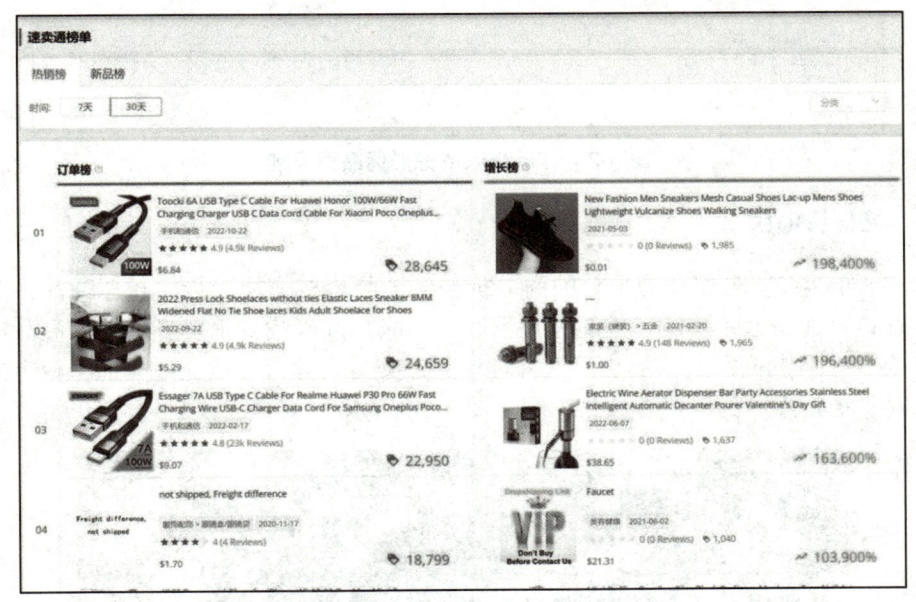

图 3-25　FindNiche 速卖通榜单

3. 速卖通店铺

FindNiche 可以跟踪速卖通平台中的商家所属地、商家店铺名称，以及店铺商品数、类目数、粉丝数、好评率、评分、评论数等信息。FindNiche 速卖通店铺榜单如图 3-26 所示。

4. 品类观察

FindNiche 可以查看不同类目下的店铺总数、商品总数、近七天订单量、Top10 心愿单总数、Top100 平均价值、Top100 机会指数、Top100 垄断指数、Top100 店铺集中度、Top100 平均评分与评论数等品类信息。FindNiche 速卖通品类观察如图 3-27 所示。

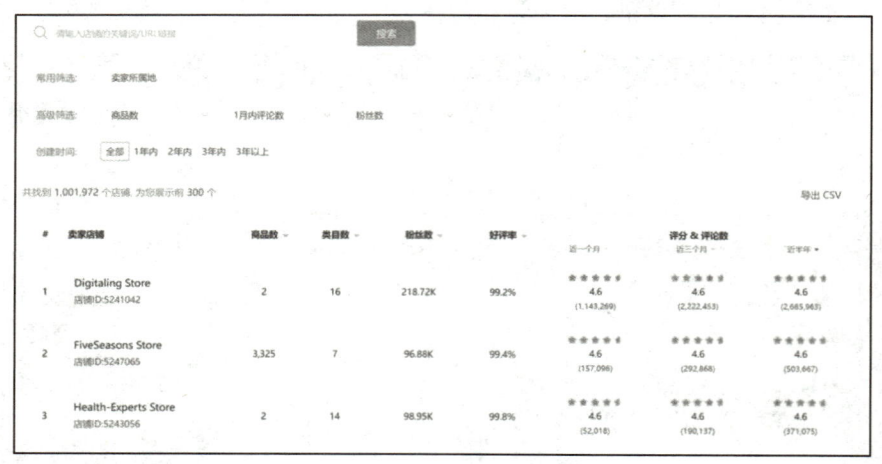

图 3-26　FindNiche 速卖通店铺榜单

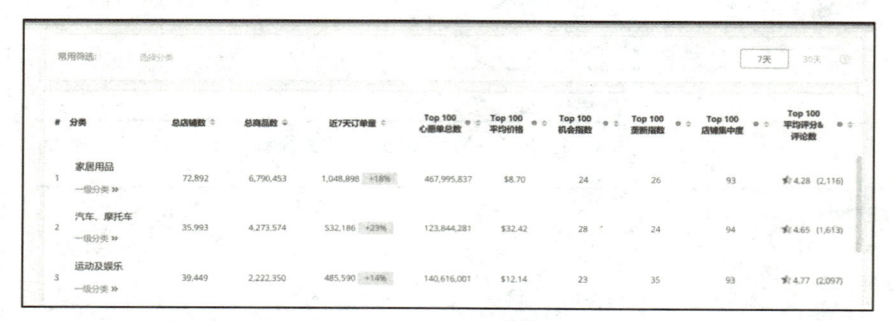

图 3-27　FindNiche 速卖通品类观察

（二）AliTools

AliTools 可以实现对速卖通平台的商品折扣、商品价格变化趋势、相似商品推荐、商品收藏等信息的查询与追踪功能，并能根据消费者需求，准确找到消费者寻找的商品，展示过去 3 个月或 6 个月的商品价格历史，跟踪订单商品交付，并自动检查速卖通平台上的促销代码和优惠券，将其添加到消费者购物车中。图 3-28 所示为 AliTools 安装界面。

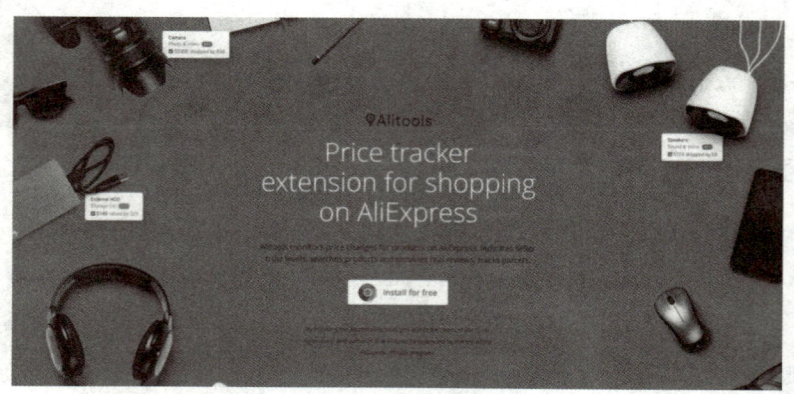

图 3-28　AliTools 安装界面

第五节　亚马逊选品工具

目前，亚马逊开通了美国、加拿大、墨西哥、英国、法国、德国、意大利、西班牙、荷兰、瑞典、比利时、日本、新加坡、澳大利亚、印度、阿联酋、沙特和波兰 18 个站点。商家除了查看亚马逊官方选品指南，了解热卖高需商品及潜力商品趋势，还可以利用亚马逊官方选品工具。亚马逊官方选品工具有商机探测器、选品指南针，帮助你判断细分市场的体量、增长趋势与竞争力，找到适合自己发展的细分市场并挖掘新品。

一、亚马逊选品思路

选品直接影响跨境电商商家店铺的销售业绩。选品就是商家确定自己的利基市场，也就是针对某一特定人群，经过多方面调研分析确认某种商品。

亚马逊选品目的是通过有逻辑与系统性的方式，找到在亚马逊平台有相对高需求的商品，但竞争程度较低，能为店铺获取最高的利润。这种商品通常浮出台面没有多久，还在产品生命周期的较早阶段。

二、亚马逊平台站内选品推荐

（一）站内榜单推荐选品

单击商品排名中的【See Top 100】按钮即可查看当前商品所在类目最畅销的前 100 名的商品详情页名单。商家如果能够对名单中包含的商品认真研究，并结合自己当前的资金、资源等要素综合考虑，基本上可以评估出自己是否具有操盘运营这些平台热卖商品的可能性。

亚马逊的排行榜主要包括销售排行榜（Best Sellers）、热销新品榜（Hot New Release）、销量飙升榜（Movers & Shakers）、收藏排行榜（Most Wished For）、礼品推荐榜（Gift Ideas）等。亚马逊会对每个阶段的热卖商品排出一个榜单，榜单上的选品就是当前亚马逊平台的热卖商品，跨境电商商家可以根据市场情况和未来市场容量进行预估，再决定做哪些类目的选品。

1. 销售排行榜

图 3-29 所示为亚马逊美容与个护商品销售排行榜。亚马逊商品销售排行榜是每个商家想上去的榜单，展示了商品在某个类目下的实时排名，体现了商品的受欢迎程度，商品排名越靠前，商品的曝光越多。这也反映出商品在亚马逊平台的热度，它对消费者在亚马逊上寻找商品或购买决策的过程有一定的影响。

2. 热销新品榜

图 3-30 所示为亚马逊热销手工新品排行榜。热销品往往随季节和流行趋势的变化而变化，亚马逊及时更新与发布平台最新推出和将要推出的畅销商品，亚马逊不同站点的热销品类也会随之发生改变。因此，跨境电商商家想了解目标市场的商品销售情况，热销新品榜是一个可供参考的选品指标之一。

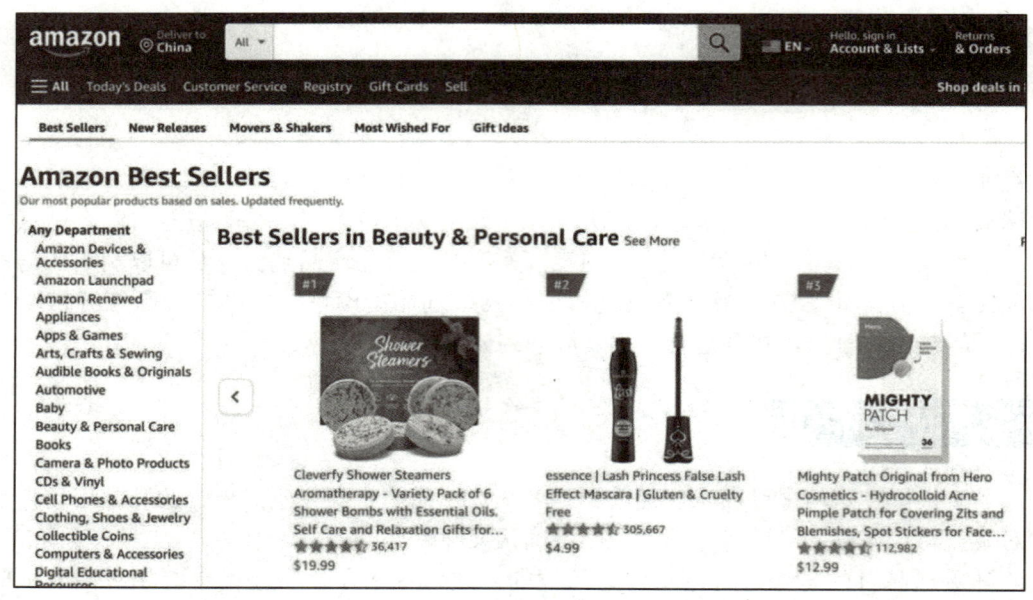

图 3-29 亚马逊美容与个护商品销售排行榜

图 3-30 亚马逊热销手工新品排行榜

3. 销量飙升榜

图 3-31 所示为亚马逊工具与家装饰品销量飙升榜，它展示了亚马逊平台过去 24 小时之内在工具与家装饰品类目下的销售商品排行榜。很明显，销售排名越高，商品在亚马逊站内搜索的排名就越靠前。销量飙升榜每小时更新一次，它也是商家了解具体类目下商品最新趋势的理想指南。

4. 收藏排行榜

如图 3-32 所示为亚马逊家居和厨房用品收藏排行榜。收藏排行榜是亚马逊平台用户添加愿望清单最多的商品榜单。如图 3-32 所示，在家居和厨房用品类目下，排名用户收藏第一位的商品是"Stanley Adventure Quencher Travel Tumbler"（斯坦利探险吸管随手杯）。收藏排行榜相当于消费者喜欢的商品清单，跨境电商商家可以在平台大型促销活动或者节假日之前多加关注。

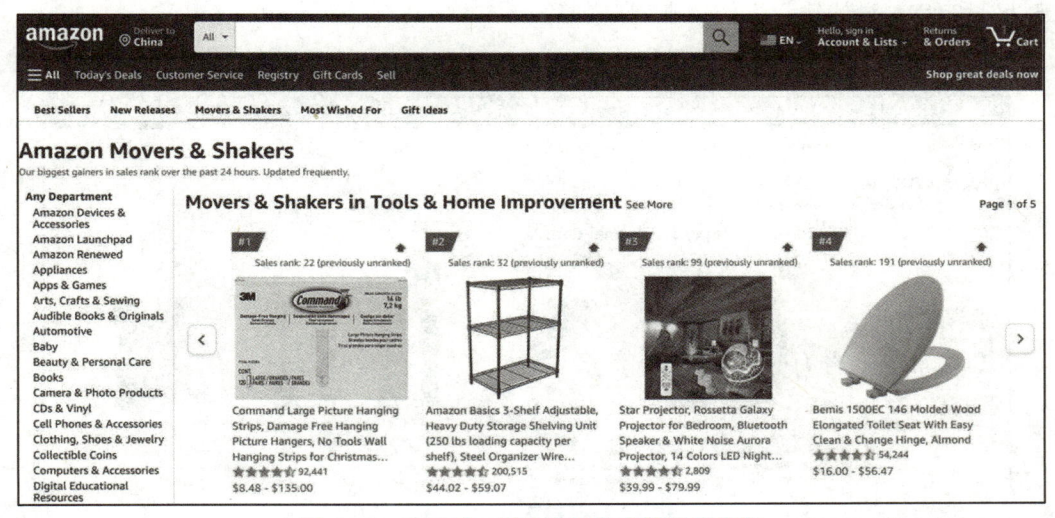

图 3-31　亚马逊工具与家装饰品销量飙升榜

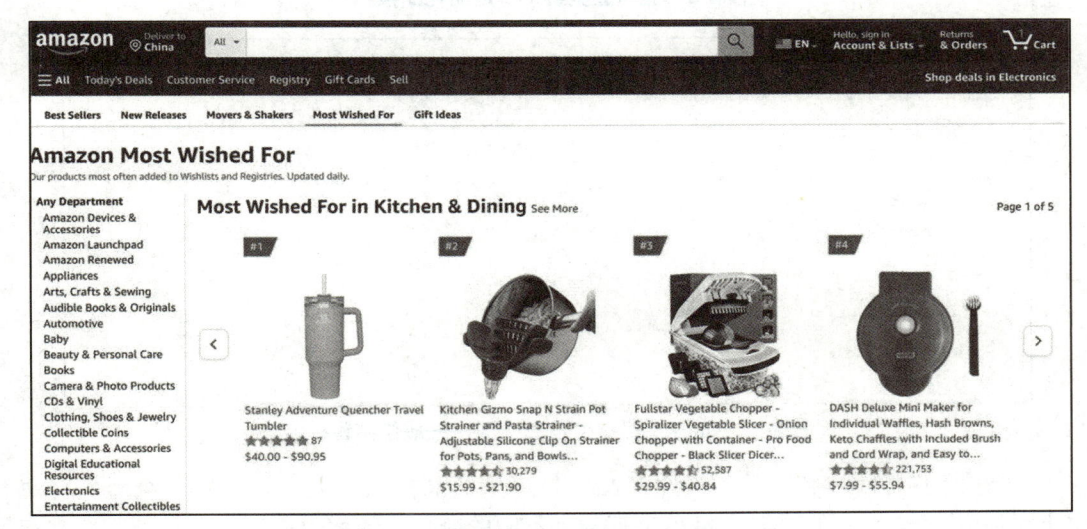

图 3-32　亚马逊家居和厨房用品收藏排行榜

5. 礼品推荐榜

图 3-33 所示为亚马逊美容个护用品礼品推荐榜。礼品推荐榜是亚马逊消费者选择的最适合作为礼物的商品清单。礼品推荐榜与收藏排行榜一样，都是消费者喜欢的商品清单，跨境电商商家可以在平台大型促销或者节假日之前多加关注。

（二）站内类目深挖选品

有了心仪的选品类目后，商家可以去亚马逊相关的三级类目中筛选商品，通过亚马逊后台和前台进行充分挖掘与分析。以键盘产品为例，如图 3-34 所示，在键盘产品参数信息（Product Information）页面里，会提供一个平台最佳销售排名（Best Sellers Rank），"#98 in Video Games"，意为该产品在视频游戏类目中排名第 98 位。视频游戏类目就是亚马逊一级类目排名。除此之外,亚马逊还提供一个或多个小类目排名,通常为四级或三级类目排名。从"#1 in Mac Gaming Keyboards""#1 in PC Gaming Keyboards"可以看出这种键盘在"Mac 游戏键盘"和"PC 游戏键盘"类目中均排名第一位。

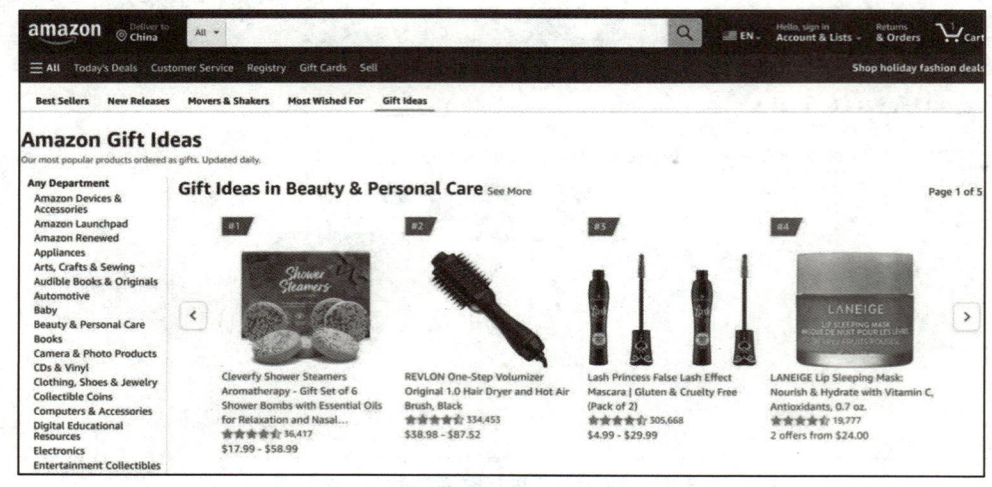

图 3-33　亚马逊美容个护用品礼品推荐榜

图 3-34　键盘产品参数信息页面——最佳销售排名

亚马逊大小类目排名通常是按照商品销量来为商品排名,而且每小时都会重新计算一次,这意味着每个商品的排名在每小时都会有不同的变化。跨境电商商家不仅要观察自己所选的商品在亚马逊平台中小类目中的排名情况,还要密切关注自己所选的商品在大类目中的排名情况。

(三)站内商品标签选品

不是所有的商品都能获得亚马逊的商品标签,在亚马逊平台上比较知名的商品标签有"Best Seller""Amazon's Choice"。其中,带有"Best Seller"标签的商品是亚马逊平台中占据销售排行榜第一名的商品,这个标志会出现在亚马逊的主搜索页及商品详情页上,带来大量的流量和转化。"Amazon's Choice"是应用于可以直接从"Amazon Echo"(通过语音命令)购买商品的一个标签,目的是在于配合"Amazon Echo",以简化消费者的购买流程。

1. Best Seller

"Best Seller"是亚马逊最畅销商品标签,这个橙色小图标代表亚马逊的销售排行榜,表示最流行的商品。根据商品销量,带有此标签的商品每小时都会自动更新,如图3-35所示。若某种商品每小时的销量高于同类商品,则称为"Best Seller"。当消费者搜索相关商品时,该商品会显示在搜索结果的前面。

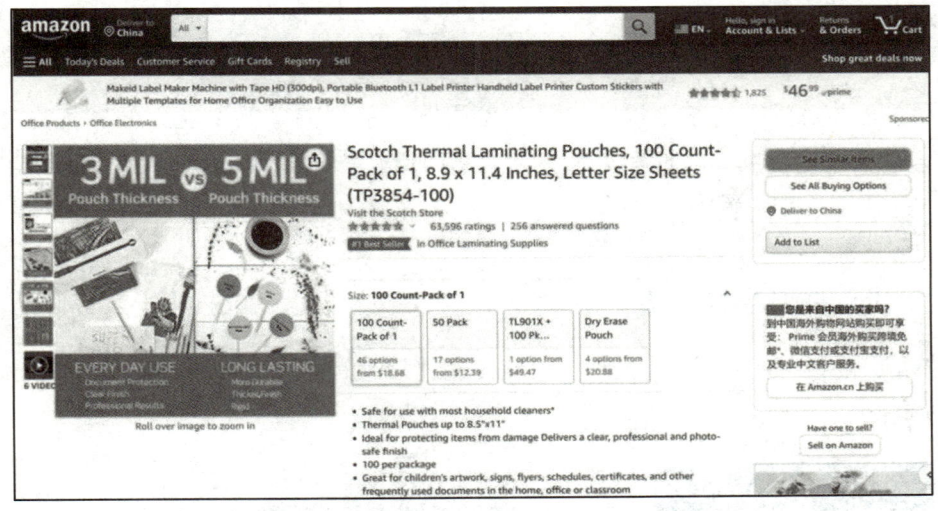

图3-35 带有"Best Seller"标签的商品

2. Amazon's Choice

"Amazon's Choice"是亚马逊精选推荐标签,背景色为石墨色,两个词的字体颜色分别为白色和橙色,如图3-36所示。它是让用户在亚马逊数百万种商品中进行挑选的一种更为简便的选品方式。标有"Amazon's Choice"的商品就是销售量很高而且好评如潮的商品。如果你的鼠标箭头悬停在"Amazon's Choice"图标上,就会看到这样的描述:"Amazon's Choice推荐的是评分高、价格合理并且可以立即发货的商品。""Amazon's Choice"帮助亚马逊的消费者更快完成购物决策,使亚马逊商家可以快速提升站内流量、商品转化率和销售量。

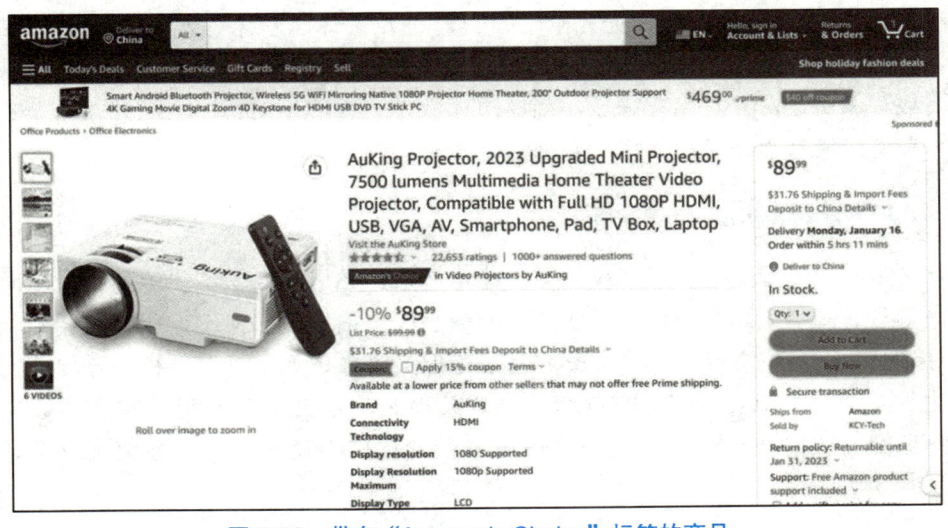

图3-36 带有"Amazon's Choice"标签的商品

(四)新品跟进选品

对于选品没有方向的商家来说,不妨简而化之,做结构简单的商品,没有太多组件,无须使用说明书就能操作,以避免后期差评、高退货率、订单下架的风险。商家可以确定一个榜样店铺进行学习和效仿。榜样店铺的商品保持在10~30种,多种商品销售很好,销售利润也不错。

(五)价格区间选品

对于跨境电商新手商家来说,商品的价格既不能太高,又不能太低,优先考虑价格15~50美元的商品。这个区间的价格,受众较高,更容易销售。但是,正因为如此,该价格区间的商品竞争无比激烈。如果商家的资金足够充裕,不妨试试体积大、重量重的商品,提高一定的门槛。

(六)供应商新品推荐法

在选品过程中,商家要多加关注供应商传递过来的信息,及时更新换代,寻找最适合消费者的商品。

三、亚马逊平台选品提醒

(一)考虑商品的尺寸和重量

一般而言,如果是商家负责运输费用的话,一般不推荐选择那些体积超大的商品(包装盒边长60cm以上),或者过重的商品,因为会增加运输成本,库存也不好管理,商品利润随之降低。建议商家从体积小、重量轻的商品开始,头程和尾程的配送费相对较低,商品利润相对会高。

(二)尽量避开危险和易腐烂商品

弓箭、飞镖、箭头、货币、玩具枪、刀具,以及液体、粉末、易燃易爆的,具有腐蚀性、毒性、放射性的物品,都会增加远距离交付的难度和成本。食品类商品虽然需求比较高,但通常有保质期,一旦库存积压,商品过期就是一笔不小的损失。此外,对于食品或营养补充剂来说,只有遵守当地法规,合规合格才能销售。

(三)远离侵权商品

众所周知,欧美国家对知识产权的保护非常严格,如果在商家销售的商品上出现未经授权的品牌图案或文字,那么不仅在平台销售的商品面临被下架的命运,店铺也会面临被审查或关闭的结果。很多跨境电商新手商家容易忽略但又不知道如何规避侵权,最便捷的渠道是通过专利名去美国的相关专利网站查询,确认某种商品是否存在专利问题。商家也可以多向供应商询问,多向身边有经验的商家请教,或者直接向亚马逊客服咨询该商品是否收到过侵权投诉。

（四）避开节日性消费商品

商家选品应尽量避开节日性消费商品，因为一旦节日过去，商品势必滞销，到时候长期仓储费会压得商家喘不过气来，要么花钱销毁，要么花钱转移到海外仓，等到下一年再找机会销售。

四、亚马逊官方推荐选品工具

为了帮助跨境电商商家更好地了解亚马逊各个站点消费者的消费需求与商品市场情况的变化，亚马逊官方近年来陆续推出了商机探测器、选品指南针等选品工具，可以在一定程度上辅助商家进行数据选品。这些选品工具主要借助亚马逊大数据分析与人工智能算法，让亚马逊跨境电商商家获得定制化的动态商品推荐。

（一）商机探测器

亚马逊在 2022 年面向全球商家推出新工具——商机探测器（Product Opportunity Explorer），如图 3-37 所示。这是一款旨在通过多维度的数据洞察，帮助第三方跨境电商商家了解消费者需求和商品市场情况，发掘新选品机会的全新应用。

图 3-37　商机探测器

商机探测器可以将消费者的需求和选择捆绑在一起，形成细分市场，帮助跨境电商商家了解与消费者需求和现有选品相关的更新的准确的数据。每个细分市场都有一系列特征，这些特征决定了新商品在相应细分市场的经济潜力。跨境电商商家只需像消费者一样输入搜索词或者选择子类目，即可找到想看的细分市场。搜索结果还可以帮助跨境电商商家对各种规模的细分市场进行比较。商机探测器细分市场的定义每月会更新，其他数据指标每周更新一次。

对跨境电商商家而言，能够预判品类就能够更准确地发现品类的未来趋势，以更好地抓住蓝海商机。商机探测器从消费者搜索关键词出发，分析各细分市场历史数据（如图 3-38 所示），帮助跨境电商商家挖掘未被满足的消费者需求和竞品信息，节省开发高价值新品需要的时间。

（二）选品指南针

选品指南针是亚马逊官方为全球跨境电商商家定制的解决方案（如图 3-39 所示），旨在帮助亚马逊平台上的跨境电商商家探索、评估并且抓住全球扩张的最有利机会。这套方案基于跨境电商商家在主站点已有的商品类目，通过计算"机会分数"，有针对性地为跨境电商商家推荐适合拓展的站点和国家，并为跨境电商商家分析本站和跨国其他站点的高需求商品、消费者的喜好，以及不同类目下选品的比较。

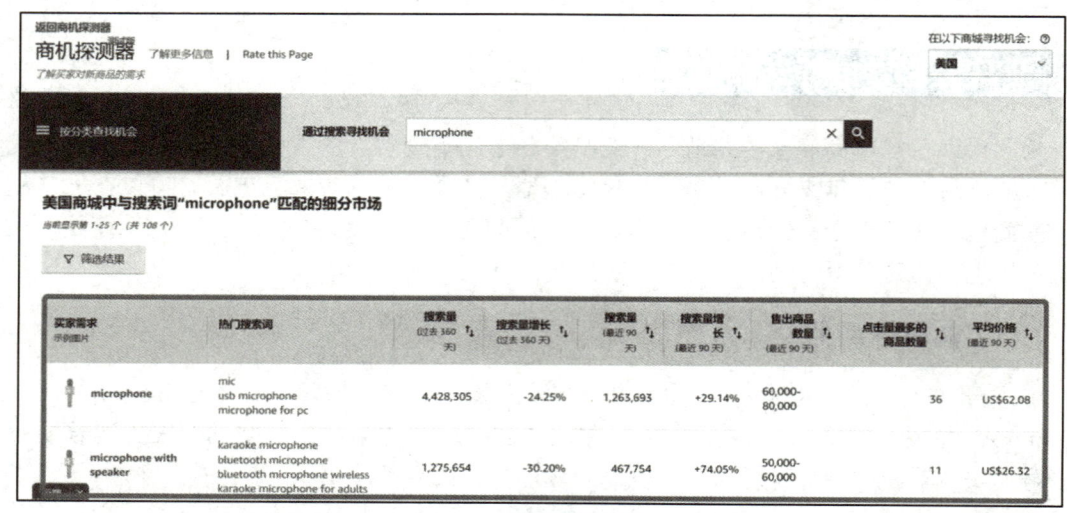

图 3-38　商机探测器分析数据

图 3-39　选品指南针

跨境电商商家以主账户登录商家后台主页，美国站商家能够看到名为"全球商品需求""添加新商品"的选项卡（见图3-40）；英国站、德国站和日本站的商家能够看到名为"添加新商品"的选项卡。"全球商品需求"选项卡列出向商家推荐的跨站点高需求的商品数量；"添加新商品"选项卡显示该站点针对商家识别到的高需求商品推荐，以及类目信息的数量。商家可以单击选项卡访问选品推荐详情。

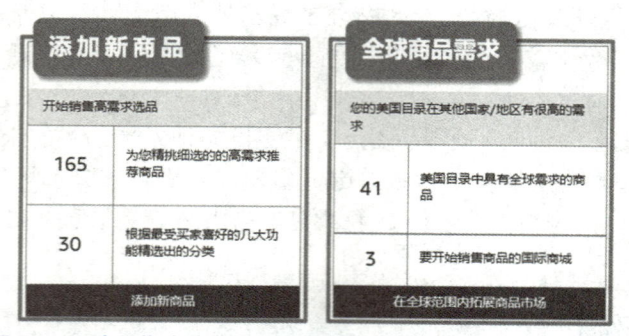

图 3-40　选品指南针"添加新商品""全球商品需求"选项卡

"选品推荐"可以帮助贸易型的并非专注于某个垂直品类的跨境电商商家选出有市场需求

的商品，帮助工厂型跨境电商商家或者垂直品类跨境电商商家开拓同品类不同商品的开发思路和拓展类目。当然，跨境电商商家在亚马逊平台选品时，首先得确认选择的商品是否有专利和版权，其次是商品的生命周期长短，是否是季节性商品或者热点粗暴型爆发商品。

五、亚马逊平台站外选品工具推荐

除亚马逊官方推荐的选品工具外，跨境电商商家还可以选择第三方的选品工具。

（一）Keepa

Keepa 是一个跟踪亚马逊商品销售情况的工具，用户可以通过它查看亚马逊平台各类商品的历史价格、查看跟卖、商品销售排名等，被关注的商品详情页的价格一旦发生变化，Keepa 会自动向用户发送邮件提醒。图 3-41 所示为 Keepa 亚马逊商品价格追踪图。

图 3-41　Keepa 亚马逊商品价格追踪图

（二）Trendsamazon

Trendsamazon 利用数据统计技术收集并整理商品信息，将热卖商品的数据按照销售量进行排名，方便用户查看目标商品的数据报告。其提供的数据每 5 天更新一次，是亚马逊最及时、最准确的市场调研数据。图 3-42 所示为 Trendsamazon 网站页面。

图 3-42　Trendsamazon 网站页面

单元二　商品文案编辑

第一节　商品文案编辑基础

一、商品文案的作用

商品文案在商品推广中起着巨大的作用。优秀的商品文案可以提升商品的流量和转化率。商品文案在商品推广营销过程中的作用主要表现在以下几个方面。

（一）吸引消费者眼球

图文并茂是网店的最大特点，有了漂亮的图片素材，商品文案往往能起到画龙点睛的作用。我们在电商交易平台上最常见的就是促销活动，10 元往往写成 9.9 元，这就是最普遍的促销文案，能够在短时间内吸引消费者的眼球，传递商品的价值。

（二）刺激访客购买

在商品文案中可以运用大量的消费者心理学知识。以促销文案为例，"花 100 元买 130 元的商品"这个促销文案表达的意思是打折销售，但告诉消费者销售的不是"折扣商品"，而且折扣对于销售更有"冲击力"，以此刺激消费者的购买欲望。

（三）打造商品个性，提升竞争力

在商品详情页中，应当尽可能全面介绍和展现商品的功能属性及售后服务等信息，从不同角度表现商品的卖点和优势，用差异化和个性化的文案提升商品的竞争力，摆脱价格战。

（四）突出商品质量，增强消费者对商家的信任

商品描述是商品文案中的重要部分，要把商品描述得生动有力，文案就必须深入介绍商品，让消费者感到店铺的专业服务，让消费者看到商品的质量保证。如果店铺的商品不怕考验，就可以用文字告诉消费者商品的优点，如"100%纯棉"及其优势——舒适、透气、环保。文案突出商品的质量，就增强了消费者对商家的信任。

二、商品文案的编辑

（一）商品属性编辑

商品属性是商品本身固有的特性，也是消费者选择商品的重要依据。商家在跨境电商平台上传商品信息时，第一步就是填写商品属性。属性对于商品在跨境电商平台的曝光和成交转化有着非常重要的作用。

（二）商品属性编辑的作用

（1）填写完整的商品属性有利于提升类目浏览量。
（2）正确的商品属性可以提高商品推广评分，利于后期推广。
（3）商品属性填写得越详细，越有利于消费者购买，减少不必要的销售纠纷。
（4）商品属性填写得越详细，商品在平台上获得的流量越多。

（三）商品属性编辑的技巧

（1）通过查找同种商品或同类型商品，全面了解商品属性。商品属性包括商品的材质、颜色、风格、尺码、装饰、款式等。

（2）尽量完成平台要求的商品属性必填内容的填写，并保证所填信息真实准确，这有利于提升商品上架后在平台搜索与推荐中的曝光量。

（3）利用自定义属性提高填写率。例如，商家可多利用"Feature""Function""Support""Compatible""Suitable""Application"等关键词。

（4）搜集平台搜索条下拉框中显示的搜索长尾词。在热搜词中寻找精准词、Top 热搜词、热销商品词。此外，同行销量好的商品的标题或属性词也是可以借鉴的。

第二节　速卖通商品详情页文案编辑

商品发布和管理是商家高频操作的内容，商品发布及对应的详情内容与商品转化成交息息相关。在编辑商品详情页之前，商家先要了解消费者购物的心理过程及商品详情页的作用，从消费者的角度出发，以结果为导向去编辑制作商品详情页。

一、商品详情页布局

（一）商品基本信息

为提升商品曝光量，实现更好的跨境电商商品的转化，跨境电商商家需要根据跨境电商平台的要求填写商品属性信息。速卖通商品基本信息（Product Information）编辑页面主要包括商品标题（Title）、商品类目（Category）、商品图片（Product images）、营销图（Marketing images）、商品视频（Video）等内容，如图 3-43 所示。

1. 商品标题编辑

在填写商品标题时，建议采取"品牌名关键词+属性（材质、特点、颜色、风格等）关键词+商品型号/类型"的形式，如"A&B 100% Cotton Men's Underwear"。值得注意的是，速卖通不鼓励跨境电商商家用堆砌关键词的方式填写商品标题。例如，某商品标题为"cell phone, mobile phone, mobile telephone, oem cell phone"，这种类型的商品标题不仅不能帮助提升商品的搜索量，还有可能被平台处罚，导致商品搜索排名靠后。

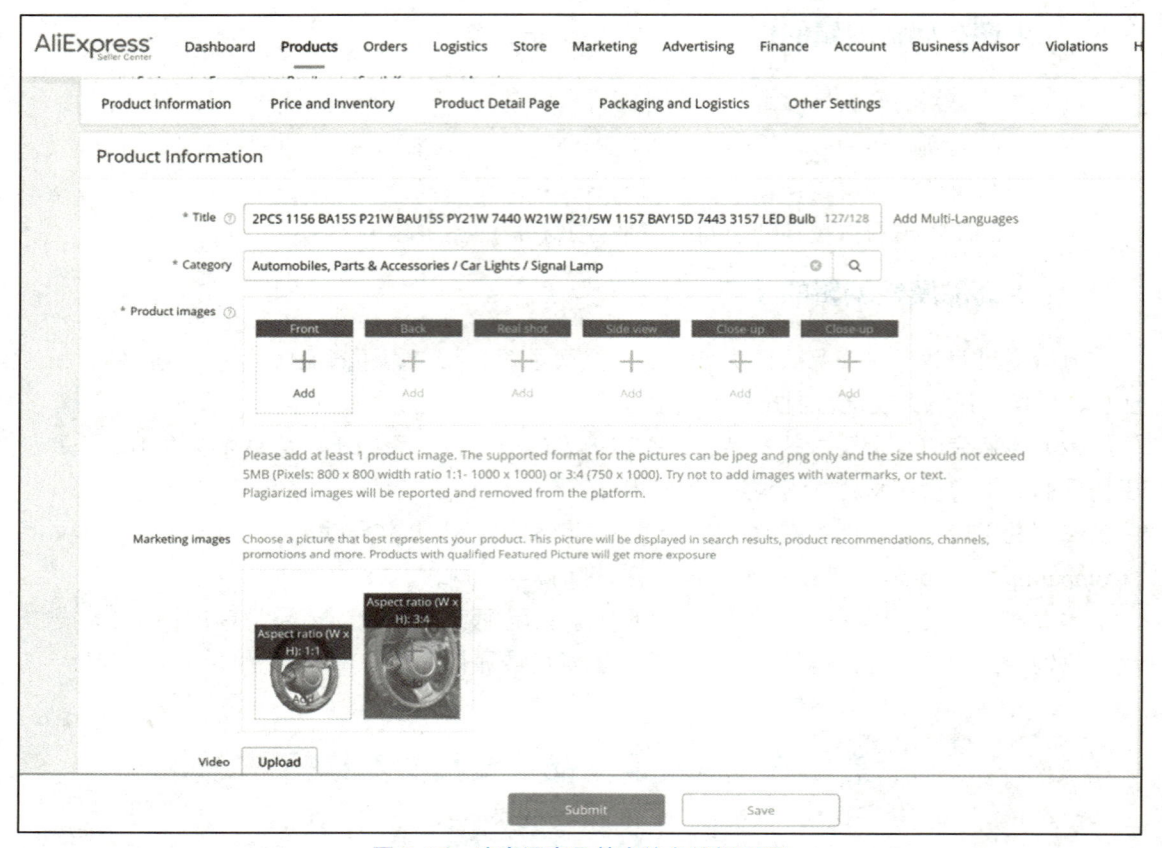

图 3-43　速卖通商品基本信息编辑页面

2. 商品类目编辑

商品类目既可以选择平台推荐的类目，又可以自行选择适合的类目。这里要注意的是，跨境电商商家不能为了增加商品曝光量而故意错放商品类目。如果商家违规，就会受到相应的处罚。

3. 商品图片编辑

速卖通允许上传 6 张商品图片，可以是商品正面图、商品背面图、商品实拍图、商品侧面图与两张商品细节图。商家上传的商品图片宽高比例为 1∶1（像素≥800×800）或 3∶4（像素≥750×1000），且所有图片比例一致。商品图片格式要求为 JPEG、PNG，且图片大小控制在 5MB 以内；不建议上传有水印的图片。

4. 营销图编辑

上传符合规范的营销图将会使商品有机会展示在搜索、推荐、频道等商品导购场景中。商家可以上传 1∶1 白底图与 3∶4 场景图两种类型的营销图。

5. 商品视频编辑

商家上传的商品视频比例为 1∶1、3∶4、9∶16；商品视频时长控制在 30 秒内；商品视频大小不超过 2GB；商品视频内容含商品主体；不能是 PPT 展示；商品视频无黑边，无水印，无中文。

（二）商品属性信息

在速卖通平台发布商品的页面中，有的商品属性前面会打上红色星号"*"（表示非常重要的必填属性，如果没有填写就不会提交成功）。以汽摩商品车灯为例，如图 3-44 所示，商品的基本属性包括品牌、产地（国家或地区）、适用车型、适用车品牌、色温、类型、认证、电压、功率等内容。其中，必填属性有品牌、产地（国家或地区）。跨境电商商家至少完成这两个商品属性信息的填写，并尽量完成其他商品属性信息的准确填写，这样更有利于商品在平台搜索和推荐中曝光。

图 3-44　车灯属性信息

（三）商品自定义信息

如果系统属性中没有合适的属性或者属性值，可以利用速卖通平台的添加自定义属性功能，如图 3-45 所示，在这里可以添加商品的个性属性。自定义属性也可以作为标题的补充，能够提升属性填写率。

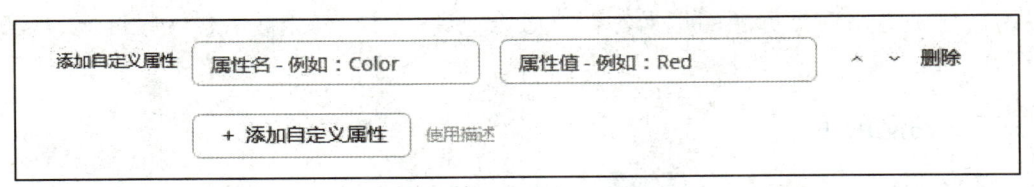

图 3-45　添加自定义属性

二、商品详情页模块

因为商品不同，所以商品详情页编辑的内容也不尽相同，一般包括商品标题、商品展示、商品规格参数、商品促销、商品服务等内容。

（一）商品标题

在速卖通平台开店，写好商品标题非常重要。商品标题并非越长越好，速卖通平台规定商品标题最多不超过 128 个字符。但是，如果商品标题的字数过少，就无法覆盖关键词，在速卖通平台上也不能更好地匹配消费者搜索的关键词。跨境电商商家在填写商品标题时应充分利用好这 128 个字符。

商品标题基本上包括品牌名（也是商品的商标，可以防止被他人跟卖）、核心关键词（网站商品和服务的目标消费者可能用来搜索的关键词）、适用范围（引导目标消费者正确购买行为）、商品属性（材质、尺码、颜色、特点等）等内容。在编辑商品标题时，要尽量写清楚上述商品信息，增加标题中每个词汇被消费者独立搜寻的机会。

为了便于消费者阅读商品信息，商品标题的编辑应符合英文书写规则，建议标题中每个单词的首字母大写，特殊情况除外。例如，商品标题"Fashion Men's Casual Slim Fit Basic Turtleneck Knitted Sweater High Collar Pullover Male Autumn Spring Thin Tops Basic Bottoming"。商品标题中不能包含任何标点符号或特殊字符（#、!、*、&等），标题中如需数字，建议直接使用阿拉伯数字形式，不建议用英文单词表示。例如，商品标题"2PCS 1156 BA15S P21W BAU15S PY21W 7440 W21W P21/5W 1157 BAY15D 7443 3157 LED Bulbs 144smd CanBus Lamp Reverse Turn Signal Light"。

在商品标题中不能出现关键词重复使用多次的情形。例如，婚纱商品的标题中反复使用"dress"这一关键词。一般跨境电商平台允许同一个关键词最多在商品标题中出现两次，超过次数的话就会被判定为标题违规。违反搜索规则的商品累积到一定数量，平台将对店铺内全部商品或部分商品（包括违规商品和非违规商品）采取调整搜索排名的措施；情节严重的，平台将对店铺内所有商品进行屏蔽；情节特别严重的，平台将冻结商家账户或关闭商家账户。

跨境电商商家为了增加自家商品的搜索曝光量，在商品标题中填写与实际销售商品不符的关键词，这就是标题滥用，例如，实际商品为"Hairpin"（发夹），但出现了"Hair Band"（发带）这个关键词，就算消费者搜索到商品也很难产生转化。即便运气好转化成订单，消费者在收货后发现和标题描述不符，也会发生退货的情况，甚至可能被投诉。这种滥用商品标题的行为，百害而无一利，随时可能被消费者投诉而导致账户被封。

（二）商品展示

消费者进入商品详情页，说明是对这种商品感兴趣的，想了解更多。因此，商品详情页需要让消费者对商品有直观的感觉，用图片的形式来展现。图片分为摆拍图和场景图两种。摆拍图真实直观地把商品展现出来，比较适合服装服饰、美容个护等品类。实拍图需要凸显商品，用纯色背景，讲究干净、简洁、清晰，比较适合家居、数码、鞋、包等小件物品（使用模特拍摄反而喧宾夺主）。场景图在展示商品的同时，烘托商品的氛围。场景图通常需要体现出商品的功能，或烘托氛围，刺激消费者的购买欲望。商品展示场景图如图 3-46 所示。

图 3-46　商品展示场景图

（三）商品规格参数

图片有时不能反映商品的真实情况，图片中没有参照物，可能导致消费者对商品预期和真实商品相差太大。因此，商品详情页中需要加入商品规格参数模块，让消费者对商品有正确的预估，减少消费者的不满。图 3-47 所示为服装尺码信息。

图 3-47　服装尺码信息

（四）商品促销

速卖通的商品促销模块包括商品活动、商品搭配及商品关联营销三部分。

1. 商品活动

消费者进入商品详情页，因缺少强烈的购买意愿或因商品价格过高想放弃时，商品促销模块就开始起作用了。它把消费者的注意力转移到促销活动上，刺激消费者下单。

2. 商品搭配

搭配是时下最流行的营销词汇，消费者在网购时不仅是在购买商品，还是在寻找自己的风格。大多数人对于搭配的感觉并不敏锐，他们更相信专业商家的搭配推荐。图 3-48 所示为商家提供的商品搭配效果图。一旦消费者对商家推荐的搭配风格接受的话，那这个消费者很可能就会成为店铺长期的忠实消费者了，这也是专业店铺的精髓。

图 3-48　商家提供的商品搭配效果图

3. 商品关联营销

商品关联营销，就是在商品信息展示页中添加其他近似的或不同类型的商品。消费者可以通过展示页面中的其他商品入口进入自己感兴趣的其他商品展示页面。关联商品信息如图 3-49 所示。

图 3-49　关联商品信息

商品关联营销有以下两个目的。

（1）在消费者对该商品不认可时，推荐店铺相似商品。既然消费者点击到这种商品，说明他还是有兴趣的，因此推荐相似商品，能够在一定程度上挽回这次交易。

（2）当消费者确定要购买一种商品时，商家推荐与之搭配的商品。这样可以让消费者购买更多的商品。消费者在确定购买一种商品时，会下意识地降低邮费成本或争取更大的折扣，多选购几种商品。因此，商品详情页应适当搭配满包邮或满件折等促销活动商品。

（五）商品服务

商品服务模块提供消费者常见问题及回答，可以减少客服工作，方便消费者及时找到答案，打消消费者的疑虑。商家不能全部照搬别人的内容，应该根据自己店铺的特色和实际情况，在扬长避短的原则下设计这一模块，让商品看上去更加诱人，给消费者更多的购买理由。图 3-50 所示为支付与物流服务说明。

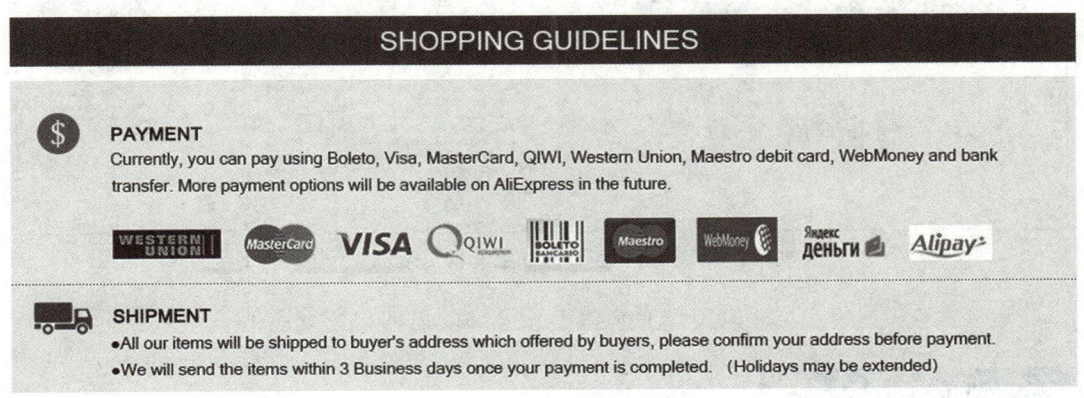

图 3-50　支付与物流服务说明

一般来说，对于标准化商品，如手机、相机、计算机等商品，消费者对功能的关注度比较高，这就要求商家在进行商品描述时，更偏向于细节展示和参数、功能展示。这几个模块的信息越多，越能吸引消费者的注意力，让消费者花更多的时间在商品上面。对于非标准化商品，如女装、箱包、饰品、家居等类目，消费者在购买时，冲动消费的影响更大一些。因此，商家需要强大的商品展示模块，用来抓住目标群体的眼球。

三、编辑商品详情页注意事项

在编辑商品详情页时，要尽可能内容丰富、风格统一、整洁美观，只有这样才能吸引消费者的眼球。商品详情页的前半部分放置与商品有关的内容，这也是消费者最关心的内容，后半部分放置关于服务方面的说明。在商品详情页里，不得留下任何联系方式，不要使用任何中文与中文标点符号，语句需要符合英文读写习惯。

第三节　亚马逊商品详情页文案编辑

在亚马逊平台，商品详情页是跨境电商店铺商品最直观的展现方式，也是消费者全面了解店铺商品最有效的途径。图 3-51 所示为亚马逊商品详情页示例。消费者在亚马逊搜索到跨境电商商家的商品后，只要能向他们提供具有吸引力的图片和清晰的商品信息，就有机会提高消费者购买商品的概率。高质量的商品详情页能够帮助消费者迅速做出购买决策。

图 3-51 亚马逊商品详情页示例

亚马逊商品详情页是展示商品所有信息的独立商品页面，包含以下七个重要属性。

一、商品标题属性编辑

标题（Title）是最直观明了地传达商品品牌、型号、性能信息的组成部分。商品标题即商品名称，一般显示在搜索结果页面商品信息和商品页面的右上方，相当于实体店的店名和商品名称，可以通过"品牌名+商品名+商品特征/型号"等格式对商品本身进行描述，便于消费者理解。如图 3-52 所示，"Seagate Portable 2TB External Hard Drive HDD — USB 3.0 for PC，Mac，PlayStation，& Xbox -1-Year Rescue Service（STGX2000400）"为一种 Seagate 硬盘的商品标题。标题是亚马逊站内外最重要的搜索项目，优秀的商品标题有助于让消费者做出正确的、快速的购买行为，有助于打造品牌路线。商品标题会影响商品是否显示在搜索结果中，影响商品的曝光量和点击率。

图 3-52 一种 Seagate 硬盘的商品标题

亚马逊对商品标题的编辑有三个基本要求，分别是标题长度，标题书写和标题禁用词。

（一）标题长度

一般商品标题最多使用 200 个字符，但某些商品分类允许使用长一些或短一些的名称，具体参照亚马逊关于商品政策的规定。

（二）标题书写

在标题中不得全部使用大写英文字母，但标题中每个单词的首字母要大写，连词（and，or，for）与冠词（the，a，an）不得大写；请勿使用符号，如~、!、*、$、?、_、{、}、[、]、#等；也不要使用 ASCII 字符（Æ、©、ô 等）。使用阿拉伯数字（例如，使用“4”，而不使用英文单词“four”）并且拼写出测量单位（例如，使用“4 inches”，而不使用“4″”）。

（三）标题禁用词

不得在商品标题中包含价格或促销信息，如“sale”“free ship”；不得在商品标题中使用主观性评价用语，如“Hot Item”“Best Seller”；不得在品牌或制造商信息中使用商家名称，除非商家商品为自有品牌。

二、商品要点属性编辑

商品要点（Bullet Point）通过传达商品的主要功能，突出有关商品的重要信息或特殊信息。消费者在亚马逊平台上依靠商品要点来了解重要的商品特征。精心编写的商品要点可以传达重要的商品功能和卖点，进一步提升商品对消费者的吸引力，有助于与其他同类商品形成差异，使消费者愿意进一步了解商品。亚马逊每种上架商品的商品要点最多可以填写 5 条，因此可以称为“五点描述”。图 3-53 所示为亚马逊商品要点示例。

Hardware Interface	USB
Brand	SABRENT
Color	Black
Item Dimensions LxWxH	5.7 x 10.5 x 13.4 inches
Hardware Platform	Windows

About this item

- USB 3.2 Gen2 Type-C port supports transfer speeds of up to 10 Gbps. 10 x SATA 6 Gbit/s 3.5″ hard drive tray-less bays.
- High-quality aluminum for optimal heat dissipation and structural integrity. Hot-Swappable with 10 independent ON/OFF power switches.
- Locking key to prevent accidental bay opening, fully tray-less design. Built-in Kensington security slot.
- Two 120mm fans for additional cooling capability. Main ON/OFF power switch.
- PLEASE NOTE: This multi-bay station does NOT have built in RAID functionality. However, software RAID configurations are possible.

图 3-53　亚马逊商品要点示例

编辑商品要点时，先将商品重要且独特的属性写在第一条里，其余重要性依次递减；注意将每一个商品要点内容的首字母大写，并将每个项目符号的首句作为重点进行阐述。尽量保证句子的通顺和商品描述的准确性。商品要点描述中可以出现有关商品的尺寸、颜色、形状等特征信息，不能出现有关价格的促销信息。向消费者明确商品价值，就是它能给消费者带来哪些便利，能解决哪些实际问题。

三、商品描述属性编辑

在日益成熟的网上购物环境中,越来越多的消费者选择在移动端购物。在亚马逊移动端,商品描述(Product Description)内容显示在商品要点之前。因此,为了增加消费者对商品的信任,促进商品转化率提升,精心编写商品描述也是非常有必要的。商品描述是对商品的文本说明,它不仅可以实现对商品功能更详细的介绍,还可以对商品要点进行有效的补充。图 3-54 所示为亚马逊商品描述示例。它比商品要点内容更加具体和详细,更像是写文案。

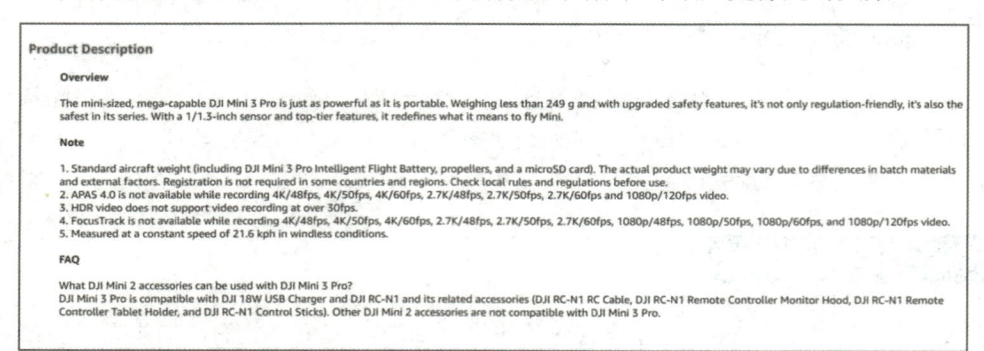

图 3-54 亚马逊商品描述示例

编辑商品描述时,注意在保持句子通顺的前提下,使商品描述具有可读性;专注商品的价值体现,尽量使写出的文字与消费者产生情感上的共鸣;尽量避免使用繁复的语言来描述商品的一个简单功能,注意保证句子的精练及结构清晰;合理排版,保持页面整洁,让消费者一目了然地了解商品。

四、商品图片属性编辑

亚马逊平台的每件商品都需要配有一张或多张商品图片,图片质量高低直接影响商品详情页的点击率,而点击率和转化率又直接影响商家商品在亚马逊平台上的排名。商品图片包括主图与附图。商品主图就是在商品详情页中第一张显示的图片,它也是在搜索结果和浏览页中显示的商品图片。图 3-55 所示为亚马逊商品主图示例。商品附图是除主图之外的附加图片,一般是以不同的角度展示商品,是对主图商品的细节描述及补充说明。

图 3-55 亚马逊商品主图示例

亚马逊对商品图片的要求如表 3-1 所示。

表 3-1　亚马逊对商品图片的要求

图片数量	图片类型	图片大小	图片分辨率	最小尺寸	最大尺寸	最大尺寸比
8 张	JPEG（.jpg）、GIF（.gif）	10MB	每英寸 72 像素	200 像素×200 像素	2000 像素×2000 像素	5∶1（推荐 2∶1 或 1∶1）

亚马逊允许跨境电商商家最多上传 8 张商品图，商家最好把 8 张图的配额用完，提供高分辨率的图片，以便消费者能够随时放大图片查看商品细节，更方便消费者做出下单购买商品的决定。商品主图一般采用纯白底图，拍摄的商品最好占整个画面的三分之二以上。商品在主图中展示时可以带有不同的角度，以便展示其全貌。商品附图可以是商品实际使用示例展示、商品使用背景展示、商品独特卖点展示、商品尺寸对比图、商品独特包装图等。

五、搜索关键词属性编辑

搜索关键词（Search Term）是代表商品的词组和短语。亚马逊商品搜索关键词如图 3-56 所示，搜索关键词用于将商家上传的商品关键词与消费者在亚马逊平台查找商品时输入的搜索词匹配。因此，在实际应用中要避免使用无效的字符，珍惜每个字符的使用机会。

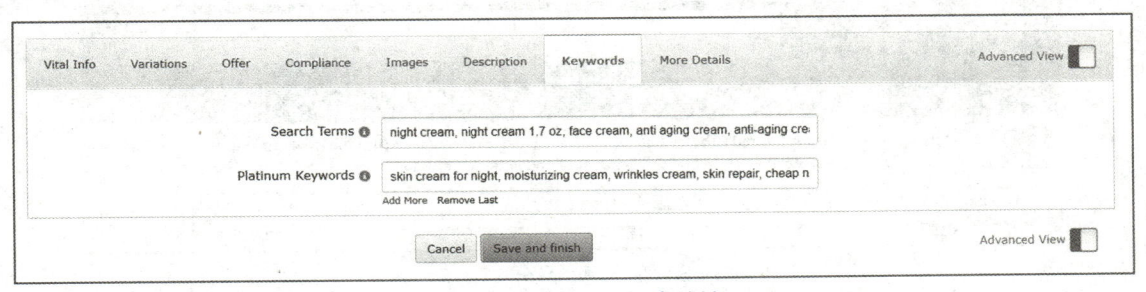

图 3-56　亚马逊商品搜索关键词

消费者通过在搜索框输入关键词进行搜索，而关键词将与商家为商品提供的信息（商品名称、商品描述等）匹配。文本匹配度、商品价格、供货情况、选择和销售历史记录等因素共同决定了商品在消费者搜索结果中的排位。因此，跨境电商商家在亚马逊平台为商品提供具有相关性且完整的信息后，可以提高商品的曝光量和销量。

六、页面属性编辑

亚马逊商品"A+"页面是指通过图片和文字组合来提高商品宣传效果的商品描述页面，如图 3-57 所示。商品详情页组合图片与商品说明，可以更好地展示商品特征、与其他商品的差异、商品魅力等具体诉求，从而具有促进消费者购买决策的效果。

"A+"页面显示在 PC 端商品详情页的最下面，可以通过图片和文字的组合来提高商品宣传效果。"A+"页面与普通商品描述页面不同的是，它可以通过丰富的图文、视频等展现出商品的实际使用场景，营造出商品使用氛围，体现商品功能，大大增加商品详情页的吸引力，提升转化率，从而大幅提升商品销量。

图 3-57　亚马逊商品"A+"页面示例

七、分类节点属性编辑

分类节点（Browse Node）泛指叶节点，是对商品进行分类的终端节点。如图 3-58 所示，"Home & Kitchen › Kitchen & Dining › Storage & Organization › Travel & To-Go Food Containers › Reusable Grocery Bags"即表示分类节点。消费者可以通过亚马逊平台的搜索与浏览功能来查找商品，也可以在浏览亚马逊商品页面时通过选择特定的商品分类和子分类来进一步缩小搜索范围。

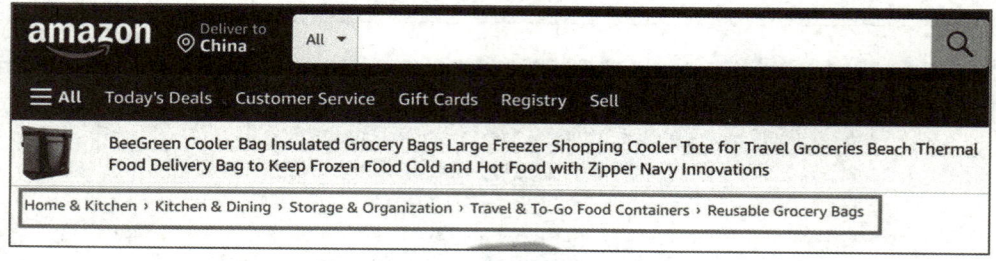

图 3-58　亚马逊商品分类节点示例

单元三　商品发布与管理

商品发布是电商运营最基础的，也是最重要的工作。商品发布过程会涉及商品发布方法、发布过程、发布内容等方面，不是一个单一的运营工作。商品发布的质量在很大程度上决定了商品后续运营推广的效果，所以是在店铺运营过程中非常重要的一项工作。

第一节　速卖通商品发布

商品上架与管理是跨境电商商家高频操作的内容，商品上架及对应的详情内容与商品转化成交息息相关。下面介绍速卖通平台商品发布路径、商品基本信息、商品价格与库存信息、商品详情描述信息、商品包装与物流信息，以及商品其他信息的填写。

一、商品发布路径

在商家后台（AliExpress Seller）页面找到"商品中心"（Product Center）标签下的"商品发布"（Post Product）命令，或者找到"商品中心"（Product Center）标签下的"商品管理"（Product management）命令，再单击【发布商品】按钮，就进入速卖通商品发布页面。速卖通商家后台商品发布页面如图 3-59 所示。

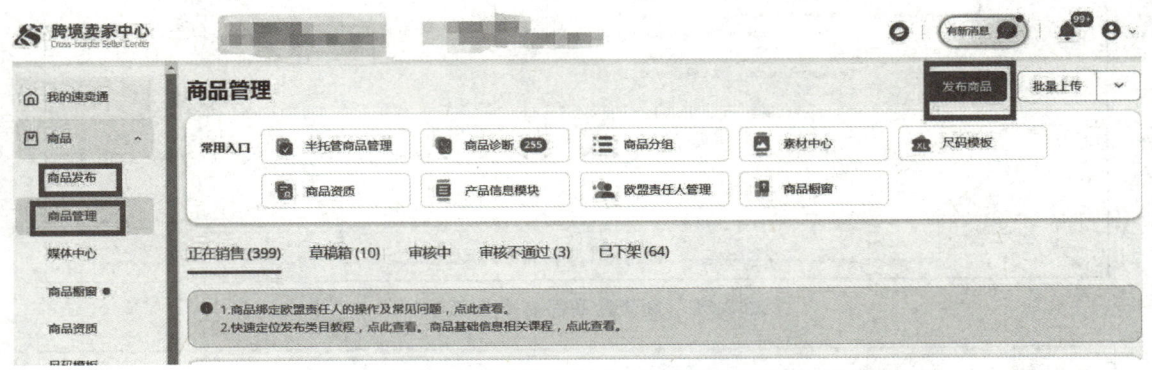

图 3-59　速卖通商家后台商品发布页面

二、填写商品基本信息

在商家后台页面，可以在商品基本信息（Basic Information）中，进行发布语系选择（Post in Language）、商品标题填写（Product Title）、商品类目（Category）及推荐商品类目路径（Suggested Category）、商品图片（Product Pictures）、主图视频（Product Video）、营销主图（Marketing Image）等基本信息填写，如图 3-60、图 3-61 所示。

（1）语言：选择当前页面的操作提示语言。注意，这里选择的语言与商品发布语言无关，仅决定发布页面的显示语言。

（2）发布语系选择：这里是指商品发布到消费者前台的语种，包括标题和商品详情，支持 17 种语言。

（3）商品类目：系统根据标题推荐可能的类目，可以进行手动选择（Suggested Category），也可以选择最近使用的 10 个类目进行快速选择（Recently Used）。

（4）多语言设置（Multi-Language Setting）：选择设置标题多语言，系统提供自动翻译功能，商品在不同的国家可以自动适配不同的语言，在此可对翻译内容进行优化。一旦进行过多语言编辑，就会出现地球标志提醒。

（5）商品图片：图片可以从图片银行调取，也可以重新上传。

（6）主图视频：非必填，若上传则会展示在商品主图区。建议上传商品视频，可提高用户转化率。

（7）营销主图：仅服饰行业展现，非必填项，用于搜索或者推荐列表。上传后展示营销主图，如果没有上传，就默认展示商品图的第一张主图。

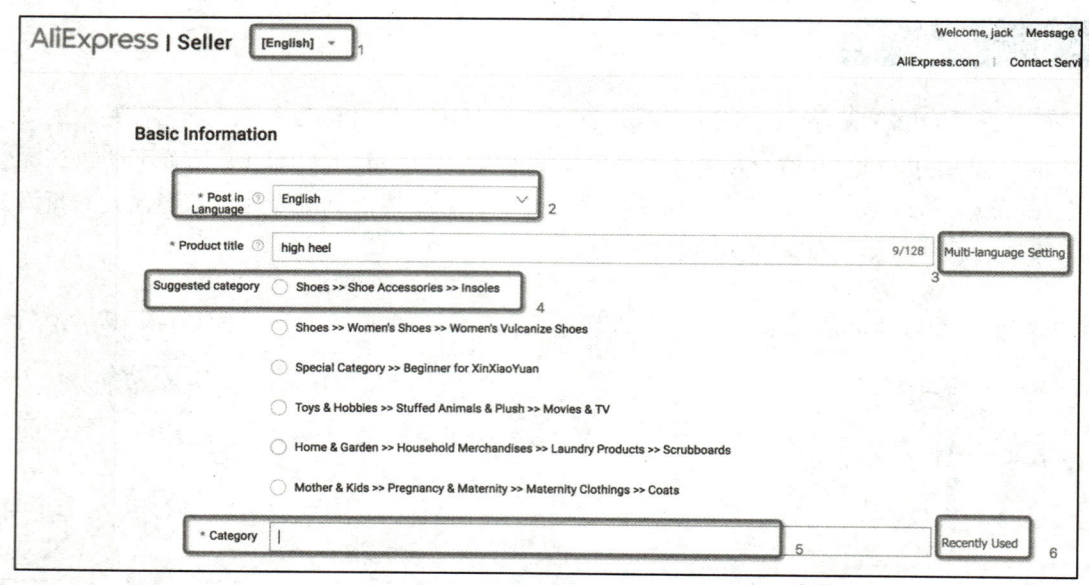

图 3-60　速卖通商品基本信息（1）

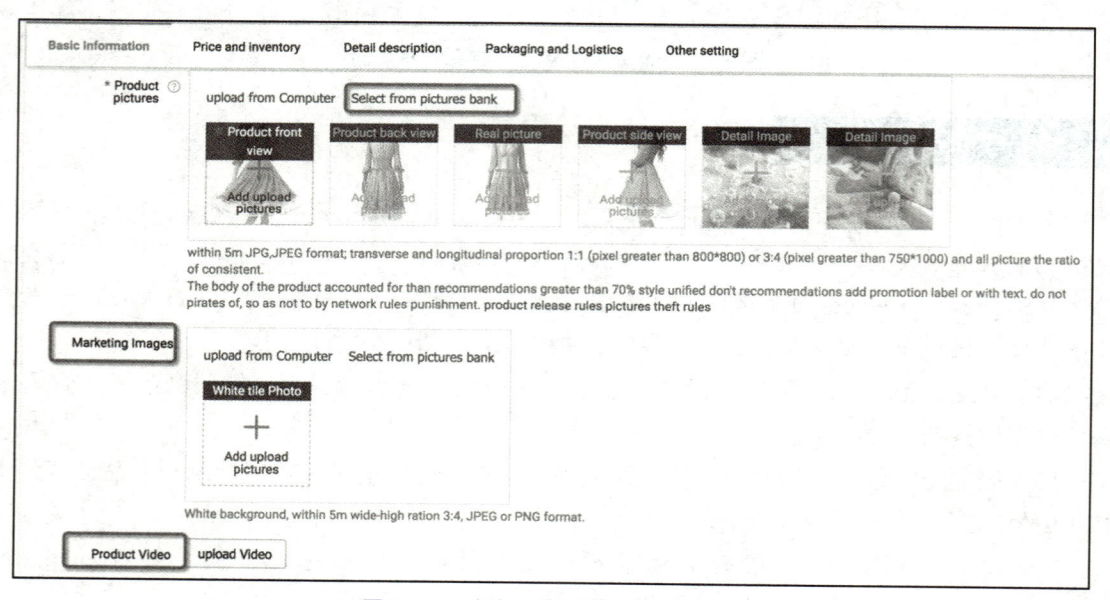

图 3-61　速卖通商品基本信息（2）

三、编辑商品价格与库存信息

在商家后台页面，可以在商品价格与库存信息（Price and Inventory）中，进行最小计量单元（Minimum measurement unit）、销售方式（Sold in）、颜色（Color）、尺寸（Size）等信息的编辑，如图 3-62 所示。

（1）选择"支持日常促销价"（Support daily sales price），前台展示零售价（划线价）与促销价（正常售价），如图 3-63 所示。多 SKU 商品在设置价格时，首先在标题栏填写价格、库存信息，其次单击【批量填充】（Batch fill）按钮，则全部 SKU 价格被填充。商家也可以选择部分 SKU，批量填充价格。

图 3-62　速卖通商品价格与库存信息（1）

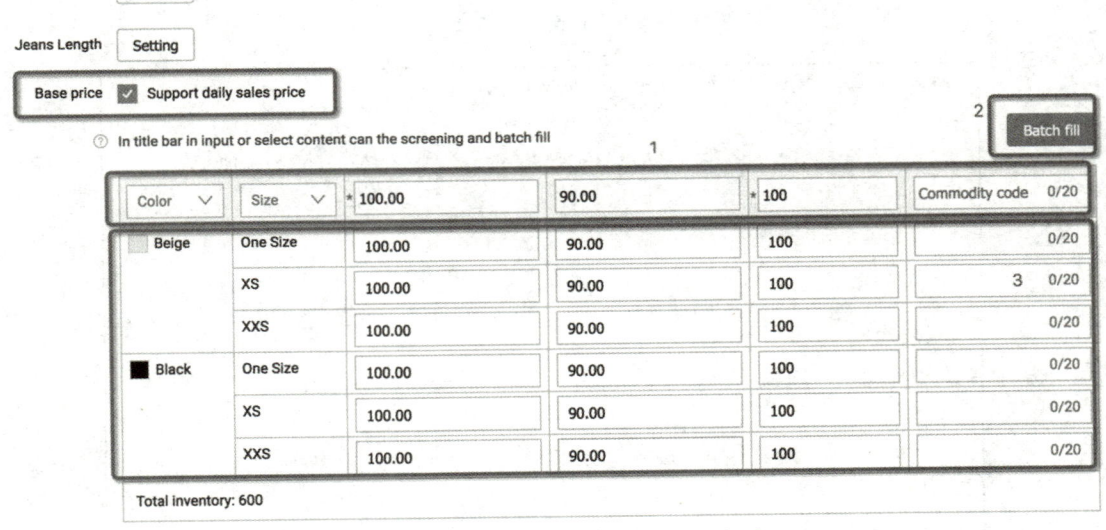

图 3-63　速卖通商品价格与库存信息（2）

（2）选择额外定价的区域，选择"调价方式"（Price adjustment method），进行多 SKU 商品价格设置，批量设置方法同上文所述，如图 3-64 所示。

（3）选择尺码表，建议根据推荐尺码创建，如果当前模板无法满足，就可以创建新的尺码表。在版本切换后，先前的尺码表不支持修改，需要下载尺码表重新编辑上传，如图 3-65 所示。

（4）速卖通支持商家对批发价进行批量设置，如图 3-66 所示。

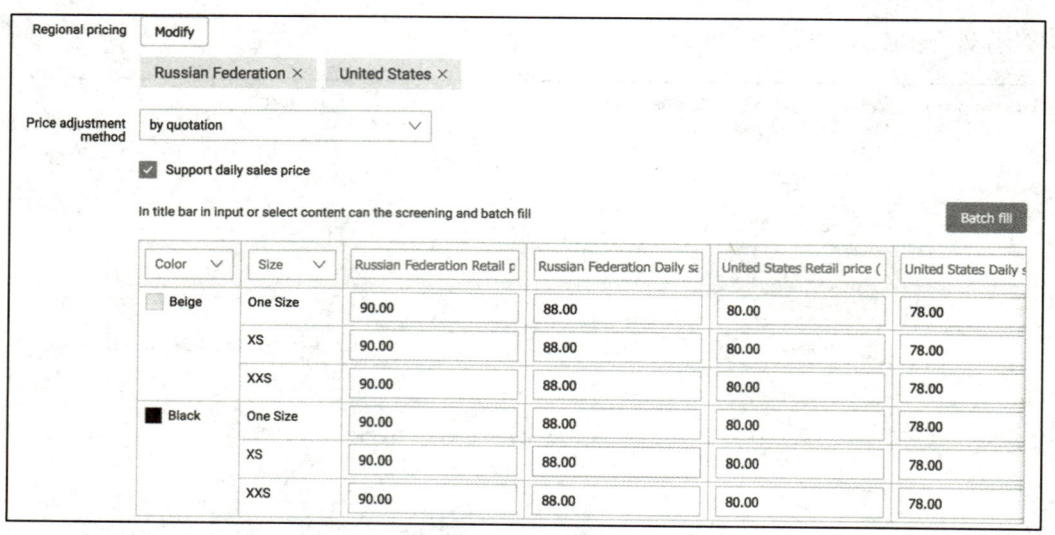

图 3-64　速卖通商品价格与库存信息（3）

图 3-65　速卖通商品价格与库存信息（4）

图 3-66　对批发价进行批量设置

四、编辑商品详情描述信息

在商家后台页面，可以在商品详情描述信息（Detail description）中，以模块化方式进行装修（支持批量上传图片、添加商品信息模块等操作），如图 3-67 所示。

（1）模板 a：行业自定义。在有行业模板的类目下，可以参考选择的模板进行编辑；选择模板后打开编辑器。

（2）模板 b：对于没有行业模板的类目，或想自行装修，可以打开空白模板，在新模板上拖拽模块，进行装修。

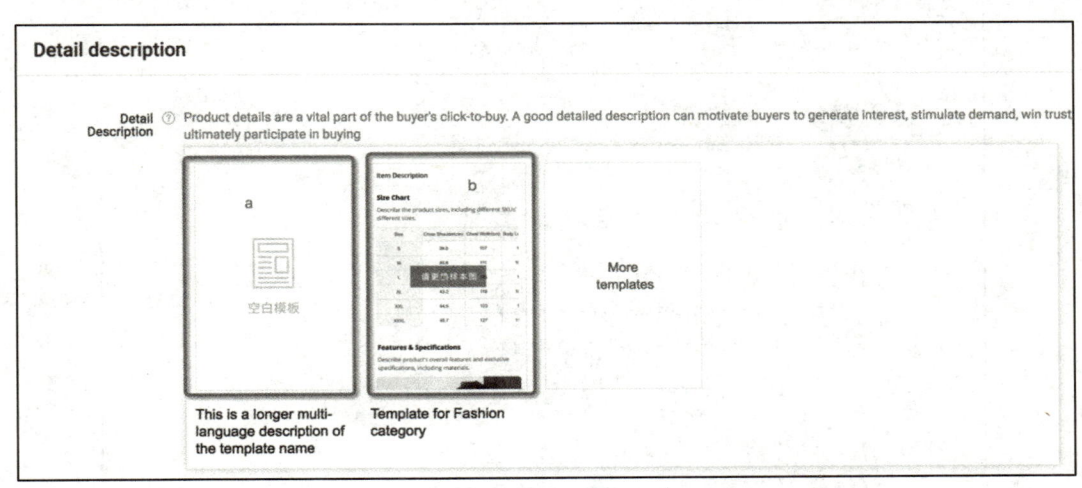

图 3-67　速卖通商品详情描述信息（1）

对于新发商品，在装修模块中，拖拽相应的模板，进行图文编辑。装修模块共有四种——图文（Image & Text）、图片（Image）、视频（Video）和文字（Text），页面中显示每个模块的最大使用量和已使用数量。如图 3-68 所示，图文 5/15，其中 5 代表已使用数量，15 代表最大使用数量。

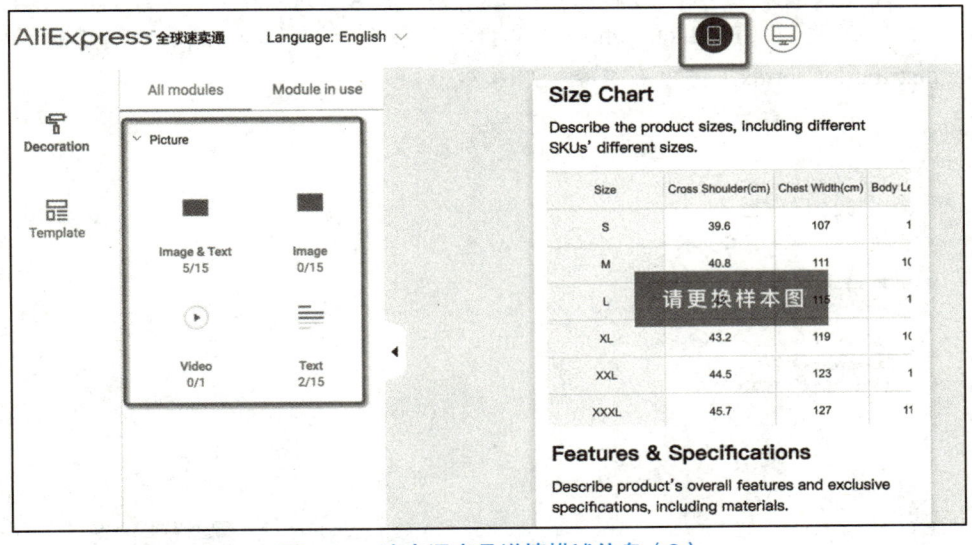

图 3-68　速卖通商品详情描述信息（2）

五、编辑包装与物流信息

在商家后台页面，可以在商品包装与物流信息（Packaging and Logistics）中，填写发货期(Delivery period)、物流重量(Logistics weight)、包装尺寸(Logistics size)、运费模板(Freight Template)等相关内容,如图3-69所示。

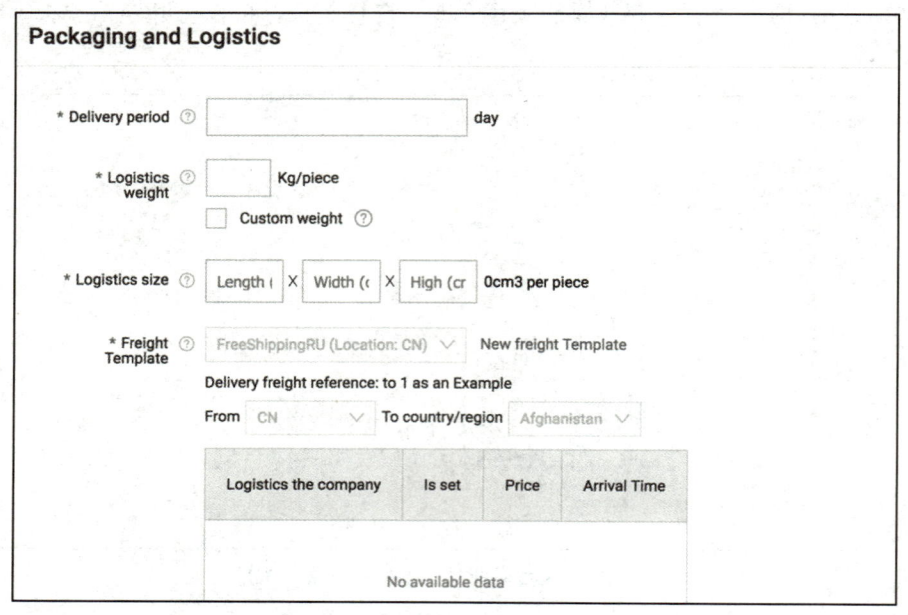

图3-69　速卖通包装与物流信息

六、编辑其他设置

在商家后台页面,可以在商品其他信息(Other setting)中,填写商品组(Delivery Group)、商品有效期(Product valid)、是否支持支付宝支付(Alipay)、商品经营条件(Product distribution terms)等相关内容,如图3-70所示。

图3-70　速卖通商品发布——其他设置

注意:提交商品后,商品有可能不会立即在买家前台展示,部分商品的平台审核时间可能需要1~3个工作日。审核通过后,商品会在买家前台自动展示。

第二节　亚马逊商品发布

亚马逊平台的商品详情页质量的高低会对流量能否成功转化为订单产生直接的影响，不同流量的引入最终都会由商品详情页承接，所以跨境电商商家的商品详情页填写至关重要。

一、上传商品信息方式

跨境电商商家成功开通亚马逊账户之后，可以直接在亚马逊商家后台上传商品信息。商品信息上传方式分为两种——单个商品信息上传（Add a Product）和批量商品信息上传（Add Products via Upload）。

1. 单个商品信息上传

（1）适用范围。

① 面向所有亚马逊店铺商家。

② 适合一次添加一件商品且少于 100 件商品。

③ 适合在"要求和限制"规定的商品分类中发布商品。

（2）适用场景。

① 匹配现有的商品信息。如果已经有人在亚马逊销售商家想销售的商品，那么商家提供的信息必须与现有商品详情页保持一致。

② 创建新商品信息。如果亚马逊没有商家想销售的商品，那么商家可以发布全新商品。同时，亚马逊将创建一个新的商品详情页。

2. 批量商品信息上传

（1）适用范围。

① 面向专业商家。

② 用库存模板功能批量上传商品信息。

③ 适合一次添加多件商品，以及多于 100 件的商品。

（2）适用场景。

① 精简版仅包含与所选商品相关且在亚马逊目录中创建商品所需的必填属性。

② 高级版包含与所选商品相关的所有属性（必填项、首选项和可选项）。

③ 自定义版可以选择与要添加到模板中的上述选定商品相关的属性组，还包括必填属性。

为了节省时间，跨境电商商家还可以通过亚马逊提供的库存模板功能批量上传商品信息。商家只需登录亚马逊商家后台，下载库存文件模板，按照库存文件模板填写商品标题、品牌名、UPC/EAN、商品描述等相关信息，再将填写完毕的文档上传到后台指定位置即可。

二、商品信息上传流程

（1）在亚马逊商家后台中心（Amazon seller central）中的"库存"（Inventory）下拉菜单单击【添加新商品】（Add a Product）按钮。亚马逊商家后台中心如图 3-71 所示。

图 3-71 亚马逊商家后台中心

（2）进入查找搜索商品的页面，单击【我要添加未在亚马逊上销售的新商品】（I'm adding a product not sold on Amazon）按钮，如图 3-72 所示。

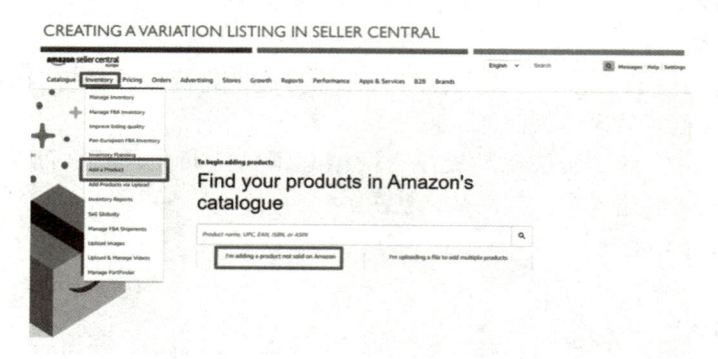

图 3-72 亚马逊商品目录搜索

（3）在"关键信息"（Vital Info）选项卡中填写商品信息。这里需要商家填写的商品信息选项较多，带星号的选项都是必填的，否则最后无法完成创建。类目不同，必填信息也会发生变化，在填写时以实际提示为准。亚马逊商品标题信息填写如图 3-73 所示。

① 商品编码（Product ID）。亚马逊规定，只有具备 UPC 才能上传商品信息，一个 UPC 对应一种商品。为了防范风险，建议商家到正规渠道购买 UPC。

② 商品名称（Product Name）。需要填写与商品有关的要素（例如，品牌、商品描述、商品系列或型号、材料或主要成分、颜色、尺寸、数量等），可填写文本字符，最多可填写 200 个字符。

③ 定制商品（Product Customizable）。亚马逊允许商家实时添加定制商品，并可在屏幕上查看成品的直观预览。首先看到商品的非定制版本，当输入商品定制详情后，预览随即更新，以反映商家挑选的商品信息选项。使用该功能，需支付专业销售计划月服务费和销售佣金。

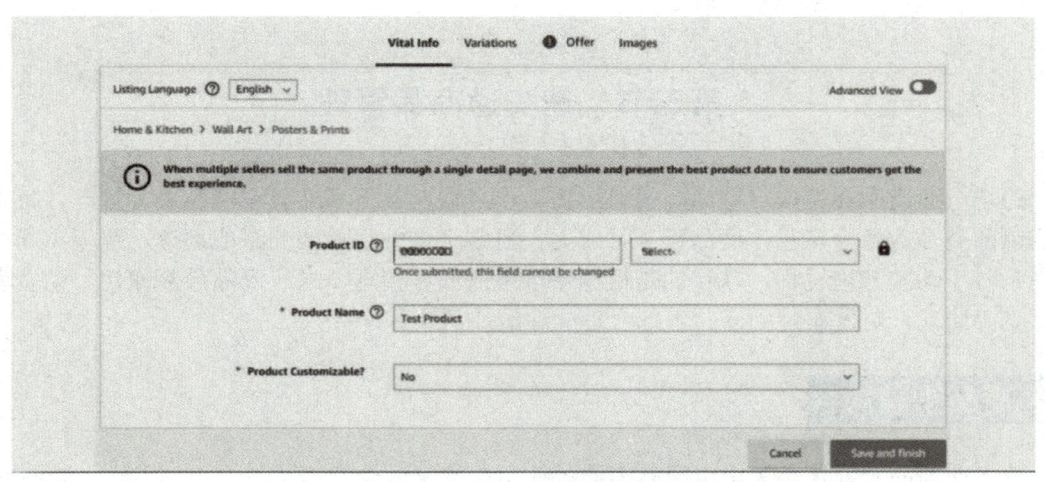

图 3-73　亚马逊商品标题信息填写

（4）在"变体信息"（Variations）选项卡中填写商品变体信息。亚马逊的变体商品是指同种商品，有不同的颜色和尺码等多种属性。商品可以进行单一变体，或者组合变体。

如果有商品变体，选择变体主题，即商品哪里不一样，如图 3-74 所示。例如，商品的颜色不同，选择的变体主题就是颜色，然后填写具体的颜色属性及每种颜色的 SKU 信息等。变体后，当商家选择不同颜色或尺寸时，商品图片也会随之变化，SKU、UPC、价格、库存也会有所变化。

（5）在"报价信息"（Offer）选项卡中输入标准价格（Standard Price）、商家 SKU（Seller SKU）、优惠价（Sale Price）、优惠价开始日期（Sale Start Date）、优惠价结束日期（Sale End Date）、市场价（Manufacture's Suggested Retail Price）、商品税代码（Product Tax Code）、备货时间（Handling Time）、补货日期（Restock Date）、商品状况（Item Condition）、商品状况说明（Condition Note）等信息，如图 3-75 所示。

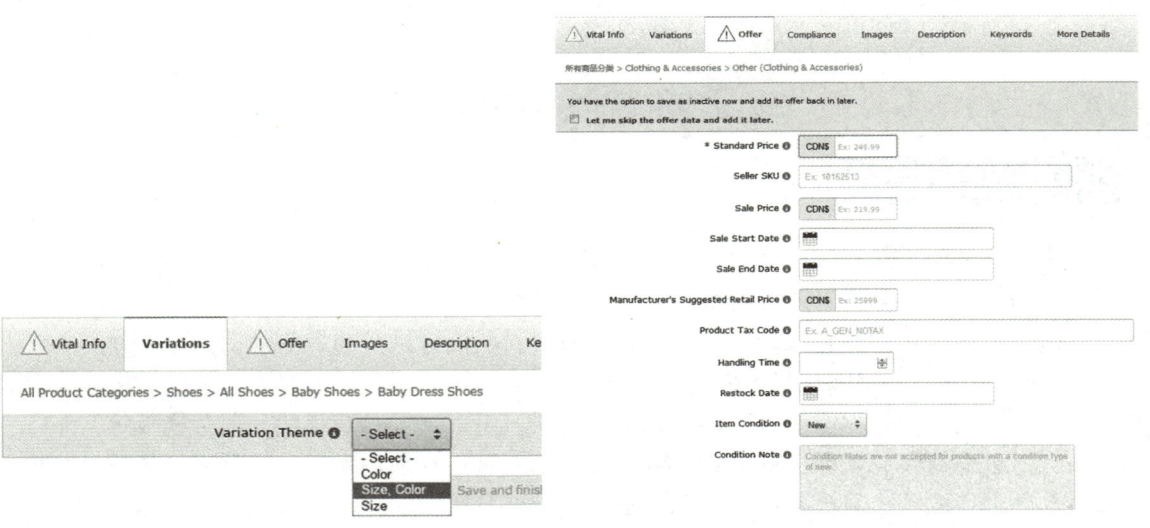

图 3-74　亚马逊变体商品主题信息

图 3-75　亚马逊报价信息

填写完成后，单击【保存】按钮，就可以完成商品信息的填写。这些商品信息通常会在 15 分钟内发布到亚马逊平台，之后消费者就可以通过搜索或浏览方式查看到商家的商品。

第三节　速卖通商品管理

跨境电商商家在完成店铺商品信息上传工作之后，接下来就要对商品进行管理，特别是当店铺的商品数量众多时，商品管理就成为在日常工作中很重要的组成部分。跨境电商商品管理是一个动态管理过程，其目的是根据跨境电商业务管理要求、商品最新变化、消费者反馈意见等情况，对发布过的商品进行合理的编辑或调整。

一、商品管理内容

速卖通商品管理是指跨境电商商家通过速卖通商家后台管理商品的相关工作，如图 3-76 所示。速卖通商品管理工作内容包括对商品信息的修改、删除、调整商品组、排序等。同时，商家需要学习多语言发布、橱窗推荐、图片银行、商品组设置与商品诊断等内容。

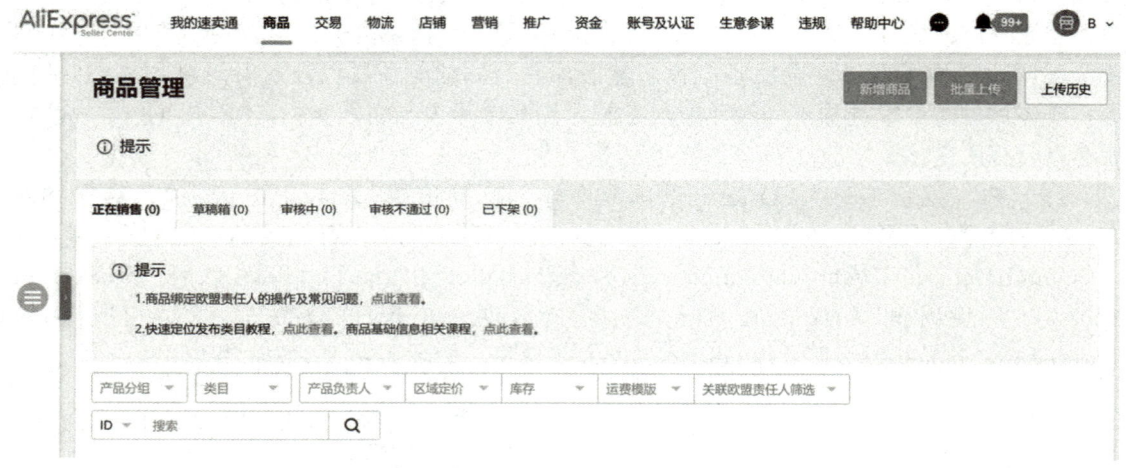

图 3-76　速卖通商品管理

二、商品管理方式

根据商品的不同状况，速卖通商品管理方式包括正在销售商品管理、草稿箱商品管理、审核中商品管理、审核未通过商品管理、已下架商品管理。

（1）正在销售商品管理。在正在销售商品列表，能够执行的命令包括删除、分配负责人（负责人列表是主账户和子账户的负责人姓名）、调整商品组、批量修改（可以批量修改商品标题、关键词、销售单位/方式、包装重量、包装尺寸、商品信息模块、服务模板等）。

（2）草稿箱商品管理。草稿箱商品上限为 100 种，存放商家保存的草稿。若在"发布商品"页面进行编辑，系统每 15 分钟自动保存一次信息。草稿箱保存信息数量上限为 20 条，超过数量需手动删除，并且只保留 15 天，逾期系统会自动删除，所以商家应尽快提交审核。

（3）审核中商品管理。在商品发布后，出现在等待速卖通平台审核的商品列表中。商品审核时效为 3 天（72 小时）。平台对商家输入的图片和文本内容进行审核，商品审核可以有效保障商家和消费者的权益。新发布商品只有在审核通过后才能在前台展示。在售商品重新编辑进入审核不影响前台展示，仅修改过的内容需等待审核通过后在前台同步。

（4）审核未通过商品管理。经审核未通过的商品，速卖通会告诉商家不能通过的原因。例如，涉及商品知识产权、放错类目等，商家可以据此进行修改或删除。

（5）已下架商品管理。已下架商品列表展示已到期及自主下架的商品，商家可以进行单个或批量商品上架，以及删除商品等操作。

第四节　亚马逊商品管理

跨境电商商家通过亚马逊商家后台对商品的规划与管理，能更好地适应消费者的需求，让消费者直接从成千上万种商品中选择自己需要的商品。

一、商品管理内容

亚马逊平台商品管理包括对商品类目的区别、商品详情的填写与修改等操作。

（一）商品分类

什么商品能在亚马逊平台销售，取决于商品分类类目与品牌授权。有些商品类目对所有商家开放，有些只对专业商家开放，有些只有经过批准才能销售，有些不能由第三方商家销售。因此，在亚马逊上架商品之前，跨境电商商家不仅需要调查了解消费者需求，还要通过亚马逊商家后台帮助中心详细了解限制政策及如何请求批准。如果商品通过亚马逊物流配送，就需要查看具体的亚马逊物流商品限制列表。

（二）商品详情

商品详情管理包括对商品信息详情与商品详情页的管理。其中，商品信息详情包括编码信息（例如，全球贸易项目代码、UPC、ISBN 或 EAN）、SKU（用于跟踪库存的编码）、细节信息（包括价格、商品状况、可用数量、配送选项等）、详情信息（包括名称、品牌、分类、描述、图片等），以及帮助消费者找到商家商品的关键词和搜索词。这些信息都显示在商品详情页上。

二、商品管理方式

（一）管理商品库存

亚马逊商家后台的"库存"（Inventory）选项卡为跨境电商商家提供管理库存、管理FBA 库存、添加新商品、批量上传商品信息、库存报告、全球销售、管理亚马逊配送等功能。亚马逊管理商品库存页面如图 3-77 所示。

（1）管理库存（Manage Inventory）：商家查看上传的所有商品库存情况。

（2）管理 FBA 库存（Manage FBA Inventory）：商家查看转换成由亚马逊配送的商品库

存情况；对于从国内发货的商品，这里不显示。

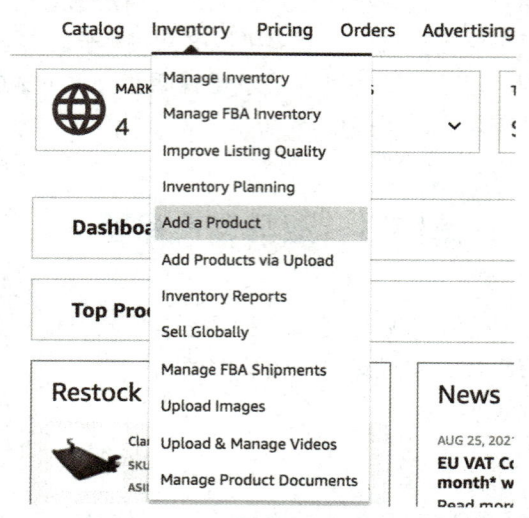

图 3-77 亚马逊管理商品库存页面

（3）添加新商品（Add a Product）：此功能与目录里面的添加新商品功能一样。

（4）批量上传商品信息（Add Products via Upload）：适合有大量商品信息上传的商家。在这里可以下载表格，商家可以用表格形式快速上传大量商品信息。

（5）库存报告（Inventory Reports）：在这里可以下载以 Excel 表格形式保存的所有在售商品和非在售商品的现有数据。

（6）全球销售（Sell Globally）：在这里可以一次性看到商家账户在欧洲、北美、日本等市场的所有销售数据，如当天订单数、订单金额、总销售额，时间段可以自行调节。

（7）管理亚马逊配送（Manage FBA Shipments）：在这里包含所有亚马逊负责配送商品的库存信息，补货、移除库存都需在此操作。

（8）上传图片（Upload Images）：亚马逊一般允许跨境电商商家最多上传 9 张商品图片，但大部分商品类目最多只能显示 7 张图片。在商品详情页顶部的轮播图片超过 6 张时，视频可能不会正常显示。如果商家想上传商品视频，建议只上传 6 张图片，将第 7 张图片留作视频上传。

（9）上传和管理视频（Upload & Manage Videos）：商家可以通过多种方式制作视频。视频可以包含商品的详细信息、展示正被使用的商品、为消费者展示商品功能的操作指南、其他消费者对商品及其功能的评价、品牌信息等。

（10）管理商品文档（Manage Product Documents）：商品文档适用于所有在亚马逊品牌备案（Brand+Registry）的商品。商品文档内容必须是亚马逊规定的类型——安装手册、安全数据表、规格表、故障检修指南、用户手册、FAQ、兼容指南、2D 或 3D 计算机辅助设计（CAD），以及其他内容。商品文件大小不超过 10MB，CAD 图画的文件格式可以是 PDF、DWG、DXF、IGS、EPRT、STP、EDRW 和 SIDPRT，其他内容的文件必须是 PDF 格式。商品文档里只能含有一个品牌标志，而且是帮助消费者浏览、理解该文档的唯一图标。产品文档不能涉及任何促销信息，也不能包含运输、价格或商家个人信息。

（二）管理商品订单

亚马逊商家后台的"订单"（Orders）选项卡为商家提供商品的订购和发货服务，亚马逊根据商家的要求将商品运送到消费者的手中。这里主要包括管理订单、批量下载订单、上传订单相关文件、管理退货等操作，如图 3-78 所示。

图 3-78　亚马逊管理商品订单

（1）管理订单（Manage Orders）：在这里可以一键查看所有已经形成的订单和配送中的订单；需要联系消费者时，可以在这里设置查询条件，迅速找到对应消费者的订单。

（2）批量下载订单（Order Reports）：在这里可以下载过去 90 天内所有商家自行配送的订单，以 Excel 表格形式呈现，包括等待中的订单和待处理的订单。

（3）上传订单相关文件（Upload Order Related Files）：为方便商家高效处理订单，亚马逊提供统一格式的表格模板，商家能够对配送、盘点、订单取消等内容进行批量修改。

（4）管理退货（Manage Returns）：在这里可以下载过去任何时间段的消费者退货订单，并可以设置不同的搜索条件来快速找到需要的消费者订单。

单元四　商品基本数据分析

近年来，网络和信息技术日新月异，跨境电商平台每天产生海量的数据信息，跨境电商商家通过对商品数据的分析，可以更好地了解市场需求、优化商品组合、制定合理的定价策略、提高商品质量和服务水平，以及优化广告投放，从而提高商品的销售效率和市场竞争力，实现业务增长和盈利增加的目标。

第一节　认识商品数据

一、商品数据界定

跨境电商平台上架的所有商品都有生命周期，通常会经历引入期、成长期、成熟期与衰退期四个阶段。与此同时，在这四个阶段中会产生数据，这些数据应用得好，可以帮助企业迅速找到适合的市场、产品与服务，也可以帮助企业及时调整选品思路。因此，商品数据在不同阶段节点的表现是当前跨境电商商家需要关注与分析的。

二、商品数据类型

不同平台针对不同商品的上架规则不同,跨境电商商家在选品时需要分析以下数据。

(一)行业数据

如果跨境电商商家计划在跨境电商平台上架某类商品,就需要去充分了解商品所属的类目及行业情况,它的市场属于红海市场还是蓝海市场。跨境电商商家可以查看平台前端显示的商品报告、商品预测、商品热销榜、商品销量榜等数据信息,定期收集整理存档。

(二)店铺数据

店铺数据包含订单销售数据、商品利润分析、市场容量评估、商品生命周期、客单价等要素。跨境电商商家可以每天查看并分析店铺销量、订单数、销售额、报告量、商品被加入购物车的时间、和前一天对比的情况,了解商品在目标市场的潜力。

(三)第三方数据

第三方数据可以帮助跨境电商商家获得跨境电商平台之外的商品数据支持。有的第三方数据工具可以用来追踪跨境电商平台的跨境电商业务,一般监测指标包括跨境电商平台整体数据、行业数据、竞品数据等数据信息;有的第三方数据工具主要聚焦体现全球网民搜索趋势的数据,如谷歌趋势。

三、数据分析步骤

跨境电商数据分析包括以下常见步骤。

(一)确定目标

跨境电商商家应该明确在选取商品数据之前需要通过数据分析解决的问题,拟定适合的目标与标准。

(二)收集数据

跨境电商商家既可以通过跨境电商平台收集站内商品数据,又可以通过自身店铺收集以往的店铺商品数据。除此之外,跨境电商商家还可以通过其他第三方数据工具收集更多的、多维度的、可横向对比的商品数据信息。

(三)整理数据

跨境电商商家可以用图表、公式及数据透视表等形式进行商品数据的归纳、筛选与展示。

(四)对比数据

跨境电商商家通过对比收集的商品数据信息,如上月与本月商品销售情况对比分析,挖据商品数据价值，寻找需要改进的地方。

（五）择优选择

跨境电商商家可以尝试做商品数据测试方案，进行前后数据变化比较，选择最优方案，争取达到商品最优选择效果。

第二节　速卖通商品数据

速卖通商品数据是指在速卖通平台上销售的商品的相关信息，包括但不限于商品名称、描述、价格、销量、评价等数据。这些数据可以帮助商家了解市场需求，制定销售策略，提高销售效率。速卖通提供商品诊断中心、生意参谋等商品数据分析工具，跨境电商商家可以利用这些分析工具进行商品情况分析。

一、商品诊断中心

速卖通商家后台提供"商品诊断中心"（Product diagnosis center）分析工具，利用该工具可以分析跨境电商商家店铺商品情况，同时给予商品相应的优化建议，从而更好地提升商品的流量和转化率。跨境电商商家可以登录速卖通商家后台，在"体检"选项卡中找到"商品诊断中心"工具，如图3-79所示，可以看到店铺内的"待优化商品"。系统将"待优化商品"分为流量降权/即将被下架、影响商品转化、营销活动展示受限和广告投放受限四种，并且根据产品的不同问题给出具体的优化建议，从而更好地帮助商家提升商品表现。

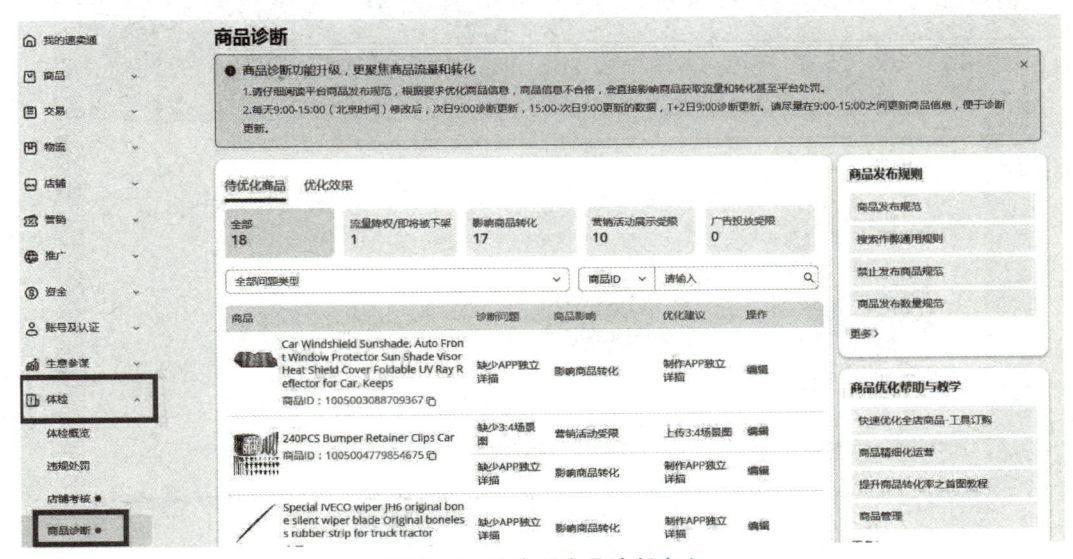

图3-79　速卖通商品诊断中心

在"待优化商品"中，平台可以针对商家上传的商品信息以及商品表现，指出商品的具体问题，如商品竞争力低、近30天72小时上网率低、缺少白底图、重复铺货、缺少App独立详描、近90天DSR得分低等，同时指出该问题可能给商品带来的影响，并给出具体的商品优化建议，图 3-80 所示为速卖通低质商品诊断。

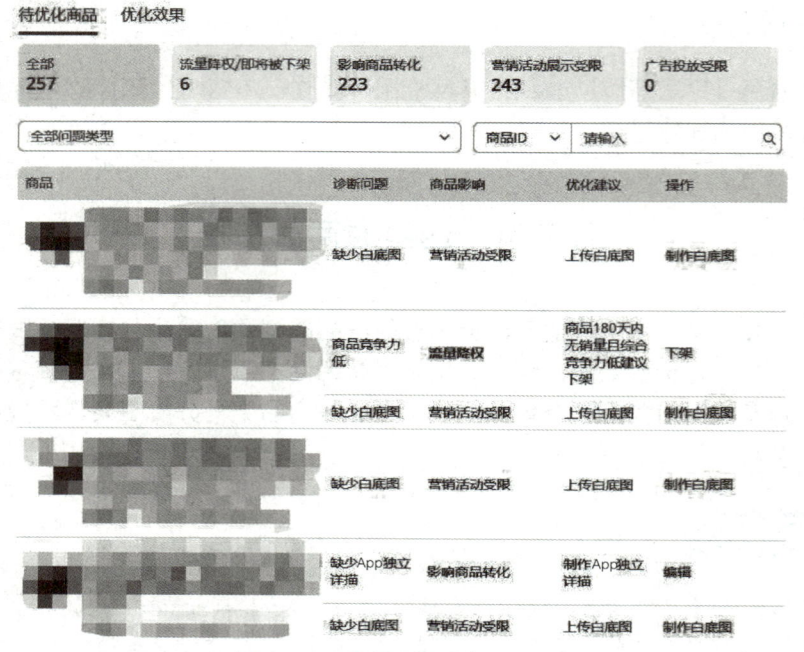

图 3-80　速卖通低质商品诊断

如果要对商品进行优化，可以参考系统给出的优化建议，如缺少白底图，可以制作白底图并上传替换，如图 3-81 所示。

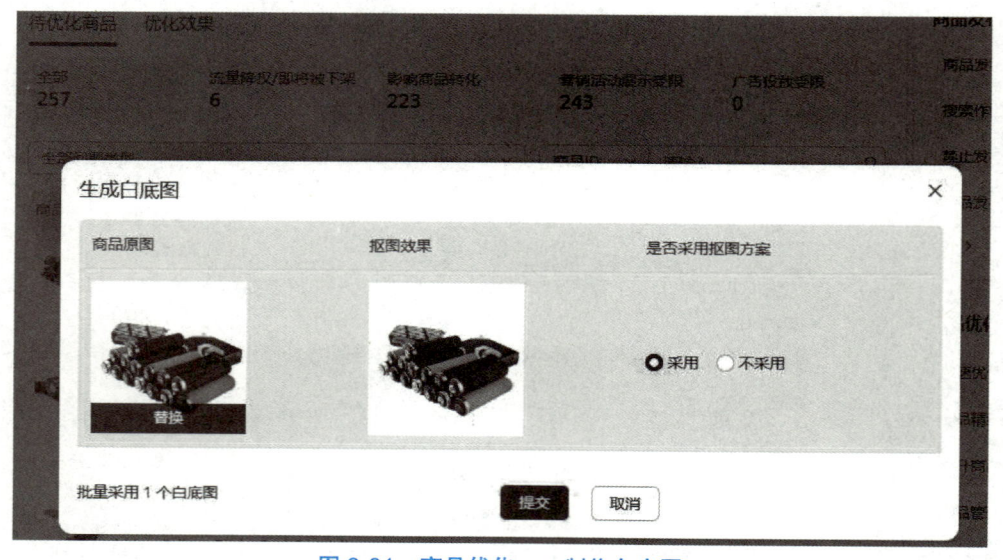

图 3-81　商品优化——制作白底图

"缺少 App 独立详描"，可以单击【修改】（Edit product）按钮，返回"商品发布"页面，在页面的右侧会显示"商品整体编辑质量诊断"（Overall Product Quality）功能，如图 3-82 所示，显示当前商品的对应等级，以及相应的商品编辑问题优化建议。

商家可以根据速卖通平台反馈的指标进行有针对性的调整与优化。

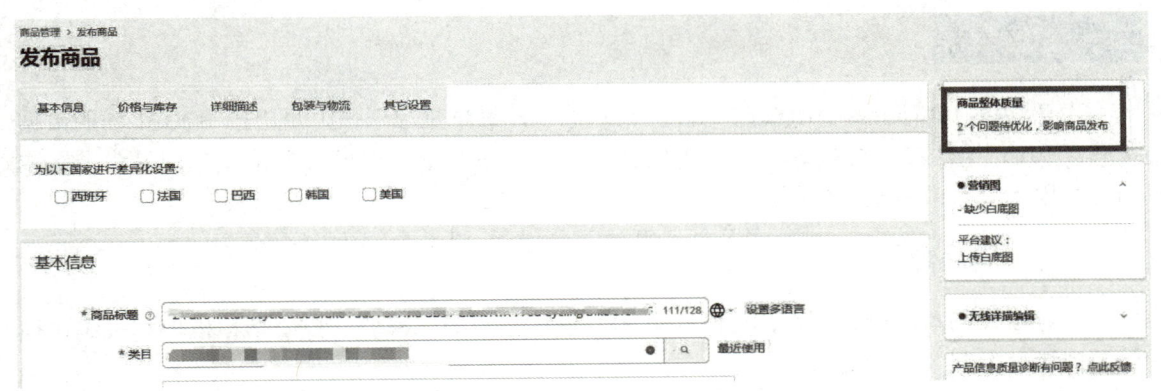

图 3-82 速卖通商品整体编辑质量诊断

（一）商品标题优化建议

（1）商品名称应与商品图片、商品描述等其他信息要素相符，语言应尽量准确、完整、简洁，可以使用商品通称。

（2）排查不具有品牌授权就不得使用的品牌关键词等有知识产权风险的词汇。

（3）设置 1~3 个与商品特征相符的关键词（例如，品牌、型号、功能、材质等），便于消费者搜索，同时可以设置商品使用场景的关键词。

（二）商品类目优化建议

商家应选择与商品相关性高且最合适的最小类目，也可以参考系统推荐类目，根据商品实际情况谨慎选择。

（三）商品属性优化建议

商家应如实填写商品属性信息（例如，成分、材料、尺码、品牌、型号、产地、保修信息等），不同商品信息之间要区别商品属性、描述（包括但不限于品牌、规格型号、材质、图片信息等）。

（四）商品图片优化建议

商家应检查商品图片是否与文字说明信息相符，而且必须真实反映商品的实际情况。除指定情形外，商品图片应清晰完整，无涂抹、无遮挡（除平台规定需要遮挡的图片外）。商品图片比例应在 1∶1 与 1∶1.3 之间，图片像素大于 800 像素×800 像素，图片大小不超过 5MB。在商品发布时，商家至少要提供 2 张图片，每种商品最好上传 5 张图片，包含商品白底图和营销场景图。

（五）商品详细描述优化建议

商品简要描述和详细描述均以商品实际情况为准，介绍商品的品牌、功能、风格、特点、具体使用说明、包装信息、配件，展示商品实物全图、细节图、包装图、效果图等。每种商品应包含独立的小程序详细描述，现在大量用户使用小程序购物，独立的小程序详细描述可以提升转化率。

二、生意参谋

生意参谋（Business Advisor）诞生于 2011 年，最早是应用在阿里巴巴 B2B 市场的数据工具。2015 年，在原有规划基础上，生意参谋分别整合量子恒道、数据魔方，最终升级成为阿里巴巴商家端统一的数据商品平台。

（一）单品分析

生意参谋的单品分析（Analyze Product）包括基础信息模块、核心指标模块和关键词模块等模块，如图 3-83 所示。

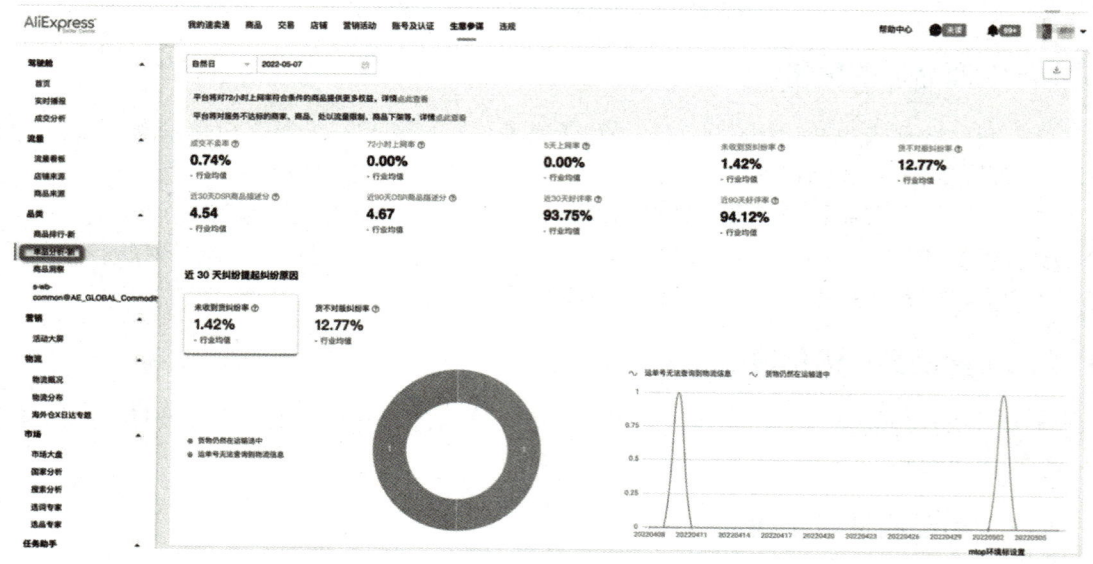

图 3-83　生意参谋单品分析

1. 基础信息模块

基础信息模块包含商品 ID（Product ID）、商品价格（Product price）、实时近 6 个月商品订单数 [Paid orders in recent 6 months（Real time，exclude risk orders）]、商品类目说明（Category，从一级到叶子类目的结构树），如图 3-84 所示。

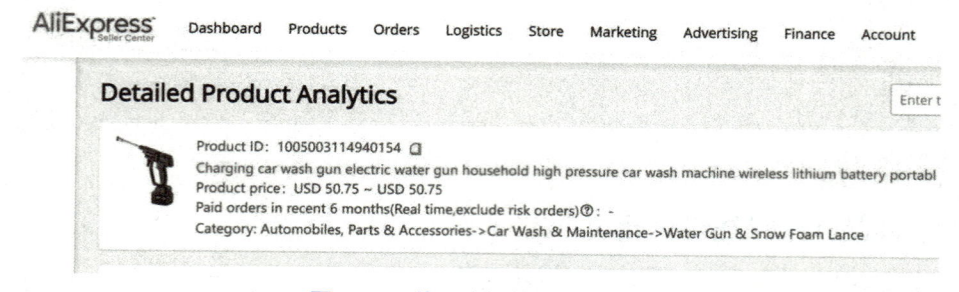

图 3-84　单品分析基础信息模块

2. 核心指标模块

核心指标模块支持同时选择多个指标，并在趋势图上以不同颜色标记；支持指标的展开与收起，使页面更简洁，易于查看。核心指标模块在收起状态时默认展示核心指标，在展开状态时可以总览全部指标。

核心指标模块支持分国家粒度的数据平铺，总览全部国家的流量、转化、支付等数据。单品分析核心指标模块如图 3-85 所示。

图 3-85　单品分析核心指标模块

3. 关键词模块

关键词模块支持对近 7 天或 30 天关键词数据进行分析，具有数据下载、指标降序排列等功能；新增搜索曝光量、词引导访客数、词引导支付转化率、词引导浏览量等核心指标，帮助商家进一步优化标题。单品分析关键词模块如图 3-86 所示。

图 3-86　单品分析关键词模块

（二）商品排行

为帮助跨境电商商家运营提效，与平台信息保持同步，速卖通根据商品成交和服务表现对店铺商品进行分层，形成商品成长通路。速卖通对不同层的商品给予不同的曝光量与诊断建议。商品排行中"超级权益"及"商品分层"两个模块的内容能够帮助商家更好地发现店铺中的潜力商品。

1. 超级权益

超级权益（Super Benefits）透传已满足平台要求的且被平台打标的有价值的商品，便于商家重点运营；同时挖掘有潜力的商品，帮助商家构建有价值的商品梯队。商品整体包含已上标商品、有机会上标的商品、超级新品、有机会成为超级新品的商品。

（1）已上标商品。当前已透标商品列表，目前展示的是标有"Top selling"的商品列表，后续将会展示更多的平台权益。已上标商品页面如图3-87所示。

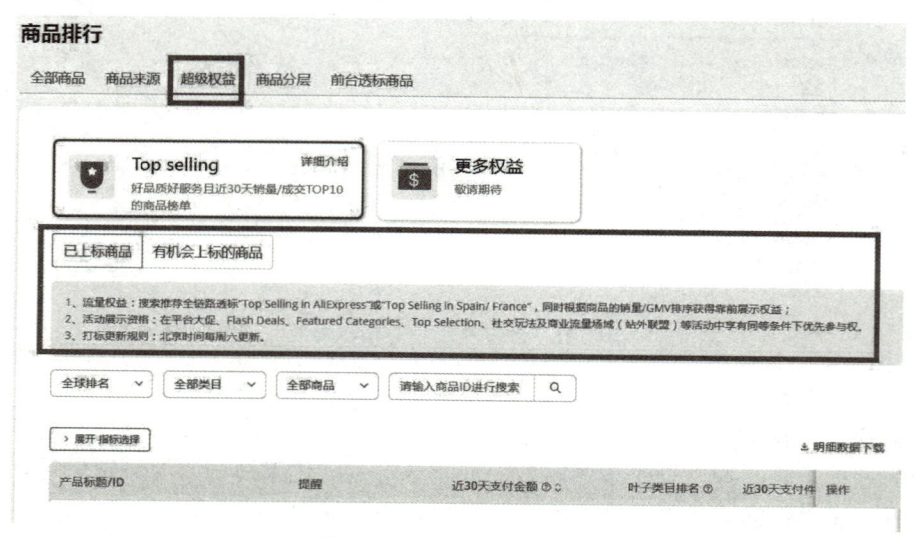

图3-87　已上标商品页面

（2）有机会上标的商品，即将要满足进行"Top selling"商品池的要求或有机会上标的商品，分为以下两种情况。

① 商品成交指标已达到要求，但服务指标距离进入"Top selling"商品池的门槛小于或等于10%，如图3-88所示。

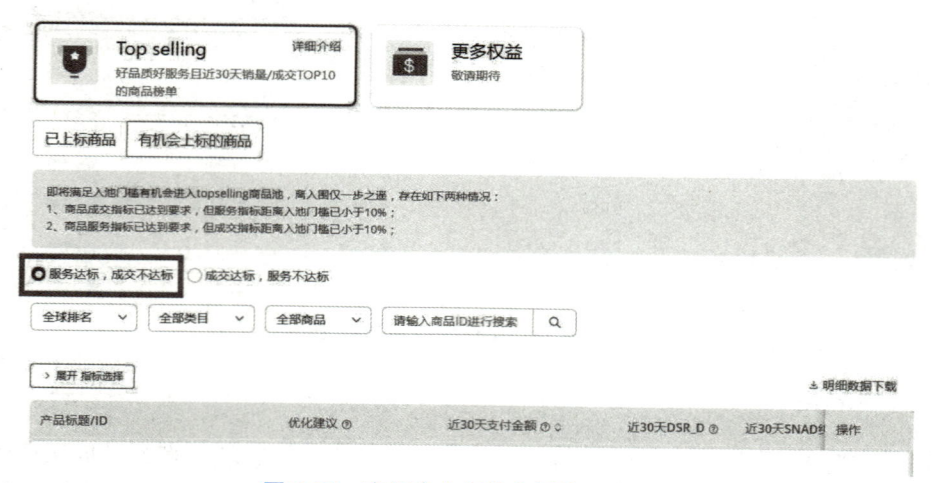

图3-88　有机会上标的商品情况（1）

② 商品服务指标已达到要求，但成交指标距离进入"Top selling"商品池的门槛已小于

10%，如图 3-89 所示。

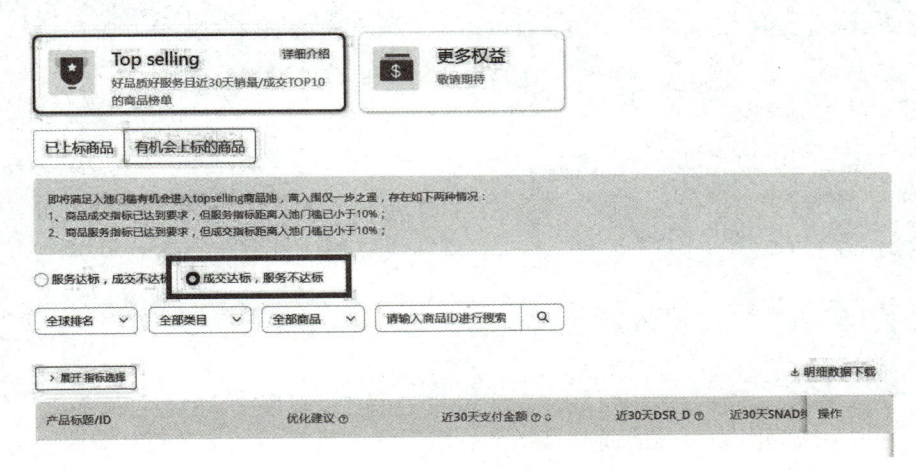

图 3-89　有机会上标的商品情况（2）

2. 商品分层

商品分层（Product Layering）是将商品分为不同的层级。从新品的成长路径看，可以将新品分为潜力新品和普通新品；从爆款商品的成长路径看，可以将商品分为明星商品、热销商品、潜力商品和普通商品。商品分层如图 3-90 所示。商品的整体成长路径可以是从新发品到动销品，再到成为超级新品，接着进一步成为爆品。

（1）潜力新品列表中包括当前已成为明星商品的商品和有机会成为明星商品的商品。潜力新品页面如图 3-91 所示。

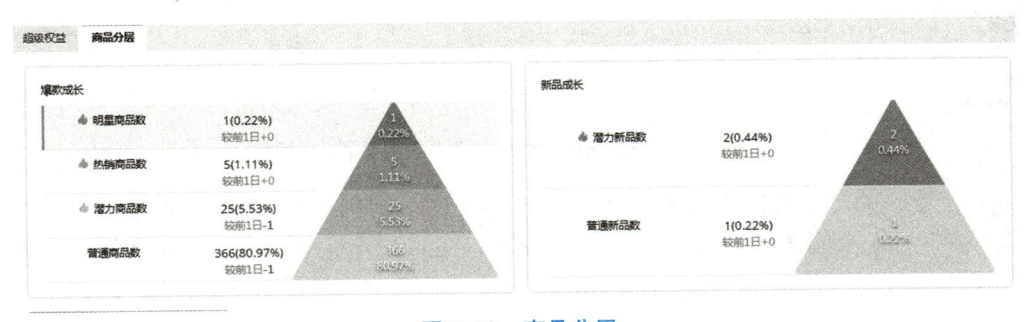

图 3-90　商品分层

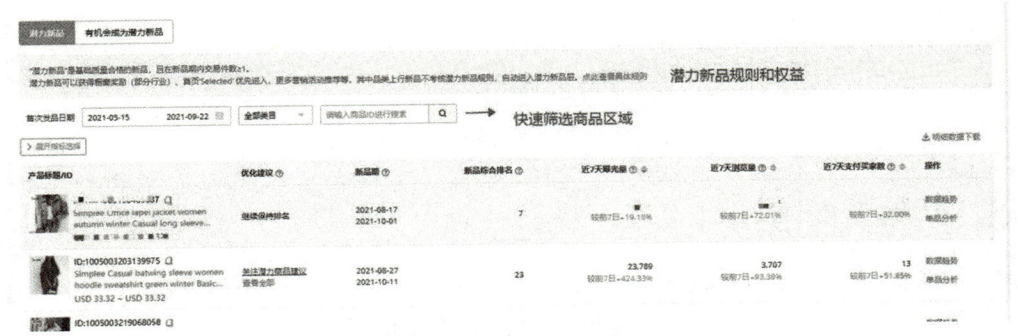

图 3-91　潜力新品页面

通过对潜力新品的优化，能够让使其快速成长为超级新品。潜力新品优化建议如表 3-2 所示。

表 3-2　潜力新品优化建议

商品目前情况	商品建议方案	目　的
近 7 日 IPV 低于叶子类目新品 IPV 均值，近 7 日 Pay_UV 低于叶子类目新品均值，判定商品为低曝光、低转化率商品	参加活动提升流量；设置店铺自营销，提升商品价格竞争力	通过提高商品流量和转化率，提升新品综合排名，加速使其成为超级新品
近 7 日 IPV 高于叶子类目新品 IPV 均值，近 7 日 Pay_UV 高于叶子类目新品均值；判定商品为高曝光、高转化率商品	保持排名，进一步提升	通过提高商品流量和转化率，提升新品综合排名，加速使其成为超级新品
识别该商品为低质商品	进行商品优化，其中因缺少白底图被识别低质商品，不用优化	通过优化商品，提升新品综合排名，加速使其成为超级新品
可以通过投放商业广告，加速成为超级新品的商品	投放广告，11 月上线新品宝智能推广方案	通过提高商品流量和转化率，提升新品综合排名，加速使其成为超级新品
是潜力新品，同时处于爆品分层的商品	可进入其他分层查看对应建议	可以查看更多建议

（2）有机会成为潜力新品的商品是指基础质量合格的新品，且在新品期内交易件数等于 0 的商品。针对这类商品，平台建议商家提升商品交易件数，推动商品成为潜力新品。有机会成为潜力新品页面如图 3-92 所示。

图 3-92　有机会成为潜力新品页面

（3）普通新品是首次发布日期在行业（叶子类目）设定的新品期内的商品，且没有成为潜力新品的商品。商家在对普通新品进行优化时，可以参考系统给出的优化建议。普通新品页面如图 3-93 所示。

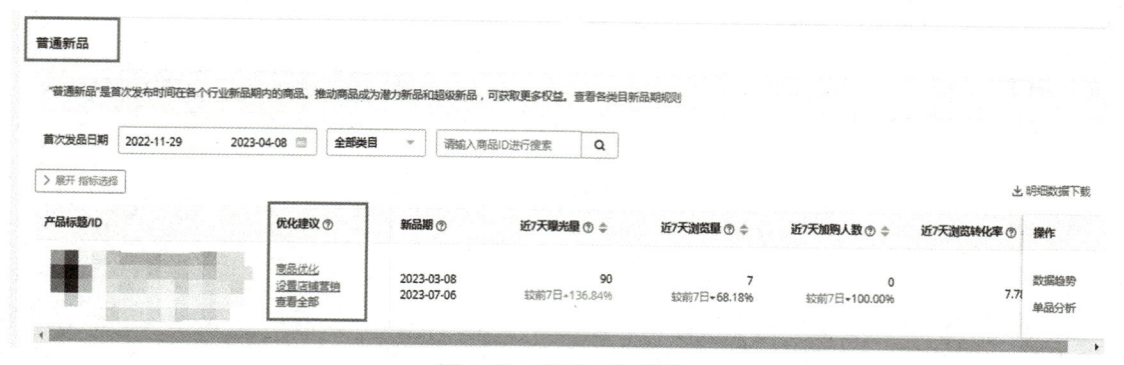

图 3-93　普通新品页面

通过优化，普通新品可以快速成长为潜力新品。普通新品的优化建议如表 3-3 所示。

表 3-3 普通新品的优化建议

商品目前情况	商品建议方案	目的
识别该商品为低质商品	建议进行商品优化，其中因为缺少白底图被识别为低质商品，不用优化	优化商品，符合潜力新品要求，加速成为潜力新品
商品没有设置自营销优惠	设置店铺自营销，提升商品价格竞争力；包括（不限于）单品折扣、店铺活动、关联推荐等。	
符合普通新品特征，只是未达到动销指标，其他指标合格，而且商家是网站金牌、银牌商家	报名新品试用	
可以通过投放商业广告，加速商品动销	投放广告，11月上线新品宝智能推广方案	

第三节 亚马逊商品数据

亚马逊平台的主要数据来源是店铺销售数据，亚马逊有独特的方法对店铺的销售数据进行分析。

一、业务报告

亚马逊商家可以登录商家后台，在"数据报告"（REPORTS）选项卡中找到"业务报告"入口，进入页面后可以看到业务报告。业务报告由销售图表、按日期或按 ASIN 归类的业务报告、亚马逊销售指导三部分数据组成，如图 3-94 所示。

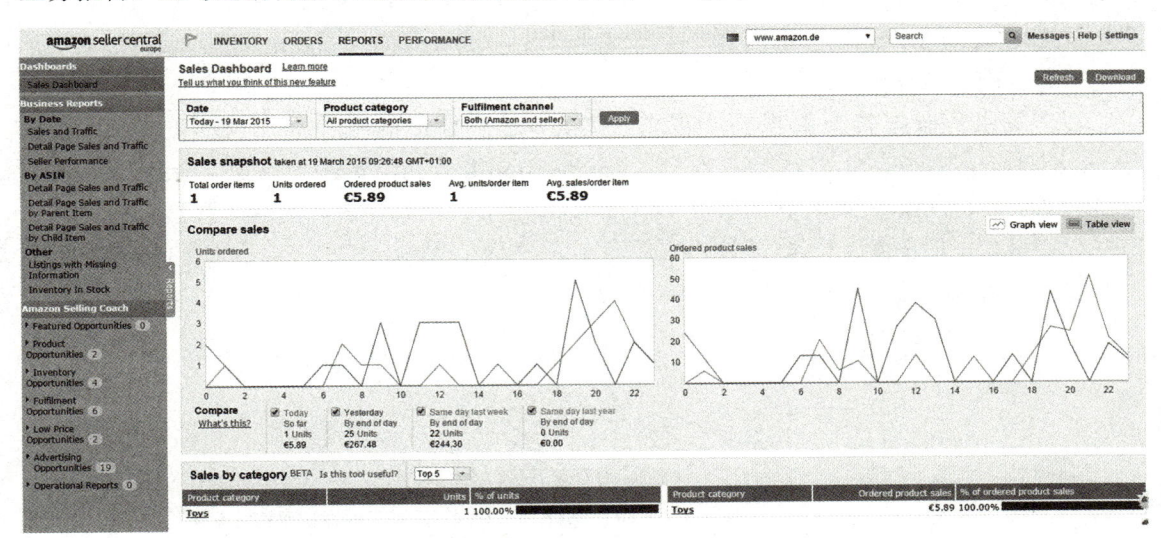

图 3-94 亚马逊业务报告

（一）销售图表

商家通过销售图表（Sales Dashboards）可以查看当天的销售数据，也可以将不同时间的销售数据放在一起进行对比，还可以自定义时间了解销售情况。销售图表由销售概览（Sales snapshot）、销售对比（Compare sales）和商品类别销售排名（Sales by category）三部分组成。

（二）业务报告

业务报告（Business Reports）是亚马逊为商家提供的一个店铺数据自动统计分析功能，按照日期、ASIN 码和其他业务报告三大板块来归类数据：根据日期，可以提供包括销售量与访问量、商品详情页上的销售量与访问量、商家业绩三类数据报告；根据 ASIN 码，可以提供包括商品详情页上的销售量与访问量、父商品详情页上的销售量与访问量、子商品详情页上的销售量与访问量三类数据报告；根据其他业务，可以提供包括每月销售量和订单量、缺少信息的商品、在库库存三类数据报告。亚马逊商家可在此查看单个商品的每天订购数量和每天流量数据、转化率、消费者访问数、页面浏览量、销售额，也可以根据日期查看任意时间段的销售总额、订单数量，并且以坐标图的形式直观展现。

（三）亚马逊销售指导

亚马逊销售指导（Amazon Selling Coach）包括销售指导报告、业务概览、首选项、通知和建议、搜索建议、筛选后的建议等内容，是亚马逊向商家提供的商品、物流、库存、同行最低价格等方面的建议。亚马逊销售指导每天更新一次内容。

二、商品库存报告

库存管理是追踪和存储商品的相关流程，使商家快速高效地满足消费者需求。库存管理是商品采购、储存和售前处理方式的体现。跨境电商商家可以登录亚马逊商家后台，在"库存"（INVENTORY）选项卡中找到"商品库存报告"（Inventory Reports）的入口，进入页面后可以看到商品库存报告。

在"商品库存报告"页面上，通过下拉菜单选择所需的报告，其包含在售商品报告（Active Listing Report）、FBA 库存报告（Amazon-fulfilled Inventory Report）、已售商品报告（Sold Listings Report）、所有商品报告（Open Listings Report）等报告类型，如图 3-95 所示。产品库存报告一般需要 15～45 分钟生成，下载的文件是 TXT 格式，也可以用 Excel 打开，亚马逊商家可以一目了然地查看商品库存数据。

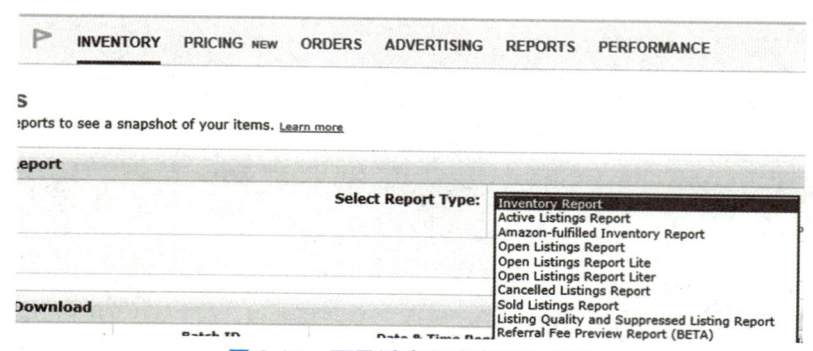

图 3-95　亚马逊商品库存报告类型

三、订单报告

亚马逊商家可以登录亚马逊商家后台，在"订单"（ORDERS）选项卡中找到"订单报告"（Order Reports）入口，进入页面后可以看到订单报告。这些报告包含亚马逊商家收到的（所选天数内）所有自配送订单的报告，其中包括已经取消或已经确认发货的订单报告。

（一）手动生成订单报告

商家选择想下载报表的时间范围，可选择近 4 个月内的报表；提交申请后，一般需要 15~45 分钟生成报告。手动生成订单报告设置如图 3-96 所示。

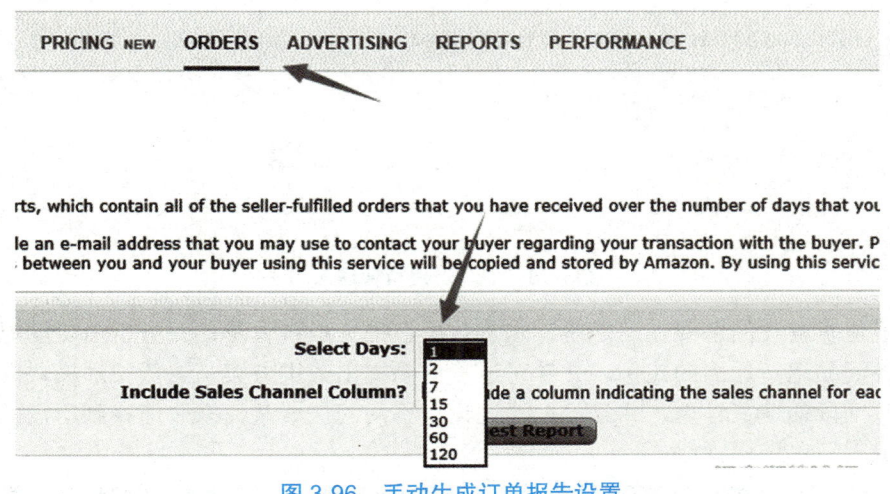

图 3-96　手动生成订单报告设置

（二）自动生成订单报告

页面右下角有一个编辑按钮，通过该按钮可以进入编辑页面，在这里可以设置订单生成的时间周期，这样亚马逊就会定期生成商品订单报告。自动生成订单报表设置如图 3-97 所示。

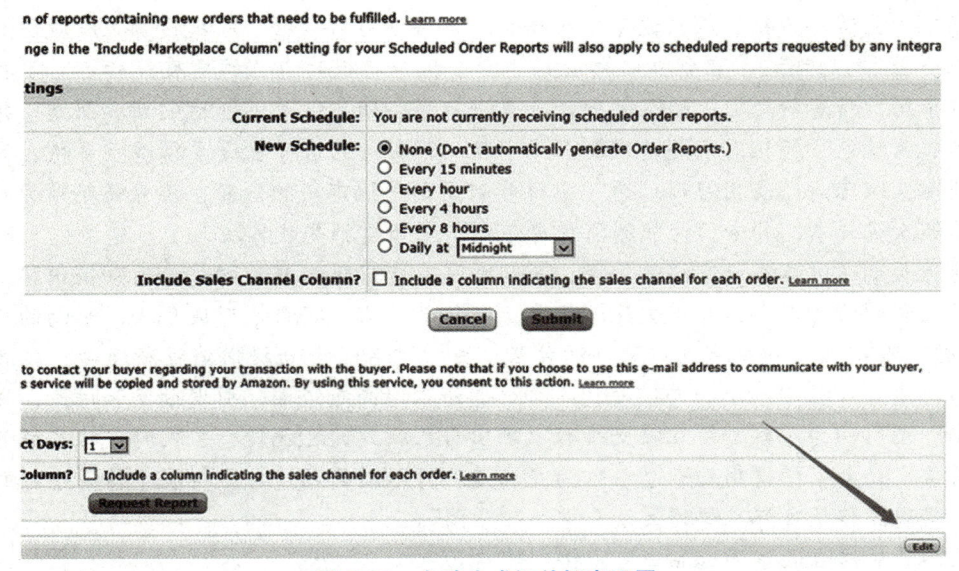

图 3-97　自动生成订单报表设置

四、退货管理

亚马逊商家可以登录亚马逊商家后台,在"订单"选项卡中找到"退货管理"(Manage Returns)入口,如图 3-98 所示。

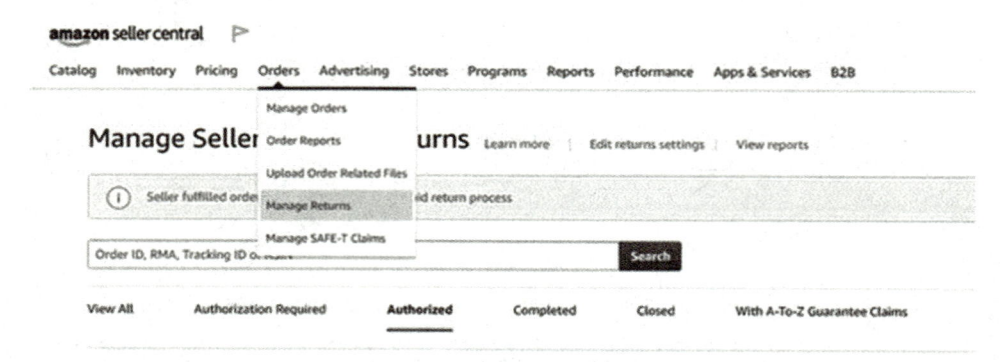

图 3-98　亚马逊退货管理入口

亚马逊退货管理的主要作用是统计退货数量、损失报告数量,并分析退货的原因。商家需要分析各商品退货原因的比例,并针对退货问题提出改进方案。退货管理模块向商家提供过去任何时间段的退货订单,并且可以通过设置不同的搜索条件来快速找到所需的订单,方便商家对退货订单进行管理。

想一想

1. 在新冠疫情后,跨境电商商家如何根据数据选品,以及优化商品?
2. 如何诊断公司业务的卡点,以逆势增长,赢得订单?

思政园地

现在,国内手机市场竞争激烈,处于追随者地位的手机厂家虽然拥有完整的产业链、价格实惠等优势,但销售额呈逐年下滑态势,不得不另辟蹊径。深圳传音控股股份有限公司(以下简称"传音")在创立之初就将非洲手机市场视为自己的发展目标。为了打入非洲手机市场,传音针对非洲地区缺电等特点进行了调研,经过不断地创新和研发,推出了以长续航为特色、待机时间超过 20 天的手机。同时,传音手机还支持多卡多待,十分符合非洲地区消费者的使用习惯。为了赢得非洲高端手机市场的份额,传音还花精力收集了大量非洲人像样本,并专门为非洲消费者定制出一套自拍美肤算法。

传音长期通过各类社交媒体渠道,不断向消费者提供彰显品牌精神的营销内容,吸引价值观相同的消费者,让品牌文化扎根本土。传音致力于将自己变成年轻、时尚的"表达物",转变人们认为"便宜没好货"的狭隘认知。传音给大众提供消费新理由,拓展圈层影响力,通过入驻 TikTok、与明星达人合作,进入时尚潮流圈,引发效仿和讨论,掀起一阵狂潮。当影响力人群纷纷在社交平台上晒出自己收到的礼物传音手机时,传音成为一种潮流符号,让大家觉得用传音手机作为礼物是一件很酷的事情。这拓展了传音手机的应用场景,实现品牌从目标人群到大众人群的"破圈"。

下面是从传音的市场选品中可以得到的启示。

1. 针对世界各地不同的人群，应该有不同的设计、定价，做出最适合消费者的商品是让品牌得到认同的关键。

2. 借助线上营销、明星网红代言，打造富有时尚感与科技感的品牌，并引导大众消费者，这是提升品牌好感度并实现"破圈"的方式。

3. 开拓新的市场，构建品牌文化池，是保持品牌增长的重要手段。

未来，中国的品牌应该打破行业和市场的质疑，让中国制造成为世界潮流。

——资料来源：网红营销 Mer《7 年 2000 亿元，传音手机背后的布局》，原载"雨果跨境"，2021 年 3 月 8 日。

知识链接

1. 热搜词：又称"红海词"，指消费者搜索度高、供应商发布的相关在线商品多、竞争激烈的关键词。

2. 飙升词：在当前统计周期内搜索指数较上一周期有显著增长的关键词。

3. 零少词：又称"蓝海词"，指具备一定的消费者搜索热度，但供应商发布的相关商品较少，竞争不激烈的关键词。

4. 长尾词：以某个核心词为基础，配合其他单词组合而成的搜索词。

5. 属性词：描述商品特征或特点的词，如性别、颜色、尺寸、大小、形状、品牌等。

6. 叶子类目定向：叶子类目指不再往下细分的类目。商家通过叶子类目定向可以最大限度地找到近期对自己推广的商品所在的叶子类目感兴趣的用户。

7. SKU：英文全称为"Stock Keeping Unit"，指商品库存进出计量的基本单元，可以是以件、盒、托盘等为单位。SKU 通常表示具体的一种商品。

8. EAN：英文全称为"European Article Number"，即欧洲商品编号，是指欧洲使用的标准商品标识符。它与 UPC 兼容。EAN 是一种在世界范围内使用的通用标准化条码。

9. UPC：英文全称为"Universal Product Code"，是美国统一代码委员会制定的一种商品条码，主要用于美国和加拿大地区。UPC 是最早被大规模应用的商品条码，由于其应用范围广泛，故又被称为万用条码，通行于国际贸易。

10. FBA：英文全称为"Fulfillment by Amazon"，是由亚马逊提供的，包括仓储、拣货、包装、配送、客服和退货在内的所有物流服务。

11. ISBN：英文全称为"International Standard Book Number"，国际标准图书编号。

12. GMV：英文全称为"Gross Merchandise Volume"，通常指一定时间段内的成交总额，常用于跨境电商平台对交易规模的衡量。

13. UV：英文全称为"Unique Visitor"，指独立访客。按照国际惯例，独立访客数记录标准一般为"一天"，即如果某访客一天内从同一个 IP 地址访问某网站 n 次的话，访问次数计作 n，独立访客数计作 1。

14. IPV：英文全称为"Item Page View"，指商品详情页的浏览次数（可以累加）。

15. ASIN：英文全称为"Amazon Standard Identification Number"，这是亚马逊的商品编号，由亚马逊系统自动生成，不需要商家添加。

> **总结**
>
> 1. 选择商品类目是跨境电商商家发布商品的第一步，只有选择正确的类目，跨境电商平台才会展示出对应的商品信息上传页面。
> 2. 在商品上架过程中，商品属性信息往往很繁杂，而每种商品的属性信息千差万别，所以在填写时要格外细心。
> 3. 速卖通平台店铺商品的层次有超级新品、潜力新品、普通新品等类型，商家需要根据数据分析的结果对商品进行优化。
> 4. 亚马逊平台常见商品标签有"Best seller""Hot New Releases""Amazon's choice"等，这些标志不仅能方便消费者迅速找到亚马逊平台的优质商品，还是亚马逊商家在平台上抬高自身商品"身价"的标签，是能给自家商品带来高流量、高转化率的标志。

练 习 题

一、单项选择题

1. 虽然跨境商品的品类结构是由跨境平台展示的，但仍会最大限度地考虑（   ）进行组合排列。
   A. 消费者需求   B. 商品需求
   C. 商品属性   D. 消费者倾向

2. 速卖通商家后台中的"体检—商品诊断"的作用是（   ）。
   A. 诊断网络是否稳定   B. 诊断商品问题
   C. 诊断商家账户   D. 诊断竞争对手

3. 谷歌趋势是谷歌旗下一个基于搜索数据推出的（   ）。
   A. 购物平台   B. 应用商城
   C. 分析工具   D. 新闻平台

4. 在下列商品标题中，更符合速卖通商品标题要求的是（   ）。

   A. FREE SHIPPING & NEW ARRIVAL !!! BLACKFLIP CASE cOVER FOR IPHONE6 FROM MY COMPANY -- BUY NOw WITH CONFIDENCE !!!

   B. New men's T-shirt summer Three D printing lone clown fashion casual men's street style round neck loose short sleeve top T shirt ninety-six

   C. New Rayon Positioning Flower Shirt Dress Seaside Vacation Sun Protection Bikini Dress Loose Beach Dress Swimsuit Outwear Dress

   D. Turtleneck Knitted With Belt Sweater Dress For Women 2022 Winter Elegant Long Sleeve Lady Mini Christmas Party Club Dresses

5. 在下列商品要素中，不能传达商品品牌、型号、性能信息的组成部分是（   ）。
   A. 商品标题   B. 商品图片
   C. 商品详细   D. 商品价格

二、多项选择题
1. 跨境电商商家的选品思路包括（　　）。
   A. 商家需求分析　　　　　　　B. 消费者需求分析
   C. 平台属性分析　　　　　　　D. 市场容量分析
2. 跨境电商商家可以选择的来源于第三方的数据分析网站包括（　　）。
   A. 生意参谋　　　　　　　　　B. 全球商机通
   C. 谷歌趋势　　　　　　　　　D. 商机探测器
3. 下列关于商品属性的作用，说法正确的有（　　）。
   A. 填写完整的商品属性，有利于提升类目浏览量
   B. 商品属性的正确性，可提高商品推广评分，更利于后期推广
   C. 商品属性填写得越详细，越有利于消费者购买，减少不必要的销售纠纷
   D. 商品属性填写得越详细，商品在平台上获得的流量越多
4. 亚马逊平台列出的排行榜主要包括（　　）。
   A. Best Sellers　　　　　　　　B. Most Wished For
   C. Hot New Release　　　　　　D. Movers & Shakers
5. 下列属于亚马逊产品标题禁用词的有（　　）。
   A. best sellers　　　　　　　　B. the
   C. for　　　　　　　　　　　　D. free ship

三、判断题
1. 速卖通平台鼓励商家利用平台的机制错放类目，以提高其商品的曝光量。（　　）
2. 全球商机通通过收集用户在谷歌搜索引擎上的关键词搜索情况，帮助商家收集全球互联网搜索数据信息，快速洞察目标市场潜力，精准规划全球各个国家或地区的商务活动。（　　）
3. 生意参谋是数据纵横的升级版，生意参谋将逐步替换数据纵横，将生意参谋在数据领域的实践经验提供给速卖通商家，为商家提供更好的数据服务。（　　）
4. 标题最直观明了地传达商品品牌、型号和性能信息。（　　）
5. 商品描述通过传达商品的主要功能，突出有关商品的重要信息或特殊信息。消费者在亚马逊平台依靠商品要点来了解重要的商品特征。（　　）

四、案例分析题
1. 成立于 2011 年的安克创新（前身为湖南海翼电子商务有限公司）从亚马逊起家，最开始的销售品类不过是小小的"充电头"。按照创始人阳萌的最初想法，安克创新是想利用国内的供应链优势做代工，在亚马逊平台找到快速增长的品类，然后利用国内的成本优势把赛道占住。这一策略帮助安克创新取得了第一桶金。但是，阳萌很清楚，代工模式绝非长远之计。于是，2013 年左右，安克创新逐步在商品中加入自主研发元素，并进军音频、智能家居赛道。此后，这一新战略在 2016 年进一步得到明确。安克创新采取多品牌思路，逐步形成了以 Anker 为核心的充电类品牌，以 Eufy 和 Nebula 为主的智能创新类品牌，以及以 Soundcore 为代表的中高端音频类品牌矩阵。但是，透过现象看本质，在安克创新的底层秘密里只有三个关键词——产品、技术、管理。

（1）产品是核心。安克创新不断进行技术创新和产品微创新，把产品打磨到极致，最典

型的案例就是其主打的充电品类。

（2）技术是驱动。以充电器为例，安克创新发现充电器市场一个明确的痛点是安卓和苹果两大系统的充电协议并不兼容。于是，它开发出一项名为"PowerIQ"的专利技术，可智能识别每个接口接入的设备，自动调整电流输出，使充电器既能为设备最快、最稳定地充电，又能解决不同移动设备的兼容性问题。这一技术进步不仅帮助安克创新打磨出更好的产品，也使它在这一品类里加高了防护堤。

（3）管理是基础。有媒体称，在公司发展到 2000 人规模的时候，阳萌曾为所有岗位梳理出一份岗位说明书，细分条目达到 200 条。例如，安克创新在商品设计这个大类里就细分出包装设计、形态设计、CMF（色彩、材质、表面处理）设计，甚至设计趋势洞察等职责和岗位。

由以上三个关键词，可以看出安克创新是一家"内生性"的公司，这就像武侠小说里的气宗，以内功为根本，以不变应万变。

结合案例，思考并回答以下问题：

（1）安克创新的选品思路是什么？

（2）安克创新成功选品的关键是什么？

2. 2022 年下半年，欧洲发生能源危机，居民生活成本增加。欧洲人担忧寒冬将至，"欧洲人买爆电热毯"的消息频频登上各大热搜榜，电热毯等取暖产品在欧洲热销。敏锐的商家早在 4 月就开始增加订单备货，有充足的时间进行海运，赶上 9 月前的需求热潮，赚得盆满钵满。不过，欧洲在 2022 年底迎来历史性暖冬，这也让一众入局取暖设备的商家猝不及防。结果，已经入局取暖设备的商家只能无奈清仓回本，甚至一件电热加热服仅售 8 美元，引发大批商家观望。

结合案例，思考并回答以下问题：

2022 年欧洲市场预测的冬季爆款电热毯等取暖产品为何变成了滞销品？

模块四　线上交易处理

【学习目标】

1. 熟悉订单状态查询与资金状态查询。
2. 了解各个物流渠道的优劣。
3. 掌握订单处理方法。
4. 掌握店铺售后处理方法。

【技能目标】

1. 根据订单情况选择合适的物流渠道处理订单。
2. 针对不同的消费者群开展营销活动。
3. 根据不同的纠纷原因处理纠纷。

【思政目标】

1. 培育和践行社会主义核心价值观。
2. 培养诚实守信、遵纪守法的职业道德。
3. 培养团队合作精神。
4. 培养耐心、优秀的服务品质。

【素养目标】

1. 强化数字素养,提升数字技能。
2. 培养互联网思维、创新思维和数据思维。

【思维导图】

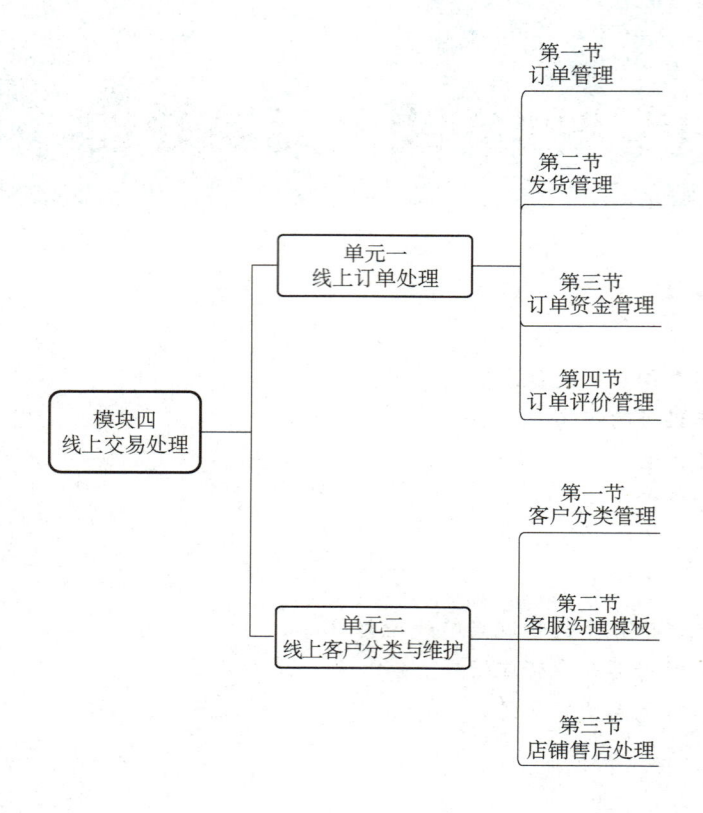

```
模块四           单元一              第一节 订单管理
线上交易处理 ─┬─ 线上订单处理 ─┬─ 第二节 发货管理
             │                  ├─ 第三节 订单资金管理
             │                  └─ 第四节 订单评价管理
             │
             └─ 单元二          ┬─ 第一节 客户分类管理
                线上客户分类与维护 ├─ 第二节 客服沟通模板
                                 └─ 第三节 店铺售后处理
```

单元一　线上订单处理

引导案例 》》》

阿海是速卖通平台的一个消费者，他的店铺主要经营卫浴五金件（Bathroom Hardware）。有一天，他在后台站内信里看到了询盘信息，有消费者询问店铺里面一款纸巾盒的大小。

具体询盘信息是：

Good day seller, May I ask what is the size of this item? What is the paper size that fits into this? Thank you very much.

结合案例，思考并回答以下问题：

如果你是该店铺的客服人员，应该如何回复跨境电商平台上的在线询盘？

第一节　订单管理

订单管理的目的是确保消费者下单后能够及时、准确地收到商品。订单管理包括接收、审核、处理、打包、发货、跟踪和确认订单等一系列流程。下面分别介绍速卖通和亚马逊平台订单管理的具体操作。

一、速卖通订单管理

通过订单处理，速卖通能够保证商品运输的准确性、及时性和可靠性，提高消费者满意度和忠诚度，同时提高自身的销售额和市场占有率。此外，订单处理还可以帮助速卖通进行库存管理、物流管理和财务管理等方面的工作，提高企业的效率和竞争力。在速卖通跨境商家中心后台管理中，速卖通订单管理状态包括"等待买家付款""等待您发货""您已部分发货""等待买家收货""交易结束""冻结中""付款处理中""等待您确认金额""买家申请取消""用户待补充信息"等内容。其中，在"订单看板"（Dashboard）上可以了解"今日新订单""等待买家付款""发货未完成""买家申请取消""纠纷中订单""等待您评价"等订单查询关键指标情况。这里重点介绍六种订单管理的具体操作。

（一）等待买家付款

"等待买家付款"订单是指消费者拍下商品后但未完成付款的订单，如图 4-1 所示。对于未付款的订单，存在的原因是多样的。例如，消费者拍下商品后，无法及时联系商家确认商品细节，或拍下后觉得商品价格过高，或在付款过程中出现问题等。对于这种类型的订单，跨境电商可以通过速卖通的站内信或利用 TM 咨询（全称为"TradeManager"）及时与消费者进行沟通，了解其未完成付款的真实原因，商家也可以通过"调整价格"来修改订单的价格。

图 4-1 等待买家付款

（二）等待您发货

"等待您发货"订单是消费者已经下单并完成付款的订单，如图 4-2 所示。单击【发货未完成】按钮，商家将看到所有等待发货的订单明细。对于等待发货的订单，商家可以单击【去发货】按钮来处理订单的发货问题。订单状态里面显示的倒计时时间是发货剩余时间，也就是所谓的备货期。商家必须在规定时间内发货，否则订单会被自动取消。

（三）等待买家收货

如图 4-3 所示，单击【等待买家收货】按钮，商家将看到所有等待消费者收货的订单明细。对于等待消费者收货的订单，如果遇到特殊情况，或者消费者要求，商家就可以单击【延长收货时间】按钮来延长订单的确认收货时间。商家也可单击【查看物流详情】按钮查看订单最新物流信息。

图 4-2 等待您发货

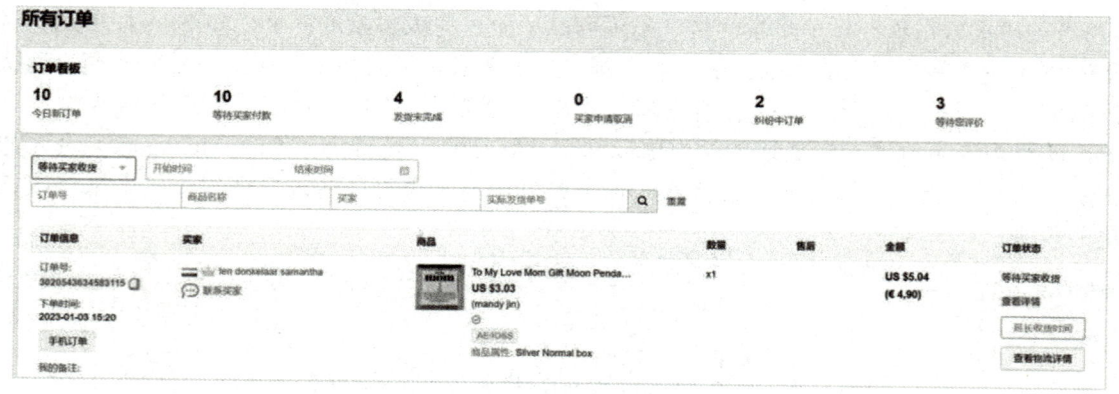

图 4-3 等待买家收货

(四)买家申请取消

如图 4-4 所示,单击【买家申请取消】按钮,商家将看到消费者申请取消的订单明细。对于消费者申请取消的订单,商家可以单击【同意】按钮或者【拒绝】按钮来处理。如果商家不及时处理消费者申请取消的订单,订单会被系统自动取消。

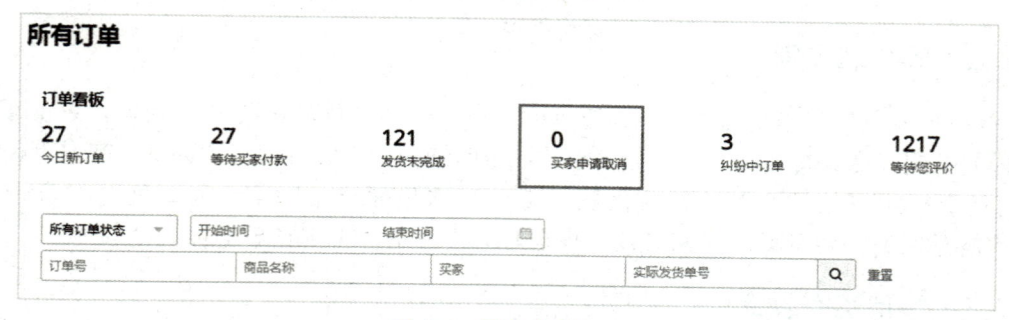

图 4-4 买家申请取消

(五)纠纷中订单

如图 4-5 所示,单击【纠纷中订单】按钮,商家将看到所有纠纷中订单的明细。对于等待商家处理纠纷的订单，商家可以单击【立即处理】按钮来处理纠纷订单。

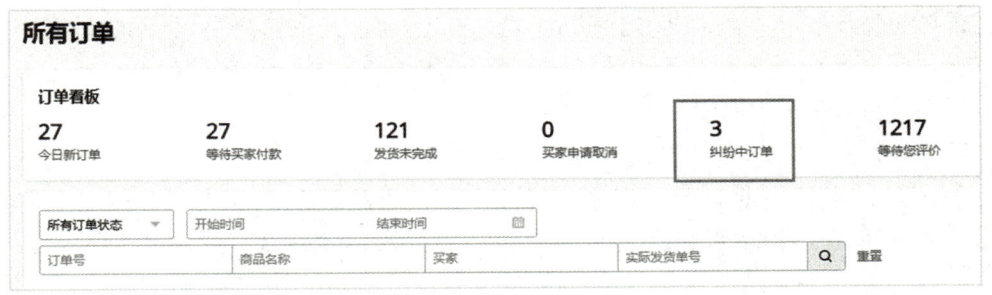

图 4-5　纠纷中订单

（六）交易结束

如图 4-6 所示，筛选"交易结束"订单状态，商家将看到所有交易结束的订单明细。交易结束通常有两种情况——交易完成和订单关闭。

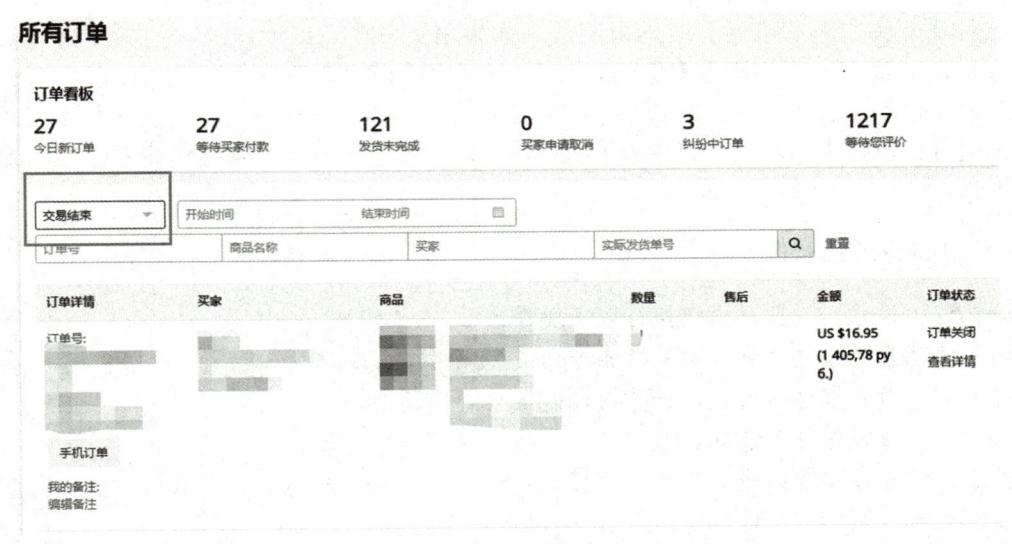

图 4-6　交易结束

二、亚马逊平台订单管理

亚马逊平台的订单状态主要有 4 种，分别是已取消订单、等待中订单、未发货订单、已发货订单。亚马逊通过订单处理，能够保证商品运输的准确性、及时性和可靠性，提高消费者的满意度和忠诚度，同时提高自身的销售额和市场占有率。

（一）已取消订单

亚马逊"订单确认流程"中的"取消订单"指消费者未在 30 分钟内确认付款，或者存在欺骗行为，订单被自动取消。某个订单被取消，亚马逊只会在"管理订单"中将该订单记录为"已取消"（Canceled Orders），而不会另行通知。如果消费者因已取消订单联系商家，并且商家仍有可用库存，那么商家可以请消费者重新下单。

（二）等待中订单

订单"等待中"状态被称为"Pending Orders"，字面上的意思是"待处理订单"，简称"挂单"。亚马逊平台经常称其为"等待中订单"，指该订单处于待审核状态。亚马逊订单出现"等待中"状态常见的原因有以下两种。

1. 银行问题

一般来说，银行出现问题的可能性更大一些，也就是在消费者付款环节出现问题，亚马逊暂时没有获得消费者付款时使用的银行卡授权，付款没有成功，让订单处于等待状态。

2. 物流问题

如果是物流问题导致订单处于"等待中"状态，那可能是消费者在不同的店铺购买亚马逊发货的商品，但订单中有个别商品缺货，导致亚马逊分单发货。这个时候，订单也会显示处于"等待中"状态。一般标记"等待中"状态的订单是消费者下了订单但还没有完成付款的，所以是等待消费者付款的状态。消费者付款后，商品就会正常准备及配送了。这种"等待中"状态是有时间限制的，如果消费者在 21 天内没有付款，亚马逊就会取消订单，对商家的账户不会有影响。对于"等待中订单"，商家不要发货，就算消费者直接联系催单也不要发货，以货款到账为准。这是因为"等待中订单"不会出现在商家订单报表和未发货订单报表中。当该订单处于灰色状态时，商家不需要取消订单或者进行订单商品发货操作。

（三）未发货订单

确认订单付款后，亚马逊将执行以下操作。
（1）将状态更改为"未发货"（Unshipped Orders）。
（2）向消费者发送包含预计送达日期的订单确认通知。
（3）向商家发送订单通知。

注意：请勿仅依靠电子邮件通知来获取订单确认信息。跨境电商商家每天至少要查看一次"管理订单"页面或"订单报告"，以确定是否存在未发货订单。

（四）已发货订单

在亚马逊平台订单管理中，已发货（Shipped Orders）订单不会有任何操作按钮，因为发货后订单就已经完成了，不再需要任何操作。发货后，商家可以查看订单的物流信息，以及收货人的收货状态，以便了解订单的最新进展情况。

第二节　发货管理

订单发货管理是订单管理过程中非常重要的环节，也是店铺运营管理的重要工作之一。商家做好订单发货管理，不仅可以大大提高订单管理效率，还可以加快发货速度，提高消费者的物流体验。

一、速卖通发货管理

（一）线上发货模式

1. 线上发货优势

线上发货指的是由速卖通、菜鸟联合多家第三方优质物流企业，为商家提供的包括揽收、配送等服务在内的统一物流服务。商家使用"线上发货"，需要在消费者下单后先创建物流订单，再通过上门揽收或自寄交货给国内集货仓。商家使用线上发货享受以下保护政策。

（1）平台网规认可。使用线上发货且成功入库的包裹，买卖双方均可在速卖通后台（订单详情页面）查看全程物流追踪信息，且得到平台网规认可。后续商家遇到投诉，无须再提交发货底单等相关物流证明。

（2）规避物流低分，提高账户表现。在进行商家服务等级评定时，商家使用线上发货的订单，若产生"DSR 物流服务 1，2，3 分"和由于物流原因引起的"纠纷提起""仲裁提起"，平台会针对该笔订单的这 4 项指标免除商家责任。

（3）物流商赔付保障。阿里巴巴作为第三方，全程监督物流商服务，商家可针对丢包、货物破损、运费争议等问题在线发起投诉，获得赔偿。

2. 线上发货方式

线上发货的物流方式有很多，分为经济类、简易类、标准类、快速类几种，不同的物流方式有不同的寄送限制、要求和时效性。另外，速卖通允许商家自行联系线下物流企业发货。

（1）经济类线路。这类线路的时效性比较差，物流无法追踪，一般都是不要挂号费的，费用比较低，丢包率相对较高。这类线路很适合货值低的，如客单价在 5 美元以下的商品。速卖通商家常用的经济类物流主要有"菜鸟超级经济""菜鸟超级经济 Global""中国邮政平常小包+""菜鸟超级经济-燕文"等；在运输一些特殊货物时，也会使用"菜鸟超级经济-顺友"。速卖通经济类物流主要线路（表格截图）如图 4-7 所示。

路展示名称(中)	线路展示名称(英)	填写发货通知API（serviceName）	是否支持设置运费模板	是否支持线上发货	商家履约质量管控考核
鸟超级经济	Cainiao Super Economy	CAINIAO_SUPER_ECONOMY	√	√	×
鸟超级经济Global	Cainiao Super Economy Global	AE_CN_SUPER_ECONOMY_G	√	√	×
鸟特货专线 - 超级经济	Cainiao Super Economy for Special Goods	CAINIAO_SUPER_ECONOMY_SG	√	√	×
鸟专线经济	Cainiao Expedited Economy	CAINIAO_EXPEDITED_ECONOMY	√	√	×
国邮政平常小包+	China Post Ordinary Small Packet Plus	YANWEN_JYT	√	√	√
特特货经济	Flyt Special Economy	FLYT_ECONOMY_SG	√	×	√
友特货经济	SunYou Special Economy	SUNYOU_ECONOMY_SG	√	×	√
文特货经济	YANWEN Special Economy	YANWEN_ECONOMY_SG	√	×	√
邮特货经济	TOPYOU Special Economy	TOPYOU_ECONOMY_SG	√	×	√
胜特货经济	BSC Special Economy	BSC_ECONOMY_SG	√	×	√
鸟超级经济-顺友	SunYou Economic Air Mail	SUNYOU_ECONOMY	√	√	×
鸟超级经济-燕文	Yanwen Economic Air Mail	YANWEN_ECONOMY	√	√	×

图 4-7　速卖通经济类物流主要线路（表格截图）

（2）简易类线路。这类线路提供邮政简易挂号服务，可查询包含妥投或消费者签收在内的关键环节物流追踪信息。速卖通简易类物流主要有"菜鸟无忧物流-简易"和"菜鸟特货专线-简易"，如图 4-8 所示。

线路展示名称(英)	填写发货通知API（serviceName）	是否支持设置运费模板	是否支持线上...
AliExpress Saver Shipping	CAINIAO_ECONOMY	√	√
Cainiao Saver Shipping For Special Goods	CAINIAO_ECONOMY_SG	√	√

图 4-8　速卖通简易类物流主要线路（表格截图）

（3）标准类线路。这类线路包含邮政挂号服务和专线类服务，可查询全程物流追踪信息，主要针对客单价较高的商品，时效性比较强，需要挂号，费用相对较高，丢包率较低。速卖通明确规定客单价 5 美元以上的商品必须选择挂号。目前，速卖通大部分在销售的商品都选择标准类线路。商家常用的标准类线路主要有"菜鸟无忧物流-标准""中国邮政挂号小包""e邮宝""燕文航空挂号小包"等。速卖通标准类物流主要线路（表格截图）如图 4-9 所示。

线路展示名称(中)	线路展示名称(英)	填写发货通知API（serviceName）	是否支持设置运费模板	是否支持线上发货	商家履约质量管控考核
菜鸟无忧物流-标准	AliExpress Standard Shipping	CAINIAO_STANDARD	√	√	√
菜鸟无忧集运-沙特	Aliexpress Direct	CAINIAO_CONSOLIDATION_SA	√	√	×
菜鸟无忧集运-阿联酋	Aliexpress Direct	CAINIAO_CONSOLIDATION_AE	√	√	×
中东专线	Aramex	ARAMEX	√	√	√
菜鸟大包专线	Cainiao Heavy Parcel Line	CAINIAO_STANDARD_HEAVY	√	√	×
菜鸟特货专线 - 标准	Cainiao Standard For Special Goods	CAINIAO_STANDARD_SG	√	√	×
威海优选仓无忧标准	AliExpress Selection Shipping for Korea	CAINIAO_STANDARD_WEIHAI_WH	√	√	×
中国邮政大包	China Post Air Parcel	CPAP	√	×	√
中国邮政挂号小包	China Post Registered Air Mail	CPAM	√	√	√
CNE	CNE Express	CNE	×	×	√
伟狮标准小包	360Lion Standard Packet	AE_360LION_STANDARD	√	√	√
通邮	TOPYOU	LAOPOST	×	×	√
e邮宝	ePacket	EMS_ZX_ZX_US	√	√	√
飞特物流	Flyt Express	FLYT	×	×	√
觅速专线	GES Express	GES	×	×	√
J-NET捷网	J-NET	CTR_LAND_PICKUP	√	√	√
Meest专线	Meest	MEEST	×	×	√
顺丰国际挂号小包	SF eParcel	SF_EPARCEL	√	√	√
新加坡邮政挂号小包	Singapore Post	SGP	√	√	√
燕文航空挂号小包	Special Line-YW	YANWEN_AM	√	√	√
顺友	SunYou	SUNYOU_RM	×	×	√
UBI	UBI	UBI	√	×	√
139俄罗斯专线	139 ECONOMIC Package	ECONOMIC139	√	×	√
燕文特货挂号	YANWEN Special Standard	YANWEN_STANDARD_SG	√	×	√
顺友特货专线	SHUNYOU_STANDARD_SG	SHUNYOU_STANDARD_SG	√	×	√
德胜特货挂号	BSC Special Standard	BSC_STANDARD_SG	√	×	√
递四方专线/小包	4PX RM	FOURPX_RM	×	×	√

图 4-9　速卖通标准类物流主要线路（表格截图）

（4）快速类线路。该线路包含商业快递和邮政提供的快递服务。时效性强，可查询全程物流追踪信息，物流服务体验好，但价格非常昂贵，适合货值高的商品。速卖通快速类物流主要线路（表格截图）如图 4-10 所示。

展示名称(中)	线路展示名称(英)	填写发货通知API（serviceName）	是否支持设置运费模板	是否支持线上发货	商家履约质量管控考核
无忧物流-优先	AliExpress Premium Shipping	CAINIAO_PREMIUM	√	√	√
特货专线 - 标快	Cainiao Standard - SG Air	CAINIAO_STANDARD_SG_AIR	√	√	×
	DHL	DHL	√	×	√
	DPEX	TOLL	√	×	√
	EMS	EMS	√	√	√
	e-EMS	E_EMS	√	√	√
Fedex IE	Fedex IE	FEDEX_IE	√	×	√
Fedex IP	Fedex IP	FEDEX	√	×	√
速运	SF Express	SF	√	×	√
全球快捷	UPS Expedited	UPSE	√	√	√
全球速快	UPS Express Saver	UPS	√	√	√

图 4-10　速卖通快速类物流主要线路（表格截图）

（二）线下发货模式

对于线下物流线路可达的国家，商家可以在后台查询相关规定。关于各类物流线路的介绍、揽收服务、寄送限制等都可以查询速卖通后台的"速卖通物流介绍"，如图 4-11 所示。

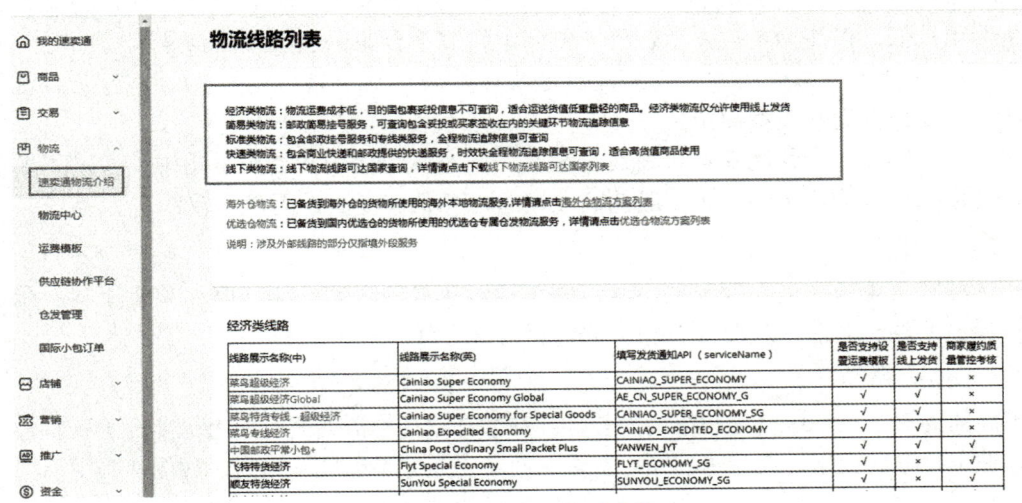

图 4-11　速卖通物流介绍

（三）物流选择标准

商家在选择物流合作对象时，需要从各个方面详细考虑，考虑的内容通常是速度、安全系数、优势和劣势对比、渠道对包裹的限制、包邮运费 5 个方面，如图 4-12 所示。

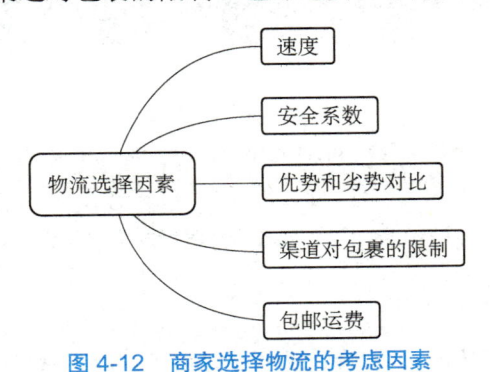

图 4-12　商家选择物流的考虑因素

1. 速度

对于物流，商家首先考虑的是它的速度和时效性，这是对快递业务最基本的要求，同时也是消费者最在意的一点。对于消费者来讲，都希望以最快的速度拿到购买的商品。因此，对于商家来讲，尽量选择运输速度较快的物流公司，对于提升消费者的物流体验有很大的帮助。物流公司的时效性主要表现在两个方面，一是取件时间，二是配送速度。

2. 安全系数

在物流过程中，最让买卖双方感到为难的便是快递的安全性。目前来讲，安全系数不高是整个快递行业普遍存在的问题，商品丢失、损坏的现象非常多，一旦出现这些问题，消费者利益得不到保障，损失最大的就是商家。所以，在选择快递公司时最好选择具有良好信誉

3. 优势和劣势对比

不同的物流方式有各自的特点，下面来逐一看下常见物流类型的优劣对比。

（1）小包系列。小包系列包括邮政小包、e邮宝等跨境电商物流体系，这种物流方式的特点是费用较低，以克为单位，适合跨境电商小而美平台的运输，其缺点是运输时间长。

（2）商业快递。这种运输方式的优点是快速高效，缺点是费用较高。是否采用这种方式，商家需要根据商品类型而定。

（3）专线物流。专线物流可以将运送至某一国家或地区的货物大量集中，通过规模效应降低物流成本。其物流价格低于一般的商业快递，并且速度快，丢包率较低。

4. 渠道对包裹的限制

在选择物流渠道之前，商家要了解这些渠道对包裹的限制，如长度和重量限制。在了解渠道对包裹的限制之后，就要设置相应的物流组合方案。

5. 包邮运费

不同的物流方式，运费存在很大的差异。商家在选择物流方式时要考虑费用的合理性。这种合理性主要考虑成本。在计算包邮运费时，商家要充分考虑成本因素，如图4-13所示。

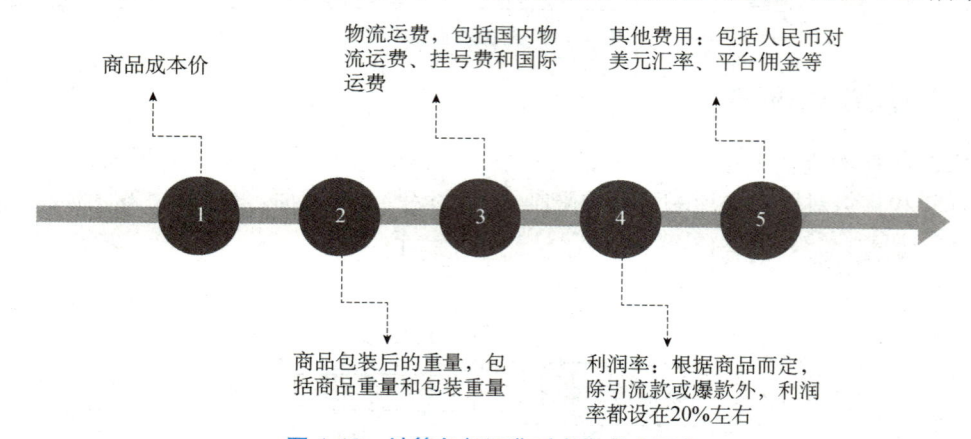

图4-13 计算包邮运费时考虑成本因素

（四）物流运费计算

通过速卖通的无忧物流和线上发货运费报价表格，商家可以知道影响商品运费的主要有发货商品重量、体积、服务费和挂号费等因素。

商家在进行线上物流运费计算前需要弄清楚以下概念。

1. 包裹定义

（1）小包定义：包裹重量≤2kg，且包裹单边长度≤60cm，且包裹长+宽+高≤90cm。

（2）大包定义：包裹重量＞2kg，或包裹单边长度＞60cm，或包裹长+宽+高＞90cm。

2. 包裹重量单位

（1）速卖通小包一般以克（g）为计费重量单位。

（2）速卖通大包一般以0.5kg为计费重量单位。

3. 包裹实际重量与体积重量区别

包裹实际重量，简称为"实重"，是指需要运输的一批物品包括包装在内的实际总重量。简单来说，实重就是物理重量，将物品放在秤上称重的重量。而体积重量，顾名思义，就是根据包裹的体积计算的重量。当计算得到的体积重量比实重大时，货物的运费就要按体积重量来计算，一般称这样的货物为泡货。常见的泡货有棉花、大型玩具等占地方但没多大重量的货物。

此外，由于跨境物流主要通过空运、海运的方式进行运输，飞机、轮船等载运货物的货舱容积有限，物流公司在收取货运费用时，为了平衡货物实际重量与货物所占容积的关系，采用实际重量与体积重量择大计费的原则。如果货物的密度小而单位体积偏大，如棉花、编织工艺品等，就测量货物的体积，根据公式计算出体积重量，然后将货物的实际重量与体积重量进行比较，选择重量较大的数字作为计费重量，再根据得出的重量计算应收运费。每个包裹在国际快递公司寄运时都需要计算体积重量。

折算公式：体积重量=长（cm）×宽（cm）×高（cm）÷计泡系数。各个物流渠道的计泡系数一般会有所不同。

4. 计费重量选择

根据国际航空货运协会的规定，在货物运输过程中计收运费的重量是按整批货物的实际重量和体积重量两者之中较大的一方计算的。目前，速卖通小包是不计泡的，大包是需要计泡的。

下面以无忧标准物流线路为例，计算运费。无忧物流小包是不计泡的，大包是计泡的，计泡系数是 8000。商家可以通过物流线路列表后台下载价格表。以美国运费计算为例，无忧标准运费价格如表 4-1 所示。

表 4-1 无忧标准运费价格（美国） 单位：元（RMB）

小包普货计费						小包非普货计费		大包计费 限重 30kg	
0～175g（含）		176～450g（含）		451～2000g（含）		0～2000g（含）			
每千克配送服务费 *每1g计重	每包裹挂号服务费	每千克配送服务费 *每1g计重	每包裹挂号服务费	每千克配送服务费 *每1g计重	每包裹挂号服务费	每千克配送服务费 *每1g计重	每包裹挂号服务费	0.5kg 首重	续重（每500g）
86	17.5	86	16	86	12.5	96	19	201.09	65.62

实际运费=配送服务费×包裹重量+挂号服务费。

（1）假设商家的商品重量是 200g，属于"176～450g（含）"价格段，即配送服务费为 86 元/kg，挂号服务费为 16 元/包裹，那么运费=86×0.2+16=33.2（元）。

（2）假设商家的商品重量是 3kg，大小是 30cm×30cm×30cm，即体积重量=$\dfrac{30\times30\times30}{8000}$=3.375kg>3kg，计费重量选择"包裹体积重量"，且包裹体积重量大于 2kg，则计费重量属于"大包计费"价格段，那么，

运费=0.5kg 首重计费+续重每 500g 计费
=201.09+$\dfrac{(3375-500)}{500}$×65.62
=578.41（元）（保留两位小数）

（五）物流方案查询

物流方案查询工具是速卖通为商家提供的线上物流方案查询工具。商家输入长宽高、重量、货物类型、目的国家，物流方案查询工具可以为商家推荐最好的直发物流方案。例如，一个发往美国的普通货物包裹，重量是 0.1kg，体积是 10cm×10cm×10cm。输入查询信息后，单击【方案查询】按钮，可以看到系统给出的推荐方案，如图 4-14 所示。商家可以根据物流价格和时效天数来选择自己需要的物流渠道。

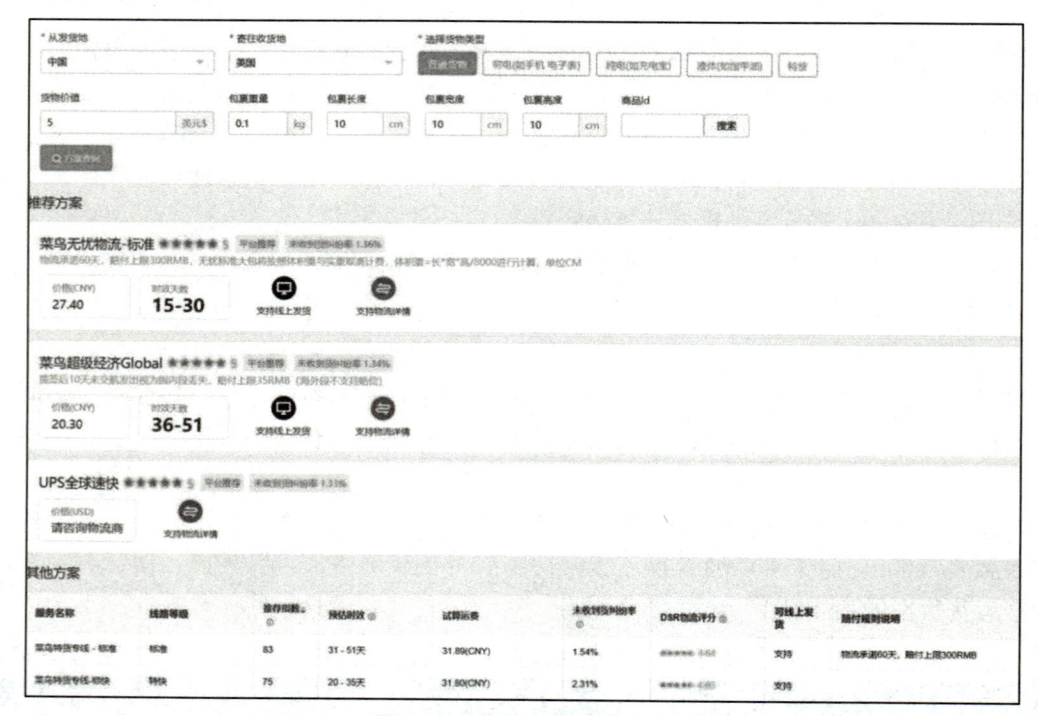

图 4-14　物流方案查询工具

（六）运费模板设置

运费模板是根据货物重量的不同，使用商家设置的到各地的运费费率来计算运费的。当消费者下单时，根据所购商品的总重量及发货到消费者收货地址的对应运费费率，系统自动计算出需要的运费。

例如，一个俄罗斯消费者购买一件商品，如果不包邮的话，消费者需要根据商家输入的重量补对应的运费，买一个重量为 10g 的商品和买一个重量为 2kg 的商品补的运费肯定不一样。而且，消费者购买多件商品的时候补的运费也不一样。商品发往不同国家的运费不同，消费者补的运费也不一样。所以，消费者应该补多少钱，需要有一套规则，这就是运费模板的作用。

运费模板是针对交易成交后商家需要频繁修改运费而推出的一种运费工具。通过运费模板，商家可以解决不同地区的消费者购买商品时运费差异化的问题，还可以解决同一消费者在店内购买多件商品时的运费合并问题。而且，通过运费模板，商家可以发起消费者在店内单次购买商品满一定金额免运费的优惠活动。

在物流设置中有很多物流方式可以选择，商家可以将所有物流方式设置成一个运费模板，在上传商品信息的时候直接选择就可以，消费者也可以根据自己的需求选择物流方式。

速卖通提供"新手运费模板",新商家可以直接选择使用,或通过"物流"≫"运费模板"≫"新增运费模板"这一路径进行设置,如图 4-15 所示。

图 4-15　新增运费模板

商家可以设置模板名称,选择自己想要的物流线路。针对每条线路,商家可以设置标准运费、卖家承担运费、自定义运费三种模式,以及根据自己的商品特性和商品销往的国家来设置目的地和折扣。

1. 标准运费

标准运费是指平台按照各物流服务提供商给出的官方报价计算运费。决定运费的因素通常包括货物送达地、货物包装重量、货物体积重量。如果商家针对不同的运输方式向消费者提供运费减免,平台会在官方运费的基础上加入折扣,将计算出的运费呈现给下单的消费者。如果商家不设置运费减免,也就意味着按照商家上架商品时填写的商品重量,平台自动按照各物流服务提供商给出的官方报价计算运费,那么消费者下单的时候要支付商品价值和运费两部分费用。如果商家选择标准运费,那么上架商品时,体积和重量一定要写准确。标准运费设置如图 4-16 所示。但是,用同一种物流方式运输同样重量的包裹到不同国家或地区的运费一般是不一样的,如果商家选择使用标准运费来计算到各个国家的运费,并且设置运费减免,那么所有国家或地区享受同样的减免率,类似一刀切地运费减免,这显然不符合运费设置的实际情况。

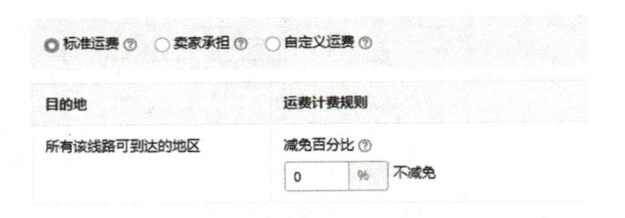

图 4-16　标准运费设置

2. 卖家承担运费

卖家承担运费即由商家支付运费，也就意味着免运费。如果选择卖家承担，那么商家在发布商品的时候，一定要考虑运费成本。在设置之后，所有以物流方式可以送达的商品都会享受包邮服务。卖家承担运费设置如图4-17所示。

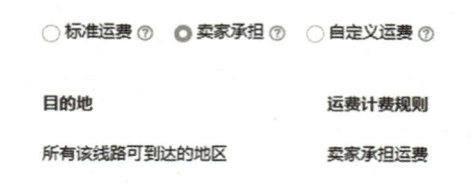

图4-17 卖家承担运费设置

3. 自定义运费

自定义运费即按重量、按不同区域设置运费。商家可以根据实际情况，选择不同的国家组合，针对不同的国家组合设置是否包邮，以及不同比例的运费减免。自定义运费灵活性非常高，比较符合实际情况，所以适用率高。自定义运费设置如图4-18所示。

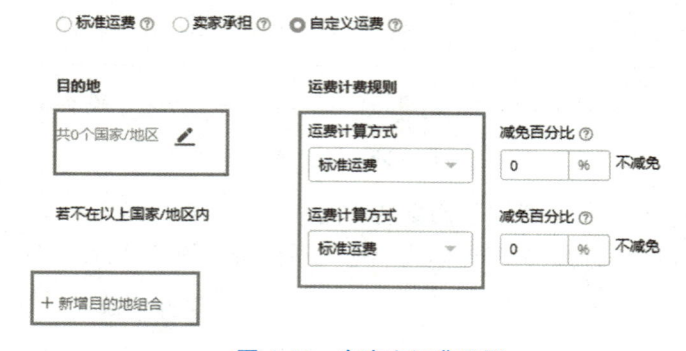

图4-18 自定义运费设置

自定义运费除了可以让商家自由选择运费计算方式，还有一个很重要的功能，就是可以设置按照重量或者数量计算运费，如图4-19所示。自定义按重量计费是指设置首批采购重量运费+增加续重范围，再根据订单包裹重量的变化与所在重量区间计算出运费。自定义按数量计费是指设置首批采购数量运费+增加商品件数运费，再根据订单商品数量计算出运费。

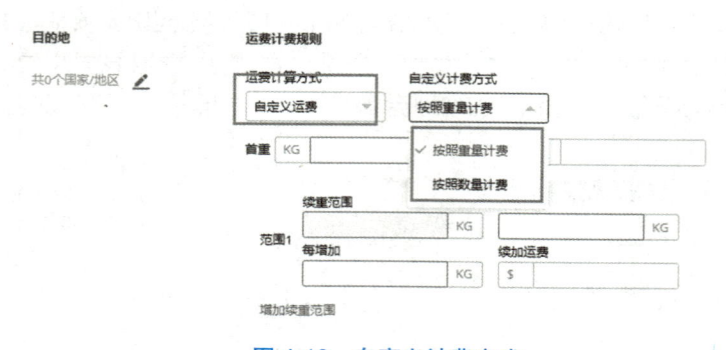

图4-19 自定义计费方式

（七）物流发货流程

发货流程包括设置发货地址、确定发货订单、选择物流方式、设置发货商品信息、生成发货国际面单、打印面单、将商品打包并贴面单、同步发货运单号、等待仓库上门揽件或将包裹发往对应仓库。下面介绍一些具体步骤。

1. 填写发货与退货地址

（1）打开速卖通物流中心管理页面，如图 4-20 所示。

图 4-20　速卖通物流中心管理页面

（2）选择"地址管理"选项，打开地址管理页面，如图 4-21 所示。单击【新增地址】按钮，逐个添加发货地址和退货地址的中英文地址信息。

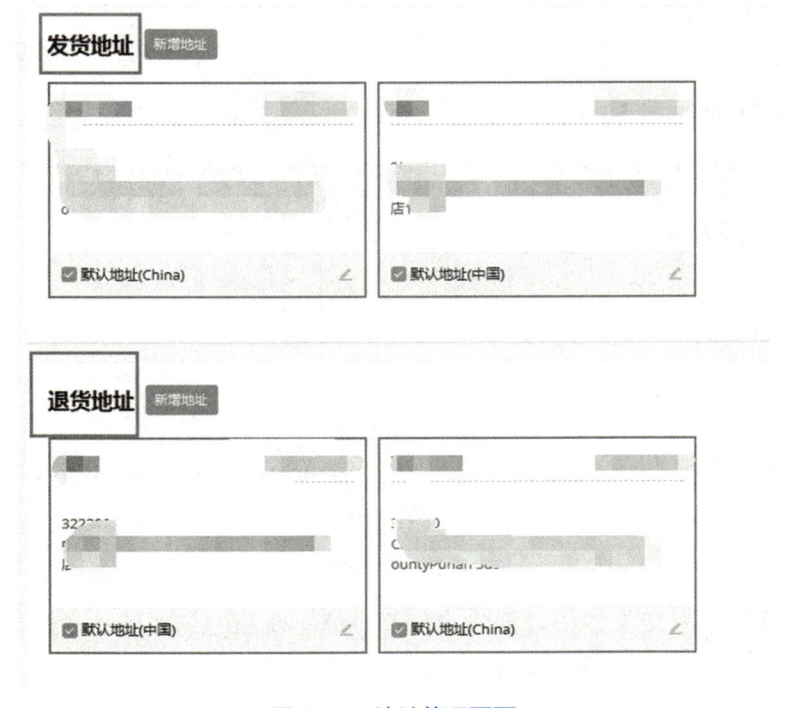

图 4-21　地址管理页面

2. 创建物流单

（1）通过"交易"»"订单"»"所有订单"这一路径，进入订单管理页面，单击【发货未完成】按钮，可以看到店铺所有待发货订单列表，如图 4-22 所示。

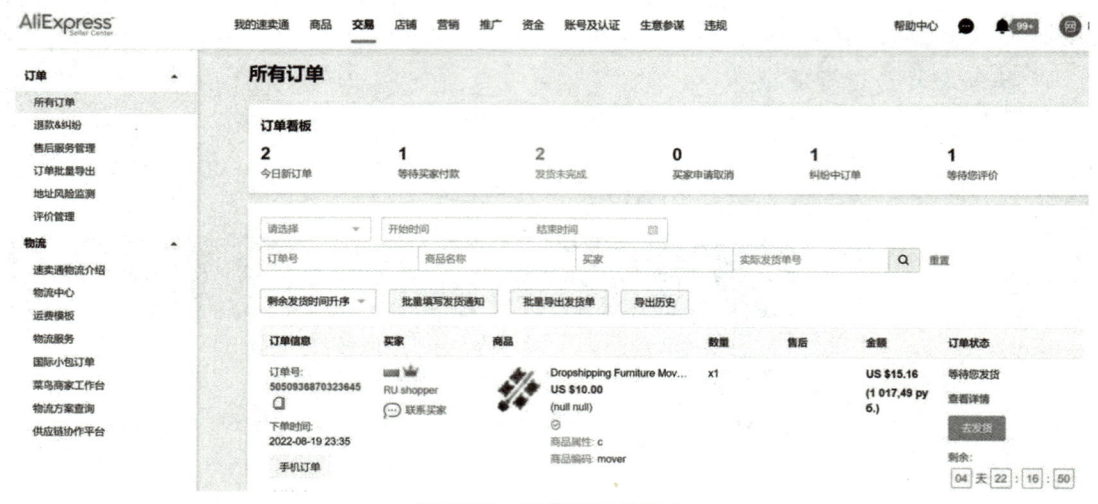

图 4-22 待发货订单列表

（2）选择待发货订单，单击【去发货】按钮，打开订单详情页面，如图 4-23 所示。在订单详情页面里可以看到发货剩余时间、买家会员名、订单收货地址等信息。

图 4-23 订单详情页面

（3）单击【线上发货】按钮，创建物流单，填写商品的包裹信息，包括商品名称、重量、尺寸、申报价值等，选择商品的货物类型，如图 4-24 所示。

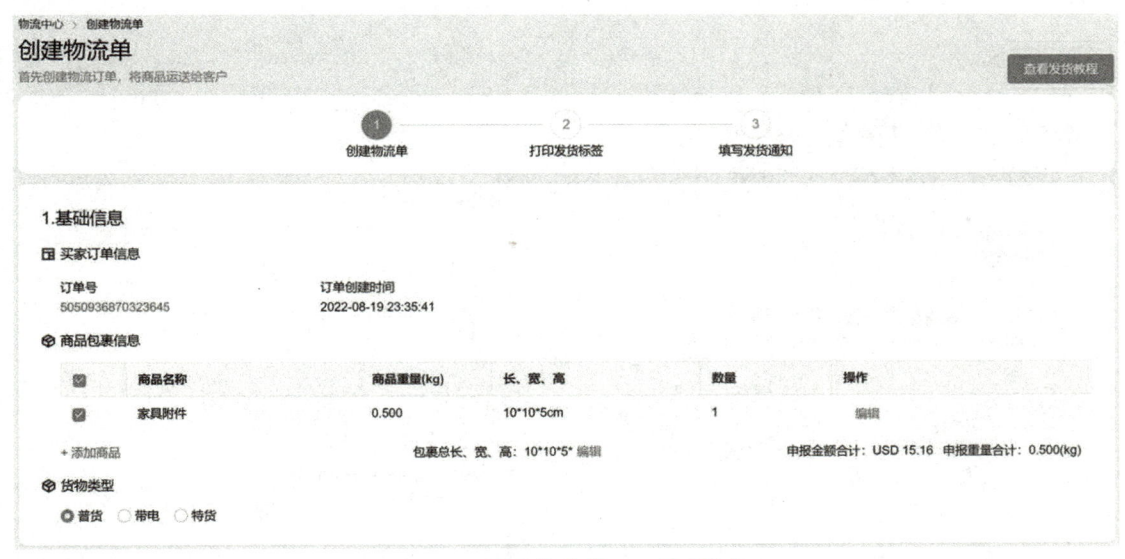

图 4-24 创建物流单——基础信息

3. 选择物流方案

在"物流方案"中选择需要的物流服务，系统会根据商家的发货地址进行仓库匹配，如图 4-25 所示。商家可以选择"菜鸟上门揽货"，选好后单击【提交】按钮，创建物流单。

图 4-25 创建物流单——运输信息

出现"成功创建物流订单"的提示，就表示物流单已经创建完毕，如图 4-26 所示。之后，商家就可以利用物流订单号搜索对应的快递单号，查看该订单物流情况。

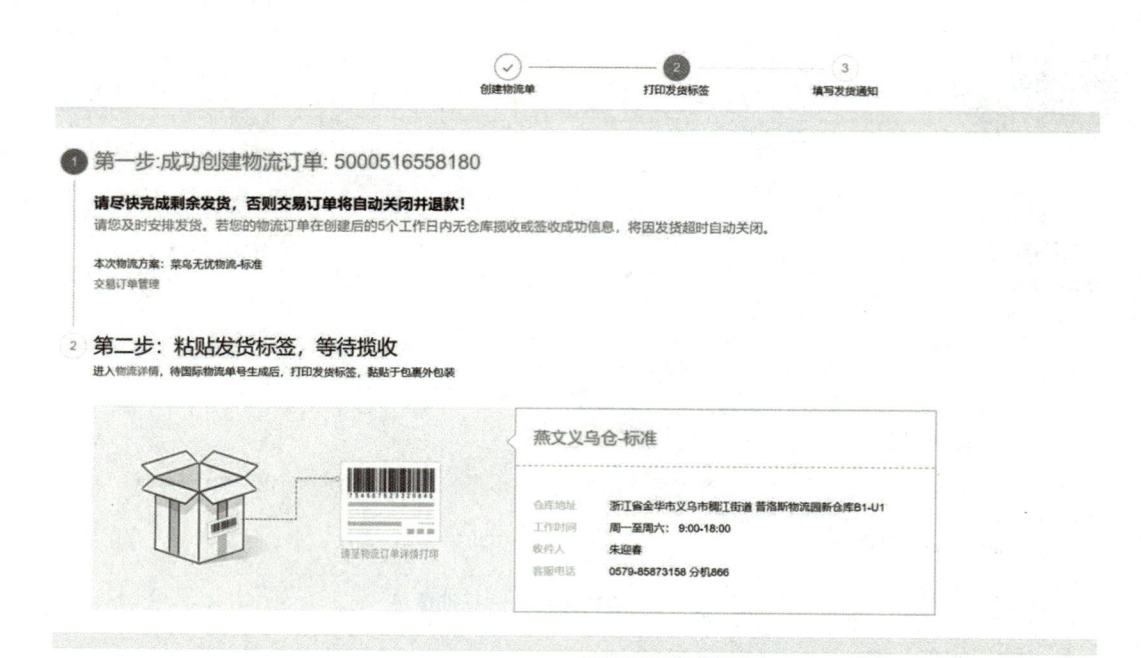

图 4-26　物流单创建完毕

（八）打包发货管理

打包发货工作包括将商品打包、打印发货标签、填写发货通知等内容。

1. 将商品打包

在寄快递之前，首先需要选择合适的快递袋或者快递箱。如果快递物品比较小而且不容易碎，就选择快递袋；如果快递物品比较大或者容易碎，就选择快递箱。此外，还要注意快递袋或快递箱的质量，选择质量好、保护物品能力强的快递袋或快递箱。

在选择好快递袋或快递箱之后，开始包装物品。为防止物品在运输过程中发生碰撞导致损坏，用泡沫块、薄膜、气泡膜等材料填补快递包装内的空隙。这些材料能够增加快递包裹的整体强度，保护物品的安全。

用胶带封好快递包装的边缘，以确保包装完好无损。

国际运输路途远，时间长，为了保障消费者能够顺利收到自己的包裹，尽可能避免出现包裹破损的情况。同时，为了确保包裹符合物流寄送的要求，在将商品打包时，需要满足一定的要求。

（1）包裹外表不能显露承运公司字样、标识，或者直接粘贴快递单。

（2）避免直接使用商品包装或裸装（货物不能装在透明的袋子里面）。

（3）将发货标签粘贴在包裹外包装上，否则仓库将作为无主件处理。

（4）使用标准发货标签（面单尺寸不能超过 10cm×10cm，避免使用彩色打印）。

（5）不要把多个包裹捆绑在一起，请用一个大的包装把同一批货物装在一起。

（6）对于发光的商品（如发光鞋子），内部必须使用纸盒包装，并确保外包装不会透光。

图 4-27 所示为带有发货标签的快递包裹。

图 4-27　带有发货标签的快递包裹

2. 打印发货标签

单击【物流详情】按钮，可查看国际货运跟踪号等物流信息，单击【打印发货标签】按钮，可以打印发货标签，如图 4-28 所示。

图 4-28　物流详情

3. 填写发货通知

单击【填写发货通知】按钮，打开填写发货通知页面，如图 4-29 所示。单击【全部提交发货通知】按钮，即可完成发货。在系统中填写发货通知后，商家将商品打包，贴上发货标签并交给相应的物流商，就完成了商品的发货。

图 4-29　填写发货通知页面

（九）预约交货管理

预约交货管理是速卖通平台在 2022 年 12 月推出的一项新功能。该功能的推出是为了更符合商家批量出库打包的实操习惯，同时解决小包揽收交货无明确揽收节点导致的时效判责不清，以及自寄自送受极端天气、仓库签收不标准等因素影响物流信息上网的问题，大大提升发货时效和物流确定性。

目前，预约交货管理仅适用于使用菜鸟揽收、商家自寄、商家自送到菜鸟揽收仓的订单。这三种交货方式均可以实现信息上网前置：上门揽收时间前置到司机上门扫描预约面单的时间，自寄时间前置到国内快递揽收成功的时间，自送时间前置到仓库签收的时间，提升物流信息 72 小时上网率。

"预约交货"分为大包约揽和批次约揽两种方式，以满足不同商家的需求。大包约揽适用于上门揽收、商家自寄及商家自送；批次约揽仅适用于免费揽收、商家自送。商家可以通过商家后台"交易">>"物流中心">>"预约交货管理"这一路径使用预约交货功能。

（1）选择预约交货的小包，如图 4-30 所示。

图 4-30　选择预约交货的小包

在预约交货管理页面，商家可以采取列表勾选或者手动录入的方式选择小包，选择揽收仓、揽收方式（揽收、自送或自寄）、约揽方式（大包约揽或批次约揽）。

（2）确认仓库和填写交货信息，如图 4-31 所示。确认揽收仓库，并填写预约交货信息，包括联系人、手机号、座机号、邮编、地址等。

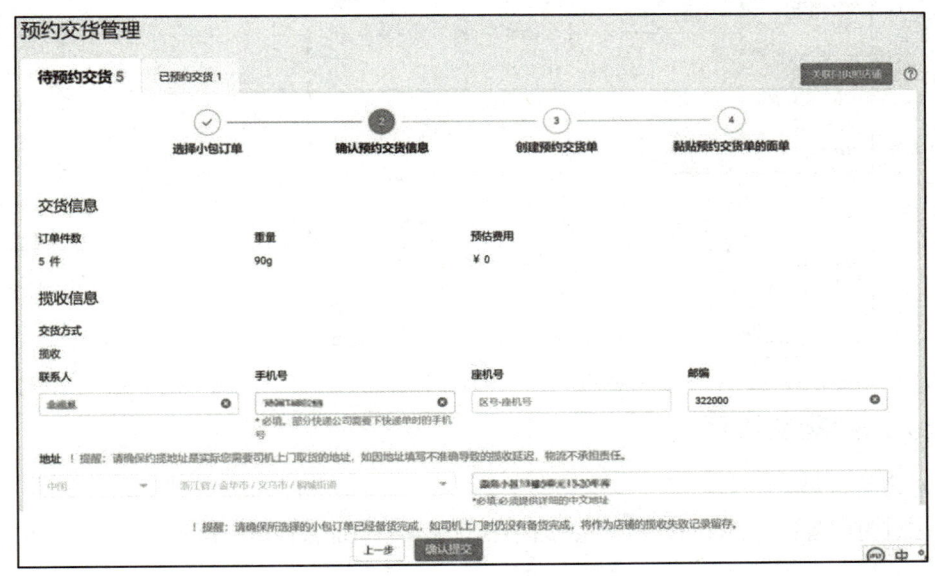

图 4-31　确认仓库和填写交货信息

（3）预约成功页面如图 4-32 所示。预约成功后，单击【查看预约详情】按钮，即可查看预约详情并打印对应的预约交货单的面单，如图 4-33 所示。

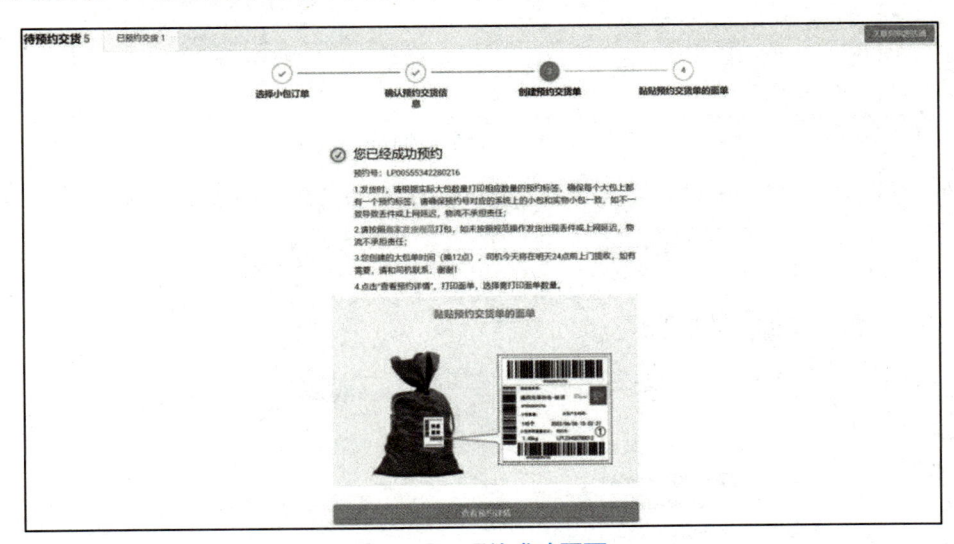

图 4-32　预约成功页面

（4）单击【打印面单】按钮，打印预约交货单。

① 大包约揽：把预约的小包放到同一个大包内，打印面单，粘贴至大包外面，至系统显示的揽收仓。

② 批次约揽：把该批次约揽的所有小包装到大包里面（若一个大包装不下，则可装多

个大包），然后根据实际打包的大包数量，单击【添加大包】按钮，添加相应的大包个数，并打印大包面单，粘贴在大包外面，至系统显示的揽收仓。如果发现添加大包的数量少于实际大包的数量，就追加大包数量，原打印的大包面单当即失效。

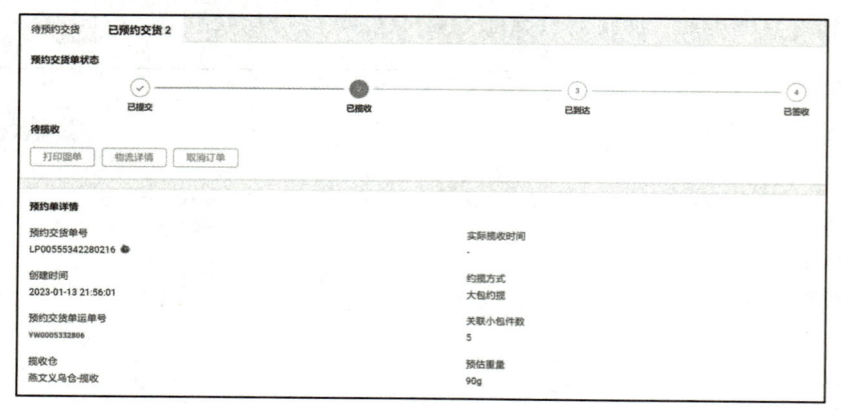

图 4-33　查看预约详情

（十）追踪物流管理

1. 查询物流信息

对于通过速卖通线上发货的订单，速卖通会在订单详情页面直接展示物流信息，如图 4-34 所示。

图 4-34　订单详情内的物流信息

另外，线上订单的物流信息也可以通过菜鸟官方物流追踪网站查询，如图 4-35 所示。

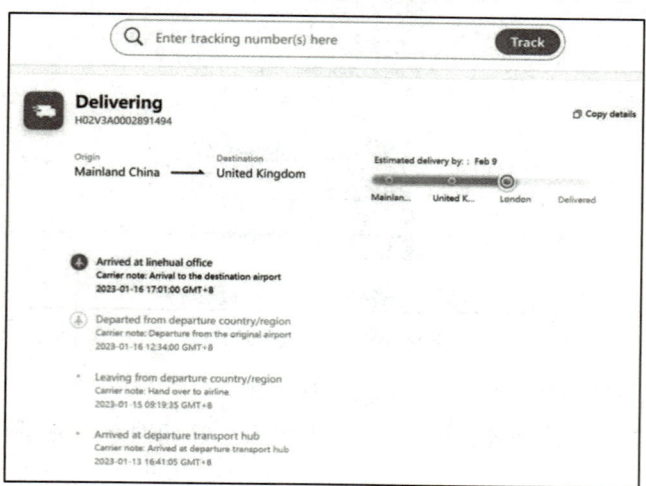

图 4-35　菜鸟官方物流追踪网站

对于商家使用线下物流发货的订单，有些物流信息在订单页面无法显示。商家可以通过物流信息查询平台查询物流信息。常用的物流信息查询网站有17TRACK，如图4-36所示。

图 4-36　17TRACK 物流信息查询网站

2. 物流异常投诉

所谓的物流异常，通常指运单号无效、物流信息长时间不更新、包裹退回等情况。其中，运单号无效是指运单号查不到发货信息，或者发货时间、收货地点等信息与订单实际情况不相符等情况。物流信息长时间不更新指物流信息在正常时限内未更新。例如，物流时效显示 45 天送达，但超出 45 天物流信息还未显示妥投，并且没有新的物流状态更新。包裹退回分国内段退回和国外段退回，国内段退回的主要原因是入库失败、出库失败、交航失败、安检不合格，国外段退回的主要原因是清关失败、投递失败等。

在速卖通平台上产生的无忧物流投诉由速卖通平台客服与菜鸟客服处理。物流服务投诉处理流程如图 4-37 所示。

（1）商家根据不同的投诉项目，在相应的时限内通过系统发起投诉。

（2）投诉发起后，商家通过系统举证，物流商在 10 个自然日内将处理结果反馈给平台。

（3）若商家对物流商处理结果不认可，则可以在线发起申诉，申诉有效期为 15 天。菜鸟承诺在一个工作日内介入。

（4）菜鸟介入后，判为物流商责任的，按照赔付标准判定物流商向商家赔付的金额。

另外，商家需要注意以下三点。

（1）商家只能针对"揽收延迟""揽收后未入库""签收后未入库""费用争议""重量不符" 5 种投诉类型发起投诉。

（2）其他投诉类型：消费者发起未收到货（即入库后的货物丢失、短装）、货物破损、发错货物的投诉，若速卖通平台判断该投诉可能为物流商责任，则代替商家处理该投诉；若判定为物流商责任，速卖通平台将先行退款给消费者并按照标准赔付商家。

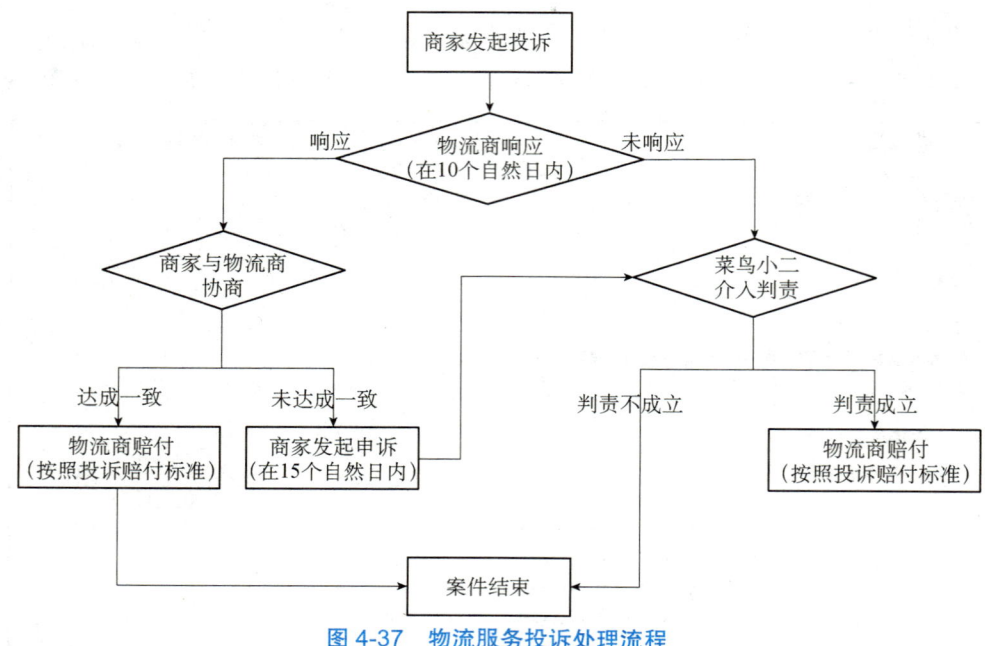

图 4-37 物流服务投诉处理流程

（3）若商家出现延迟发货行为，则无法得到赔付标准中相应投诉类型的赔付，其他类型的投诉赔付不受影响。商家可以在后台物流订单页面提交投诉，投诉入口如图 4-38 所示。

图 4-38 投诉入口

商家可以通过"物流" >> "国际小包订单" >> "投诉管理"这一路径查看投诉记录和处理结果，如图 4-39 所示。

图 4-39 查看投诉记录和处理结果

二、亚马逊发货管理

（一）FBA

FBA 是"Fulfillment by Amazon"的缩写，即亚马逊完成代发货的服务，也称亚马逊物流服务。采用 FBA 发货的商家，需要事先在亚马逊商家后台创建发货计划，按照系统生成的发货计划，将货物发送至亚马逊 FBA 仓储中心，由亚马逊提供仓储服务。亚马逊系统根据商家在仓储中心放置货物的体积、重量、时长等，收取相应的仓储费。商家通过亚马逊平台销售这些商品，在消费者下订单后，亚马逊仓储中心会自动提供货物的分拣、打包、配送、收款、客服和售后处理等相关服务。亚马逊针对每个订单收取相应的订单处理费、分拣包装费和称重处理费。针对在 FBA 仓放置时间过长的商品，亚马逊还会在每年 2 月 15 日和 8 月 15 日收取长期仓储费。

1. 适用商品

（1）耐储存的商品（FBA 发货，相比商业快递更慢，货物周转时间较长，所以耐储存的商品更适用于 FBA 发货模式）。

（2）轻便的商品（例如，小型玩具、服饰、鞋子、小型家电等中小型商品的 FBA 存储费用更低，使物流成本得到有效降低）。

（3）利润合理的商品（FBA 的物流分摊费用不高，但如果长期储存，就会产生一定的仓储费用。有些低利润的商品无法承担这部分费用，不适合采用 FBA 模式）。

（4）如果商家自己没有处理退换货的条件，就可以借助 FBA 让亚马逊官方处理消费者服务和退换货问题。

2. FBA 费用

FBA 涉及的费用包括亚马逊销售佣金、订单配送费（操作费）、库存仓储费（月度+长期）、移除订单费、多渠道配送费、退货处理费，以及计划外预处理服务费。FBA 配送费用取决于商品包装后的重量和尺寸。确定商品分类（服装或非服装类）和商品尺寸分段（标准尺寸或大件），计算发货重量，根据平台标准确定需要支付哪些费用。

标准尺寸商品分段：非服装类商品小号标准尺寸（重量不超过 10 盎司，约 283g）费用为 2.5 美元，小号标准尺寸（重量 10~16 盎司，约 283~454g）费用为 2.63 美元，大号标准尺寸（重量不超过 10 盎司）费用为 3.31 美元。

注意：商家可以使用亚马逊物流收入计算器来预估亚马逊已发布的特定商品 FBA 费用，还可以实时对比 FBA 和自配送订单的费用。

3. FBA 头程物流

从商家仓到亚马逊 FBA 仓之间的物流，通常称为 FBA 头程物流。FBA 头程物流处理过程复杂，涉及清关、缴纳关税等方面的事务，不同物流方式的运费成本不同，发货时效也不同，而不同的物流服务商提供的服务也良莠不齐。商家在 FBA 头程物流的选择上，既要考虑自己的资金周转和发货时效要求，又要考虑物流服务商资质，选择可靠的物流服务商合作。

通常可供商家选择的 FBA 头程物流有三种——商业快递、空派和海运。

（1）商业快递主要指四大快递（DHL、UPS、FedEx 和 TNT）企业提供的服务，商业快递时效快,服务好,但运费单价比较高。

(2)空派即空运加派(配)送,指一些物流公司和航空公司签合同,以租位的方式,将货物运到目的地机场,然后由物流商在当地的合作伙伴将货物送至 FBA 仓。相对于商业快递来说,空派的发货时效稍慢,但运费比商业快递便宜。

(3)海运分为两种——散货和整柜。散货指单个商家的货物数量有限,不足以装满一个货柜,在此情况下,物流商将多个商家的不同货物汇总,多个商家共用一个货柜发货。如果商家的货物数量足够多,则可以选择正规方式发货。无论采用散货还是整柜方式发货,运费成本都远远低于商业快递和空派。海运的不利之处在于发货时效比较慢。

商家在实际运营中可以搭配使用以上三种发货方式,既保证发货时效,又降低 FBA 头程物流成本。

4. FBA 标签与包装

FBA 标签分为 3 种,即商品标签、货件标签、托盘标签。

(1)商品标签又叫 FNSKU,是以 X00 开头的标签,必须覆盖商品的原始条形码。商品标签是 FBA 识别商品、入仓上架的标识。商品标签如图 4-40 所示。

图 4-40 商品标签

(2)货件标签指张贴在包裹外箱上的标签,标注一个 Shipment ID(商家 FBA 号):FBAXXXXXX。一个货件编号可能有多个快递箱,会在货件编号(如 U001,U002,……)中体现出来,是亚马逊仓库收货时确认货物的外包装箱标识。货件标签如图 4-41 所示。

图 4-41 货件标签

(3)托盘标签指一个托盘的四面都要张贴的标签,和上述货件标签相似。值得一提的是,托盘标签只有在海运过程中才会用到。

5. 亚马逊入仓包装规则

（1）使用箱盖完整的六面硬质包装箱。

（2）货件中的每个箱子必须带有自己的亚马逊物流货件标签（在系统"货件处理进度"中打印）。

（3）每个托盘需要四个标签，在托盘每侧的顶部中心位置各贴一个。

（4）使用大纸箱将多个原厂包装发货的商品发往亚马逊运营中心时，请在用于运输商品的大纸箱上贴唯一的货件标签。

（5）如果使用用过的箱子，就去除所有旧的货件标签或其他标记。

（6）使用专用于配送的强力胶带。

（7）将物流包装进箱子后，轻轻地晃动一下。晃动时，箱内物品不应移动。

（8）纸箱包装的商品应只涉及一个订单。如果一个纸箱要装多个订单中的商品，那么要确保一个纸箱最多只能涉及 5 个订单的商品。

（9）纸箱包装的重量最多不超过 22.5kg。若单件销售的商品重量超过 22.5kg，则需要在纸箱上明确张贴"Team Lift"标签，表示需要团队来操作；纸箱包装重量若超过 45kg，则需要在纸箱上明确张贴"Mech Lift"标签，表示需要机器来操作。

（10）装有珠宝和手表的纸箱重量不能超过 18kg。

（11）纸箱的任意一边尺寸不得超过 63.5cm，除非单件销售的商品尺寸超过 63.5cm。纸箱的任意一边尺寸若超过 63.5cm，那么纸箱需要放置在 1m×1.25m 的托盘上，除非单件销售的商品纸箱尺寸超出了标准托盘的尺寸。

（12）纸箱和包装材质（如衬垫、填充物）必须在运输过程中充分保护货物。若用不被亚马逊运营中心接受的包装材料包装货物，则会导致商品被拒收或收取额外的包装费用。

（13）用大型尺寸的衬垫，如空气枕、整张纸张、泡沫纸或者气泡膜，填充纸箱内部空隙，不要用松散材质去填充。

（14）选择纸箱尺寸的依据是确保货物放入后只有最小的剩余空间。空间利用率可以通过在一个纸箱中装多个商品来实现最大化（在商品不受损害的情况下）。

（15）纸箱不能用打包带、松紧带、胶带附加打包带来捆绑。不能用大型订书钉或尼龙纤维胶带，因为它们对库房工作人员有安全隐患。

（16）多个纸箱被确定为一起销售的（如套装）重量大于 45kg，必须放在同一个托盘上（一件出售商品对应一个托盘）。

（17）单件出售的纸箱包装商品（如家具）重量大于 45kg，需要使用托盘。不得使用托盘尺寸的箱子（也称为"Gaylord"）。

（18）不得使用常用于展示商品的销售点容器（例如，前开口箱子或没有箱盖的箱子）。

如果不遵守 FBA 商品准备要求、安全要求和商品限制，可能导致亚马逊运营中心拒收、弃置商品或将商品退给商家，禁止商家以后向亚马逊运营中心发运货件，或者对亚马逊运营中心的预处理服务及商家的不合规行为收取额外费用。

6. FBA 后台发货计划创建流程

FBA 的仓库都在海外，商家需要把自己的商品以国际运输的方式发送到海外的地址，地址是在商家后台创建并随机分配的。

（1）打开商家后台，选择"库存"，如图 4-42 所示。

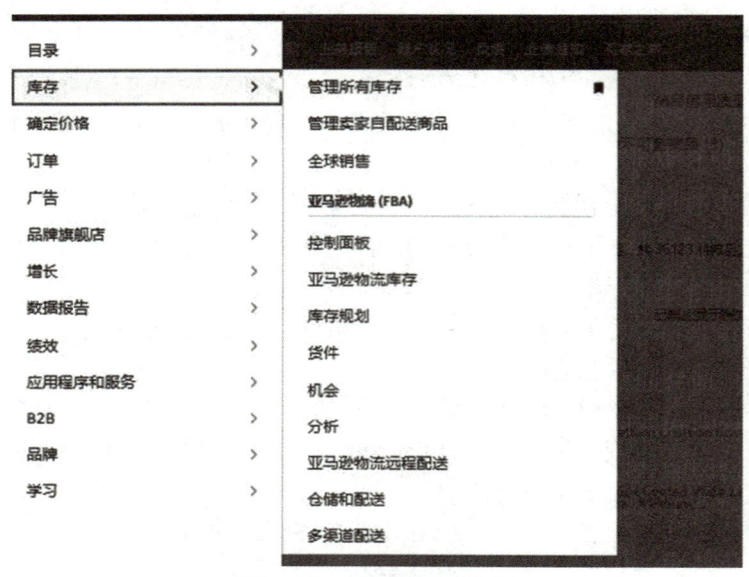

图 4-42 亚马逊后台库存

（2）选择"管理所有库存"选项，如图 4-43 所示。

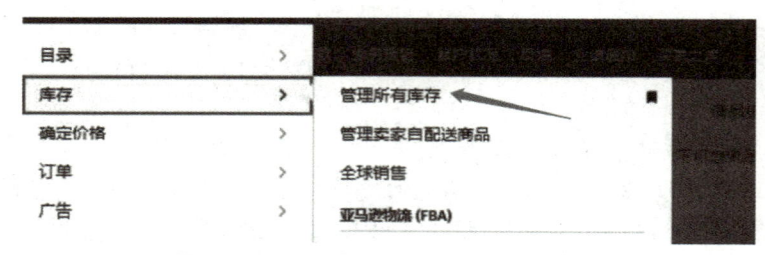

图 4-43 亚马逊后台——管理所有库存

（3）勾选准备发 FBA 的商品，添加必填信息，选择"发布为亚马逊物流商品并发送至亚马逊"，如图 4-44 所示。

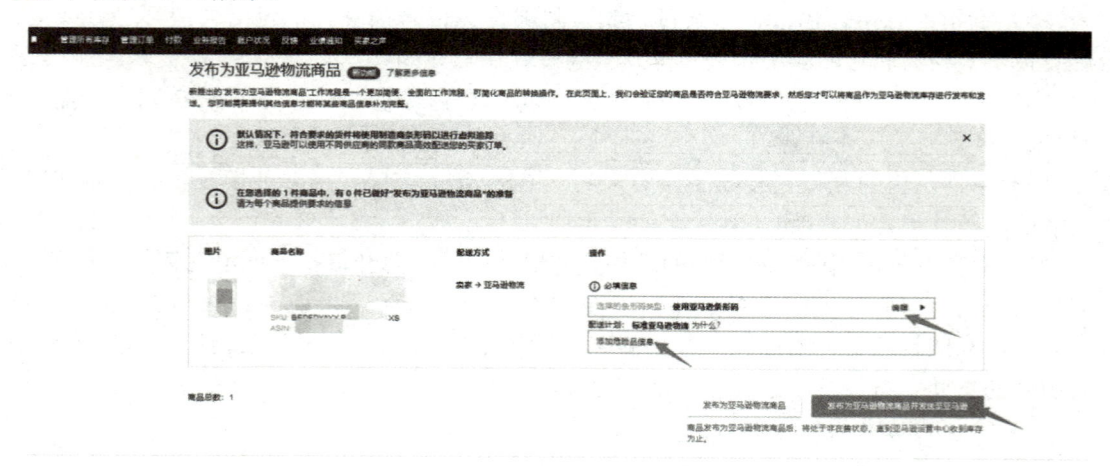

图 4-44 发布为亚马逊物流商品

（4）填写包装信息，如图 4-45 所示。

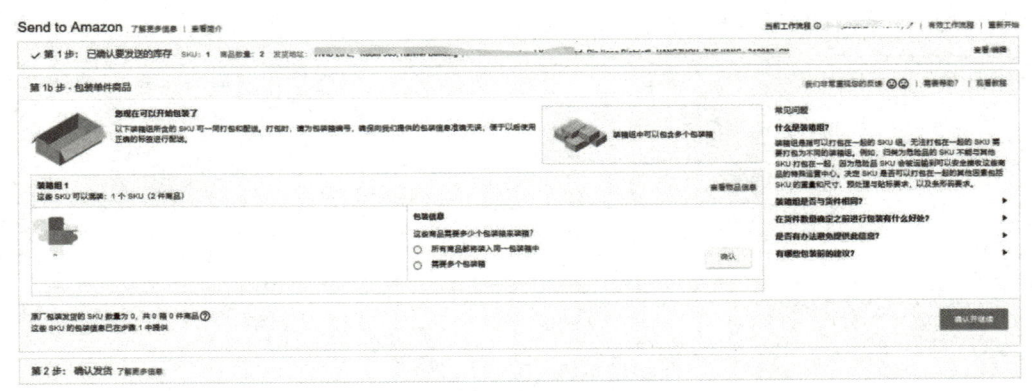

图 4-45　填写包装信息

（5）填写货件信息，选择承运人信息，如图 4-46 所示。

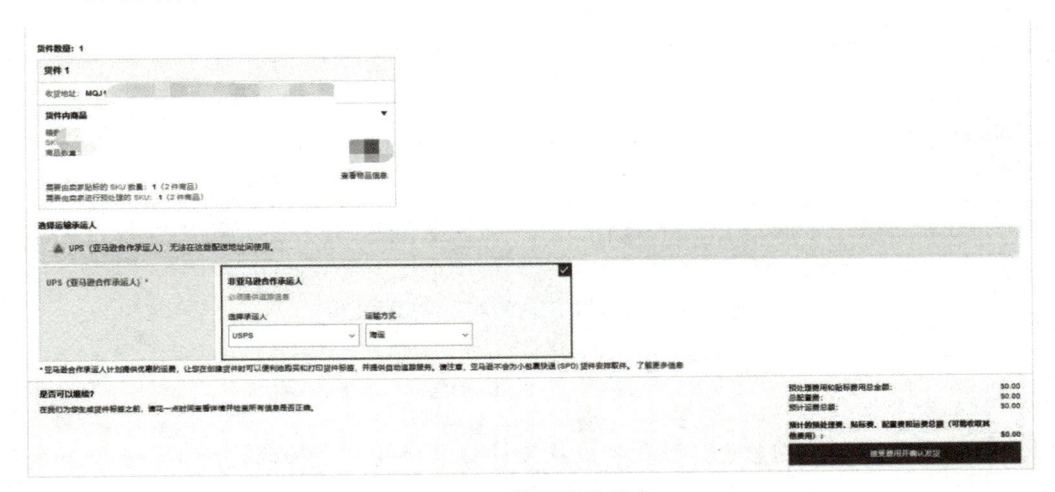

图 4-46　填写货件信息

（6）打印标签信息，如图 4-47 所示。

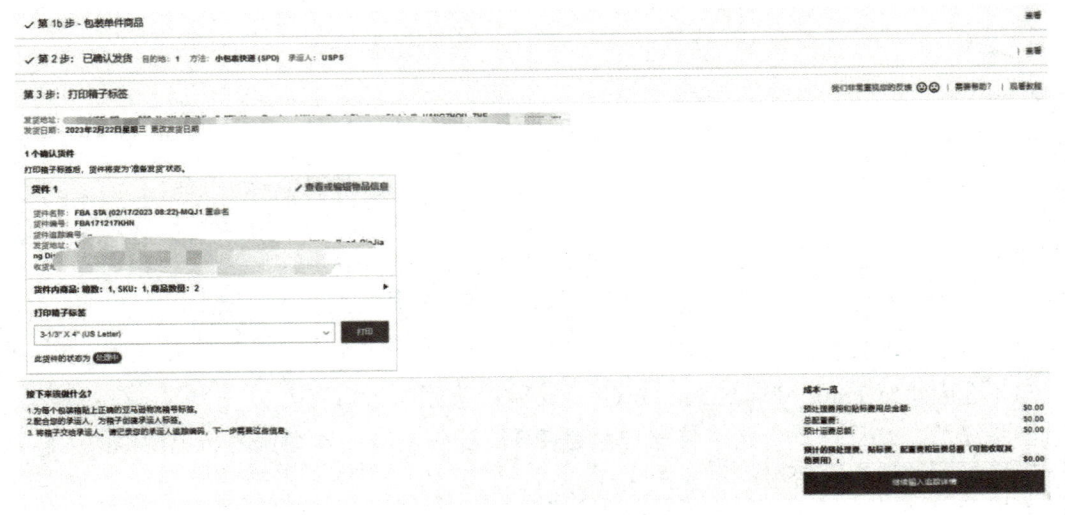

图 4-47　打印标签信息

（7）填写每箱内的商品信息并上传，如图 4-48 所示。

图 4-48　填写每箱内的商品信息并上传

（8）填写追踪信息，完成 FBA 后台发货。

7. FBA 合仓设置

FBA 合仓，如字面的意思，就是将商家发往亚马逊的商品都存放在亚马逊同一个仓库中。商家在亚马逊后台手动设置合仓。

（1）选择"设置"（Setting）中的"Fulfillment by Amazon"，打开"合仓设置"（Inbound Settings）界面，如图 4-49 所示。

图 4-49　"合仓设置"界面

（2）单击【编辑】（Edit）按钮。

（3）选中"Inventory Placement Service"选项，如图 4-50 所示。

温馨提示：一旦设置合仓，马上对新建 FBA 货件生效，发完货之后记得修改为默认设置，省得每次扣掉合仓费用。

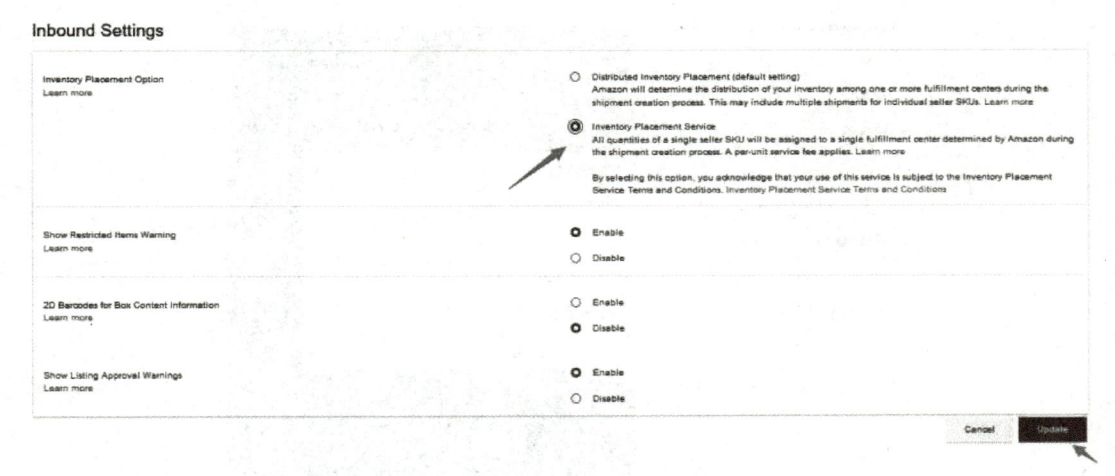

图 4-50　选中"Inventory Placement Service"

8. 管理 FBA 库存

选择 FBA 服务的商家，可以直接在亚马逊商家后台查询到自己当前每个 SKU 的 FBA 库存状况，具体路径为"库存">>"管理亚马逊库存"。管理亚马逊库存页面如图 4-51 所示。库存信息项说明，如图 4-52 所示。

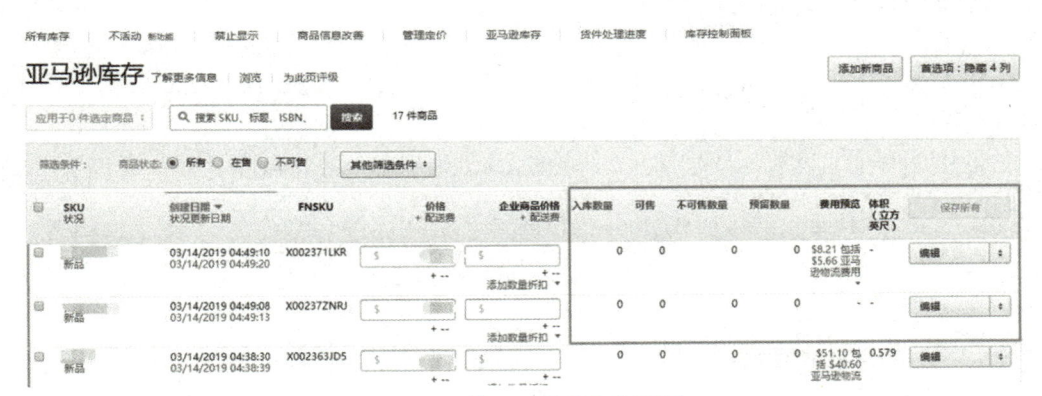

图 4-51　管理亚马逊库存页面

图 4-52　库存信息项说明

9. 多渠道配送订单处理

多渠道配送订单（MCF）是亚马逊商家常用的一种订单形式，商家可以在亚马逊平台上自行创建订单，也可以从第三方商家手中购买。

（1）在亚马逊后台首页菜单栏"订单"的下拉菜单中选择"创建 MCF 订单"，如图 4-53 所示。

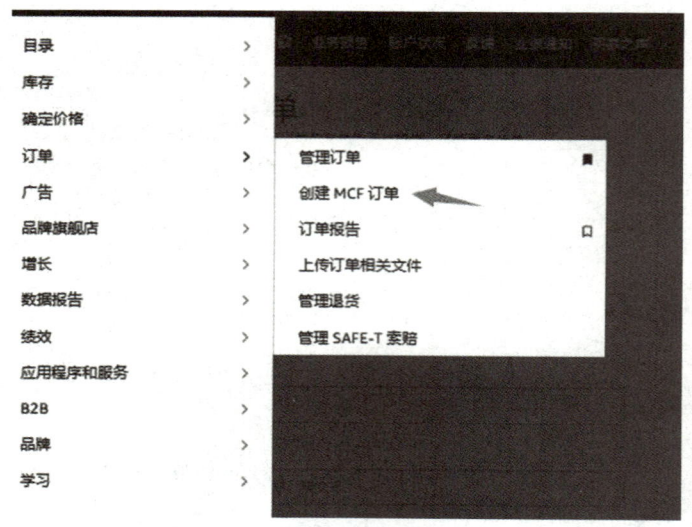

图 4-53 选择"创建 MCF 订单"

（2）进入多渠道配送订单创建界面，如图 4-54 所示。

图 4-54 多渠道配送订单创建界面

（3）按要求填写多渠道配送订单信息，如图 4-55 所示。

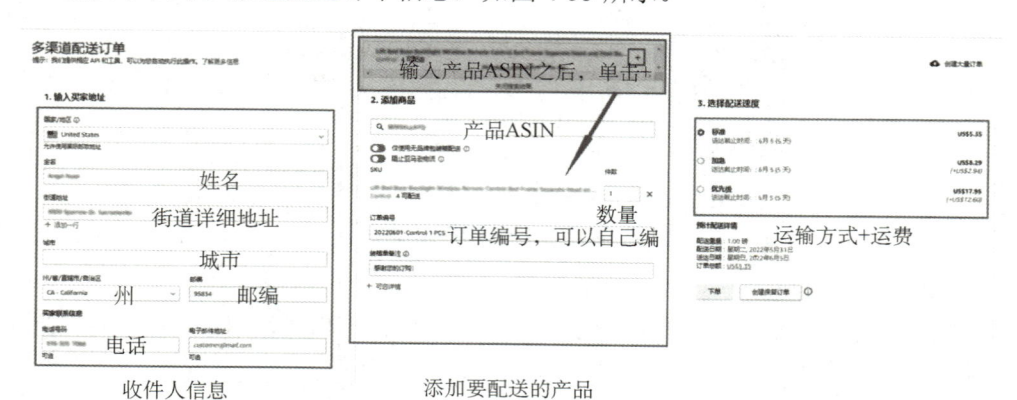

图 4-55 填写多渠道配送订单信息

① 商家需要填写收件人信息（包括收件人姓名、街道详细地址、城市、州、邮编和收件人电话号码），这个和在国内电商平台购物填的信息相同。最重要的是电话号码，要跟收件人的电话号码一致，否则对方可能收不到快递。

② 商家要填写配送的商品信息。第一步需要找到商品 ASIN（也可以填写 SKU 等其他相关信息，但最好用 ASIN，防止出错），并填入 ASIN，接下来就会出现商品标题等信息，然后单击右侧的【+】按钮，将商品添加到页面上。之后，需要填写发送的商品个数（在默认状态下是 1）。接着，需要给订单编号，系统会自动生成一个编号，但为了后续查找方便，需要商家自己命名。

③ 商家需要选择运输方式。运输方式有标准、加急、优先级三种供选择。这三种方式仅在时效和收费上有所不同。在时效上，标准＞加急＞优先级；在收费上，标准＜加急＜优先级。选择好运输方式后，确认填写信息无误，就可以单击最后一栏的【下单】按钮，至此多渠道配送订单创建完成。接下来，亚马逊就会将商家选择的商品送到已提供信息的收件人手中。

10. 移除订单操作

在日常的亚马逊运营中，难免出现一些不可售库存商品。例如，在操作 FBA 入库时，商品在运输途中出现破损；在退换货过程中出现瑕疵商品等。这时，商家便需要手动为这一部分库存创建移除订单，以免产生不必要的仓储费。根据亚马逊官方的解释，通过订单移除功能，商家可以随时请求亚马逊退还、弃置或清算任意数量的库存商品，也可以自动管理不可售的和周转缓慢的库存商品。

下面是订单移除功能的具体操作。

（1）在商品管理界面，选择"订单移除"（Create Removal Order）选项。

（2）在"订单移除"界面可以看到两个选项。第一个选项是"移除"，商家需要填写相关的联系方式用来接收移除的商品，包括收件人、地址、城市、联系电话及国家或地区（美国站仅限美国境内的地址）；还需要填写移除商品的情况（可售或不可售）和相应的数量。一般订单移除的时间为 1～3 个月。第二个选项是"弃置"。如果库存商品有瑕疵，而且本身价值比较低，商家就没有移除的必要。在这种情况下，商家可以选择弃置商品，交由 FBA 仓库自行处理；商家在选择商品数量后，无须填写任何信息，直接提交即可。

（二）FBM

FBM（Fulfillment by Merchant）即自发货模式，商家不需要提前备货，所以也称为无货源模式。FBM 发货流程如图 4-56 所示。无货源模式并不是真的没有货源，只是商家不需要自己囤货。国内的电商平台都可以作为商家的货源，省去了囤货资金和仓库租金成本，操作起来也很简单。商家通过企业资源计划（ERP）系统采集国内电商平台（如京东、淘宝、1688）上面的商品信息，将其修改后批量上传到自己的亚马逊店铺进行销售。商品出单后，商家再去采集商品的平台下单，发货到商家中转仓，进行二次检查和二次精打包，贴标签，通过国际物流发往海外。

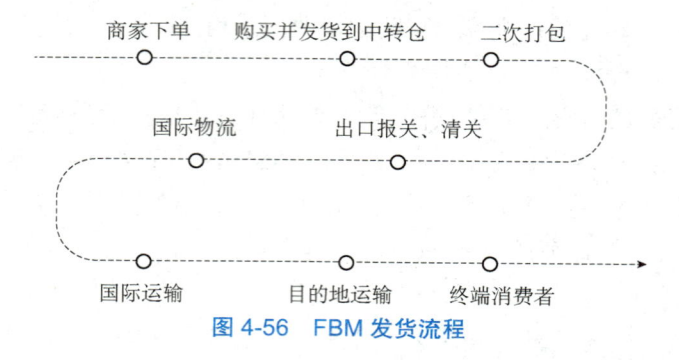

图 4-56　FBM 发货流程

  FBM 是一种低风险的跨境电商运营模式，对于刚刚加入跨境电商行业的新手非常适合。商家可以把库存、包装、配送、消费者服务统统交给第三方海外仓完成，在一定程度上能够降低运营成本压力。因此，FBM 销售和配送方式成为绝大多数商家的首要选择。

1. FBM 优势

（1）不需要囤货，没有商品滞销风险。

（2）不需要租仓储基地，前期投资较低，没有资金压力，运营简单，容易上手，适合新手。

（3）不需要客服专员及美工，无须花钱推广，全靠自然流量带动店铺销量。经过系统培训，利用企业资源计划系统采集各个电商平台的商品数据，进行一定的筛选与处理，就能够使其他平台的商品成为自己店铺的商品。亚马逊无货源店铺对于商品和数量都没有限制，而且不需要图片存放空间。商家上架的商品越多，消费者购买的机会越大。在操作熟练之后，一个人就可以打理多个店铺。

2. FBM 劣势

（1）影响曝光量：因为不是通过亚马逊发货的，所以在权重方面有损失，在亚马逊平台相应的曝光量和流量就会减少。

（2）没有专业客服：亚马逊客服不解决自发货商家的客服问题。

（3）转化率低：自发货的商品从国内发货，运输周期非常长，所以会影响消费者的转化率。

（4）移除负面反馈的概率低：自发货商家移除负面反馈的概率非常低，这对账户的健康会有一定的负面影响。

3. FBM 发货处理流程

  自发货就是指商家在收到消费者订单后，直接从国内供应商或者仓库直接发货给国外消费者，即商家自己负责仓储、分拣、包装、配送和消费者服务等一系列活动。

  下面是商家在亚马逊后台的操作步骤。

（1）在亚马逊后台找到"订单"模块，在"订单"的下拉菜单中选择"管理订单"选项，如图 4-57 所示。

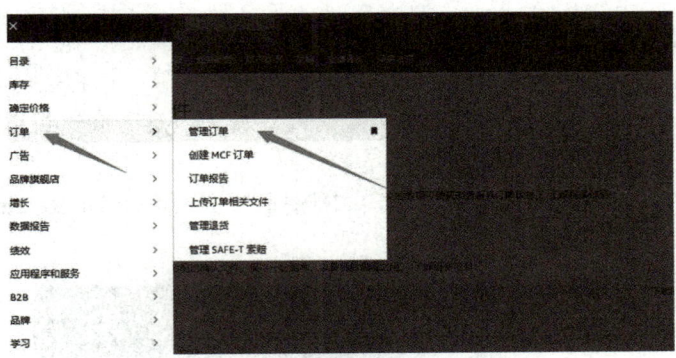

图 4-57 选择"管理订单"选项

（2）单击【查看商家自配送订单】按钮，查看所有等待自配送的订单，如图 4-58 所示。

图 4-58 查看商家自配送订单

（3）单击【确认发货】按钮，进行商家自发货设置，如图 4-59 所示。

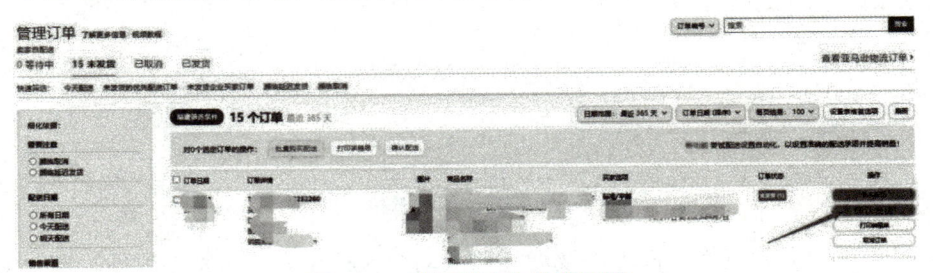

图 4-59 进行商家自发货设置

（4）选择配送服务，填写快递运单号等信息并确认发货，如图 4-60 所示。

图 4-60 填写快递运单号等信息并确认发货

4. 批量上传跟踪号

大量货物以快递形式批量发出后,商家要及时跟踪,避免货物丢失,造成不必要的损失。但是,一个一个地上传跟踪号会花费大量时间和精力,这时商家可以采用批量上传的方式,既省时省力,又提高发货效率。

(1) 在后台菜单栏 "Orders" 的下拉菜单中选择 "Upload Order Related Files" 选项,如图 4-61 所示。

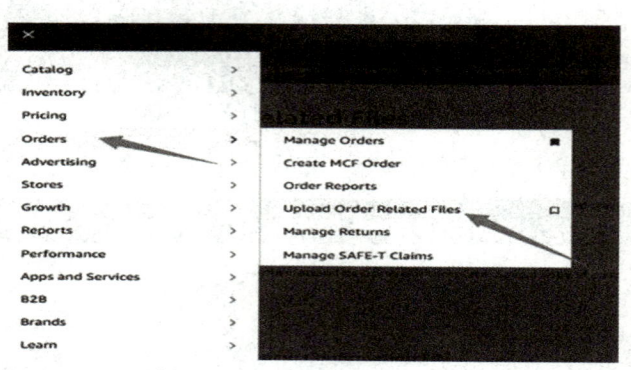

图 4-61　选择 "Upload Order Related Files" 选项

(2) 在打开的页面中单击【Download Template】按钮,下载表格,如图 4-62 所示。

图 4-62　下载表格

(3) 对于下载后的表格,商家不要做任何改动,直接在表格里粘贴或填写需要的信息。
(4) 填写好表格后将文件另存为制表符分隔的 TXT 文本文件格式。
(5) 将制表符分隔的 TXT 文本文件上传到后台,如图 4-63 所示。

图 4-63　将制表符分隔的 TXT 文本文件上传到后台

(6)文件上传后,成功与否,系统均有提示。如果有错误报告,可以下载报告看一下,然后重新填写后上传。

5. 亚马逊自发货订单退货处理流程

在自发货商家的日常运营中,退货问题向来是较为头疼的难题。能否处理好退货问题,在很大程度上影响店铺的整体运营,处理不当甚至可能带来更为头疼的差评。下面是自发货订单退货流程的一般操作。

(1)消费者提交"退货申请"。
(2)商家在商家后台的"订单">>"管理退货"中查看退货申请及退货原因。
(3)商家根据"亚马逊商品退货政策",在商家后台的"订单">>"管理退货"中处理退货申请。
(4)如果关闭申请,亚马逊就会向消费者发送邮件通知,邮件内包含商家关闭申请的原因。
(5)如果批准退货申请,系统就将商家的退货地址以邮件形式发送给消费者,商家等待消费者退货。
(6)商家收到退货商品后,在"管理退货"或者"管理订单"页面进行订单退款。

(三)亚马逊海外仓

对于亚马逊跨境电商商家来说,海外仓主要有三种形式——FBA仓、第三方海外仓和自建海外仓。FBA仓和第三方海外仓是最常用的。前面已经讲过FBA仓,第三方海外仓是服务商针对海外仓储客户建立的海外仓库。

亚马逊商家选择海外仓的原因通常有两个:一是商品滞销。滞销商品放在亚马逊仓库会产生仓储费;如果商品长期没有销售,仓储费就会高得吓人,所以商家一般选择价格低廉的海外仓。二是存储容量不足。商品销量太大,怕备货不足,导致后续缺货的问题,商家会选择"FBA+海外仓"模式,提前准备足够的库存商品,以应对销售旺季。

商家选择海外仓需要考虑以下五大因素。

1. 合理的仓储费

海外仓的成本通常低于亚马逊仓库,因此选择合适的海外仓可以节省仓储成本。但是,商家必须在保证服务质量的基础上做出选择,而不是一味地追求低价。大部分商家不能接受高价海外仓,但低价不一定是好事,商家不能只看价格,单凭价格是无法判断海外仓质量的。

2. 拥有成熟的运营管理团队

如果商家在国内外有专业的清关团队和服务团队,货物就可以顺利进出海关,遇到任何问题都能及时得到反馈和解决。商家最好有懂税法的专业顾问,了解当地政策,以规避法律风险。

3. 头程运输一体化运营

头程运输在整个跨境物流运输中占据了很大的成本。头程运输一体化运营,可以更好地保障货物安全,结合整体优惠成本,降低整体物流成本。

4. 大宗商品运输能力

对于家具、饰品等特殊商品,尤其大件商品,商家更要注意海外仓的匹配度。这样的海外仓的经营者必须是一流的国际货运代理公司。除具备东道国颁发的国际货运代理资质外,国际货运代理公司还应与承运人(船运公司、航空公司)保持良好的合作关系,确保货物能够及时上架展示。

5. 完善的海外仓管理系统

海外仓经营者其实是全方位的服务商。海外仓拥有完善的海外仓配送管理系统，商家可以跟踪货物流向，管理订单和库存，对接仓储物流运营商，清晰了解海外仓费用。为了管理需求，商家还可以实时控制库存状态和销售动态。商家通过设置安全库存（包括上限和下限），可以加快热销商品补货跟踪订单的响应速度，同时降低库存积压。

第三节　订单资金管理

一、速卖通订单资金管理

（一）订单资金详情

资金详情可以在订单页面内看到，如图 4-64 所示，主要包含以下项目。

资金详情

订单金额

产品总金额	物流费用	调价金额	DDP关税	预计增值税	店铺优惠	订单金额	交易佣金	联盟佣金	cashback商家出资	预计可得
US $12.40	US $14.42	US $0.00	-	-US $5.19 平台已税	-	US $21.63	-US $1.08	-US $0.30	-	US $20.25

买家支付明细

买家实付	付款时间	支付方式
US $26.82	2023-01-03 02:07	信用卡/储蓄卡

图 4-64　资金详情

（1）产品总金额：店铺前台显示的商品价格。

（2）物流费用：商家设置的物流运费。

（3）调价金额：如果商家在消费者付款前修改了订单金额，就会在这里显示。

（4）DDP[①]关税：平台代缴 DDP 关税。

（5）预计增值税：平台根据相关法规向消费者收取增值税。“平台已税”表示平台已经收取增值税；“平台未税”表示未向消费者收取增值税，相关增值税纳税责任仍然在商家或消费者。

（6）店铺优惠：店铺设置的优惠活动，如优惠券。

（7）订单金额：订单金额=产品总金额+物流费用±调价金额−店铺优惠−预计增值税。

（8）交易佣金：本订单平台收取的交易佣金。

（9）联盟佣金：本订单需要支付的联盟佣金。

（10）cashback 商家出资：参加平台 cashback（现金返还）招商活动的商品，扣除物流费用与店铺优惠后的活动费用，若未参加活动就显示无。

（11）预计可得：指商家实际收到的金额 = 订单金额 − 交易佣金 − 联盟佣金 − cashback 商家出资。

（12）买家实付：即消费者实际付款金额，通常大于或等于订单金额。如果消费者应付少于订单金额，则该订单含有平台或支付渠道优惠。

（二）订单普通放款

在一般情况下，速卖通在交易完成、消费者无理由退货保护期届满后向商家放款，即

① DDP，英文全称“Delivered Duty Paid”，中文名为“税后交货”。

4

消费者确认收货或系统自动确认收货加 15 个自然日（或平台不时更新并公告生效的其他期限）后。

（三）订单提前放款

1. 提前放款介绍

（1）提前放款是速卖通根据系统对商家经营情况和信用进行的综合评估（例如，经营时长、好评率、拒付率、退款率等），决定为部分订单在交易结束前提前垫资放款。提前放款是在发货后的一定期间内放款，最快放款时间为发货 3~5 天后，是针对平台优质商家推出的资金扶持服务。平台根据消费者店铺经营情况综合评估是否开通提前放款，以及对开通提现放款的店铺计算出需要冻结的保证金金额作为风险保障。平台根据商家的经营情况评估需冻结的保证金额度，冻足（多退少补）该额度后，后面发货的订单通过提前放款审核后会全额放款。

（2）每笔订单是否提前放款需要根据店铺的经营情况综合评估，无法执行的需要按普通放款模式放款，即交易结束超过 15 天后再放款。

（3）提前放款订单的放款时间通常为商家发货后的 5~7 天，最快 3~5 天（受限于银行资金清算给速卖通的时间）。

2. 提前放款服务状态

（1）加入提前放款。

提前放款目前不支持商家自主申请。系统根据商家的综合指标（例如，交易量、好评率、拒付、纠纷等）等算法逻辑自动评估并对符合要求的商家账户开通提前放款服务。通常商家入驻平台 45 天后，若经营情况稳定且未触犯平台规则，即可通过风控系统评估准入提前放款服务。加入提前放款服务后，商家在速卖通后台"交易"》"提前放款管理"中会看到提前放款服务已开通，如图 4-65 所示。

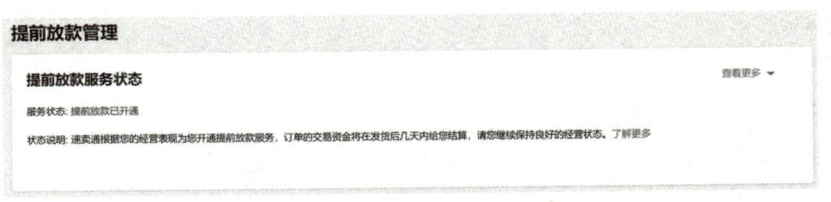

图 4-65 开通提前放款服务

（2）提前放款服务不可用。

如果店铺近期经营指标（如退货率、纠纷率、好评率等）不符合提前放款要求，速卖通会暂时关闭店铺的提前放款服务。速卖通后台"提前放款服务状态"会显示"提前放款未准入"，如图 4-66 所示。如果后续经营状态转好，系统就会自动为店铺重新开通提前放款服务。在关闭提前放款服务期间，保证金根据店铺历史提前放款订单完成的情况释放，无须商家主动退出提前放款服务。

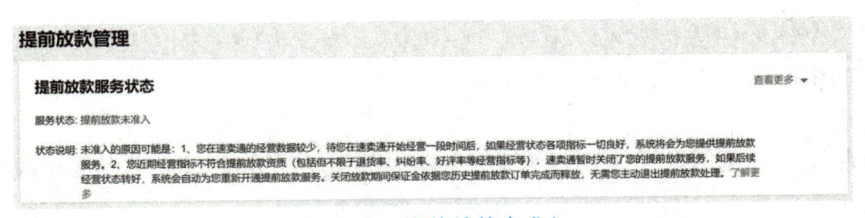

图 4-66 提前放款未准入

(3) 退出提前放款服务。

商家可以在后台提前放款管理页面右上角单击【查看更多】按钮，选择"退出提前放款服务"，自主退出提前放款服务，如图 4-67 所示。退出提前放款服务后，提前放款保证金会根据商家所有提前放款在途订单重新计算，所以有可能提高；所有提前放款的订单全部交易结束超过 15 天后，将释放提前放款保证金。对于自主退出提前放款服务的用户，平台不再支持重新申请加入。

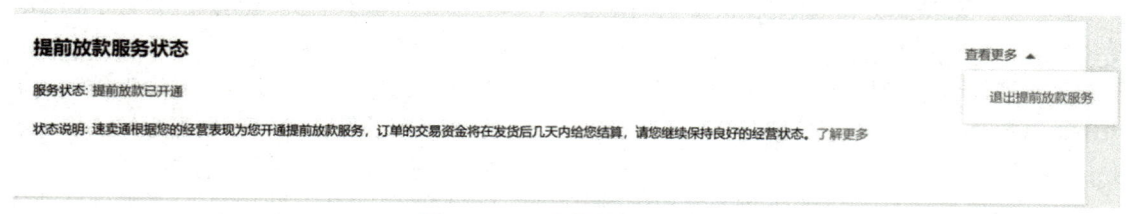

图 4-67　退出提前放款服务

3. 提前放款保证金

提前放款保证金采取多退少补的方式进行冻结。例如，商家 A 有 1500 美元的提前放款保证金在冻结中，现在被评估需要冻结的固定保证金是 500 美元，那么剩下的 1000 美元会当即释放到可提现账户。若评估冻结的保证金是 2000 美元，则需补足的 500 美元先从商家可提现账户扣款；若可提现账户余额不足，则后面新进放款的订单需补足保证金后再放款。提前放款保证金显示页面如图 4-68 所示。

图 4-68　提前放款保证金显示页面

（四）支付宝国际账户

速卖通支付宝国际账户是支付宝为从事跨境交易的国内商家建立的资金账户管理平台，包括针对交易的收款、退款、提现等主要功能。支付宝国际账户是多币种账户，包含美元账户和人民币账户。下面介绍支付宝国际账户的基本功能。

1. 资金管理

通过"资金">>"支付宝国际账户"这一路径，商家可以查看国际支付宝资金情况，对国际支付宝的资金进行提现、转账和兑换操作，如图 4-69 所示。

（1）提现。

提现指将支付宝国际账户中的可用余额转入法定代表人的支付宝个人账户或与公司同名的支付宝内地企业账户。不同币种账户提现规定如表 4-2 所示。

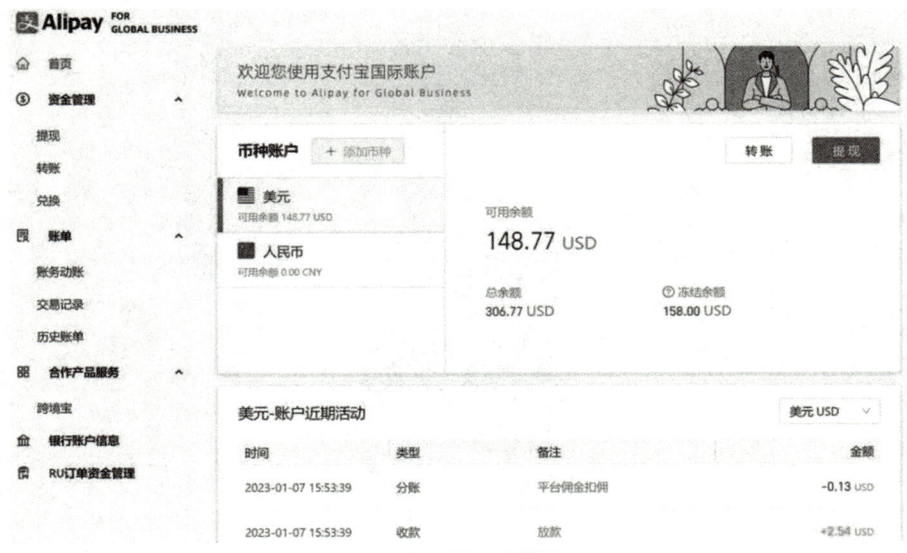

图 4-69　国际支付宝

表 4-2　不同币种账户提现规定

币种账户	操作类型	到账币种	支持的收款账户	到账时效	手续费
USD	转账	USD	境内或境外银行账户个人或对公账户	7 个工作日	单笔 15 美元，有时中转行可能额外收取
			支付宝国际账户（非大陆消费者）	实时	免费
USD	提现	CNY	支付宝账户	几分钟	收取提现金额 0.3%的提现手续费，每笔最低收费 8 美元
CNY	转账	CNY	支付宝账户	几分钟	免费

（2）转账。

转账指通过支付宝国际账户，将可用余额转入关联的银行账户或万里汇账户，关联的银行账户可以是同名公司账户、供应商公司账户，或法人、董事、股东个人账户，如图 4-70 所示。美元转账，即转出的资金是美元，收到的资金也是美元。

图 4-70　转账

(3) 兑换

兑换指通过支付宝国际账户，将可用的美元兑换成人民币，如图 4-71 所示。

图 4-71　兑换

2. 账单

商家可以通过账单查询速卖通支付宝国际账户的收支情况，如图 4-72 所示。

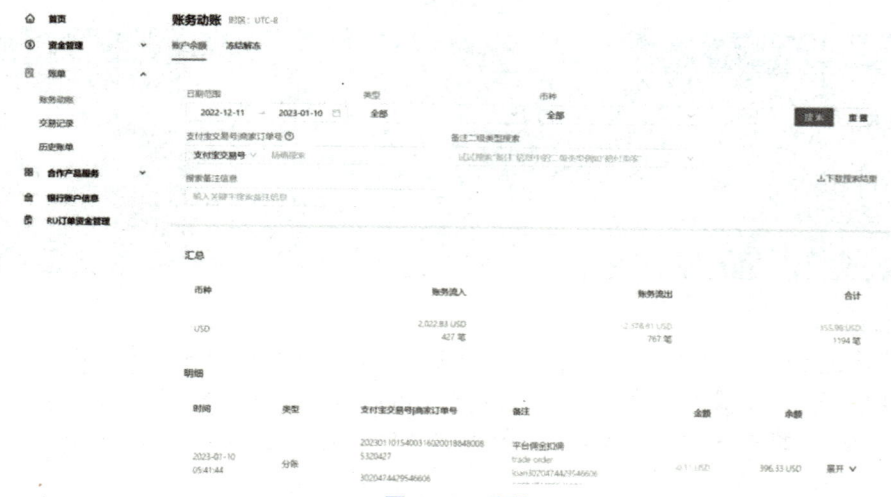

图 4-72　账单

（五）资金管理

1. 资金余额

在资金余额页面，商家可以查看国际资金账户的账户总额、冻结金额及未结算金额，还可以查看 AE 俄罗斯资金账户下的未结算金额及待平台付款金额，如图 4-73 所示。

图 4-73　资金余额

（1）账户总额：商家国际支付宝账户总余额（包含冻结金额及可用余额）。
（2）冻结金额：国际支付宝账户中的冻结余额。
（3）未结算金额：支付成功未放款也未退款的订单总额。

2. 订单放款概览

订单放款概览页面详细地向商家展示一段时间内店铺的订单总金额、已放款金额、退款金额与待放款金额，如图4-74所示。

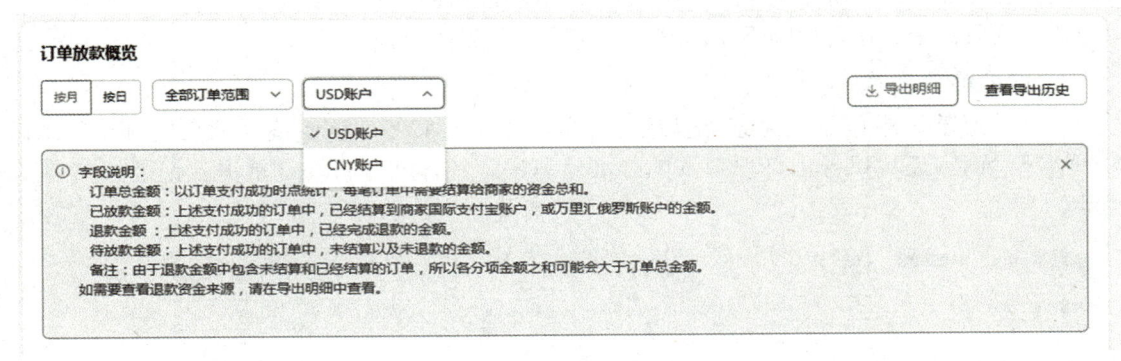

图4-74 订单放款概览

（1）订单总金额：以订单支付成功时点统计，每笔订单中需要结算给商家的资金总和。
（2）已放款金额：在上述支付成功的订单中，已经结算到商家国际支付宝账户的金额。
（3）退款金额：在上述支付成功的订单中，已经完成退款的金额。
（4）待放款金额：在上述支付成功的订单中，未结算及未退款的金额。
（5）商家通过对这些数据的观察，可以掌握自己店铺订单的放款基本情况，做好店铺资金规划。

3. 订单放款记录

在订单放款记录页面，商家可以从订单号、放款时间等不同维度观察店铺订单的放款详细情况。商家还可以导出订单放款的详细信息进行统计和分析。订单放款记录如图4-75所示。

图4-75 订单放款记录

在订单放款记录中，商家可以观察到以下信息。

（1）订单号：平台以商品维度结算放款，在一个订单下可能存在多条结算数据。

（2）结算日期：订单的结算完成时间点。

（3）结算费用项：一笔订单费用项包括多笔商品货款、运费、DDP 税等。

（4）成交金额：在费用项上需给商家的资金。

（5）放款金额：该费用项结算到商家支付宝账户的金额。

（6）交易佣金：在费用项下从商家账户扣除的交易佣金。

（7）联盟佣金：在费用项下从商家账户扣除的联盟佣金。

4. 订单退款记录

在订单退款记录页面，商家可以从订单号、退款时间等不同维度观察店铺订单的退款详细情况。商家还可以导出订单退款的详细信息进行统计和分析。订单退款记录如图 4-76 所示。

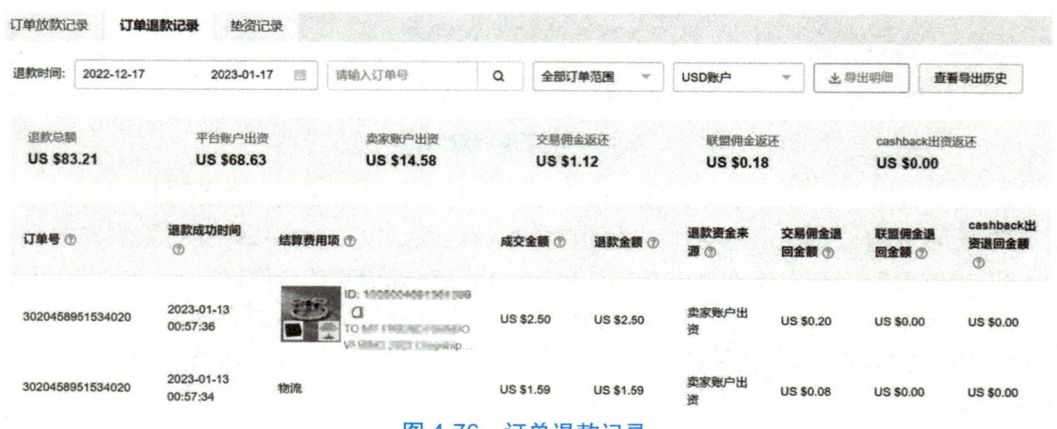

图 4-76 订单退款记录

在订单退款记录中，商家可以观察到以下信息。

（1）订单号：平台以商品维度结算放款，在一个订单下可能存在多条结算数据。

（2）退款成功时间：订单资金的扣款时间。

（3）结算费用项：一笔订单费用项包括多笔商品货款、运费、DDP 税等。

（4）成交金额：在费用项上需给商家的资金。

（5）退款金额：订单产生退款时，商家需要承担的退款金额。

（6）退款资金来源：平台依据纠纷场景判定订单的出资方，未成交（如取消订单）及平台提供服务（如售后宝、平台赔付等）的订单出资方为平台，其他已结算且为商家责任的订单出资方为商家。

（7）交易佣金退回金额：若订单退款出资方是商家，则扣除的交易佣金会按退款比例返还到商家账户。

（8）联盟佣金退回金额：若订单退款出资方是商家，则扣除的联盟佣金会按退款比例返还到商家账户。

5. 垫资记录

在一些情况下（例如，订单退款、物流费用等），有些费用是速卖通平台先代支付的，后续再从商家的账户中扣除，这就是平台垫资。在垫资记录页面，商家可以根据时间、订单号或者扣款凭证查询垫资记录，如图 4-77 所示。

图 4-77 垫资记录

在垫资记录中，商家可以看到以下详细信息。

（1）订单号：在发生订单退款时，如果账户余额不足以支付退款，平台就会先行垫付，再对资金进行追缴。

（2）垫资还款情况：包括垫资金额、还款金额与待还款金额。平台根据账户余额情况多次扣款，直至该订单的垫资款项结清为止。因此，在一笔垫资订单中可能出现多条扣款流水。

（3）垫资时间：订单退款时，平台垫付的时间。

（4）垫资状态：包括未结清、已结清状态。请关注垫资未结清时间，长时间垫资未归还会导致提前放款等信用商品准入受限。已结清对应垫资数据中的全部还款。未结清对应垫资记录中的未还款和已还款。

（5）还款明细：还款单对应商家国际支付宝的资金扣款金额、时间。还款单中的金额与还款金额不对等的原因是会出现一个还款单对多个垫资单平账扣款的情况。

6. 订单放款流程

消费者支付订单款项后，相关的款项会进入速卖通第三方账户。在消费者确认收货后，速卖通平台一般将这笔款项打入商家账户。

（1）俄罗斯订单放款后，订单记录在结算账单中，平台每周进行一次换汇结算，结算到万里汇账户。俄罗斯订单放款，如图 4-78 所示。

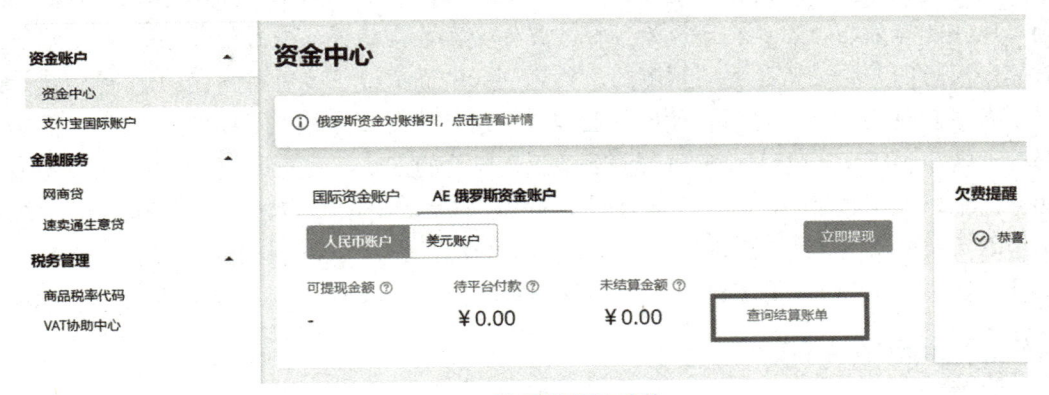

图 4-78 俄罗斯订单放款

（2）非俄罗斯订单放款后，资金进入支付宝国际账户，页面路径为"资金"》"资金中心"》"支付宝国际账户"。商家可以在支付宝国际账户的财务动账页面，根据订单号搜索查看订单到账情况。非俄罗斯订单放款，如图 4-79 所示。

图 4-79　非俄罗斯订单放款

二、亚马逊订单资金管理

（一）常规预算

亚马逊平台上面每个商品的预算都不一样，没有特定标准。商家在投放亚马逊广告的时候，需要设置很多内容，如关键词、出价、预算等，系统会向商家提出建议。对于小商家，系统建议按竞价的 20～30 倍来设置，相当于广告每天被点击 20～30 次。商家需要做的是每天为每个 ASIN 制定广告预算，而不是说商家一天的预算应该多少，因为每个商家的 ASIN 数量和商品都是不一样的。许多大商家每天按点击量支付的广告费是以"万元"为单位计算的，不建议中小商家用这样的开支进行广告投放。但是，商家不应该将亚马逊广告当作"开支"，而应该把它看作"转化成本"。也就是说，商家在广告投入后的 1～2 周时间就应该知道投入多少广告费会带来多少订单。

（二）风险预算

在准备好亚马逊常规预算之后，商家就可以初步运营亚马逊店铺了。但是，随着竞争日趋激烈，越来越多的风险也会随之而来。商家要评估自己的风险抵御能力，在风险来临之前做到对风险的有效防范。亚马逊风险预算的具体金额通常是无法准确估计的，因为风险的来临时间和风险的种类通常是无法预测的。计划创业的商家要正确看待自己的创业行为，要在充分了解平台规则和环境之后再做出创业与否的决定，还要注意"不要把所有的鸡蛋都放进一个篮子里"，争取在风险来临时选择稳妥的抵御风险的方式。例如，商家新开广告活动花 10 美元，如果每天能够花完，就在当地时间零时的广告活动增加 5 次点击费用的预算；如果花不完，则当天不加预算，调整出价或者加成。商家要想让亚马逊广告投放的效果比较好，不仅需要设置好关键词出价，还需要设置合理的预算，同时根据实际的广告效果调整广告预算。

（三）资金周转周期

亚马逊平台的资金周转周期长达 14 天，但这并不是说售出商品 14 天后商家就可以拿到销售货款。平台将货款转账到商家的中转平台需要 3~5 天的时间，中转平台还要用 1~3 天的时间将资金转入商家绑定的国内银行卡，这样转账周期就变成 20 多天。

（四）放款规则

在一般情况下，亚马逊在商家在平台注册并开始销售商品的 14 天后，向商家银行账户存入商家的销售收入。随后，结算流程每隔 14 天重复一次。

对商家来说，还有以下需要注意的地方。

商家的银行账户余额至少为 25 元。佣金费用和消费者退款会影响商家的余额。如果商家的银行账户余额为零，消费者退货时产生的快递费用将无法支付，后续将产生一系列的问题。在商家后台，商家需要输入中国境内银行账户的有效信息；完成结算后，亚马逊将结算报告发布在商家后台的"报告"部分，并通过银行转账，将销售收入存入商家的银行账户。从转账之日起，一般 6~10 个工作日后，资金被汇入商家的账户；如果遇到节假日，转账时间就顺延 6~10 个工作日。

第四节　订单评价管理

订单评价是在一个订单完成后，消费者和商家对订单的交易互相进行的评价。订单评价管理是商家对后台的各种评论类型进行有效的管理，能够帮助商家从侧面掌握商品的具体评价情况，以便及时进行调整和优化。

一、速卖通订单评价管理

（一）速卖通评分与好评率

速卖通商品、店铺的评分及店铺的好评率是影响消费者购买决策的核心参考依据。好评率是指消费者对商品与商品描述一致性的评分中好评的占比。好评率考核周期为 30 天。在卖家评分中，1 分和 2 分为差评，3 分为中评，4 分和 5 分为好评。好评率的计算方法是：（4 分评价量+5 分评价量）÷（1 分评价量+2 分评价量+4 分评价量+5 分评价量），3 分评价量不计入。

卖家详细评分包括消费者在订单交易结束后以匿名的方式对商家在交易中提供的商品描述准确性、沟通质量和回应速度、物品运送时间合理性三个方面做出的评价，是消费者对商家的单向评分。信用评价买卖双方均可以进行互评，但卖家分项评分只能由消费者对商家做出。评分与好评率如图 4-80 所示。

商家可以分别对以下三个评分项进行优化。

（1）商品描述准确性：如实填写商品详情页内容，增加商品信息量。例如，商品图片，除 1 张静态图片外，还要设置 6 张动态图片。

（2）沟通质量和回应速度：24 小时内回复消费者；建立快速回复模板；回复时给出详

细、精准的商品信息。

（3）物品运送时间合理性：完善物流政策和细则，如发货说明、运输说明、退货说明等，应选择优质的物流供应商。

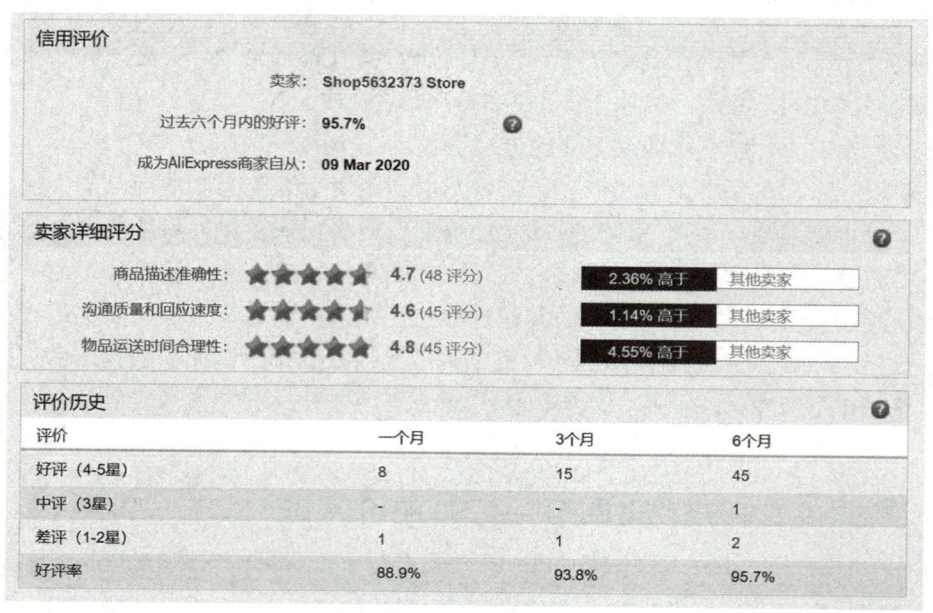

图 4-80 评分与好评率

（二）速卖通评价订单

对于商家所有全部发货的订单，在订单交易完成后的 30 天时间内，买卖双方可以做出评价，超时之后将无法留评。在"评论管理"里面，选择"等待我评价的订单"选项，找到等待评价的订单，单击【评价】按钮，给买家评分并填写评语，如图 4-81 和图 4-82 所示。

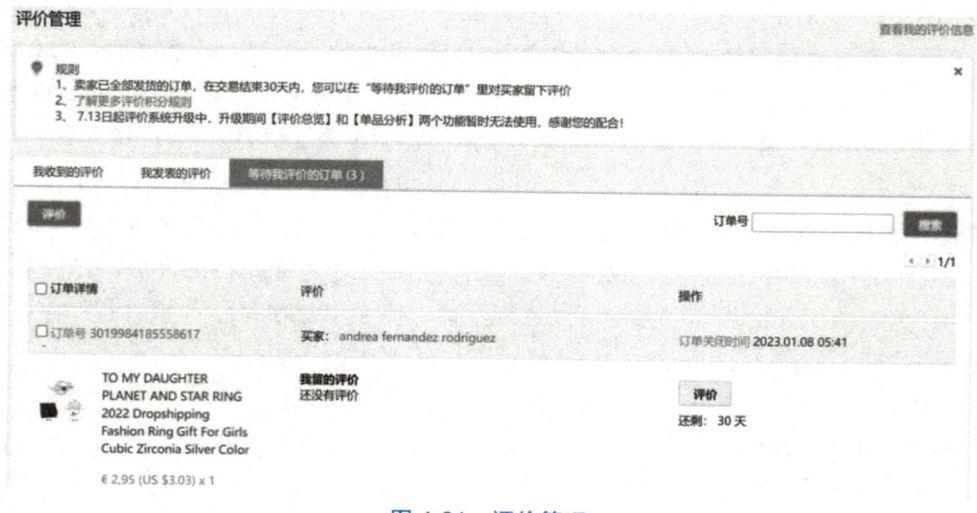

图 4-81 评价管理

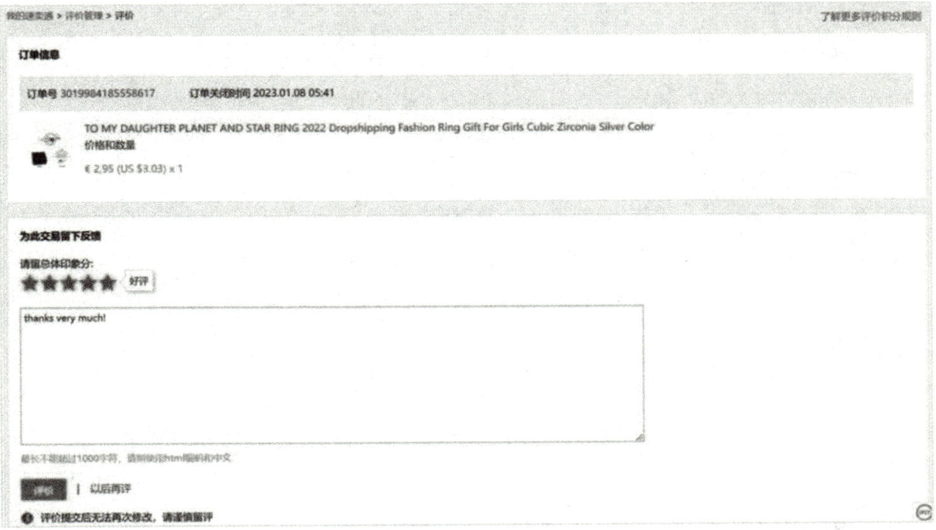

图 4-82　评价订单

（三）速卖通回复评价

回复评价即对买家的后台评论做出回复，对买家留评及时进行回评，不仅能展示商家的热情和专业程度，也能提高回购率。对于一些买家的差评，商家可以针对买家在差评中提出的不足做出回复，解释问题存在的客观原因，给出积极的解决方案，从而打消其他购买者的疑虑，降低差评影响。在"评价管理"里面查看"等待我回复的评价"，进行相应的操作即可，如图 4-83、4-84 所示。

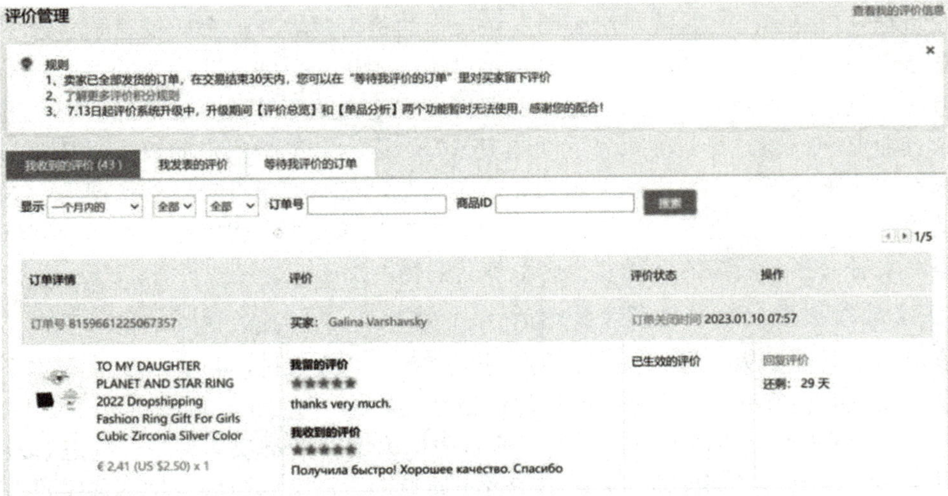

图 4-83　我收到的评价

平台关闭修改评价入口和投诉评价入口后，仍然保留删除涉及人身攻击或者其他不当言论的评价的权利。消费者或商家都不能修改或者删除评价。若消费者给商家的评价确实包含侮辱性言论（如 bullshit、bitch、fuck、idiot 等），就会影响网站形象和消费者的使用体验。平台目前已经屏蔽侮辱性言论，商品评价页面不会展示侮辱性言论，但由于评价属于消费者真实感受，因此无法将其移除。

图 4-84　回复评价

二、亚马逊订单评价管理

亚马逊平台一共有两套评论体系，分别是买家反馈和产品评价。

（一）买家反馈

1. 买家反馈的重要性

买家反馈（Feedback）通常叫作店铺反馈，指的是消费者在一个店铺里购买过某种商品后，根据自己的购物和使用体验，对商家店铺做出的评价，反映的是商家的客服水平、物流时效和响应速度。给店铺留反馈的前提是消费者真实地在该店铺购买过商品，而且需要通过订单记录页面留下反馈。正面的买家反馈越多越好，因为会影响账户的权重。从亚马逊平台的角度来看，买家反馈在很大程度上影响黄金购物车。在所有条件一致的情况下，如果店铺买家反馈数量或质量不及别人，被推荐给消费者的机会就较少，也就是曝光量会降低。从消费者的角度来看，买家反馈的好坏多少会影响其购物的决心。

2. 买家反馈出现问题时的解决策略

买家反馈星级排名从 5 星（优秀）到 1 星（差）。一般来说，4 星和 5 星基本不用管，对于 3 星及以下的买家反馈，商家一定要尽快处理。

（1）1~3 星买家反馈最好移除。商家应首先联系消费者解决问题，在问题解决后再请求消费者删除网站上的买家反馈。有时消费者不愿意或无法消除负面反馈，如果没有收到消费者的回复，而且 60 天的截止日期即将到来，平台这时或许还能帮上忙，但仅限于买家反馈违反了留评规则，并且时间不到 90 天。商家联系平台是最后的措施。只要消费者收到商品，平台就会受理。

（2）4 星买家反馈一般会有消费者抱怨商品、包装或者物流上的一些问题。商家可以在后台单击【Response】按钮进行回复，解释说明情况。

（3）对于 5 星买家反馈，商家可以对留评的消费者进行礼貌性的回复："Thanks for your

feedback and looking to more business with you!"这么做是为了尽可能地巩固消费者对店铺的印象，增加消费者的回购率，也能对正在浏览页面的消费者产生更大的吸引力。

（二）产品评价

1. 产品评价的重要性

亚马逊产品评价（Product Review）对于商品详情页来说，其重要性是不言而喻的，好的评价可以给潜在的消费者以购买的信心，提高转化率，同时可以直接拉升商品详情页的排名，进而带来更多的曝光量和流量，产生更多的订单。所以，对于任何商家来说，都要重视自己商品详情页的产品评价数量和星级，这是打造爆款商品的一个重要参考数据。

2. 产品评价的作用

（1）为选品提供参考。

商家可以通过产品评价数量来评估销量，从而为选品提供参考。商家可以根据产品评价数量来评估竞争对手的销量，产品评价越多，潜在购买的消费者就越多；产品评价越少，潜在购买的消费者就越少。在选品期间，商家对竞品产品评价的分析必不可少，可以根据前几页产品的产品评价数量来评估产品的潜力，根据单个商品详情页的产品评价数量判断竞争对手的销量，了解消费者对产品最关心的地方，发掘出产品本身的品质状况及消费者诉求。分析竞品产品评价中的差评，可以发现该产品的品质问题或设计缺陷，以避免在产品研发和选品时出现同类问题。

（2）增加商品详情页权重。

在一定范围内，消费者对产品的反馈越多，产品评价星级越高，系统就认定产品越好，从而提升商品详情页的排名，为产品增加更多的曝光量。

（3）提升产品销量。

产品评价最核心的作用就是提升销量，因为产品评价是其他消费者对产品的评价，比商品详情页的描述更有说服力，给潜在的消费者以购买的信心，打消他们的疑虑，最终提升销量。商家要重视产品评价的数量和星级，这是打造爆款商品的一个重要参考数据。

（4）有助于分析竞争对手，完善产品。

分析竞争对手的产品评价，有利于发掘出产品本身的品质问题及消费者诉求。多参考竞品产品评价中的差评，会发现该产品的品质问题或设计缺陷，以及消费者的诉求，从而在产品研发和选品中避免同类问题出现。

（5）直接关系到转化率。

产品评价在亚马逊 A9 算法中占据重要位置，商家不得不研究各种玩法去获取产品评价。如果消费者看到一个商品详情页（特别是新品）没有任何产品评价，其购买意愿就会降低。高质量的产品评价会带来更大的曝光量和流量，拉升商品详情页的排名，从而产生转化，形成订单。另外，高质量的产品评价会给潜在的消费者更大信心，提高商品详情页的转化率。

3. 获得产品评价的方法

（1）向留下正面反馈的消费者发送产品评价请求。

经常检查买家反馈，以免出现把产品评价留在买家反馈评论区的消费者，商家可以主动向留下反馈的消费者发送邮件，并在邮件里附上说明正确的产品评价方式的文档。

（2）向提供过服务的消费者索要好评。

商家可在提供给消费者令其满意的购物服务后，适当索要好评，大部分消费者愿意留下好评。

（3）利用产品插页。

商家可以通过产品插页让消费者注册产品序列号，获得延长保修服务，借机留下消费者的邮箱地址，后续可以通过邮件索要好评。但是，商家不能在产品插页中使用任何带有"if"或"then"的语句索要好评。

（4）Vine 项目。

Vine 绿标评价是亚马逊产品评价中权重最高的，商家将参加 Vine 项目的产品提供给亚马逊，亚马逊将产品免费送给 Vine 评论员，由 Vine 评论员撰写评论。这类评论带有 Vine 绿标。

（5）利用商品赠品和折扣商品。

利用赠品和折扣可以增加商品销量，而且可以增加获得评论的可能性。

（6）将新品发给电子邮件列表中的消费者。

商家通过已有的消费者电子邮件列表，将商品详情页连续发放给他们，这样不仅可以加快新产品的销售速度，还可能让对产品满意的消费者留下评论。

4. 提高产品评价好评率策略

（1）提高留存产品评价时间。

在符合亚马逊要求的情况下，产品评价要长期稳定存在，最好停留 2 周以上。

（2）保证产品评价数量。

在持续推广一款产品时，注意使其销量保持上升，每月的每个商品详情页至少增加 20 条产品评价。

（3）联系 Prime 会员。

联系有较高信誉的 Prime 会员留下评价。借助评价平台或小程序邀请 Prime 会员留下评价。

（4）利用 Giveaway 提高产品评价。

当商品详情页有"Giveaway"标志时，以消费者的身份发起，通过各种渠道发布"Giveaway"或购物链接。关注的粉丝就会得到折扣码，然后去亚马逊购买产品，留下产品评价。

（5）注重产品评价视频。

商家可以做一个高转化率的产品评价视频，通过 Prime 会员老账户发布，并且将排名保持在前三位。产品评价视频的数量越多越好。

（三）差评处理方法

一个产品的差评太多，就会严重影响消费者购买，如果是产品本身的原因，那么商家要及时改正；如果是恶意差评，那么商家需要想办法删除。

1. 引导消费者删除差评

（1）联系留下差评的消费者，并主动提出帮助，以解决问题。例如，消费者说产品质量不好，商家可以承诺重新发货或退款。

（2）如果收到消费者的答复，对方对解决方案感到满意，就请对方帮助删除差评（不要直接说退款并让对方删除差评，因为这违反亚马逊的规定）。

2. 向亚马逊申请删除

如果差评与产品本身无关，商家就可以向亚马逊提出移除要求。

向亚马逊申请删除差评的步骤是：登录商家后台，进入前端界面，在要申请移除差评的商品详细信息页面找到差评，然后单击【Report abuse】按钮，如图 4-85 所示。

图 4-85　向亚马逊申请删除差评

（四）买家反馈和产品评价的区别

在亚马逊的评价管理中，买家反馈与产品评价是相互独立又相互影响的两个评价体系。

买家反馈是针对商家店铺表现的衡量指标之一。消费者在一个店铺购买了商品后，就可以根据自己在实际购物中的体验对该店铺做出评价，服务好坏、到货时效等都是买家反馈的内容。为了让商家重视买家反馈的重要性，亚马逊把买家反馈和商家账户表现的订单缺陷率（ODR）直接挂钩，一星和两星的买家反馈直接计入订单缺陷率，而订单缺陷率的好坏直接决定商家账户的安危。当一个账户订单缺陷率指标超过 1%时，就岌岌可危了。因此，商家不得松懈，必须努力做好服务，让消费者满意，减少收到低分买家反馈，维持账户的良好表现，保证自己在亚马逊平台长期经营。

产品评价是指亚马逊用户给商品本身留下的评价，只针对商品本身，不影响店铺的经营。但是，正因为产品评价是针对产品的评价，所以对产品销量有着至关重要的影响。一个好的产品评价可以对商品详情页的销量起到很好的拉升作用，能够快速促进销量的上升，是打造爆款商品必不可少的助力，而一个差的产品评价同样可以让一个商品详情页的销量瞬时跌入谷底。

单元二　线上客户分类与维护

第一节　客户分类与管理

一、速卖通客户分类与管理

（一）速卖通客户人群分类

速卖通平台通过客户营销板块为商家提供客户人群分类，供商家对不同类型的客户进行营销，具体的客户人群分类及定义如表 4-3 所示。

表 4-3 速卖通客户人群分类

场景名称	场景推荐理由	人群定义
活跃老客户人群	针对活跃的老客户，可通过提供一些老带新、互动游戏等权益提升黏性和转化率	一年内有过购买记录且半年内来访过店铺的人群
领券人群	对领取过优惠券的人群定向触达，提升转化率	近 30 天领取过优惠券的人群
潜力访客	对具有高转化潜力的访问人群定向触达，提升转化率	近 30 天来访店铺的高转化潜力人群，包含加购和收藏人群、粉丝、老客户等
收藏人群	对具有高转化潜力的收藏人群定向触达，提升转化率	近 30 天有过收藏行为且仍未下单的人群
待支付订单催付	针对已下单未支付的人群使用，该人群经提醒后转化率较高	近 5 天下过单且仍未支付的人群
店铺粉丝	店铺粉丝人群是店铺的支持者，接受反馈消息，关注店铺动态，属互动性强、高潜力的运营人群	店铺粉丝人群
加购人群	对具有高转化潜力的加购人群定向触达，提升转化率	近 30 天有过将商品加购物车行为且仍未下单的人群

（二）速卖通人群高级定向筛选

人群高级定向筛选是通过对特定的人群集进行条件筛选之后，筛选出更符合自身营销需求的人群。商家可以通过圈定特定的筛选条件，使营销人群集变得更加具体。人群高级定向筛选如图 4-86 所示。

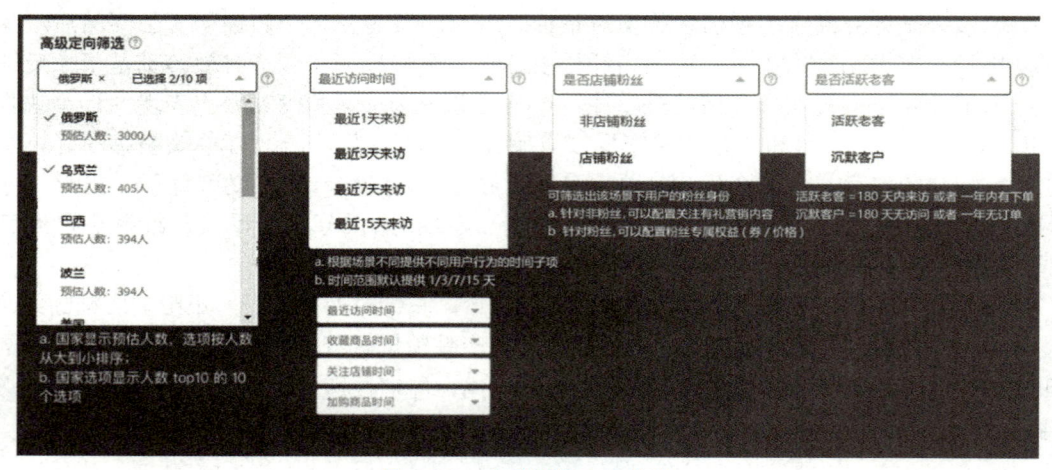

图 4-86 人群高级定向筛选

1. 人群筛选条件

（1）消费者所在国家：选择热门国家进行营销，可以与国家推荐热销品功能联动。

（2）最近访问时间：在通常情况下，优先选择访问时间较近的人群进行营销。

（3）是否促销敏感人群：促销敏感人群指的是偏好领取优惠券的消费者。这类消费者更偏向于在大型促销或者其他活动期间下单。在营销配额有限的情况下，建议商家在大型促销活动中优先针对这类消费者进行营销。

（4）是否为店铺粉丝：可按需求筛选店铺粉丝，开展涨粉运营，或者有数据表明粉丝的转化率是非粉丝转化率的数倍。

（5）是否为活跃老客户：可以按需求筛选店铺历史优质客户，活跃老客户的召回率更高。

2. 新建客户人群集

除系统推荐的客户人群分类外,速卖通还支持商家自主新建人群集。商家通过对平台用户行为数据的分析,找出拥有共同行为特征的潜在目标客户群。自定义人群集提供了多维度人群设定功能。商家可以通过不同的规则自主新建客户分类与人群集。在新建人群集时,商家可以通过选择特定规则来圈选出需要的人群。新建人群集如图4-87所示。

图4-87 新建人群集

常用的筛选规则如图4-88所示,下面简要进行说明。

图4-88 常用的筛选规则

(1)买家特征。

该筛选条件主要是通过消费者的基础属性对消费者进行筛选,筛选条件主要是消费者最常登录的国家和消费者性别,如图4-89所示。

图4-89 买家特征

消费者最常登陆国家的预估人数分布按降序排列；所选国家可通过重复单击来取消和变更，也可将鼠标悬停在筛选框右侧，待出现符号"×"时单击清空。消费者性别可选男或女。

（2）粉丝指标。

粉丝指标主要用来确定消费者是否是店铺粉丝，以及消费者是什么时候成为店铺粉丝的，以此开展涨粉运营，或进行粉丝营销，如图 4-90 所示。

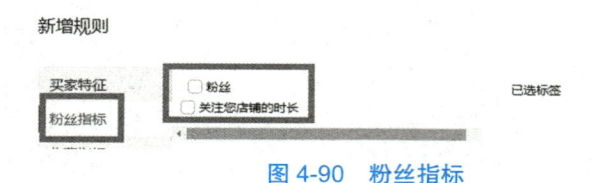

图 4-90 粉丝指标

例如，客户人群分类的条件是消费者在 2023 年 1 月 1 日后成为店铺粉丝，此时就应该选择筛选条件"关注您店铺的时长"，然后选择日期为 2023 年 1 月 1 日（包括）之后。

（3）收藏和加购指标。

商家可以根据收藏和加购指标筛选出收藏和加购商品的人群，如图 4-91 所示，对有购买意向的消费者进行定向营销。

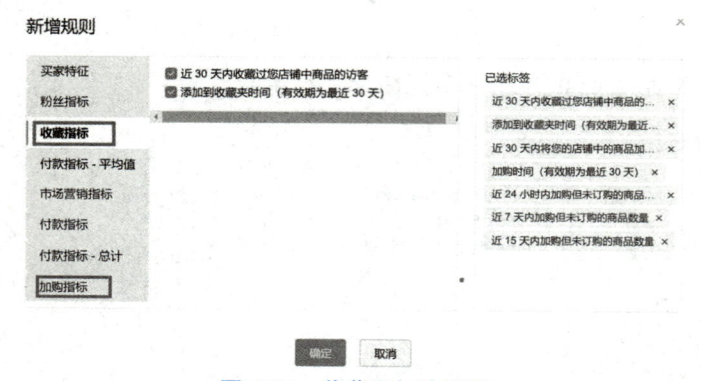

图 4-91 收藏和加购指标

（4）付款指标。

付款指标有三类，分别是付款指标、付款指标-平均值与付款指标-总计。在付款指标中，商家可以根据最近一天是否有下单但未支付的订单或近 7 天内下单但未支付的订单数量对消费者进行分类筛选。付款指标如图 4-92 所示。

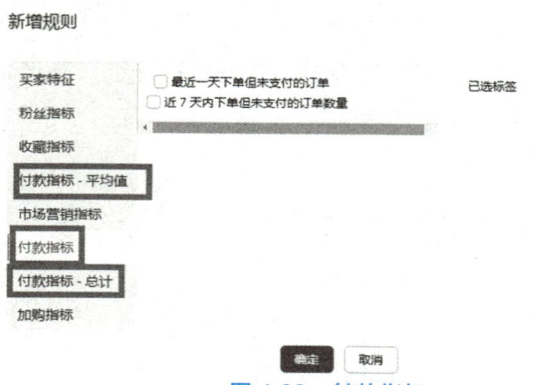

图 4-92 付款指标

在付款指标-平均值中，商家可以根据不同时间范围每个订单的平均收入对客户进行人群分类和筛选。付款指标-平均值如图 4-93 所示。

图 4-93　付款指标-平均值

在付款指标-总计中，可以通过不同统计时间内订单的收入与订单数量，或者根据是否在店铺下单及订购时间对客户进行分类和筛选。付款指标-总计如图 4-94 所示。

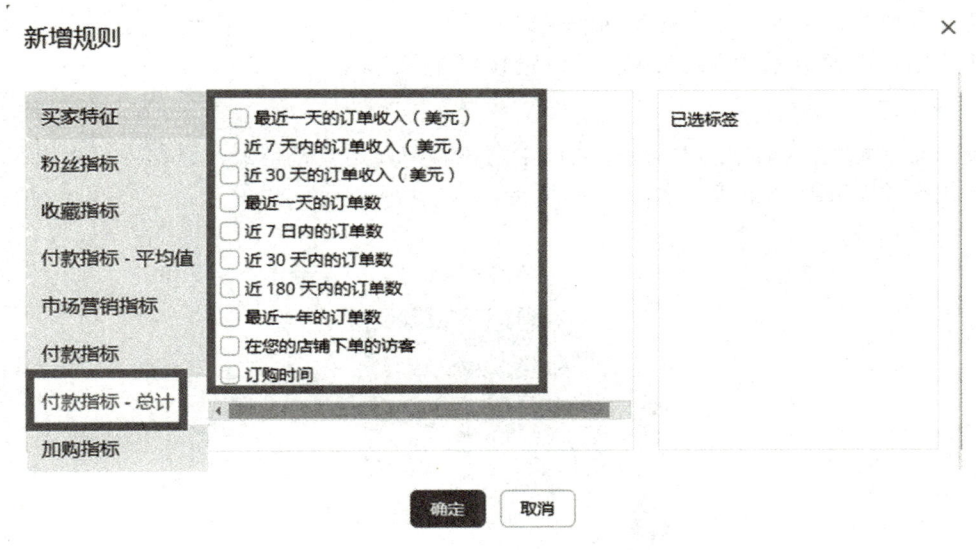

图 4-94　付款指标-总计

（5）市场营销指标。

在市场营销指标中，商家可以通过筛选在不同时间段领取过优惠券但未使用的消费者，对他们进行营销，刺激消费者使用优惠券下单，如图 4-95 所示。

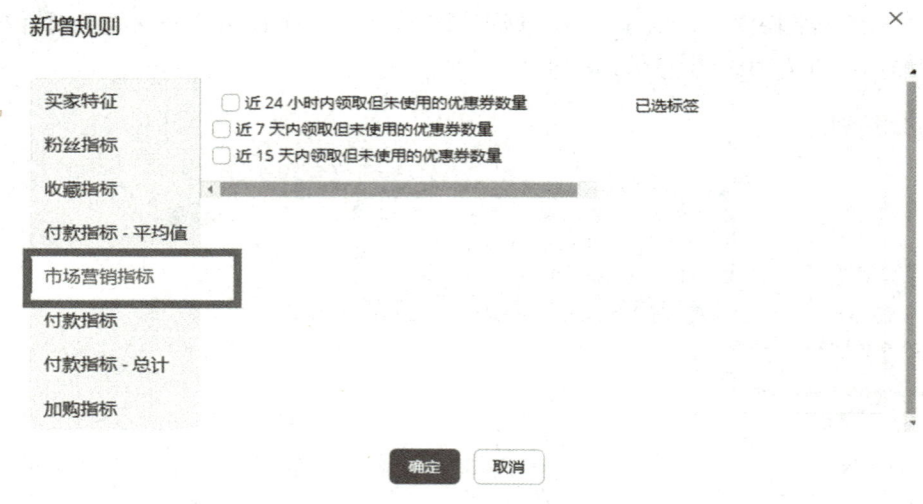

图 4-95　市场营销指标

(三) 速卖通客户营销

速卖通客户营销是以客户为中心的营销方式，也是商家私域营销触达的新工具。商家利用存量客户信息，为增加存量客户的销售支出和提升客户价值而进行主动营销。客户营销工具是针对收藏、加购、领券、购买、关注店铺、算法兴趣人群等潜在客户的营销工具。速卖通客户营销有三个特点：一是不花钱投广告，商家只需选择潜在客户场景，发送营销内容；二是商家无须自建人群，可以针对系统预设的多类场景人群直接进行营销；三是向商家提供多个营销内容发送渠道，如小程序内的买家会话、站外用户的邮件渠道等。

速卖通客户营销可以分为买家会话营销和邮件营销。

1. 买家会话营销

买家会话营销是指通过速卖通站内信给潜在客户发送营销消息，营销内容可以包含营销文案、优惠券、商品海报等，如图 4-96 所示。

图 4-96　通过买家会话发送营销信息

单击【新建自定义营销计划】按钮，打开营销计划设置页面，选择买家会话项目。选择人群集，在这里选择上一步创建好的人群集。设置营销计划名称、营销内容，选择事先创建好的店铺 Code，选择参加营销计划的商品，最后设置发送时间。买家会话设置如图 4-97 所示。

图 4-97　买家会话设置

2. 邮件营销

邮件营销指通过邮件给潜在客户发送营销信息，营销内容包含营销文案、优惠码、商品海报等。消费者收到的邮件如图 4-98 所示。

图 4-98　消费者收到的邮件

邮件营销的配置与买家会话的配置类似。单击【新建自定义营销计划】按钮，打开营销计划设置页面，选择邮件营销项目。选择人群集，在这里选择上一步创建好的人群集。设置营销计划名称，设置邮件标题，选择事先创建好的店铺 Code，选择参加计划的商品，最后设置发送时间。邮件营销设置如图 4-99 所示。

二、亚马逊客户分类与管理

客户分类是一种重要的市场研究方法，它对企业制定商品营销策略、销售策略和管理方式等具有重大影响。亚马逊客户分类是指从一群特定的消费者或一群特定的团体中选择出特定的一个或几个作为目标市场。

（一）亚马逊客户分类四要素

亚马逊客户分类包括四个要素，即目标客户市场细分、客户类型细分、客户定位和细分市场子类。亚马逊客户细分的三个子级是最大客户细分、利润较高的子型市场细分和潜在客户群细分。其中，最大客户细分是指能够提供最大价值的客户；利润较高的子型市场细分是指能够提供最大价值的客户；潜在客户群是指对价格敏感度低、在使用中体验差的客户。

对亚马逊商家而言，要想在激烈的竞争中取得有利地位，首先必须对目标市场进行细分，以便进一步针对客户做出选择，然后针对细分市场制定相应的产品策略。

图 4-99　邮件营销设置

（二）亚马逊客户分类介绍

客户分类的目的是更好地了解客户，而不是对客户进行挑选。商家通过客户分类可以找出那些具有购买潜力的客户。商家要利用数据库信息对客户进行分类，以实现有效的营销。

亚马逊客户分类的方法主要有两种：一是通过消费数据进行客户划分；二是通过消费者的浏览量进行客户划分。企业可以采取不同的方法对客户进行分类，然后针对不同的客户采取不同的营销手段。

亚马逊商家可以针对不同的消费者进行客户细分，但要注意以下问题。

（1）要注意目标客户的细分标准。不同的目标客户对于企业的吸引力不同，企业在进行客户细分时应该根据不同的标准进行划分。

（2）企业在进行客户细分时需要考虑企业的市场定位，不要轻易放弃那些相对不重要的客户。

第二节　客服沟通模板

一、常用沟通模板

客服即客户服务。速卖通客户服务的日常工作是接待客户（消费者）、回复客户的咨询，与客户进行交易，完成一些订单安排和其他相关事宜。客服的工作主要有以下几个方面。

（1）负责及时准确回复和处理客户的邮件咨询或问题反馈。

（2）妥善处理客户投诉与纠纷，提高账户好评率，保持账户良好运行状态。

（3）及时对客户提出的产品问题进行质量反馈，并定期整理和统计，进行分析。

（4）定期整理、统计店铺的相关数据，制订提升客户满意度计划。

跨境电商客服通常分为售前服务、售中服务和售后服务。下面结合不同的服务形态，介绍不同的客服沟通方式。

（一）售前服务

客服在售前服务中主要是解答关于商品价格、库存、规格型号、用途，以及运费、运输等方面的问题，促使消费者尽快下单。

（1）当消费者光顾店铺，询问商品信息时，客服人员要跟消费者打招呼，要亲切、自然、热情，尽量在初步沟通时把商品元素介绍清楚。例如：

Hello, my dear friend. Thank you for your visiting to my store, you can find the products you need from my store. If there are not what you need, you can tell us, and we can help you to find the source, please feel free to buy anything! Thanks again.

翻译：您好，亲爱的朋友。感谢您光临我的商店，您可以在我的商店里找到您需要的产品。假如没有您需要的，您可以告诉我们，我们可以帮您找到货源，请随时购买！再次感谢。

（2）在消费者下单之前，在与消费者沟通的过程中，客服人员可以鼓励消费者提高订单金额和订单数量，提醒消费者尽快确认订单。例如：

Thank you for your patronage, if you confirm the order as soon as possible, I will send some gifts. Good news: recently there are a lot of activities in our store. If the value of goods you buy count to a certain amount, we will give you a satisfied discount.

翻译：感谢您的惠顾，如果您能尽快确认订单，我就会送您一些礼物。好消息：最近我们商店里有很多活动。如果您购买的商品达到一定的金额，我们就会给您一个满意的折扣。

（二）售中服务

消费者下单后，商家可能需要频繁联系消费者。例如：提醒对方尽快付款、说明物流问题、告知已发货等。

（1）订单中的商品发货后，客服人员可以通知消费者查看物流情况，让消费者感受到商家的贴心服务。例如：

The goods you need had been sent to you. It's on the way now. Please pay attention to the delivery and sign as soon as possible. If you have any questions，please feel free to contact me.

翻译： 您需要的货物已经寄给您了。已经在路上了。请注意收货，并尽快签字。如果您有任何问题，请随时与我联系。

（2）当完成交易时，商家也可以向消费者表示感谢，并希望他下次能够再次回购。例如：

Thank you for your purchase，I have prepared you some gifts，which will be sent to you along with the goods. Sincerely，hope you like it. I'll give you a discount，if you like to purchase other products.

翻译： 感谢您的购买，我已经准备了一些礼物，将与货物一起送给您。真心希望您喜欢。如果您想购买其他产品，我可以给您打折。

（3）如果消费者向商家询问物流跟踪号或者询问是否已发货，商家就应该回复。例如：

Dear {消费者姓名}，

Thank you for asking.

Your order {订单号} are shipped on {已经发货的具体时间}.

You item is on the way to your shipping address，here is the tracking#********. You could track it on {具体查询网站}.

Item was shipped from China. Normally，you will receive this item within {你的商品详情页标注的配送时长} business days.

We have checked your estimated date is{物流配送时间}.

Your understanding and patience is much appreciated. Please let us know if you have any questions or concerns. Keep in touch.

Best regards

Sincerely yours，

{店铺名称}　Customer Services

翻译： 亲爱的消费者***您好，感谢您的咨询。您的订单***已经发货，发货时间为****，运单号为****。您可以通过****网站查询物流信息。目前您的包裹已从中国发货，预计需要****天抵达，估计配送时间为****。感谢您的理解与支持，如有问题，请及时保持联系。致以最诚挚的问候，***店铺客服人员****。

（三）售后服务

客服人员在售后服务中，主要是解答关于商品使用、商品质量及物流运输等方面的问题。

（1）如果消费者因为尺码问题联系，要求提供售后服务，客服人员可以这样回复消费者：

I see you bought a jacket in our store，and opened the dispute，you measured the bust and say it's wrong in the website. I think maybe the factory gave us the wrong size information. I want to know if you can wear it or not，or is there anybody could wear it，like your colleagues or friends. If you can sell to them，we will offer you half refund or give you some discounts about the jacket in new order，and you can buy again. Could you accept it? If you can accept it could you help us cancel the dispute?

翻译：我看到您在我们店铺购买了一件夹克并且发起了纠纷。您测量了夹克的胸围，并且说网页上的尺码信息有误，我想这可能是因为工厂给了我们错误的尺码信息。我想跟您确认您是否能够穿得下这件夹克，或者您的亲人或者朋友有没有人能穿得下这件夹克。如果您能够将这件夹克卖出，我们可以给您退还一半的款项或者在新订单中给您优惠，您可以重新购买一件。您可以接受吗？如果您可以接受，可以先帮助我们取消纠纷吗？

（2）消费者投诉或来信告知商家发错颜色、商品或商品有缺陷等，商家可以与消费者进一步沟通。例如：

Dear {消费者姓名}，

We are so sorry about that. This is your order：{商品名称}&{订单号}.

Could you please send us the pictures of the label on the package and item's problem? And we will solve it for you as soon as possible. Please don't worry.

Please let us know if you have any questions or concerns. We just want you to know that your satisfaction is always our top priority.

Best regards!

Sincerely yours，

{店铺名称} After-sales Customer Services

翻译：亲爱的顾客***，您好。很抱歉，让您购买的订单号****商品出现了问题。请您提供一张包含包裹标签的订单商品缺陷的照片。我们会尽快解决您提出的这个问题。如有任何问题，请及时和我们联系。让您满意始终是我们的首要任务。致以最诚挚的问候，***店铺客服人员****。

（3）货物仍在运输途中，但交易保护期马上结束，消费者非常担心，商家可以与消费者积极沟通，缓解消费者的担心情绪。例如：

You opened the dispute because the package is still on the road. I think you also know we actually sent it out by express，just the speed of express is very slow this period. I got other customers' messages the same as your situation，we could extend time for you until you get the package，and let's together follow the tracking number. If I have any new information，I'll let you know at the first time.

翻译：您因为物流信息显示包裹仍在运输途中而发起纠纷。我相信您也知道我们真的已经将您的包裹通过快递公司发出，只是在这个时期物流运输的速度非常慢。我们也收到其他买家的咨询信息，他们也有跟您一样的情况。我们可以帮助您延长您订单的交易保护期，直到您收到自己的包裹，让我们一起持续关注包裹的物流信息。如果物流信息有任何更新，我们就会在第一时间告知您。

（4）通过运单号无法查到物流信息，商家可以与消费者沟通。例如：

You open the dispute because you can't check any information of the tracking number. I checked it this morning and see it has already arrived in Orenbury, the customs clearance is completed. I think you can get it soon. Could you cancel the dispute? Because the time of dispute is only 3 days, it really has a bad affection to our store, and we'll appreciate it and grateful for you.

翻译：您因为通过运单号无法查询到任何物流信息而发起纠纷。但是，今早我查看了一下订单的物流信息，发现包裹已经到达奥伦伯里，并且已经完成清关，相信您很快就能收到包裹。您可以帮助我们先取消纠纷吗？因为纠纷剩余时间只有3天了，而且纠纷确实会对我们店铺造成不好的影响，所以请求您帮助我们取消纠纷，我们会非常感谢您。

（5）物流信息显示货物已妥投，但消费者表示未收到货。在这种情况下，商家可以先尝试与消费者沟通，告知消费者物流具体情况，建议消费者联系家人或朋友确认是否有人代为签收，联系邮局确认包裹信息等。例如：

Dear {消费者姓名}，

We have checked the real-time logistics information of {订单号} when we receive your mail at once, and it shows that the post have delivered to you.

You could check on the website：{具体查询网站}.

And could you kindly ask your neighbour or your family if anyone picked your package?

So we can provide the tracking number {物流跟踪号} to you and suggest you to check with the clerk in your local post with the number.

Please let us know if you have any questions or concerns.Keep in touch.

Sincerely yours，

{店铺名称} After-sales Customer Services

翻译：亲爱的顾客***，您好。当您向我们咨询时，我们已经根据您的订单号查询了物流配送信息，信息显示您的包裹已完成投递，您可以从网站***查询物流信息。另外，您可以问一下您的邻居或家人，是否有人帮您签收了包裹。同时，我们也提供给您包裹的物流跟踪号，方便您到当地邮局查询包裹相关信息。如有任何疑问，请及时和我们联系。致以最诚挚的问候，***店铺客服人员****。

二、速卖通自动回复设置

消费者会在不同的时间段访问商家的店铺，而客服人员不可能每时每刻都在计算机前面解答消费者提出的问题。如果想迅速回复客人的问题，就可以利用自动回复功能，通过设置自动回复，快速地解决消费者对商品的疑惑。客服自动回复功能可以增加消费者对商家的好感，让消费者不会感觉自己被商家冷落，也可以让消费者快速了解商品的实际情况。商家设置自动回复后，在近24小时内，若消费者第一次发送消息，可以收到商家设置的自动回复信息。自动回复支持文本回复内容和关键词设置。自动回复可以在店铺无人值班或者假期时间协助店铺进行店铺接待工作，可以有效提高店铺回复率，同时提高在无人值守阶段店铺的自然成交及转化率。自动回复设置如图4-100所示，在自动回复文本框内输入自动回复内容,并设置匹配的关键词。

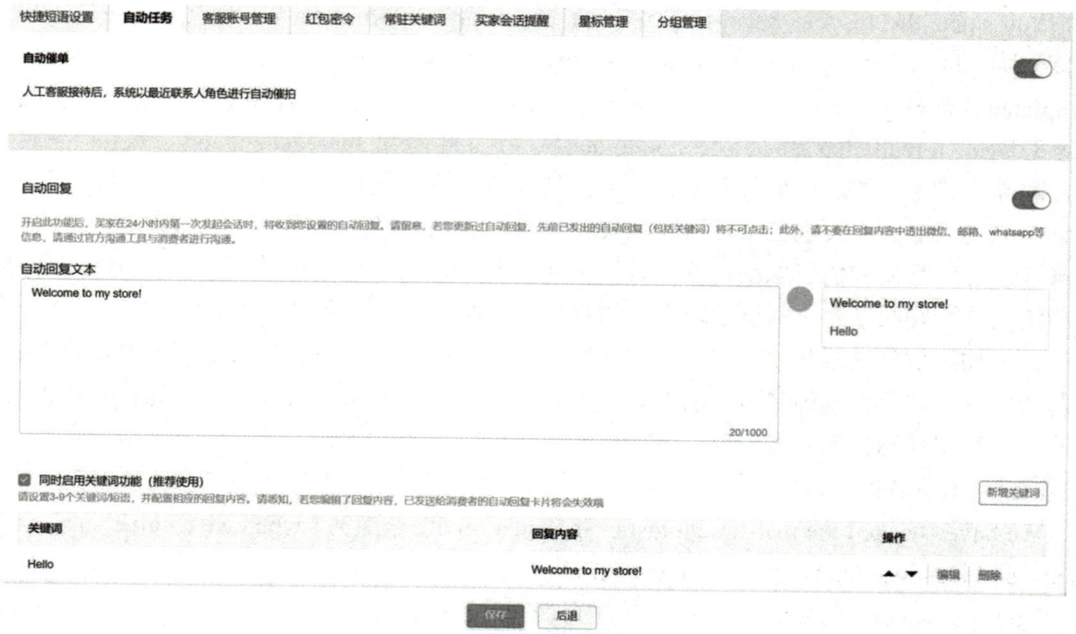

图 4-100　自动回复设置

三、速卖通快捷短语设置

快捷短语其实是被总结出的重复出现的回复用语。在店铺的日常运营过程中,商家经常遇到不同的消费者咨询同样的问题,如什么时候发货、物流需要多长时间、如果没收到商品怎么办、商品有质量问题怎么办。这些问题可能是不同消费者经常咨询的问题,当接待消费者的数量变多了,商家就可以总结出哪些问题是消费者重复询问的,针对这些消费者高频咨询的问题,商家可以准备一些快捷回复短语,以提高回复效率,节约时间成本。

速卖通常用快捷短语设置最多支持配置 50 条短语,每条快捷短语最多支持 1000 个字符。快捷短语简单易懂,能够提供各类问题的有效解决方案。图 4-101 所示为会话设置页面,第一个就是快捷短语设置。单击【添加】按钮,逐条输入自己编辑好的快捷短语,之后单击【保存】按钮,完成设置。

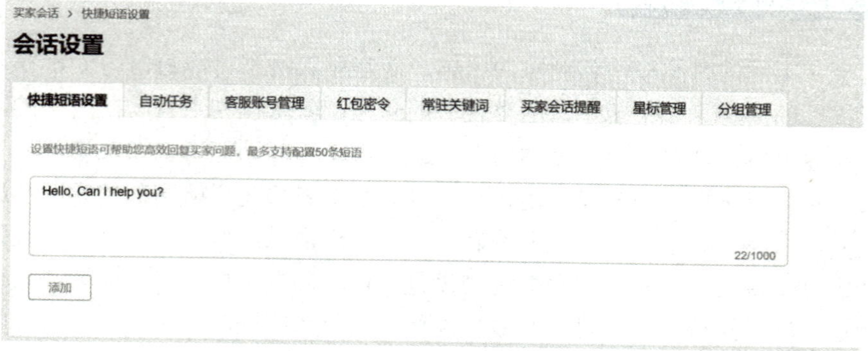

图 4-101　会话设置页面

第三节　店铺售后处理

一、速卖通纠纷概述及影响

纠纷即权利和权益争议，指争执不下的事情，没有解决的矛盾或争端。速卖通平台上的纠纷一般是因为消费者对商品、商家服务、物流配送速度不满意或者没有收到包裹而产生不满，从而引起纠纷。

少量的纠纷有助于商家发现店铺存在的问题，从而更好地预防和解决店铺存在的问题。少量的物流原因纠纷，有助于商家发现不同物流渠道的问题及局限性，及时调整物流渠道或者寻找更可靠的物流方式。少量的质量原因纠纷，有助于商家发现商品及商品描述等方面的问题，从而及时调整和优化商品，做好品控。但是，纠纷一旦过多，就会影响商品的曝光和店铺正常经营，造成客源流失，商家的利益也将受到影响。

二、速卖通纠纷类型及其由来

（一）速卖通纠纷类型

纠纷产生的原因一般分为未收到货、货不对版两种。未收到货分为物流在途、通过运单号无法查询到物流信息、包裹退回、发错地址等。货不对版分为货物与描述不符、货物短装、货物破损等。如果消费者提交的纠纷类别有以下三种情况，即个人原因、无理由退换货、运输方式与描述不符，那么平台一般不将其计入商家的纠纷提起率。

1. 未收到货纠纷

（1）物流在途。

物流在途指货物仍在运输途中，在途订单指的是已经发货但还没有确认收货的订单。包裹交物流公司后运输，在妥投前均是物流在途。国际物流运输时间长，因此物流在途时间也较长。消费者下单时选择的物流方式不同，有的物流方式将包裹发往国外之后无法追踪物流信息，导致物流信息无法同步，订单长时间处于物流在途状态。每个订单都有交易保护期（商家发货后，消费者确认收货或者收货超时之后的15天内是交易订单的保护期，即消费者可以开启纠纷的时间），如果交易保护期即将结束，但包裹还显示物流在途的话，消费者为了保障自己的权益，就会选择开启纠纷，申请退款。

（2）通过运单号无法查询到物流信息。

通过运单号无法查询到物流信息，指通过运单号长时间查不到发货信息或查询不到物流更新信息，或者发货时间、收货地点等信息与消费者的下单时间、收货地址不符。例如，包裹只有已揽件的信息，后续长时间无物流更新信息；发货时间早于消费者下单时间；物流信息显示发往的国家地址与消费者的收货国家地址不相符。这些情况均属于通过运单号无法查询到物流信息。

（3）包裹退回。

包裹退回指包裹因为某些原因被退回，导致消费者无法收到包裹。包裹退回分为国内段包裹退回和国外段包裹退回。造成国内段包裹退回的主要原因有入库失败、出库失败、交航失败等。造成国外段包裹退回的主要原因有清关失败、投递失败。

国内段包裹入库失败可能的原因是未按要求贴好面单、仓库发现破损而拒收、超出线路介绍中的体积、重量限制等；国内段出库失败的主要原因是收件地址、邮编错误导致无法分拣；包裹交航失败的主要原因有海关或机场安检查验出超过正常航空寄送限制、产品涉嫌侵权，以及违禁品或危险品需销毁或罚没。

国外段包裹清关失败可能的原因是目的国海关或机场查验出商品涉嫌侵权或违禁品需销毁或罚没、产品在目的国属于禁止进口产品、清关材料缺失导致无法完成清关、消费者拒绝缴纳关税等；而国外段包裹投递失败的主要原因有收件人地址或电话有误、未从自提柜提取、收件人拒收等。

（4）发错地址。

发错地址是指消费者未填写正确的收货地址、商家提交发货时填写错误的收货地址，或者双方均填写了正确的收货地址，后续物流将包裹配送到错误地址。

2. 货不对版纠纷

货不对版是指消费者收到的商品与达成交易时商家对商品的描述或承诺（在标题、属性、品牌、开发语言、缩略图与描述详情等方面）不相符。货不对版也称为"描述不符"。

（1）货物与描述不符。

货物与描述不符指消费者收到的商品与商品详情页描述或者商品图片显示的信息不相符。款式与描述不符、图案与描述不符、重量与描述不符、颜色与描述不符、尺寸与描述不符、材质与描述不符、工艺与描述不符、品牌与描述不符等均属于货物与描述不符的范畴。

（2）货物短装。

货物短装指消费者收到货物的数量与订购的数量或者商品页面展示的数量不一致。货物短装一般有商品数量缺少与空包裹两种情况。

（3）货物破损。

货物破损指货物包装或货物本身发生破损、污损等。常见的货物破损情况有包裹外包装破损、包装有划痕、货物破损等。国际物流长途运输，在运输过程中可能因为包装不当、暴力快递等原因导致货物破损情况出现。

（二）纠纷的由来

速卖通平台常见的消费者不满的现象有：发货后迟迟没有物流信息、物流信息长时间不更新、商品错发漏发、商品收到时已经破损、对快递服务不满意（物流方式、配送速度等）、对商品本身不满意（款式、颜色、性能等）。

根据速卖通纠纷的类型，消费者开启纠纷的理由多种多样。总体来说，所有的纠纷都是由不满演变而来的。商家想避免纠纷，需要先搞清纠纷产生的原因。下面是纠纷产生的主要原因。

1. 消费者期望值过高

商品描述及图片展示的商品与实际商品差别过大，商品没有达到消费者的期望值是纠纷和差评产生的根源，也就是所谓的性价比问题。

2. 物流运输问题

物流速度是造成消费者满意度下降的元凶。一是因为国际运输物流时间长，导致消费者等待时间变长；二是因为国际物流可追踪性差，物流丢包严重，导致消费者对物流没有信心。

3. 沟通问题

商家和消费者沟通不够，或者沟通方式错误、沟通态度差让消费者的不满演变成纠纷或差评。

4. 商品质量问题

商品本身的质量问题其实可以通过发货前的质检环节发现，但很多中小商家店铺压根不会去做质检，这就导致很多瑕疵品或者有质量缺陷的商品被发出。同时，在运输途中包装破损导致的商品质量问题也是很平常的事情。

5. 错发、漏发问题

很多商家在发货时，订单较多或者缺少检查环节，导致在打包过程中出现发错货或者漏发货的情况。

6. 承诺未兑现

在消费者咨询阶段，为了促使消费者尽快下单付款，商家会向消费者承诺额外的礼物、优惠等，但发货时出现忘记发送赠品的情况，导致消费者在收到包裹后因不满意商家承诺未兑现而申请退款。

7. 恶意纠纷

所谓恶意纠纷，也就是商品无质量问题，而且物流投递在正常时间内，消费者以非逻辑性理由或模糊图片为依据提起的纠纷。恶意纠纷有时候让商家手足无措。

三、速卖通纠纷处理流程

速卖通纠纷处理流程包括纠纷提交和协商流程，以及退货流程。

（一）纠纷提交和协商流程

在交易过程中，消费者提起退款或退货申请，即进入纠纷阶段，消费者必须与商家协商解决纠纷。纠纷处理流程如图 4-102 所示。

1. 消费者提起退款或退货、退款申请

（1）消费者提交纠纷的原因：未收到商品；收到的商品与约定不符；消费者自身原因。

（2）消费者提交退款申请时间：可以在商家全部发货 10 天后申请退款（若商家设置的限时达时间小于 5 天，则消费者可以在商家全部发货后立即申请退款）。

（3）消费者端操作：在提交纠纷页面中，消费者可以看到选项"仅退款"（Only Refund）和"退款与退货"（Return & Refund），选择"仅退款"就可以提交仅退款申请，选择"退款与退货"就可以提交退款与退货申请。提交退款与退货或仅退款申请后，消费者需要描述问题与解决方案并上传证据。消费者提交纠纷后，纠纷"小二"会在 7 天内（包含第 7 天）介入处理。

2. 买卖双方交易协商

消费者提起退货或退款申请后，需要商家确认。商家可以在"纠纷列表页面"页面看到所有的纠纷订单，如图 4-103 所示。在纠纷页面中，快速筛选区域显示关键纠纷状态，如"买家已提交纠纷，等待您处理""等待买家退货""待举证的拒付订单"。

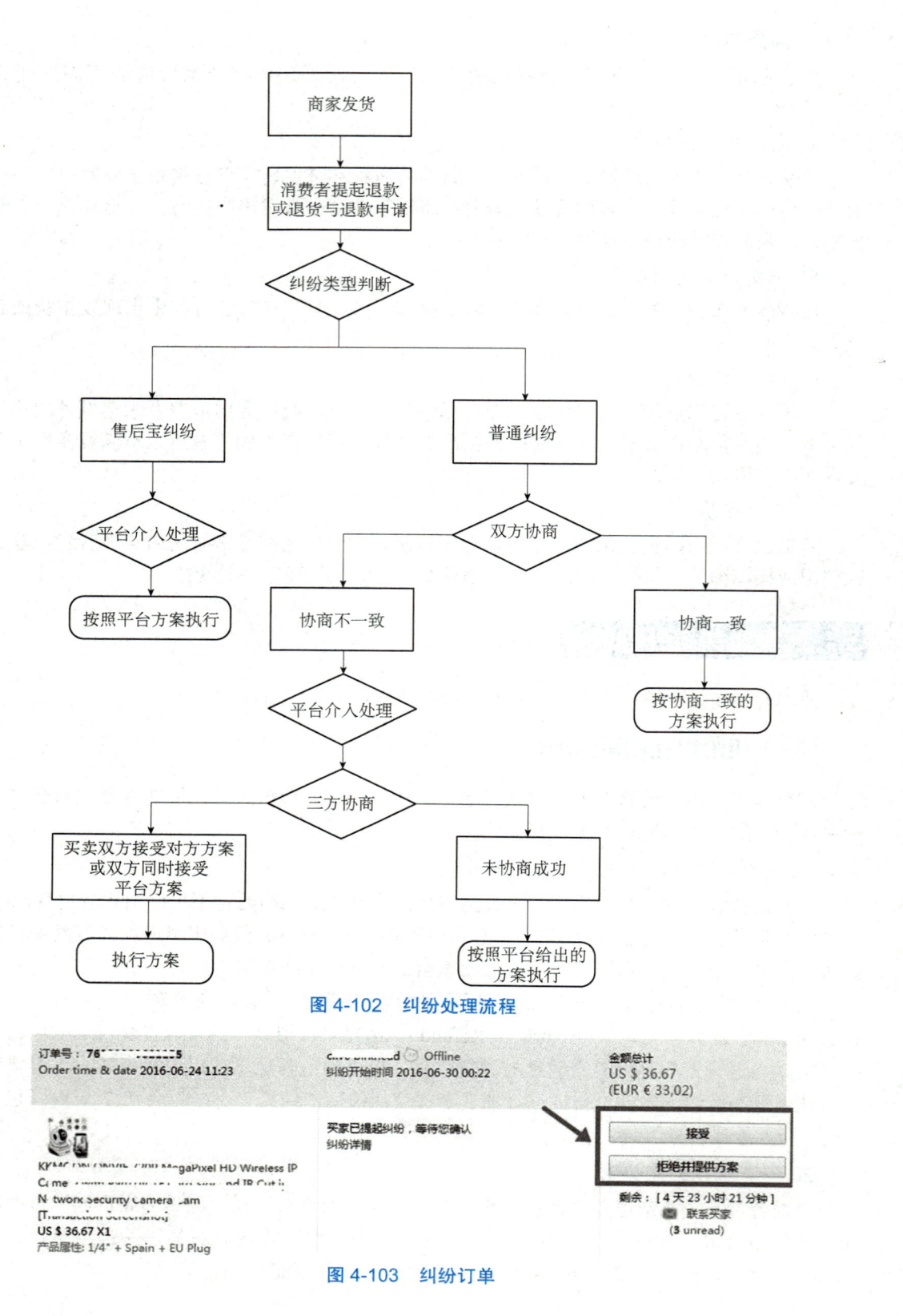

图 4-102　纠纷处理流程

图 4-103　纠纷订单

对于卖家未响应过的纠纷，单击【等待您处理】按钮即可查看，单击【查看详情】或【立即处理】按钮可进入纠纷详情页面，对纠纷做出响应。

进入纠纷详情页面，商家可以看到消费者提起纠纷的时间、原因、证据，以及消费者提供的协商方案等信息，如图 4-104 所示。当消费者提起纠纷时，商家需要在消费者提起纠纷 5 天内接受或拒绝消费者提出的纠纷，若逾期未响应，系统会自动根据消费者提出的退款金额执行。商家在协商阶段应该积极与消费者沟通。

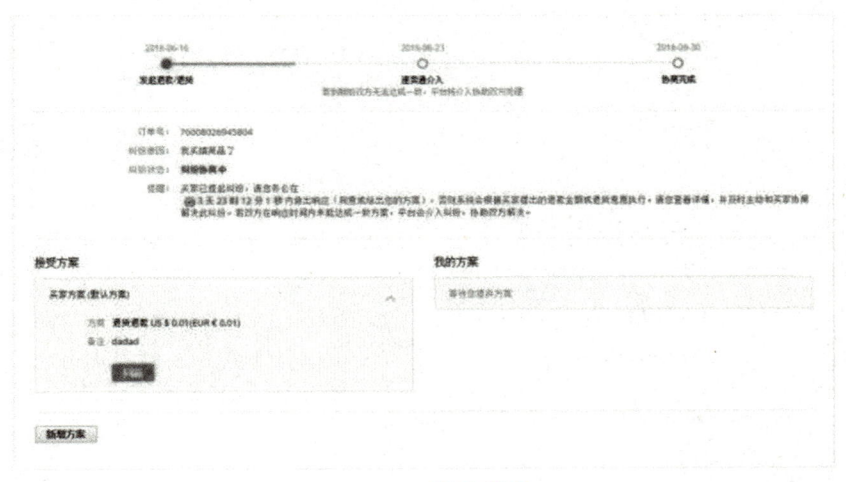

图 4-104　协商详情

在收到消费者的纠纷方案后，商家可以采取以下措施。

（1）同意协商方案。

消费者提起的退款申请有以下两种类型。

①仅退款：商家接受时，会提示商家确认退款方案。若商家同意退款申请，则退款协议达成，款项会按照双方达成一致的方案执行，如图 4-105 所示。

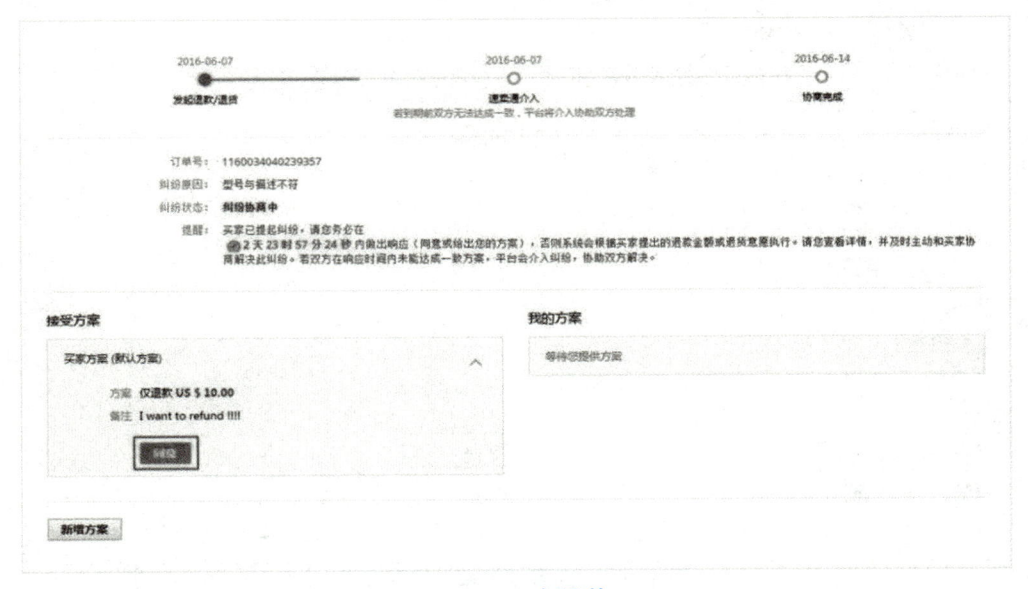

图 4-105　仅退款

②退货、退款：若商家接受，则需要商家确认收货地址。收货地址默认为商家注册时候填写的地址（地址需要全部以英文填写），若地址不正确，则修改收货地址，如图 4-106 所示。

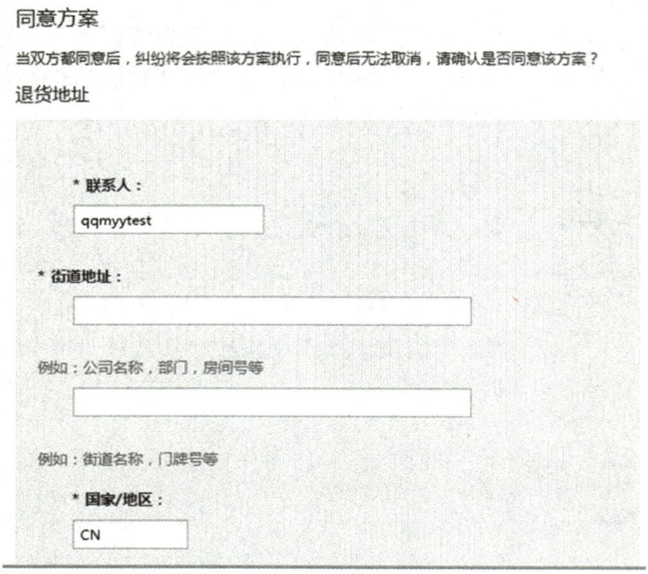

图 4-106　退货、退款

（2）提交自己的方案。

商家在提交自己的纠纷解决方案时，可以新增或修改证据，如图 4-107 和图 4-108 所示。

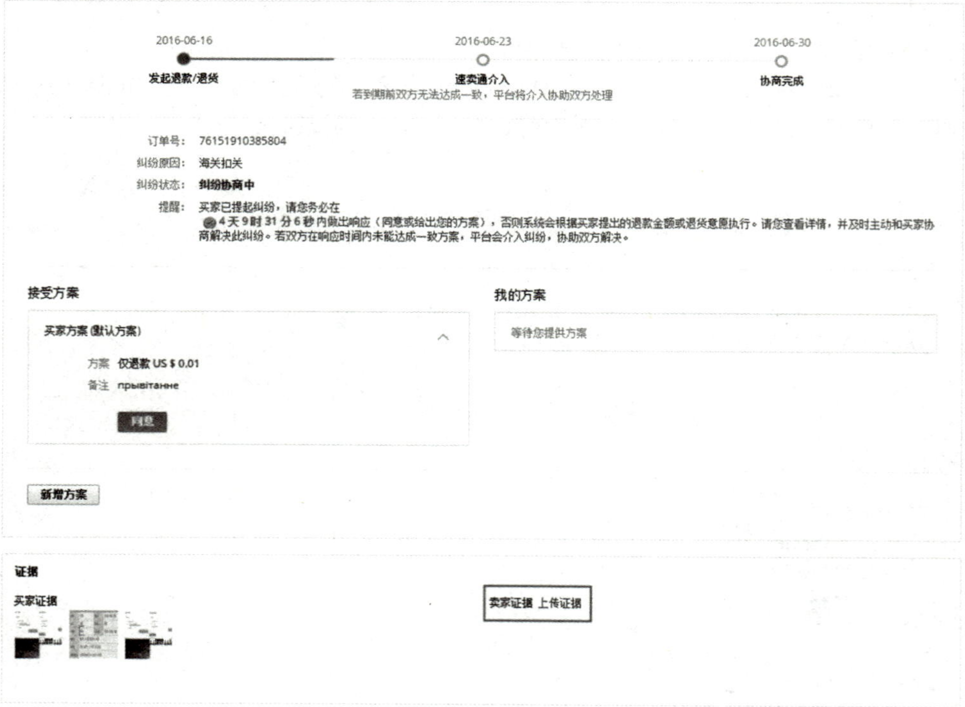

图 4-107　商家（卖家）提交证据

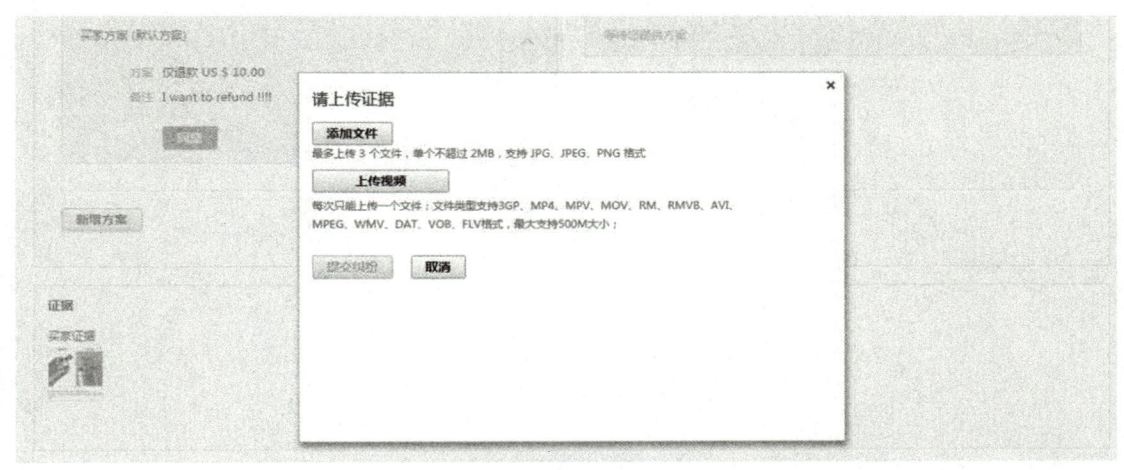

图 4-108　商家上传证据

（3）增加或修改协商方案。

买卖双方最多可以提供两个互斥方案（方案一提交退货与退款方案，方案二默认只能选择仅退款方案），如图 4-109 和图 4-110 所示。

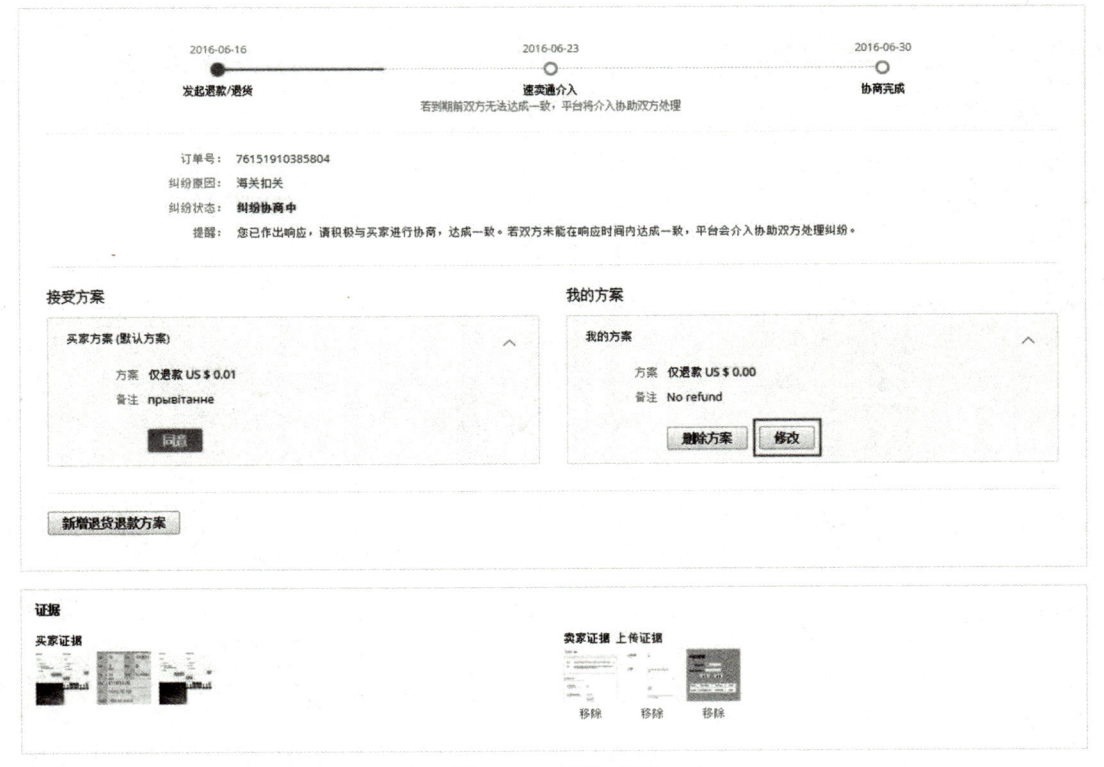

图 4-109　增加方案

（4）删除方案或证据。

消费者和商家对于自己提交的方案反悔的时候，可以删除自己提交的方案或证据，如图 4-111 和图 4-112 所示。

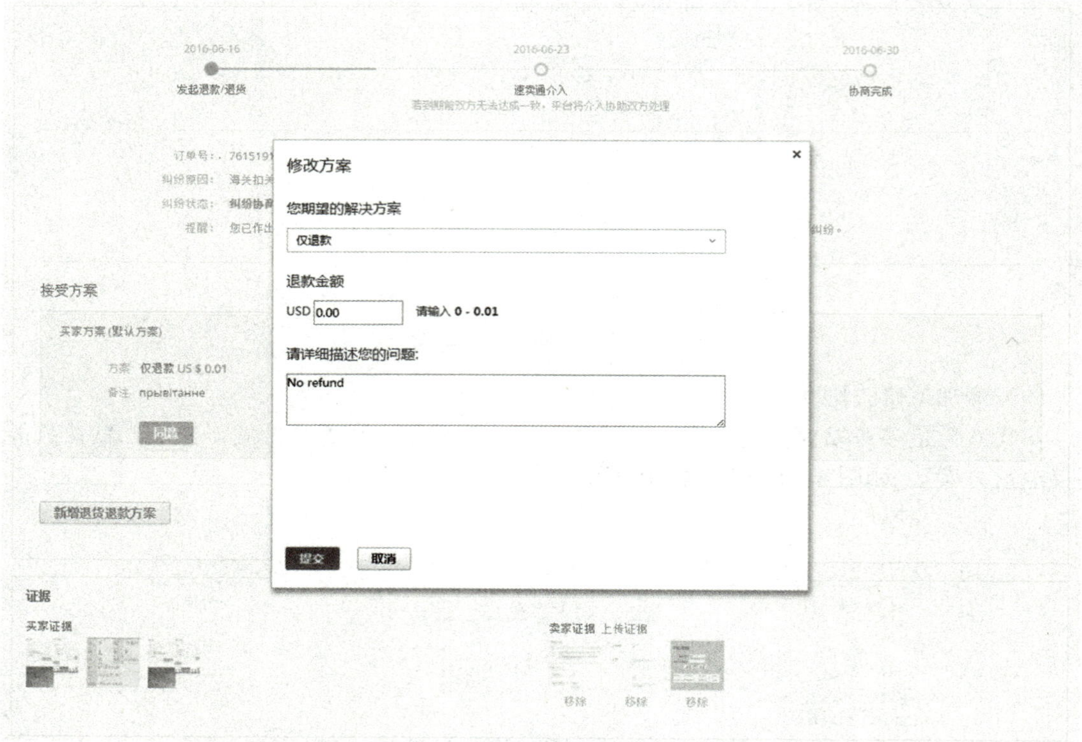

图 4-110　修改方案

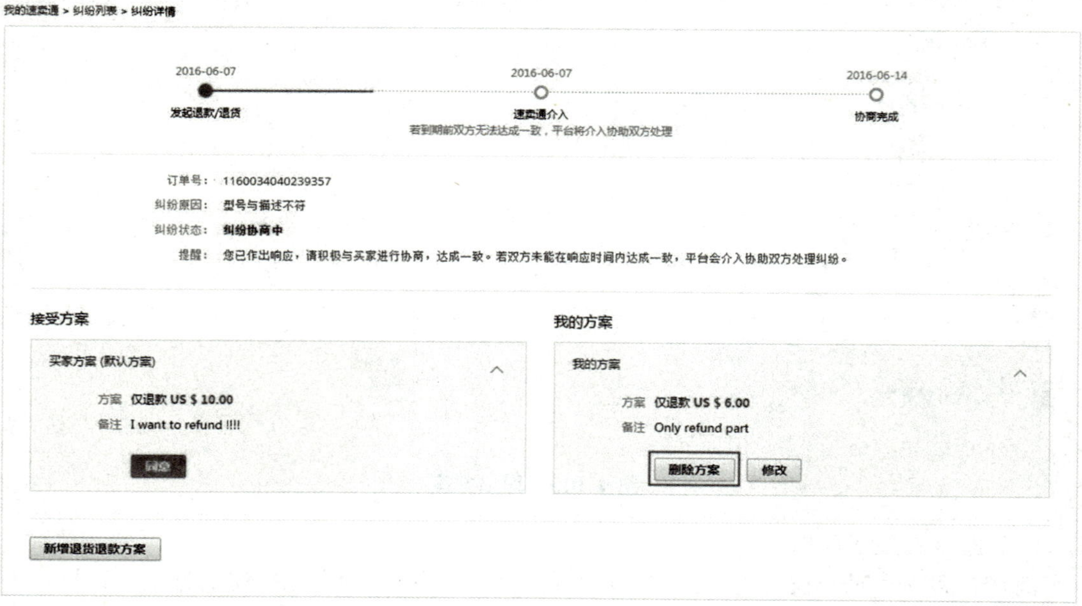

图 4-111　删除方案

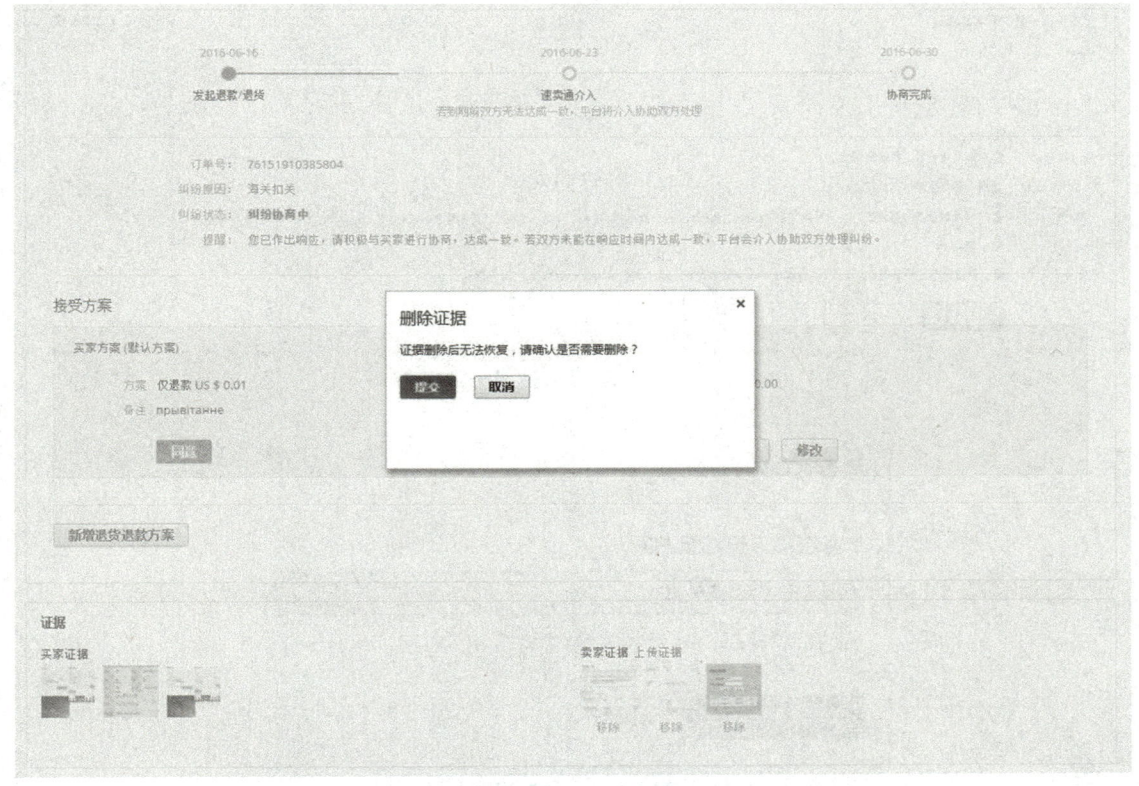

图 4-112　删除证据

3. 平台介入协商

消费者提交纠纷后,纠纷"小二"会在 7 天内(包含第 7 天)介入处理。平台根据案件情况及双方在协商阶段提供的证明,给出解决方案。买卖双方在纠纷详情页面可以看到消费者、商家和平台三方的方案。在纠纷处理过程中,纠纷原因、方案、证据均可以随时独立修改(在纠纷结束之前,买卖双方如果对自己之前提供的方案、证据等不满意,可以随时进行修改)。买卖双方如果接受对方或者平台给出的解决方案,纠纷就算得到解决。在纠纷解决处于赔付状态中时,买卖双方不能够再协商。

(二)退货流程

商家和消费者达成退款与退货的协议之后,消费者必须在 10 天内将货物发出(否则款项会打给商家),如图 4-113 所示。消费者退货并在系统中填写退货运单号后,商家有 30 天的确认收货时间,如果商家未收到货物或对收到的货物不满,可以将订单提交纠纷平台。纠纷解决部门会联系双方跟进处理。(注:消费者退货后,商家需要在 30 天内确认收货或提起纠纷,逾期未操作默认商家收货,执行退款操作。)如果消费者决定放弃退货,可以单击【取消退货】按钮,然后再次单击【确认放弃退货】按钮,纠纷同时结束,如图 4-114 所示。

若消费者已经退货,并填写了退货单号,则需要等待商家确认,如图 4-115 所示。

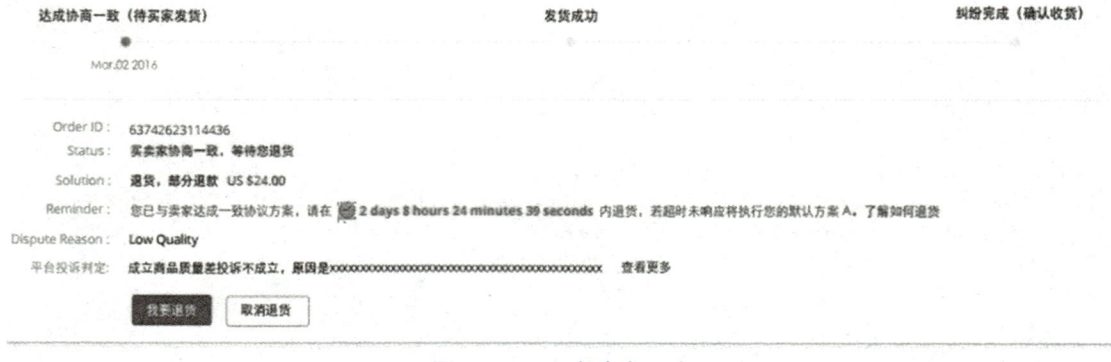

图 4-113 双方达成一致

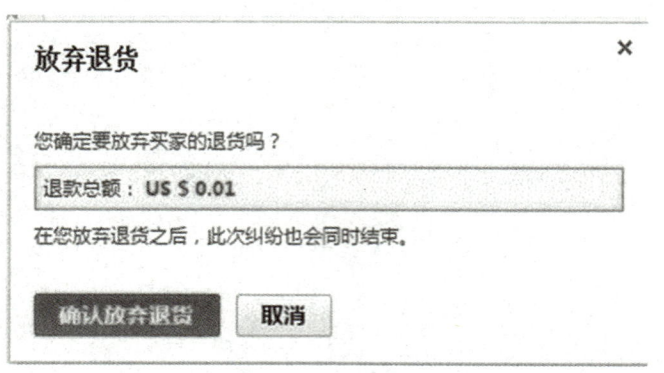

图 4-114 放弃退货

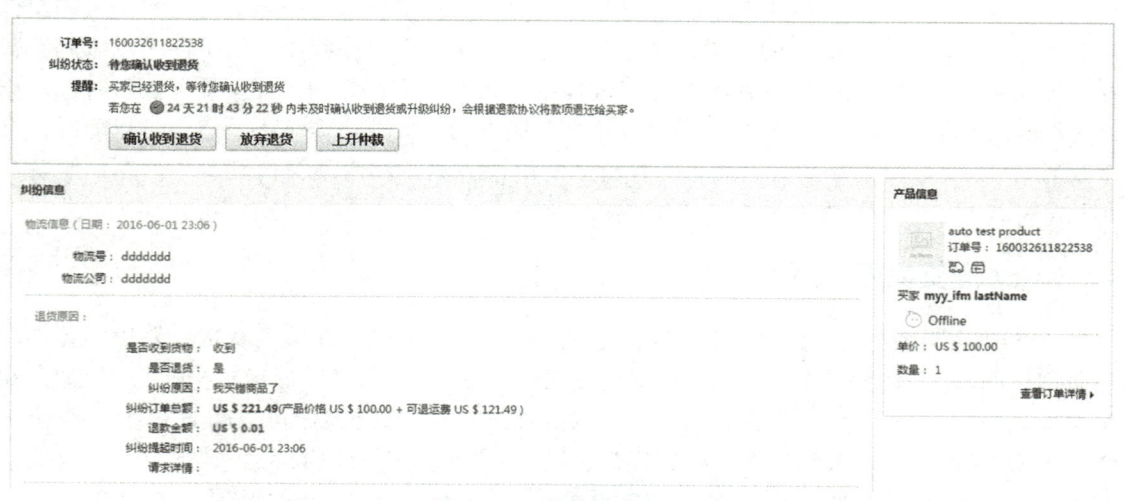

图 4-115 等待商家确认

商家需在 30 天内确认收到退货。若确认收到退货，并同意退款，则单击【确定】按钮，速卖通会退款给消费者（买家），纠纷结束，如图 4-116、图 4-117 所示。

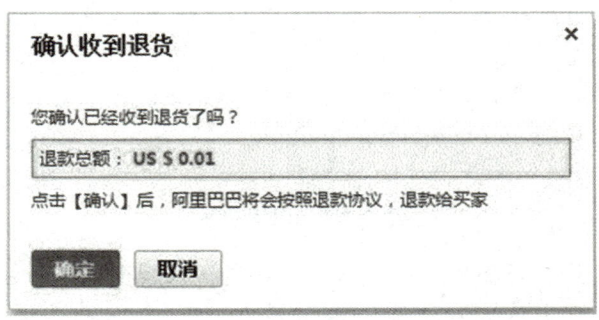

图 4-116　商家确认收货

图 4-117　纠纷完成

若在接近 30 天的时间内没有收到退货，或收到的货物有问题，商家可以"升级纠纷"提交给平台，由平台进行裁决。升级纠纷如图 4-118 所示。平台会在 2 个工作日内介入处理，商家可以在纠纷详情页面查看纠纷状态并进行响应。在平台裁决期间，商家也可以单击【撤销仲裁】按钮，撤销纠纷裁决请求，如图 4-119 所示。

图 4-118　升级纠纷

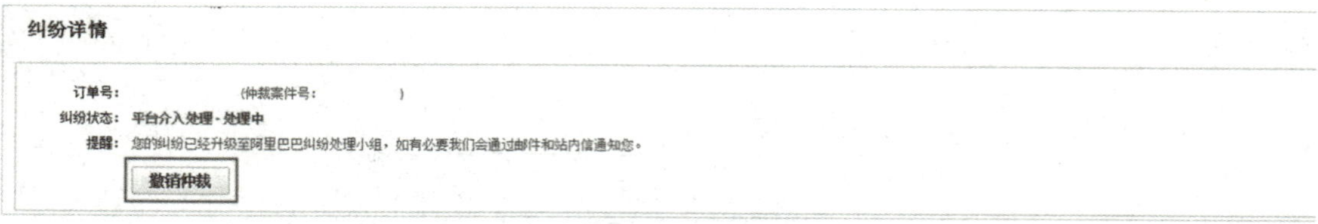

图 4-119　撤销仲裁

若 30 天内商家未进行任何操作,即未确认收货,未提交纠纷,让平台裁决,系统默认商家已经收到退货,自动退款给消费者。

四、速卖通避免与解决纠纷的方法

消费者因为各种原因提起纠纷,商家必须积极解决纠纷,否则会带来很大的影响,消费者可能对供应商、商品和速卖通平台产生疑惑,最终使订单后回款周期变长,客源流失,有可能失去二次交易的机会。

在交易的过程中,商家要尽量避免产生纠纷。在产生纠纷后,纠纷能够顺利解决,让消费者感到满意,有助于留住客户并且产生口碑效应,赢得更多的客户。

(一)有效避免纠纷的方法

消费者提起的纠纷主要有两大类,即"货不对版"和"未收到货"。下面是针对这两类纠纷的应对方法。

1. 货不对版的应对方法

(1)商品描述真实、全面。

商家在编辑商品信息时,务必基于事实,全面而细致地描述商品。例如,对于电子类产品,商家需将产品功能及使用方法给予全面说明,避免消费者收到货后因无法合理使用而提起纠纷。对于服饰、鞋类产品,应提供尺码表,以便消费者选择,避免消费者收到货后因尺码不合适而提起纠纷。

商家不可因急于达成交易而对消费者有所欺骗。例如,实际只有 2GB 容量的 U 盘,商家却刻意将容量描述成 256GB。此类欺诈行为一经核实,速卖通将严肃处理。商家对于商品的瑕疵和缺陷也不应有所隐瞒,在商品描述中应该注明货运方式、可送达地区及预期所需的运输时间。同时,商家应向消费者解释海关清关缴税、商品退回责任和承担方等内容。消费者是根据商品描述而产生购买行为的,消费者知道得越多,其预期越接近实物。因此,真实全面的描述是避免纠纷的关键。

(2)严把质量关。

在发货前,商家需要对产品进行充分的检测,内容包括产品的外观是否完好、产品的功能是否正常、产品是否存在短装现象、产品邮寄时的包装是否适合长途运输等。商家发现产品质量问题,应及时联系厂家或上游供应商进行更换,避免因产生纠纷而造成退换货。在外贸交易中,退换货物的运输成本是极高的。

(3)杜绝假货。

速卖通一向致力于保护第三方知识产权,并为会员提供安全的交易场所,非法使用他人的知识产权是违法和违反速卖通政策的。若消费者提起纠纷,投诉商家"销售假货",而商家无法提供产品的授权证明,将被平台直接裁定为负全责,商家在遭受经济损失的同时也将受到平台的处罚。因此,对于涉及第三方知识产权,且无法提供授权证明的产品,商家务必不要在速卖通平台上销售。

2. 未收到货的应对方法

(1) 物流选择很重要。

国际物流往往存在很多不确定因素,如海关问题、关税问题、配送转运问题等。在整个运输过程中,这些复杂情况很难控制,难免产生清关延误、配送超时甚至包裹丢失等问题。消费者若长时间无法收到货物或者长时间不能查询到物流更新信息,就会提起纠纷。

同时,没有跟踪信息的快递方式对于商家的利益也是没有保障的。当消费者提起"未收到货"的纠纷时,货物信息无法跟踪对商家举证是非常不利的。因此,商家在选择快递方式时,可以结合不同地区、不同快递公司的清关能力及包裹的运输期限,选择 EMS、DHL、FedEx、UPS、TNT、SF 等物流信息更新较准确、运输时效性更佳的快递公司。这些快递公司相比航空大包、小包来说,风险值会低很多。

商家如需找寻货运代理公司帮助发货,应优先选择正规的、能同时提供发货与退货保障的货运代理公司,以最大限度地保证自己的利益不受损害。

总的来说,商家在选择快递方式时,务必权衡交易中的风险与成本,尽可能选择可提供实时货物追踪信息的快递公司。

(2) 有效沟通。

包裹发生延误,商家应及时通知消费者,解释包裹未能在预期时间内到达的原因,获得消费者谅解。包裹因关税未付被扣关,商家应及时告知消费者,声明自己已在商品描述中已注明消费者的缴税义务。商家不妨提出为消费者分担一些关税,这样不仅能避免物品被退回,而且能让消费者因商家的诚意而给予其好评和高分。包裹因无人签收而暂存邮局,商家应及时提醒消费者找到邮局留下的字条,在有效期内领取。商家应及时处理消费者关于物品未收到的询问,让消费者体会到自己的用心服务。在交易过程中,商家与消费者保持有效的沟通,不仅能够使交易顺利完成,也将获得消费者二次回购的机会。

(二) 产生纠纷如何解决

1. 将心比心

从消费者的角度考虑,商家要想办法解决问题,而不是只考虑自己的利益。商家在可承受的范围内尽量让消费者减少损失,也会为自己赢得更多的机会。

2. 有效沟通

(1) 及时回应。

消费者不满意时,商家要马上做出回应,与消费者进行友好协商。若消费者迟迟未收到货物,商家在可承受的范围内可以给消费者重新发送货物或提供其他替代解决方案;若消费者对商品质量或其他方面感到不满,商家应与消费者友好协商,而且要提前考虑好解决方案。

(2) 善用沟通技巧。

与消费者沟通时,商家要注意消费者心理的变化。当消费者不满意时,尽量引导消费者朝保留订单的方向走,同时满足消费者的其他需求;当出现退款时,尽量引导消费者部分退款,避免全额退款、退货。商家要努力做到"尽管货物不能让消费者满意,态度也要让消费者无可挑剔"。

3. 保留证据

在交易过程中的有效信息都应该保留下来，如果出现纠纷，它们就可以作为证据，来帮助解决问题。在交易过程中，商家应该及时充分举证，将相关信息提供给消费者（进行协商），或者提供给速卖通（帮助裁决）。

五、速卖通纠纷处理原则

在解决纠纷时，商家要明确纠纷处理的原则，不要因小失大。在处理纠纷时，商家一般要遵循以下原则。

（一）每日查看，及时响应

消费者提起纠纷后，留给商家的纠纷响应时间是5天，若超过5天不回复，则响应超时，系统会直接退款给消费者。所以，不管纠纷是否棘手，如果剩余响应时间少于2天，商家就可以先拒绝。

（二）以店铺安全为前提，理智处理

涉及物流原因的纠纷直接决定商家服务评分，商品质量纠纷直接决定货不对版纠纷的提起率。如果某个指标马上就要不合格了，商家经营类目就面临被关掉的风险。因此，商家不要想着纠纷一定要赢，可以在线下联系消费者，通过PayPal给消费者退款，让消费者取消在线上提起的纠纷。商家一定要理智处理纠纷，店铺安全第一。

（三）将纠纷损失降到最低

商家可以尝试将纠纷退款的损失降到最低。例如，物流超时未送达先退款了，在消费者收到商品后，商家可以给消费者留言，表示希望对方退还部分货款。商家也可以事先和消费者约定，如果消费者最后收到商品，就退还全部货款。

六、亚马逊售后处理

（一）亚马逊退货原因

在亚马逊平台，常见的消费者退货的原因主要有以下几个。
（1）商品质量与发货操作原因。
（2）物流运输原因。
（3）消费者个人原因。
（4）恶意退货。

并非所有的退货都是由于商家的问题，有些消费者故意多买，然后恶意退货。如果识别到恶意退货，商家就要向平台提出申请，维护自己的正当权益。

（二）亚马逊 A-Z 索赔

1. 消费者发起 A-Z 索赔的情况

亚马逊对在亚马逊平台上购买商品的所有消费者实施保护政策，如果消费者不满意第三方商家销售的商品或服务，就可以发起亚马逊交易保障索赔（A-to-Z Guarantee Claim，简称"A-to-Z"或"A-Z 索赔"），保护自己的利益。

索赔一般分为两大类：一是商品没有收到，二是商品与描述不符。

2. A-Z 索赔对商家的不利影响

商家处理 A-Z 索赔比一般的退换货问题棘手。一旦 A-Z 索赔成立，就会影响商家绩效指标中的订单缺陷率及完美订单的分数，对商家的负面影响是显而易见的。假如商家成交的订单不多，就更要小心了，可能因为存在一两个 A-Z 索赔，账户有被审核、冻结，甚至关闭的风险。

3. A-Z 索赔发生后的处理流程

商家可以登录亚马逊账户，在"PERFORMANCE"下拉菜单中选择"A-to-z Guarantee Claims"，查看是否有新增索赔，如果有新增索赔，亚马逊就会发送一份通知。在一般情况下，消费者在开启索赔前必须先联系商家。在双方沟通后，消费者不满意商家和服务，问题没有得到解决，可以就以下问题开启索赔。

（1）没有收到商品；

（2）收到的商品与描述不符，如物品损坏、质量有问题、部分缺失等。

在正常情况下，消费者可以在购买商品 90 天内开启索赔。在特殊情况下，对于超过 90 天且不长于 6 个月的订单，消费者还可以联系亚马逊客服，由亚马逊决定消费者是否可以开启索赔；商家需要在索赔开启 7 天内在亚马逊平台进行回复。对于已经退款或者开启退单拒付（Chargeback）的订单，消费者不能再开启索赔。

如果平台判定商家赢，索赔状态就会显示为"Claim Closed""Claim Withdrawn"。在这种情况下，亚马逊判定结果不影响商家账户评级。

如果平台判定消费者赢，索赔状态就会显示为"Order Refunded""Claim Granted（Seller Funded）"。在这种情况下，亚马逊判定结果将影响账户评级。

4. A-Z 索赔退款分类

在一般情况下，亚马逊商家收到 A-Z 索赔的主要原因有以下几个。

（1）商品出现差错。

商品出现差错即消费者收到的商品与商品详情页展示的商品存在重大差异，包括收到时受损、存在缺陷、缺失配件等情况。

（2）消费者未收到订单。

消费者因为以下几种情况导致未收到订单中的商品而发起索赔，亚马逊将会受理。

① 商家已经安排配送订单，但消费者没有收到订单包裹。消费者最早可以在下订单的 3 个工作日以上或经过下单后 30 天（以两者中较早的日期为准）的这段时间内提出索赔，最晚可在预计最迟送达日期算起 90 天时间内提出索赔。

亚马逊发现需要对相关事宜展开调查，对于超出时间范围提出的索赔，亚马逊依然保留接受消费者索赔的权利。

② 商家提供追踪订单的追踪信息（如快递单号）表明商品预计在某段时间到达，但实际上无法在预计或合理的时间内送达，消费者发起的索赔将获得批准，且商家应承担赔偿责任。

③ 对于商家自配送的订单，商品已配送且追踪信息显示已送达，但消费者声称未收到商品，消费者可以发起索赔。亚马逊可能联系消费者确认是否收到订单商品，而确认订单签收的过程，可能有以下结果。

● 如果确认消费者确实没有签名确认收到订单包裹，商家存在无法控制的配送错误（如发错货或发错地址）的问题，商家就需要承担未配送责任。

● 如果消费者声称未收到商品，但签名确认上的姓名与消费者姓名匹配的，亚马逊就会驳回消费者发起的索赔；如果签名确认上的姓名与消费者的姓名不符，亚马逊就会驳回消费者发起的索赔，并要求消费者调查签收包裹的人。

● 针对由货运代理人或消费者代理人签收的包裹提出的索赔将被驳回，但如果调查显示是商家的原因导致消费者收不到包裹，商家就需要承担责任。

④ 商品通过亚马逊物流配送且有追踪信息，而消费者称未收到订单商品并提出索赔，亚马逊将承担责任，同时不会向商家发送索赔通知；即使索赔成立，也不会计入商家的订单缺陷率。

（3）消费者不诚实。

对于消费者恶意提起纠纷，要求退款的情况，商家的首要目标是将损失降到最低：或试着拿回商品，或通过提供折扣让消费者接受并保留商品。

当然，有经验的骗子会在留下商品的同时得到退款。为防止"鸡飞蛋打"，商家要争取让亚马逊支付退款。这样做的好处是减少了损失，又得到亚马逊体谅——商家肯定不想让亚马逊贴上"卖假货"的标签。

（4）消费者已退货，但未收到退款。

商家已经同意给消费者退款，消费者退还了商品，但商家并未将货款退给消费者。消费者可以发起索赔。

（5）商家拒绝退货。

商家拒绝消费者合理的、适用亚马逊退货政策的退货请求。

5. 应对 A-Z 索赔注意事项

对 A-Z 索赔，一般不建议商家直接退款，以省去麻烦。因为这样的话，就相当于承认自己商品质量差、卖假货，多次这样操作就会引起亚马逊的疑虑。

同时，商家要注意，如果没有经过双方的有效沟通，商家自主拒绝索赔（Claim Closed）或者取消订单（Order Canceled），就可能造成店铺被关的严重后果。

对于平台正在审核的 A-Z 索赔，商家随便联系消费者或者亚马逊，如果言词表达不清或者有不合理的地方，就可能造成店铺被关的严重后果。

当消费者出现以下几种情况时，亚马逊不会受理索赔申请。

（1）消费者下订单后，商家有默认的两个工作日进行配货，如果消费者在这段时间提出索赔，就不会获得批准。

（2）消费者订单的追踪信息（快递单号）显示预计不久即可送达，消费者在这个节点提出索赔，不会获得批准。亚马逊会要求其等待商品送达，商家暂时无须承担责任。

（3）如果消费者拒收包裹，或者声称已退回包裹给商家，但无法向商家提供有效的追踪单号，消费者发起的索赔就不会被受理。

（4）商家已经退款给消费者，消费者不能再发起索赔。

想一想

1. 商品营销推广、提升转化率或处理商品图片重要，还是订单处理重要？
2. 商家回复消费者邮件（站内信）有什么讲究？
3. 作为商家，能够很好地与消费者沟通，是否会影响店铺的"商家服务等级"？

思政园地

Cupshe 由企业家 Mike Zhao 于在 2015 年创立，总部位于南京，供应链立足于广州。Cupshe 迅速崛起可以作为利用"提高用户参与度"进行品牌营销的成功案例进行研究。Cupshe 主营的女式泳装与许多其他快时尚零售商的定位并无二致——主张以实惠的价格提供时尚泳装。然而，Cupshe 通过将品牌和用户体验放在首位，最终在高度饱和并且竞争激烈的市场中脱颖而出。Cupshe 在 2021 年的风险融资达到 1550 万美元，并且独立站的收入依然在稳定增长。Cupshe 在独立站和亚马逊平台皆有布局，该公司在亚马逊的"泳装和罩衫"类别中为头部商家，同时在复购方面击败了 Cocoship 和 Zaful 等泳装零售品牌。不过，在开始成立时，Cupshe 只是一家提供各种商品的快时尚公司，没有主品类，商品差异化不明显——泳装只是其中之一。直到 2016 年，Cupshe 才开始做细分类目——泳装，并将品牌和公司定位在这一特定类别上。两年后的 2018 年，Cupshe 的全球消费群体超过 1000 万人。2019 年，Cupshe 的品牌战略开始发挥作用，还推出了加大码泳装系列。Cupshe 对用户体验和参与度高度重视，在推出新的包容性商品系列时找到网络红人进行带货营销，并且进行专属的网络红人折扣营销，以提高转化率。

我们可以从 Cupshe 的线上交易中得到一些启示。

1. 为了满足更多消费者的需求，Cupshe 尽可能增加泳装尺码，从 S 码到 XXL 码，对欧美消费者非常友好。在主打泳装系列的基础上，Cupshe 不断丰富泳装种类，男装和儿童泳装商品线也在不断壮大。

2. 对于服装行业的海外品牌来说，强大的国内供应链和物流体系是保障产品更新和补货的基础。同时，和 Shein 一样，Cupshe 的成功离不开国内的供应链支持。Cupshe 除了具有出圈的价格优势，商品款式、设计、图案等都非常新颖，对于大多数消费者完全没有消费压力，而且高价位的商品最容易抢占市场。

——资料来源：雨果跨境《全年营收 2.5 亿美元 | 中国泳装品牌出海案例分析》

知识链接

1. TM 咨询：全称为"Trademanager 咨询"，是消费者单击速卖通前台的"旺旺"头像发起的即时消息。
2. Pending Orders：意为挂单，也称待处理订单。
3. 包裹实际重量：简称"实重"，指需要运输的一批物品（包括包装在内）的实际总重量。简单来说，实重就是物理重量，将物品放在秤上称重的重量。

4. 包裹体积重量：根据包裹的体积计算的重量。
5. 泡货：指体积重量大于实际重量的物品。
6. FBA：全称为"Fulfillment by amazon"，指商家将商品批量发送至亚马逊运营中心后，由亚马逊负责存储；商品售出后，由亚马逊完成商品分拣、包装和配送等工作，并提供客户咨询、退货等客户服务，帮助商家节省人力、物力和财力。
7. FBM：全称为"Fulfillment by myself"，是自配送的意思，即亚马逊商家自己找物流公司将商品发送给消费者。
8. DSR：全称"Detailed Seller Ratings"，指商家服务评级，包括消费者在订单交易结束后以匿名方式对商家在交易中提供的商品描述的准确性、沟通质量及回应速度、物品运送时间合理性三方面服务做出的评价。
9. ODR：全称为"Order Defect Rate"，即亚马逊平台的"订单缺陷率"。这个指标的计算方法是，在一段时间内所有涉及1~2星差评和索赔纠纷（包括A-Z和Chargeback）的订单除以这段时间内的总订单数。

总结

1. 线上订单管理是跨境电商商家高频操作的内容，发货管理、资金管理及评价管理与商品转化成交息息相关。

2. 速卖通平台分为线下发货和线上发货两种方式。线下发货是商家在线下找物流公司，将货物交给物流公司。线上发货是商家在线上找物流公司，这些公司是与速卖通平台合作的物流公司。如果消费者选择的物流方式是商业快递，商家就需要将商业发票一起交给货运代理公司。在进行线下发货操作时，商家要确保发货通知填写无误。

3. 商家想做好店铺，提高订单量，并非做好营销推广、提高转化率就可以了，还要做好售后的客户管理。客户服务分为售前、售中、售后三个阶段。

4. 在售前阶段，消费者咨询的问题有商品信息、价格等，客服人员需要适当推广店铺新品。在催促消费者下单时，客服人员语气要热情，首先表示感谢，其次内容要有针对性，不要提及与主题无关的内容。在售中阶段，客服人员一般与消费者沟通的问题主要有未付款、海关税、物流问题等内容。售后阶段通常涉及物流问题、退换货问题、催评及其他一些特殊情况。

5. 国内客服和国际客服是有区别的，主要是服务对象不同、沟通工具不同、回复时效不同。客服人员要了解面对的消费者所在国家的风俗习惯和文化差异，避免产生不必要的误会。

练 习 题

一、单项选择题

1. "等待买家付款"订单是指（　　）。
　　A. 买家拍下商品但未完成付款的订单
　　B. 买家已经下单并完成付款的订单

C. 商家将看到所有等待消费者收货的订单
D. 商家将看到消费者申请取消的订单
2. 下列不属于亚马逊平台订单状态的是（　　）。
   A. 等待中订单　　　　　　　　B. 纠纷中订单
   C. 付款完订单　　　　　　　　D. 已取消订单
3. 在交易过程中，消费者提起（　　）申请，即进入纠纷阶段，须与商家协商解决。
   A. 退款　　　　　　　　　　　B. 退货
   C. 退款/退货　　　　　　　　 D. 差评
4. （　　）通常叫作店铺反馈，指消费者在一个店铺里购买过某种商品后，根据自己的购物和使用体验，对商家店铺做出的评价，反映客服水平、物流时效和响应速度。
   A. Review　　　　　　　　　　B. Positive
   C. Claim　　　　　　　　　　 D. Feedback
5. 下列关于亚马逊海外仓说法错误的是（　　）。
   A. 对于在亚马逊平台经营的跨境电商商家来说，将货物存在海外仓主要有三种形式：亚马逊 FBA 仓、第三方海外仓和亚马逊 FBM 海外仓
   B. 海外仓的成本通常低于亚马逊仓库，因此选择合适的海外仓可以节省仓储成本
   C. 因为担心产品销量太高，怕备货不足，导致后续缺货的问题，所以亚马逊商家选择 FBA+海外仓模式，提前准备足够的库存，以应对旺季销售
   D. 产品滞销，放在亚马逊仓库会产生仓储费；如果长期不卖，超额仓储费会高得吓人，所以亚马逊商家一般选择价格低廉的海外仓

二、多项选择题

1. 商家在平台设置物流方式时，要考虑的因素主要有（　　）。
   A. 物流费用　　　　　　　　　B. 运达时效
   C. 通关率　　　　　　　　　　D. 丢件率
2. 预约交货管理是速卖通平台在 2022 年 12 月推出的一项新功能，目前仅适用于使用（　　）的订单。
   A. 邮政物流揽收　　　　　　　B. 菜鸟揽收
   C. 商家自寄　　　　　　　　　D. 商家自送到菜鸟揽收仓
3. 亚马逊客户分类的方法包括（　　）。
   A. 通过平台的统计量进行客户划分
   B. 通过消费者的浏览量进行客户划分
   C. 通过客户的消费数据进行客户划分
   D. 通过商家的统计量进行客户划分
4. 如果客户提交的纠纷类别有以下（　　）情况，那么平台一般不将其计入商家的纠纷提起率。
   A. Personal Reasons　　　　　　B. Easy Return
   C. Hipping method was not as described　D. A-Z Claim
5. 在跨境电商售后客服工作中，买家提起纠纷的类型主要有（　　）。
   A. 货不对版　　　　　　　　　B. 未收到货
   C. 延迟收货　　　　　　　　　D. 未付款

6. 在亚马逊平台，常见的消费者退货的原因主要有（　　）。
　　A. 产品质量与发货操作原因　　　　B. 物流运输原因
　　C. 消费者个人原因　　　　　　　　D. 恶意退货

三、判断题

1. FBM 是"Fulfillment by Merchant"的缩写，即由亚马逊完成代发货的服务。（　　）
2. Feedback 星级排名从 5 星（优秀）到 1 星（差）。（　　）
3. 物流公司在收取货运费用时，为了平衡货物实际重量与货物所占容积的关系，采用实际重量与体积重量择大计费的原则。（　　）
4. 好评率是指消费者对下单商品与商品描述的一致性的评分中，好评的占比。（　　）
5. 速卖通常用快捷短语设置最多支持配置 10 条短语，每条快捷短语最多支持 500 个字符。（　　）

四、案例分析题

1. 某店铺收到消费者关于商品质量的差评：

The material was poor. I had to throw it away after trying it on.

该消费者愤怒地给了商品一星评价。

结合案例，思考并回答以下问题：

作为该店铺客服人员，你应该如何处理这个问题？

2. 某跨境电商平台商家收到来自消费者的投诉。

发起方：消费者。

是否收到货：未收到。

是否退货：否。

退款金额：10 美元。

发起原因：Protection order expires，but the package is still in transit.

结合案例，思考并回答以下问题：

客服人员应该如何处理这样的纠纷？

模块五　数据分析概述

【学习目标】

1. 了解跨境电商、数据运营与跨境电商数据运营的含义与区别。
2. 熟悉跨境电商数据运营的主要内容和价值。
3. 熟悉店铺运营基础数据的分析方法。
4. 掌握跨境电商重要数据指标体系。
5. 掌握点击率、转化率和客单价的含义、影响因素与提高方法。

【技能目标】

1. 按流程进行跨境电商数据运营。
2. 运用一定方法对跨境电商数据运营的重要指标进行分类分析。
3. 进行点击率分析、转化率分析与客单价分析。

【思政目标】

1. 培养学生遵纪守法的法制意识和安全意识。
2. 培养学生创新发展的价值观。
3. 培养学生循序渐进的数据思维和系统思维。

【素养目标】

1. 培育和践行社会主义核心价值观。
2. 培养诚实守信、遵纪守法的职业道德。
3. 培养精益求精的工匠精神。
4. 提高数字素养，提升数字技能。
5. 培养互联网思维、创新思维和数据思维。

【思维导图】

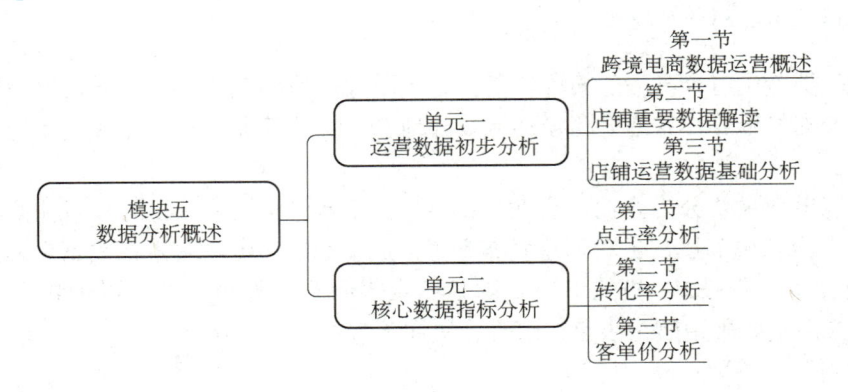

```
                            ┌── 第一节 跨境电商数据运营概述
              ┌── 单元一 ───┼── 第二节 店铺重要数据解读
              │  运营数据初步分析 └── 第三节 店铺运营数据基础分析
模块五 ───────┤
数据分析概述  │                    ┌── 第一节 点击率分析
              └── 单元二 ──────────┼── 第二节 转化率分析
                 核心数据指标分析  └── 第三节 客单价分析
```

单元一　运营数据初步分析

引导案例 »»

> 在大数据时代背景下，不具备数据洞察力的跨境电商商家是很难脱颖而出的，一味地故步自封只能使商家的投入收效甚微。数据分析并非神秘的，在有的商家实际运营走上弯路时，有的商家已经稳步走上正轨，基于平台海量数据，突破运营局限，寻找新着力点，成为当仁不让的行业领跑者。
>
> 主营 3D 打印机的 Anycubic 品牌销售总监冯可坦言，速卖通的数据分析工具数据纵横可以为商家提供关键词分析、流量分析、成交分析、商品分析、国家市场及能力诊断等数据支持。对 Anycubic 而言，数据纵横是眼睛一样的存在，它最好用的是商品分析和国家市场两个模块。冯可说："因为走的是精品路线，主营 3D 打印机及其配件，所以我们的产品比较少，也不用去市场上选品，商品分析能提供我们店铺所有商品每天的数据变化情况，方便我们了解各个产品的状态，以便及时优化。另外，3D 打印机是新兴类目，没有太多其他商家和经验可以参考，我们正是参考商品分析里面的数据去分析 3D 打印机市场需求情况，包括哪种类型打印机最受欢迎、什么样的定价比较合理等。这些数据给我们的研发、生产和销售提供了很大的帮助。"
>
> **结合案例，思考并回答以下问题：**
> （1）结合案例，谈谈数据分析对运营的重要性。
> （2）企业进行数据运营需要注意哪些方面？

第一节　跨境电商数据运营概述

数据运营可以让跨境电商商家的思维更加清晰，节省大量的时间，降低大量的试验和错误成本。

一、跨境电商数据运营的含义

（一）跨境电商的含义

跨境电商是跨境电子商务的简称，是指分属不同关境的交易主体，通过电商平台达成交易，进行电子支付结算，并通过跨境物流及异地仓储送达商品，从而完成交易的一种国际商业活动。

我国跨境电商主要分为企业对企业（B2B）和企业对消费者（B2C）两种贸易模式。在 B2B 模式下，企业电商以广告和信息发布为主，成交和通关流程基本在线下完成，在本质上仍属于传统贸易。在 B2C 模式下，我国企业直接面对国外消费者，以销售个人消费品为主，在物流方面主要采用航空小包、邮寄、快递等方式。

（二）数据运营的含义

数据运营指从数据的角度出发来优化和提升业务的运营效率。"数据化"是修饰"运营"的，数据运营的重点在"运营"。运营是对运营过程的计划、组织、实施和控制，是与商品生产和服务创造密切相关的各项管理工作的总称。数据运营，"运营"是核心和目的，"数据化"是方法和手段。数据化就是用数据的方法来达到运营的目标，也可以理解为用数据指导业务运营决策，提升业务运营效率，实现业务增长的目标。

数据运营有广义和狭义之分。广义的数据运营指一种思维方式和技能，指通过运用分析工具、方法和技术，对运营过程中的各个环节进行数据分析、科学研判，从而解决企业在运营过程中的问题，达到提升企业经营业绩的目的。狭义的数据运营指数据运营工作岗位，该岗位主要从事数据采集、分析，并为管理层提供决策支持。一般企业常见的数据运营定位都是属于狭义的数据运营。

（三）跨境电商数据运营的含义

对跨境电商来讲，从市场分析、类目选择到选品、定价、库存管理、广告优化等，都需要数据驱动。跨境电商数据运营包括用户体系数据运营、运营体系数据运营、市场体系数据运营、商品体系数据运营、营销体系数据运营、库存体系数据运营和管理体系数据运营等。

二、跨境电商数据运营的主要内容和价值

（一）跨境电商数据运营的主要内容

1. 用户体系数据化

数据化首先从用户开始，每个用户针对商家都有对应的行为轨迹数据，这些数据是能够被捕捉和分析的。商家应该了解自己的用户是谁，他从哪里来，在哪里流失。这其中包括用户地区分布、价格敏感度计算、购物习惯分析及复购率推导等内容。用户体系数据化旨在搭建店铺商家自己的用户画像体系，帮助商家明确自己的店铺及商品定位，实现精准营销。

2. 运营体系数据化

运营体系数据化主要包括站内广告数据运营、商品详情页数据运营等，具体包括站内广告优化、广告单次竞价优化、商品详情页曝光优化、商品详情页流量优化和商品详情页转化率优化等。运营体系数据化旨在以"数据驱动"的理念厘清跨境电商平台运营者的运营思路，帮助运营者解决经验化运营无法解决的诸多问题。

3. 市场体系数据化

市场体系数据化主要包括销售波动趋势与类目市场分析等，具体包括店铺销售波动趋势分析、类目淡季与旺季更替规律、类目市场容量、类目竞争度分析等内容。市场体系数据化旨在通过数据分析，帮助运营者对自身的销量做出合理的预测，根据业绩波动找出对应类目市场的规律。

4. 商品体系数据化

商品体系数据化主要包括商品定位与数据化选品等，具体包括商品类目选择、商品价格

定位、商品图片分析、商品评价数据化分析等内容。商品体系数据化旨在通过对某一类目竞争对手商品各个维度的分析，找出具有竞争性的商品要素，作为选品依据，并通过数据化选品的方式提升选品效率。

5. 营销体系数据化

营销体系数据化主要包括营销渠道的对比选择、实体营销效果分析等，具体包括站内单渠道数据分析、站外营销数据分析、实体营销效果分析等内容。营销体系数据化旨在帮助运营者以数据运营思维，对比不同渠道的流量成本及推广效果，帮助决策者选择合适的营销渠道。

6. 库存体系数据化

库存体系数据化主要包括库存数据的量化与分析、仓储备货的数据化管理等内容。库存体系数据化旨在利用合理的供应链库存优化模型，尽最大可能降低库存风险。

7. 管理体系数据化

管理体系数据化主要包括店铺群数据化管理、业务渠道数据化管理、业务饱和度数据分析等内容。管理体系数据化旨在通过可视化的方式将管理效果直观地展现出来，帮助运营者根据不同管理维度的数据差异提升管理职能。

（二）跨境电商数据运营的价值

由于流量成本越来越高、获客成本越来越高、商品同质化严重、用户忠诚度越来越低，商家只有精细化运营每一位用户、精细化运营每一个环节，品牌才能保持持续增长。商家想要精细化运营，数据化是前提，只有数据才能衡量增长。跨境电商数据运营的价值主要体现在以下几个方面。

1. 企业运营决策

跨境电商数据运营可以辅助企业运营决策。例如，对用户行为数据与静态数据分析的应用，通过分析用户来自哪些地区，可以实现有针对性地选品；通过分析用户购物习惯，可以了解到用户每日的购物峰值在哪里，据此优化广告的曝光时间（通过分析某地区某个时间段的订单量），也可以优化广告的单次点击竞价（通过分析某地区某个时间段的客单价）；通过分析用户价格偏好，可以了解到用户对价格的敏感度。

2. 降低企业运营成本

企业可以根据数据分析结果优化业务流程，降低成本投入，优化企业资源配置。数据运营在优化供应链方面有着广泛的应用。它可以帮助企业管理库存，并为消费者提供更好的送货服务，以此提升消费者体验；它也优化了仓库和物流中心的流程，使商品采购基于采购历史和复杂的需求驱动，节省了运输成本和时间。

3. 优化企业市场竞争力

数据化已成为未来企业发展的必然趋势。企业要想在未来的市场中有一定的竞争力，就需要进行数据化管理。跨境电商数据运营能帮助企业发现其在市场中所处的位置、发展趋势、竞争力等情况。数据运营能帮助企业在比较短的时间内快速对业务、商品等做出调整，助力其市场竞争力的提升。

三、跨境电商数据运营流程

在数字经济时代，数据分析是跨境电商运营的灵魂。

（一）确定运营目标

同一个企业，不同部门和不同人员的运营目标是不一样的。例如，决策层更关注订单数、用户数、收益情况等核心数据，运营人员更关注流量转化、订单流失等数据。因此，面向不同部门和不同人员，需要确定不同的运营目标。

（二）数据采集

目前市场上有各种各样的数据采集分析工具，有付费版、免费版，付费版又有按流量收费、按版权收费等不同模式，企业可以根据自身情况进行选择。

数据采集可以采取人工采集、报表采集或自动抓取采集等方式。人工采集的优点是简单，缺点是效率低下，其应用较为普遍。例如，企业可以利用人工采集竞争对手的商品数据。速卖通人工采集商品调研信息汇总示例（表格截图）如图 5-1 所示。

产品名称	产品链接	售价	品类	销量	好评
spring and winter sexy French slit sweater dress female slim tight-fitting hip-knit over-the-knee dresses	Spring And Winter Sexy French Slit Sweater Dress Female Slim Tight-fitting Hip-knit Over-the-knee Dresses - Dresses - AliExpress	US $18.92	Women's Clothing"Dresses"	4053	95.80%
Yiallen Autumn Crossed Cleavage Maxi Dress Women Concise Side Spilt Elegant Vestido Lady High Street	https://www.aliexpress.us/item/...	US $7.99	Women's Clothing"Dresses"	3564	95.60%

图 5-1　速卖通人工采集商品调研信息汇总示例（表格截图）

报表采集是指通过下载店铺后台的数据报表完成的数据采集。这种采集方式主要针对的是店铺的后台数据，如店铺的订单数据、广告数据、物流数据等。速卖通后台生成的店铺流量来源数据如图 5-2 所示。

Traffic source	Traffic Source 2	Add to Cart Visitors	Revenue per buyer	Views per visitor	Bounce rate	Order amount	Ordered buy
Channels	Categories	0	0	1	0	0	0
Indirect outside traffic	Google	0	0	1	0	0	0
Indirect outside traffic	Facebook	0	0	1	0.1111	0	0
Indirect outside traffic	Yandex	0	0	1	0	0	0
Direct outside traffic	Yandex	0	0	1	0.3333	0	0
Direct outside traffic	Other	0	0	1	0.1667	0	0
Indirect outside traffic	Other	0	0	1.5	0	0	0
Indirect outside traffic	PUSH	0	0	1.01	0.5214	0	0
Others	Others	0	0			0	0

图 5-2　速卖通后台生成的店铺流量来源数据

自动抓取采集是指利用爬虫工具自动抓取平台数据，属于技术型的数据采集方式。自动抓取主要应用于数据量极大、重复性高的采集任务，如竞争对手的商品详情页数据监控。

(三)数据清洗

原始数据通常无法直接用于数据分析,需要先对其进行清洗。数据清洗是指将数据表中重复的数据筛选出来并删除,将缺失、不完整的数据进行补充,将内容、格式错误的数据进行纠正或者删除。数据清洗是对采集到的原始数据进行审查和校验的过程,目的在于提高数据的质量,避免后期在数据计算和数据分析时出现错误。

(四)数据分析

在完成数据采集与清洗的工作后,就需要对数据进行分析与处理。数据分析一般可以分为数值分析与可视化分析。数值分析通常使用 Excel 中的数据透视表对数据进行计算、筛选、排序等操作,得到可以实现运营目标的数据结果。可视化分析即制作可视化图表,在 Excel 中可使用数据透视图或者插入图表来实现。

(五)决策优化

在完成数据采集、清洗和分析的工作后,商家就可以结合具体的可视化表格进行决策和运营优化。这里更多的是使用一些运营手段,如利用促销活动、购物送优惠券等提高用户活跃度。

第二节 店铺重要数据解读

跨境电商店铺运营的成功与否,离不开对关键数据指标的挖掘和分析。跨境电商商家需要利用各种数据分析工具和技术,对涉及业务的各个方面的数据进行深入的挖掘和分析,从而更好地了解消费者的需求,优化消费者的购买体验,提高销售效果。

一、店铺数据认知

作为数据运营的原材料,数据必然是不可或缺的,数据是事实或观察的结果,是对客观事物的逻辑归纳,是用于表示客观事物的未经加工的原始素材。在跨境电商运营过程中,数据可以分为后台数据和前台数据两大类。

后台数据就是运营者可以直接从店铺后台下载的数据;前台数据就是可以在跨境电商前台查看、抓取、分析的一系列数据,其数据种类繁多,包括前台搜索商品详情页信息、商品详情页详情描述信息等。

二、店铺重要数据指标体系

(一)店铺流量类指标

1. 流量规模类指标

(1)访客数(UV):店铺或商品详情页被访问的去重人数,一位客户在统计时间内访问多次只记为一次。

（2）浏览量（PV）：店铺或商品详情页被访问的次数，一位客户在统计时间内访问多次只记为一次。

2. 流量成本类指标

单位访客获取成本：在流量推广中，广告活动产生的投放费用与广告活动带来的独立访客数的比值。若单位访客成本上升，但访客转化率和单位访客收入不变或下降，流量推广则可能出现问题，尤其要关注渠道推广的作弊问题。

3. 流量质量类指标

（1）跳出率：在访客数中只有一次浏览量的访客数占比。该值越小，表示流量质量越好。

（2）页面访问时长：单个页面被访问的时间。

（3）人均页面浏览量：在统计周期内，平均每个访客浏览的页面量。

4. 会员类指标

（1）注册会员数：在一定统计周期内的注册会员数量。

（2）活跃会员数：在一定时期内有消费或登录行为的会员总数。

（3）活跃会员率：活跃会员数与注册会员总数的比例。

（4）会员复购率：在统计周期内产生二次及二次以上购买的会员数与购买会员的总数的比例。

（5）会员平均购买次数：在统计周期内每个会员平均购买的次数，即订单总数÷购买用户总数。

（6）会员回购率：上一期末活跃会员数与下一期内有购买行为的会员总数的比例。

（7）会员留存率：新会员首次在平台或者软件上进行登录或者消费后，在某一周期内再次登录或消费的会员所占的比例。

（二）交易转化类指标

1. 购物车类指标

（1）基础类指标：包括在一定统计周期内将商品加入购物车次数、将商品加入购物车客户数，以及加入购物车的商品数。

（2）转化类指标：主要是购物车支付转化率，即在一定周期内将商品加入购物车并支付的客户数与将商品加入购物车客户数的比值。

2. 下单类指标

（1）基础类指标：包括在一定统计周期内的下单笔数、下单金额及下单客户数。

（2）转化类指标：主要是浏览下单转化率，即下单客户数与网站访客数的比例。

3. 支付类指标

（1）基础统计类指标：包括在一定统计周期内的支付金额、支付客户数和支付商品数。

（2）转化类指标：包括浏览—支付客户转化率（支付客户数÷网站访客数）、下单—支付金额转化率（支付金额÷下单金额）、下单—支付客户数转化率（支付客户数÷下单客户数）和下单—支付时长（下单时间与支付时间的差值）。

（三）商品类指标

1. 商品总数指标

（1）SKU 是在物理上不可分割的最小存货单位。

（2）SPU 是商品信息聚合的最小单位，是一组可复用、易检索的标准化信息的集合。该集合描述了一个商品的特性。通俗点讲，属性、特性相同的商品就可以称为一个 SPU。

2. 商品优势性指标

商品优势性指标主要是独家商品的收入占比，即独家销售的商品收入占总销售收入的比例。

3. 品牌存量指标

品牌存量指标包括品牌数和在线品牌数。

（1）品牌数指商品的品牌总数量。

（2）在线品牌数指在线商品的品牌总数量。

4. 上架指标

上架指标包括上架商品 SKU 数、上架商品 SPU 数、上架在线商品 SPU 数、上架商品数和上架在线商品数。

5. 首发指标

首发指标包括首次上架商品数和首次上架在线商品数。

（四）市场营销类指标

1. 市场营销活动指标

市场营销活动指标包括新增访问人数、新增注册人数、总访问次数、订单数量、下单转化率及投资回报率。

2. 广告投放指标

广告投放指标包括新增访问人数、新增注册人数、总访问次数、订单数量、UV 订单转化率等。

（五）风控类指标

1. 客户评价指标

客户评价指标包括客户评价数、客户评价商家数、客户评价上传图片数、客户评价率、客户好评率及商家差评率。

客户评价率是指某段时间内参与评价的商家与该时间段客户数量的比例。

客户好评率指某段时间内发布好评的客户数量与该时间段客户数量的比例。

客户差评率指某段时间内发布差评的客户数量与该时间段客户数量的比例。

2. 客户投诉类指标

客户投诉类指标包括发起投诉（或申诉）、撤销投诉（或申诉）、投诉率（客户投诉人数与客户数量的比例）等。

(六)市场竞争类指标

1. 市场份额相关指标

(1)市场占有率:电商网站交易额与同期所有同类型电商网站整体交易额的比例。

(2)市场扩大率:购物网站占有率较上一个统计周期增长的比例。

(3)用户份额:购物网站独立访问用户数占同期所有 B2C 购物网站合计独立访问用户数的比例。

2. 网站排名

(1)交易额排名:电商网站交易额在所有同类电商网站中的排名。

(2)流量排名:电商网站独立访客数量在所有同类电商网站中的排名。

第三节 店铺运营数据基础分析

数据分析的目的是把隐藏在一大堆看似杂乱无章的数据中的信息集中和提炼出来,从而找出研究对象的内在规律。在实际应用中,数据分析可以帮助人们做出判断,以便采取适当行动。数据分析是有组织、有目的地收集数据、分析数据,使之成为信息的过程。

一、店铺运营数据基础分析概述

数据分析指用适当的统计分析方法对收集的大量数据进行分析,将它们加以汇总和理解并消化,以求最大化地开发数据的功能、发挥数据的作用。数据分析是为了提取有用信息和形成结论而对数据加以详细研究和概括总结的过程。

店铺运营基础数据主要包括以下指标。

(一)流量类指标

(1)访客数(UV),即网站(或网店)的独立访客数,一天内同一访客多次访问网站只计算 1 个访客,是衡量网站流量的重要指标。

(2)页面浏览量(PV),即网页或网站被用户访问的总次数,用户对同一页面多次访问,页面浏览量累计。

(3)人均浏览量,即浏览量÷访客数,该指标反映网站访问黏性。

(二)订单产生效率指标

(1)总订单数量:访客完成网上下单的订单数之和。

(2)从访问到下单的转化率:电商网站下单的次数与访问该网站的次数之比。

(三)总体销售业绩指标

(1)网站成交额(GMV):电商成交金额,只要消费者下单,生成订单号,便可以计算在网站成交额里面。

(2)销售金额:商品出售的金额总额。

(3)客单价:订单金额与订单数量的比值。

(四)整体指标

(1)销售毛利:销售收入与成本的差值。销售毛利中只扣除商品原始成本,不扣除没有计入成本的期间费用(管理费用、财务费用、营业费用)。

(2)毛利率:销售毛利与销售收入的比例,是衡量电商企业盈利能力的指标。

二、店铺运营数据基础分析方法

(一)直接观察法

直接观察法是指利用各种数据分析工具的分析功能直接观察数据的发展趋势,找出异常数据,对用户进行分群。强大的数据分析工具可以有效提升信息处理的效率。

(二)对比分析法

对比分析法是指将两个或两个以上的数据进行比较,分析它们的差异,从而揭示这些数据代表的事物发展变化的情况和规律。对比分析法的特点是可以非常直观地看出事物某方面的变化或差距,并且可以准确地表示出这种变化或差距的大小。

对比分析法可以分为静态比较和动态比较两类。

静态比较指在同一时间条件下对不同总体指标的比较,如不同部门、不同地区、不同国家的比较。静态比较也叫横向比较,简称横比。

动态比较指在同一总体条件下对不同时期指标数值的比较,也叫纵向比较,简称纵比。

动态比较和静态比较两种方法可以单独使用,也可以结合使用。在进行对比分析时,可以单独使用总量指标、相对指标或平均指标,也可以将它们结合起来进行对比。

(三)转化漏斗法

转化漏斗法是最常见和最有效的数据分析方法之一,其优势在于可以从前到后还原消费者转化的路径,并分析每个转化节点的效率,如图5-3所示。

使用转化漏斗法时,一般需要关注以下几点。

(1)从开始到结束整体的转化效率。

(2)每一步的转化率。

(3)哪一步流失最多?流失的原因是什么?流失的用户具有哪些特征?

从图5-3中可以看出,客户注册流程的总体转化率为40%,即100位客户中最后有40位客户成功完成注册。客户在注册第一步和注册第三步的转化率分别为90%和80%,注册第二步的转化率仅为56%。在三个步骤中,第二步的消费者流失是最多的,如果进一步提高第二步的转化率,那么总体转化率会大幅提高。因此,当务之急是对第二步的注册操作进行优化。

总体转化率40%

进入注册页 100人

注册第一步 90人 ← 90%

注册第二步 50人 ← 56%

注册第三步 40人 ← 80%

图 5-3　转化漏斗示例

（四）5W2H 分析法

5W2H 分析法是用 5 个以"W"和 2 个以"H"开头的英文单词进行设问的方法，其目的是发现问题线索，寻求解决思路，进而解决问题。例如，在进行店铺消费者分类画像时，可以使用 5W2H 分析法。

  WHY——消费者购物的目的是什么？
  WHAT——消费者购买的商品是什么？
  WHERE——消费者购物的地址在哪里？国家地区分布情况是什么样的？
  WHEN——消费者在什么时间段购物？
  WHO——消费者的性别比例如何？年龄特征是什么？消费水平怎样？
  HOW——消费者是如何购物的，是先将商品加入购物车后下单还是直接下单？
  HOW MUCH——消费者喜欢购买什么价位的商品？

单元二　核心数据指标分析

引导案例 »»

> RollerSkate Nation 是一家销售旱冰服饰的电商企业。
>
> 　　无法提前试穿一直是消费者网购衣服、鞋子等服饰类商品的一大痛点。消费者只能根据大、中、小这样粗略的尺码划分购买商品。即便是定制的尺寸，由于没有量身定制，消费者也难以确保收到的衣服一定合身。在意识到无法提前试穿这一消费者体验痛点后，RollerSkate Nation 尝试通过线下或线上客服的方式来解决该问题。例如，客服人员根据实际情况，建议消费者购买儿童冰鞋时，最好买尺码大一号的。这样一来，孩子现在可以多穿袜子来适应稍大一码的旱冰鞋，等再长大一些就可以直接穿鞋了。为了提供更好的用户体验，RollerSkate Nation 在公司电商网站上线了"尺码咨询"功能。RollerSkate Nation 网站调整功能前后对比如图 5-4 所示。

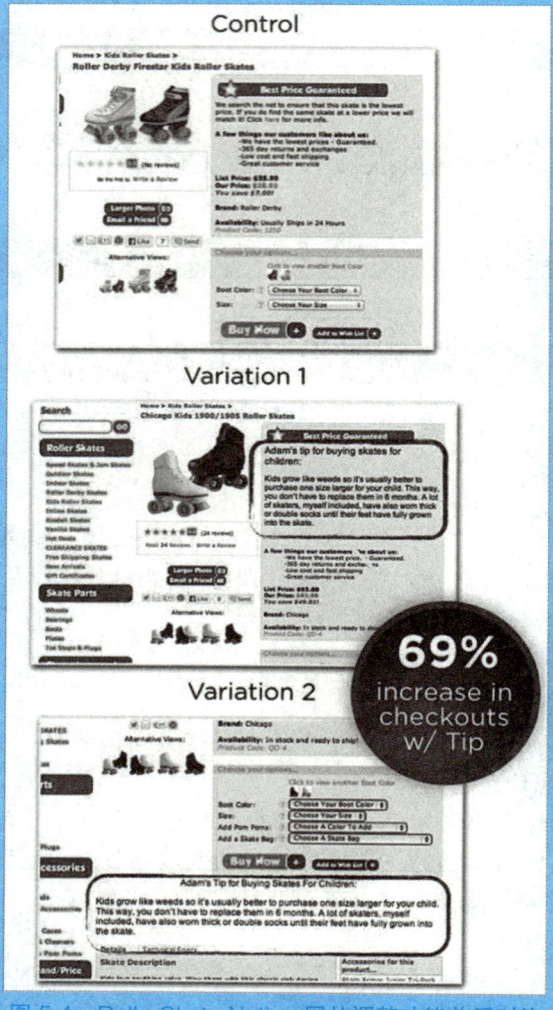

图 5-4　RollerSkate Nation 网站调整功能前后对比

结合案例，思考并回答以下问题：
1. 该公司发现了在运营过程中的哪些问题，提出了什么对策，取得了什么成果？
2. 你认为该公司还可以采取哪些措施提升转化率？
3. 除了转化率，在店铺运营中还需要注意哪些指标？

第一节　点击率分析

一、点击率解读

点击率（CTR）是指在特定时间内，商品信息在搜索结果和按照类目浏览的列表页中获得的点击量与曝光量的比值。

$$点击率=点击量÷曝光量$$

同类目同客单价的两个单品，同时获得 1000 次的曝光量，A 单品点击率为 2%，B 单品点击率为4%。

A单品能够获得的流量是2%×1000次=20次，B单品能获得的流量是4%×1000次=40次。

在不考虑转化的情况下，B单品的引流能力显然更强。在同样的曝光情况下，B单品能够获得更多的流量。

二、点击率指标的影响因素

要想提高点击率，就需要提高点击量。商品的款式、价格和销量、主图质量、标题关键词等都可以影响点击率。

（一）目标人群

店铺的类目是否符合某一特定的目标人群，只有符合才能够吸引这一部分的目标用户群体前来点击，但如果不是消费者需要的，那么点击率肯定会低很多。

此外，品类对点击率也有影响。在同样条件下，小众商品的点击率肯定比大众商品低一些。

（二）展示位置

大多数消费者在搜索浏览商品的时候，会去点击排名靠前的一些商品。商品在网页的展现位置靠前，点击率也会相应提高。这是按照消费者的搜索习惯得出的结论。但是，对于一些排名靠后的商品，商家也可以通过操作来提升它们的展现位置。例如，使用速卖通直通车。

（三）商品本身

商品本身的性价比十分重要，商家想把店铺经营好，选品特别重要。

（四）销量和价格

商品的现有销量能够让商品具有一定的排名。例如，根据速卖通搜索引擎规则，消费者可以让搜索的商品根据销量按照从高到低的顺序进行排名。

如果商品销量高，排名也靠前，那么就能获得更大的点击率。

速卖通平台主打性价比高的商品，所以商品价格越高，转化率与点击率越低。消费者在选购过程中会进行比价操作，同种商品，价格越低越能吸引消费者点击。

（五）主图图片

一图胜千言，不同的主图图片会给消费者带来不同的视觉体验。如果主图图片符合消费者的浏览习惯，点击率就会相应增加。

（六）标题关键词

标题通过影响搜索流量来影响商品的曝光量，间接影响商品的点击率。一般消费者通过搜索关键词进入商品详情页,如果关键词精准,商品就可以获得大的曝光量。

三、提高点击率的方法

商家应该从以下几个方面去提高点击率。

(一)商品选款

商品选款可以迎合市场潮流,或者挖掘蓝海市场。一种商品是否能够成为爆款商品,在很大程度上是由市场和消费者决定的。所谓爆款商品,并不是单方面销量高,而是获得的流量多。

对于商品选款而言,在前期较为简单的方法就是跟款。商家可以分析同行竞争对手的新上款式和 SKU 的销售占比,记录一段时间的销量增长情况和收藏加购人气变化,通过观察数据分析出热门畅销的款式,省去测款成本。

(二)价格与销量

对于商品价格,商家可以参考同类目下最热门的价格区间定价,处于区间的商品价格在市场上反响是比较好的。商家也可以观察竞争对手是如何做的,观察对方商品的价格和销量,对比自身实际情况,如果销量比对方低,就可以适当调低价格去吸引消费者点击,以此作为商品的定价策略。

对于商品的销量而言,如果前期销量太低的话,商家就可以进行人为干预,把销量拉上来一点,在很大程度上可以提升单品的点击率。

(三)主图测图

主图是要根据"两点"来做的——商品卖点和消费者痛点。商家获取商品卖点和消费者痛点主要通过两个渠道——消费者的评论反馈+客服反馈。通过消费者的评论反馈,特别是差评,可以找到消费者的痛点,通过好评找到商品的卖点。客服反馈就是通过接受消费者的售前、售后的咨询,把与商品相关的一些问题统计收集起来,从中提取出消费者的痛点。商家可以通过测图来找到合适的主图,下面是测图的主要目的。

(1)找出最有益的主图与商品作为主推款。

(2)测试消费者是否喜欢商品,不至于因盲目推广而导致亏损。

(四)标题选词

标题选词的关键是以下三个方面。

(1)避免过多使用"泛词"和"类目词",因为这两种词都是大流量、高曝光的词,高曝光带来的后果就是低点击率。例如,phone case。

(2)科学使用"核心词"和"长尾词"。核心词就是对于商品来说,最精准、最相关的词,如"iPhone 6 case"。长尾词就是关于商品的精准词,或者核心词的联想扩展词,如"iPhone 6 case silicon"。在一个标题中最多使用两个核心词,其他位置用长尾词填充,并且用与此商品相关的热搜和热销属性词来填充和完善长尾词。

（3）将店铺中类似商品的"点击词"加入新品标题中。商家也可以借助店铺参谋板块，找出浏览次数多的词，将这些词作为点击词。

第二节　转化率分析

一、转化率解读

根据消费者行为的不同，转化率可以分为静默转化率、询盘转化率；根据消费者操作的不同，转化率可以分为支付转化率和加购转化率、收藏转化率。不同转化率及其概念如表 5-1 所示。

表 5-1　不同转化率及其概念

分类标准	类　型	概　念
消费者行为方式	静默转化率	访问店铺或商品并自主下单的访客数÷总访客数
	询盘转化率	访问店铺或商品并且咨询客服后下单的访客数÷总访客数
消费者操作	支付转化率	支付客户者数÷访客数，即来访消费者转化为支付客户的比例
	加购转化率	在统计时间内，加购人数÷访客数，即来访消费者转化为加购消费者的比例
	收藏转化率	在统计时间内，收藏人数÷访客数，即来访消费者转化为收藏消费者的比例

二、转化率指标影响因素

（一）静默转化率影响因素

静默转化是指消费者不通过咨询，通过比较和搜索等方式直接下单购买商品。有关商品的优化内容能够影响店铺商品的静默转化率，如访客精准度、商品详情页、商品性价比、图片设计、商品布局陈列、销量口碑等因素。

（二）询盘转化率影响因素

询盘转化是指消费者通过咨询店铺客服人员，由店铺客服人员促成交易，形成的销售转化。

询盘转化率=咨询下单人数÷咨询总人数。

消费者既然进行了咨询，说明消费者已经产生了购买意图，希望通过咨询获得一些决定性的有价值的信息，帮助他做出购买决策，只要客服人员正确引导，成交率将显著提升。

询单转化率的高低与客服人员的回复速度、服务态度、专业知识、销售技巧等都有一定的关系。

（三）支付、加购、收藏转化率影响因素

静默转化率和询盘转化率的影响因素都可以对支付、加购、收藏转化率产生影响。此外还有一些因素影响支付、加购、收藏转化率。

1. 价格影响

例如，在价格中设置 9.9 元包邮、20 元包邮等可以吸引消费者支付、加购、收藏。

2. 商品详情页影响

商品详情页是消费者了解商品的关键，商品详情页优化做得好自然转化率就会提高。

3. 标题关键词影响

标题由关键词组成，关键词的精准度直接决定了是否有精准流量。关键词必须和商品相关，符合消费者的搜索习惯，能够让商品展现在合适的人面前。

4. 商品素材影响

商品素材包括主图、推广图、详情页、页面整体设置等多方面，素材品质的高低决定了消费者对于商品的认可度和购买欲。

5. 客服表现影响

热情的服务可以打消消费者购买的顾虑，从而促进消费者下单。客服人员的回复速度、服务态度等都会对消费者最终的购买行为产生影响。

三、提高转化率的方法

转化率是衡量一种商品、一家店铺运营好坏的重要指标，所以提升转化率对商品销售及店铺运营尤为重要。

（一）提升静默转化率的方法

1. 访客精准度——精准引流

很多商家站内流量还没提高，就在站外渠道推广起来，但往往推广不精准，导致访客精准度不够。这样不仅不能提高转化率，反而可能因为短时间涌入大量访客而导致转化率下降。商家应该精准引流，并针对老客户做一些定向营销。在利用速卖通直通车推广时，以精准词为主，尽可能捕捉精准流量，提高访客精准度。

2. 店铺装修——自身风格

商家应根据自己店铺主营类目的商品，选择相应的装修风格，商品分类要简洁明了，并及时根据季节、节日等进行修改。同时，要利用好店招，在消费者浏览店铺的时候，店招始终显示在页面上方。

3. 商品详情页——结构、卖点、关联

商品详情页是消费者是否决定下单的最后一步，商品详情页的好坏直接影响商品转化率。好的商品描述要从消费者的角度出发，包含消费者可能需要了解的各个方面的信息。

4. 图片设计——专业、风格、细节

图片具有设计感也会影响消费者的下单转化率。功能性商品对图片的要求低一些，而对于快消品类的商品来说，只有专业的店铺商品图片（细节图和场景图）才能抓住消费者的眼球。

5. 商品性价比——品质、价格

价格对于成交转化率不是决定性因素，但占有很大的比重，是一个很重要的指标。商家要根据商品的市场定位，分析受众人群的消费能力和消费习惯，再结合竞争对手的商品价格和成本来定价。

6. 商品布局陈列——导航、分类

店铺的商品布局陈列，导航栏和商品分类一定做好，让消费者快速准确了解店铺有哪些商品、每个商品类目推荐的商品是哪些。商家要将流量留在自己的店铺，降低客户跳失率，并最终产生转化。

7. 销量口碑——评分、销量

商家要尽量提高商品和店铺的评分，商品评价的好坏是影响转化率的重要因素，同时会影响商品的自然搜索排名，以及能不能参加平台活动。

8. 店铺活动——优惠、粉丝营销

例如，关联营销，对于一些转化率偏低的商品，商家可以将关联模块放在商品详情页上方，从而减少客户流失，提高转化率；将热销商品与滞销商品搭配促销。店铺自主营销工具有限时折扣、满立减、全店铺折扣、店铺优惠券等，优惠信息和商品折扣会刺激消费者下单。电商平台也会有一些固定的促销活动，如"Todays Deals""俄罗斯团购""无线抢购""无线全球试用"等。这类活动流量大，平台推广力度大，订单数量多。

（二）提升询盘转化率的方法

1. 响应速度

商家要用好手机小程序，有留言要快速回复。例如，商家可以在速卖通消息后台设置快捷回复短语。

2. 服务态度

客服人员对待消费者的态度要好，针对一些常见问题准备相应的话术。

3. 知识与经验

商家要熟悉自己的商品，了解商品的特性及卖点，以及消费者关注点，只有这样才能有针对性地帮助消费者解决问题，赢得消费者信任。

4. 催付效果

（1）对于下单未付款的订单，商家可以给消费者发站内信，及时和消费者沟通，了解消费者未付款原因。

（2）如果消费者因价格、运费问题未支付，商家就可以适当调整，给予折扣；如果是由于商品问题未支付，商家就应进一步展示商品，提供图片，描述细节。

（3）如果消费者在 24 小时内未付款，也没有回复，商家可以主动调整价格。系统会自动发送邮件通知消费者重新关注下单的商品。

（4）如果商家觉得有必要，就与消费者进行电话沟通。商家在催付时需要注意催付频率，避免消费者产生负面情绪。

（三）提升下单、加购、收藏转化率的方法

商家对被添加进购物车、收藏夹次数多的商品重点优化，提升转化率，同时可以采取以下方法。

（1）促销降价，通过系统发送降价信息给消费者。

（2）发送定向优惠券或营销邮件给将商品添加进购物车、收藏夹的消费者，可以注明付

款后有礼品相送。

第三节　客单价分析

一、客单价解读

客单价指平均每位客户（消费者）购买商品的金额。客单价的计算方式为：

客单价=支付金额÷支付客户数

例如，某店铺在10—12时与20位客户完成交易，销售额为3000美元，其中12位客户成交1笔订单，5位客户成交2笔订单，3位客户成交3笔订单，客单价=支付金额÷支付客户数=3000÷20=150美元，在这个时间段店铺的客单价是150美元。

在速卖通平台，商家可以通过"生意参谋">>"核心指标"板块查询店铺客单价情况，如图5-5所示。

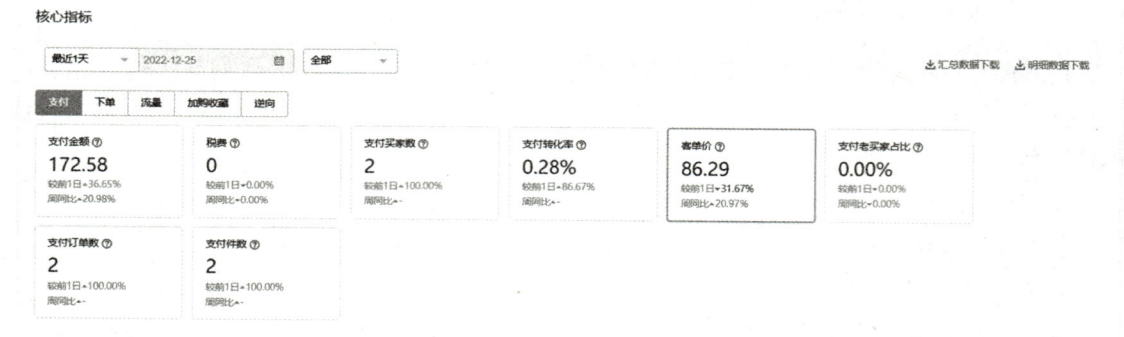

图 5-5　客单价查询

二、客单价指标的影响因素

（一）商品定价

商品定价的高低基本上决定了客单价的高低。在实际销售中，客单价只会在商品定价的一定范围内上下浮动。

（二）促销优惠

在大型促销优惠活动中，客单价的高低取决于优惠力度。另外，基于优惠力度，包邮的最低消费标准的设置，对客单价也有重要的影响。例如，在促销活动中，某店铺设置的包邮最低消费标准为299元，那就是只有消费满299元才能免运费。这样的包邮规则可以让客户选择凑单购买多件商品，这时的客单价与日常相比就会有所提升。

（三）关联营销

店铺一般会在商品详情页推荐相关的购买套餐，同时加入其他商品详情页的链接。这是一种关联营销，具有互相引流的作用。很多电商平台采取大数据算法，在首页、搜索页、详情页、购物车页、订单页等各种页面中都会有关联商品推荐。

（四）购买数量

购买数量因商品类目的属性不同而不同。定价不同的商品，客户花费的时间成本与操作成本是不同的。所以，要想提高客单价，就可以提高单个客户购物的种类，以及单个订单内商品的数量。目前，许多电商平台推出的"凑单"销售方式，原理就是如此。

三、提高客单价的方法

商家可以采取以下方法提高客单价。

（一）增加客户数量

（1）通过店铺活动吸引新客户。例如，限时限量折扣，可以设置新客户额外折扣率，利用大折扣吸引新客户；在互动活动中设置互动优惠券，刺激客户下单。

（2）对客户进行管理。商家可以对店铺客户进行分类，制订相应的店铺促销和营销计划，定期通过站内信、邮件向客户发送定向优惠券。

（3）通过平台活动、互动活动及站外推广等方式增加店铺粉丝；在社交平台创建店铺官方账号，吸引粉丝，采取店铺会员制，增加客户黏性。

（二）提升客户忠诚度

（1）定期发布各类帖子，举办互动活动，定期上新品，让客户养成定期回访店铺的习惯。

（2）利用互动活动或者营销手段，增加客户黏性。

（3）提高客户回购率。通过统计客户消费行为数据并结合商品品类周期分析来挖掘有价值的数据。根据一次重复购买、两次重复购买、多次重复购买等不同的数据类型，分析这些现象的客观因素，并制订相应的店铺促销和营销计划。

（4）优化物流配送。客户对物流运输的速度非常敏感，商品的配送速度直接决定客户对商品的期望值及客户满意度。改善物流配送方式、优化内部出货流程、实时更新物流信息、选择高效运输渠道可以显著提高客户回购率。

（5）增强商品质量优势。商品质量直接决定商品的销量，商家应不断提升商品质量，使商品具有绝对优势。

（6）不断推新品，丰富商品种类。不同客户、不同时期的客户需求都不一样，商家在商品选择和数量方面需要慎重考虑，商品种类需要丰富，同时进行相关营销，满足客户的多样化需求。

（7）参与平台促销活动。商家应积极报名参加平台主题活动，提高店铺曝光度，还可以做一些付费营销推广，以此推动销量。

（8）优化售后服务质量。良好的售后服务可以解决纠纷，提升客户留存率，改善客户体验。

（三）提高店铺订单量

增加店铺流量，给店铺带来更多访客，从而提高店铺订单量，可以从以下几个方面着手。

（1）搜索流量：搜索流量相比其他流量的转化要好，商家可以从新品及部分老品身上入手。

（2）直通车流量：直通车是引流助力，对商家来说，以提升流量为目标的运营策略必须包含直通车。

（3）联盟营销流量：按成交量收费，能给店铺带来可观的站外流量。

（4）活动流量：平台利用自身资源扶持的推广入口。

（5）客户互动流量：包含粉丝群内容营销及会员营销管理等活动，需要结合客户的消费频次与消费金额对客户进行分组，定期进行营销；也可以结合平台大型促销或店铺自身策划的店庆类活动进行营销。

（6）网红粉丝流量：利用网红的影响力，是获得高性价比流量的最佳手段。

（四）提高订单价格

提高订单价格首先要关注单品价格，对商品进行合理定价，除考虑商品成本及各种费用外，还需要注意物流方式的选择和物流模板的设置。选择合适的物流方式，巧妙地设置运费模板，不仅可以合理控制运费成本，增加商品竞争力，还可以增加老客户的回头率。

通过关联营销可以有效提高订单价格：一方面，能给客户提供更多的选择，促进客户多消费，减少客户流失；另一方面，通过搭配销售，有效提高单个订单的客单价。

充分利用营销活动达到提高订单价格的目的。例如，满减活动可以刺激客户多买商品，提高店铺的客单价；优惠券可以刺激新客户下单和老客户回购，提高购买率及客单价；满包邮活动可以配合运费模板和满立减工具，刺激客户更多购物。

想一想

1. 除了书中讲到的，跨境电商数据运营还有什么价值？
2. 数据基础分析方法各有什么优点和缺点，适用的场景有哪些？
3. 点击率、转化率和客单价之间的关系是什么？

总结

1. 跨境电商数据运营的主要内容包括用户体系数据化、运营体系数据化、市场体系数据化、商品体系数据化、营销体系数据化、库存体系数据化、管理体系数据化。
2. 跨境电商数据指标主要包括店铺流量类指标、交易转化类指标、商品类指标、市场营销类指标、风控类指标、市场竞争类指标。
3. 店铺数据分析方法包括直接观察法、对比分析法、转化漏斗法、5W2H 分析法。

练 习 题

一、单项选择题

1. 下面不属于跨境电商数据运营价值的是（　　）。

A. 辅助企业运营决策　　　　　　B. 提高企业销售额
C. 优化企业市场竞争力　　　　　D. 降低企业运营成本

2. 跨境电商数据运营流程为（　　）。
A. 确定运营目标—数据采集—数据清洗—决策优化—数据分析
B. 确定运营目标—数据采集—决策优化—数据清洗—数据分析
C. 确定运营目标—数据采集—数据清洗—数据分析—决策优化
D. 数据采集—确定运营目标—数据清洗—数据分析—决策优化

3. 下列指标属于店铺流量类指标的是（　　）。
A. 浏览量　　　　　　　　　　　B. 客单价
C. 转化率　　　　　　　　　　　D. 活跃会员数

4. 下列关于客单价的说法，错误的是（　　）。
A. 提升客单价最主要的是让客户买多件商品或者买多种商品
B. 客单价的计算公式是：客单价=销售总额÷客户总数
C. 客单价暂时只能通过促销活动提升，客服人员对客单价的提升起不到作用
D. 客单价的提升对于整个销售额的提升有重要作用

5. 下列不属于影响静默转化率的因素有（　　）。
A. 产品销量　　　　　　　　　　B. 产品评价
C. 产品买家秀　　　　　　　　　D. 客服服务态度

二、多项选择题

1. 下面属于跨境电商数据运营内容的是（　　）。
A. 用户体系数据运营　　　　　　B. 运营体系数据运营
C. 市场体系数据运营　　　　　　D. 商品体系数据运营

2. 下列属于会员类指标的有（　　）。
A. 活跃会员数　　　　　　　　　B. 会员复购率
C. 下单人数　　　　　　　　　　D. 加入购物车消费者数

3. 下列因素会对询盘转化率产生影响的有（　　）。
A. 客服专业知识　　　　　　　　B. 客服销售技巧
C. 客服响应速度　　　　　　　　D. 客服态度

4. 店铺转化率按照消费者行为方式可以划分为（　　）。
A. 静默转化率　　　　　　　　　B. 支付转化率
C. 询盘转化率　　　　　　　　　D. 加购转化率

5. 下列可以提升客单价的方法有（　　）。
A. 建立多种促销组合　　　　　　B. 合理设置满减
C. 丰富商品种类　　　　　　　　D. 增加直通车出价

三、判断题

1. 浏览量指店铺或商品详情页被访问的去重人数，一位消费者在统计时间内访问多次只记为一次。（　　）

2. 商品体系数据化旨在通过对某一类目竞争对手商品各个维度的分析，找出具有竞争性的商品的要素，作为选品的依据，并通过数据化选品方式提升选品效率。（　　）

3. 利用关联营销，将一些转化率偏低的商品以关联模块的形式放在商品详情页上方，

从而减少客户流失，提高转化率。（   ）

4. "凑单"方式对提升客单价没有效果。（   ）

5. 客单价取决于支付金额和支付客户数。（   ）

四、案例分析题

1. 请通过走访、电话访谈或座谈等方式了解本地企业在哪些环节进行数据运营？

2. 某店铺主营玩具，某玩具定价为 50 元，成本为 20 元，商家为提升店铺客单价，设置了满 x 件包邮的活动，并统计了不同包邮力度的获利情况。请你为该店铺确定最佳的包邮力度。

设置满 x 件包邮的活动，店铺能承受的邮费是 10 美元/单。满 x 件包邮的客单价与成交转化率的关系如表 5-2 所示。

表 5-2　满 x 件包邮的客单价与成交转化率的关系

包邮力度	人均购买笔数	客单价/美元	成交转化率/%	总成本/美元	利润/美元
1 件包邮	1	50	18.2	30	20
2 件包邮	1	100	14.6	50	50
3 件包邮	1	150	5.1	70	80
3 件以上包邮	1	200	3.3	≥90	≥110

反侵权盗版声明

电子工业出版社依法对本作品享有专有出版权。任何未经权利人书面许可，复制、销售或通过信息网络传播本作品的行为，歪曲、篡改、剽窃本作品的行为，均违反《中华人民共和国著作权法》，其行为人应承担相应的民事责任和行政责任，构成犯罪的，将被依法追究刑事责任。

为了维护市场秩序，保护权利人的合法权益，我社将依法查处和打击侵权盗版的单位和个人。欢迎社会各界人士积极举报侵权盗版行为，本社将奖励举报有功人员，并保证举报人的信息不被泄露。

举报电话：（010）88254396；（010）88258888
传　　真：（010）88254397
E-mail：　　dbqq@phei.com.cn
通信地址：北京市海淀区万寿路173信箱
　　　　　电子工业出版社总编办公室
邮　　编：100036